제2판

| **강혜정** 지음 |

경제·경영을 위한 수학

MATHEMATICS FOR ECONOMICS & BUSINESS

KM 경문사

경제·경영을 위한

수학 제2판

지은이 강혜정
펴낸이 조경희
펴낸곳 경문사
펴낸날 2025년 7월 31일 2판 2쇄
등 록 1979년 11월 9일 제313-1979-23호

주 소 121-818, 서울특별시 마포구 와우산로 174
전 화 (02)332-2004 팩스 (02)336-5193
이메일 kyungmoon@kyungmoon.com

값 28,000원

ISBN 979-11-6073-332-7

개정판을 내면서

이 책은 9년 전 처음 출간된 이후, 인문학 및 사회과학 계열 대학생들을 위한 수학교재로 활용되어 왔습니다. 초판은 미적분학과 행렬 이론을 중심으로 내용을 구성하였으나, 그동안 고등학교 수학 교육과정에는 여러 변화가 있었습니다. 자연계열에서는 일부 내용이 축소된 반면, 인문계열에서는 오히려 새로운 개념들이 추가되었습니다. 이러한 흐름을 반영하여, 개정판에서는 교육과정의 변화를 고려해 일부 내용을 축소하거나 삭제하고, 대신 거듭제곱급수, 이변수함수 등 새로운 내용을 보완하였습니다.

개정판은 5개의 장으로 구성되어 있습니다:

제1장 함수와 미분

이 장은 초판의 제1장과 제2장의 내용을 통합한 것입니다. 기본적으로 고등학교에서 배운 여러 함수의 정의와 성질을 되짚어 보고, 미분과 관련된 이론을 심화해서 다룹니다. 이 장에서는 경영학과 경제학에서 중요한 개념인 연속복리, 한계함수, 탄력성 등을 미분과 연결하여 설명하며, 최적화 문제와 함수의 그래프 분석도 포함됩니다.

제2장 함수와 적분

부정적분과 정적분을 정의하고, 미적분학의 기본정리를 통해 이들이 어떻게 연결되는지를 살펴봅니다. 또한, 치환적분법과 이를 이용한 미분방정식 해결 방법, 그리고 사회과학에서 자주 사용되는 수학적 모델(예: 자연성장 모델, 시장가격 결정모델)을 통해 적분의 실제적인 응용을 소개합니다.

제3장 수열과 급수

주로 거듭제곱급수와 테일러급수에 대해 다룹니다. 테일러급수는 주요 함수들을 다항식으로 근사할 수 있게 해주며, 이는 계산기나 수학 소프트웨어에서 함수 계산 시 사용되는 중요한 원리입니다.

제4장 행렬과 선형방정식계

벡터와 행렬의 기본 이론을 다루며, 이를 통해 선형방정식계의 해집합과 역행렬 등을 구하는 방법을 배웁니다. 이 장에서는 또한 행렬식과 가역행렬의 관계를 통해 특성치와 특성벡터를 구하는 방법을 배우며, 이를 실제 문제에 어떻게 적용할 수 있는지 살펴봅니다.

제5장 이변수함수와 최적화

다변수함수의 정의와 이를 활용한 최적화 문제를 다룹니다. 이 장에서는 편미분, 기울기벡터, 방향도함수 등 여러 이론을 다루고, 이를 통해 실제 상황에서 어떻게 최적화 문제를 해결할 수 있는지에 대해 설명합니다.

이 책은 인문사회계열 대학생들을 대상으로 한 학기 분량의 수학교재로 기획되었습니다. 대학 1학년들이 사용하기에 적합하도록 내용을 간결하고 체계적으로 구성하려 했습니다. 하지만 한 학기 동안 다뤄야 할 내용이 많아, 일부 내용을 생략하거나 간략히 다룰 수밖에 없었습니다. 특히, 다음과 같은 내용들은 다루지 않았습니다:

- 극한, 연속성 등의 엄밀한 수학적 정의와 증명은 고등학교에서 이미 배운 내용을 기반으로 설명하며, 필요한 경우 논리적인 증명을 보강합니다.
- 타원과 쌍곡선에 관한 내용은 방정식만을 다루며, 유도 과정이나 일반적인 형태의 타원과 쌍곡선은 다루지 않았습니다.
- 적분에 관한 내용은 축소되었으며, 경영학과 경제학에서 자주 사용되지 않는 부피 계산이나 부분적분법 등 복잡한 계산 기술은 제외했습니다.
- 급수의 수렴을 판단하기 위한 방법으로 비율판정법만을 다루었습니다. 비율판정법을 이용하여 거듭제곱급수의 수렴반경을 구하는 방법을 중점적으로 설명하였습니다. 다만, 수렴구간에 대한 구체적인 정의나 세부적인 설명은 포함하지 않았습니다.

- 다변수함수에 대한 내용은 주로 이변수함수의 결과를 확장하여 적용할 수 있으며, 함수의 극한, 연속성, 미분 가능성 등에 대해서는 간단히 설명하였습니다.
- 전공에서 사용하는 용어보다는 고등학교 수학에서 배운 용어들을 최대한 그대로 유지했습니다. 예를 들어, 역도함수와 부정적분을 구분하지 않고 부정적분으로 통일하였고, 자연로그는 log 대신 고등학교에서 사용하는 ln으로 표기하였습니다.

책의 마지막에는 연습문제의 정답이 실려 있으니, 학습에 참고하시기 바랍니다. 만약 연습문제에 오류나 내용 수정이 필요한 부분을 발견하시면 아래의 이메일로 연락 주시기 바랍니다.

jhjkang@snu.ac.kr

이 책을 통해 학생들이 수학적 사고를 기르고, 경영학과 경제학에서 수학을 어떻게 실용적으로 활용할 수 있는지 배울 수 있기를 바랍니다.

여전히 봄을 기다리며

관악산 연구실에서, 2025년

머리말(초판)

이 책은 고등학교에서 '미적분과 통계기본'을 배운 인문, 사회계열 대학생들을 위한 수학교재로 기획되었으며 크게 미적분학과 행렬이론을 포함하고 있습니다.

미적분학은 물리학과 천문학의 현상들을 관찰하고 분석하면서 자연스럽게 발전하였으며 공학, 생물학, 경제학 등 수학 이외의 많은 분야에서 수학적인 모형을 기술하고 분석하는 데 강력하고 효율적인 도구입니다. 행렬이론은 미적분학에 비하여 짧은 역사를 가지고 있지만 컴퓨터의 발달과 더불어 현대 과학에서 가정 많이 활용되는 수학 영역 중의 하나입니다.

논리적 엄밀성과 표현의 간결성을 중요시하는 수학자들에게 이 책은 여러 면에서 부족할 수 있습니다. 하지만 꼭 필요한 수학적 개념이나 결과들의 엄밀한 정의나 증명은 빼놓지 않고 다루고자 했습니다. 또한 이해하기 쉬운 보기를 이용하거나 그래프를 이용하여 그 이해를 돕고자 했습니다. 이를 위하여 가능한 많은 보기를 수록했으며 연습문제를 통하여 이를 심화할 수 있도록 하였습니다.

엄밀한 정의와 증명을 최소화하는 대신 수학적 모형화를 통하여 자연현상이나 사회 현상을 어떻게 표현하고 해석하는지에 대한 내용을 가능한 한 많이 싣고자 했습니다. 이러한 취지가 잘 반영되어 인문사회계열 대학생들이 수학을 공부하는 데 있어 큰 도움이 되길 바랍니다.

책의 내용에 대하여

이 책은 다음과 같이 4개의 장으로 이루어져 있습니다. 제1장부터 제3장까지는 고등학교 '미적분과 통계기본'에서 간단하게 다룬 함수의 극한, 미분, 적분 등의 정의와 성질, 계산방법 그리고 응용 등을 다루고 제4장에서는 고등학교 '수학1'에서 다룬 행렬이론을 다루고 있습니다.

- 제1장 함수의 극한
- 제2장 미분과 응용
- 제3장 적분과 응용
- 제4장 행렬과 응용

제1장에서는 삼각함수, 지수함수, 로그함수 등 초월함수를 정의하고 이 함수들에 대한 극한, 연속성 등 성질을 알아 봅니다.
특히, 경영학, 경제학에서 중요한 개념인 연속복리와 지수함수가 어떻게 연결되는지 다루고 있습니다.

제2장에서는 미분을 다룹니다. 다항함수뿐만 아니라 초월함수의 미분을 다루며 고등학교에서 다루지 않거나 간단히 다루었던 평균값정리, 선형근사식, 역함수정리, 연쇄법칙, 음함수미분법 등 미분에 관련된 이론 및 계산방법을 좀 더 심도있게 다룹니다. 최적화문제 및 함수의 그래프 등 미분의 전통적인 응용뿐만 아니라 한계함수, 탄력성 등의 경영학, 경제학에서의 개념과 미분이 어떻게 연결되며 해석이 가능한지를 살펴봅니다.

제3장에서는 적분을 다룹니다. 부정적분과 정적분을 정의하며 두 적분이 미적분학의 기본정리에 의하여 어떻게 연결되는지를 알아보고 치환적분법 등 적분을 구하기 위한 다양한 방법을 배웁니다. 넓이와 부피 등 적분의 기본적인 응용뿐만 아니라 연속확률변수의 기댓값 등을 적분을 이용하여 구하여 보고 미분방정식을 활용하여 자연성장모형, 시장가격의 결정모형 등 사회과학에서 많이 쓰이는 수학적 모형을 세워 보고 어떻게 문제를 해결할 수 있는지를 살펴보기로 합니다.

제4장에서는 행렬을 다룹니다. 행렬의 덧셈, 곱셈, 행연산 등을 정의하고 이를 통해 선형방정식계의 해집합, 역행렬 등을 구하는 방법을 알아봅니다. 행렬식과 가역행렬의 관계를 통하여 특성치와 특성벡터를 구하는 방법을 배우고 이를 통하여 점화계의 일반해를 구하는 방법을 배웁니다. 이러한 이론들을 적용하여 자원분배문제, 투입산출모형, 마르코프모형 등을 살펴보기로 합니다.

감사의 글

이 책은 서울대학교 경영대학 학생들을 대상으로 하는 '경영학을 위한 수학' 교재로 개발되었습니다. 여러 시행착오를 거쳐 지금의 교과과정에 이르렀고 이 교과목들을 가르치셨던 선생님들의 경험과 조언이 이 교재가 나오는 데에 큰 밑거름이 되었습니다. 이 자리를 빌려 깊은 감사의 마음을 전합니다. 연습문제의 정답을 꼼꼼하게 확인해 서울대학교 수리과학부 김건우 조교에게도 고마운 마음을 전합니다.

이 교재가 준비되는 지난 3년 동안 '경영학을 위한 수학'을 수강한 학생들에게도 고마운 마음을 전합니다. 완성되지 않은 강의록으로 수업을 듣는 번거로움과 불편함을 감수하고 오타와 오답에서 오는 혼란스러움까지 너그럽게 이해해 주었습니다. 학생들과의 대화를 통해 보완해야 할 부분과 추가하여야 할 부분을 알 수 있었으며, 이러한 과정이 책 구성에 긍정적인 영향을 미쳤다고 생각합니다.

마지막으로 언제나 저의 곁에서 격려와 응원을 아끼지 않는 가족들에게 사랑의 마음을 전합니다.

2016년 봄을 기다리며
관악산 연구실에서

Contents

5장 이변수함수와 최적화 285

1 CHAPTER 함수와 미분

1.1 함수 돌아보기

1.2 함수의 극한과 미분계수

1.3 미분법칙

1.4 지수, 로그함수의 미분

1.5 평균값정리와 극대극소

1.6 최적화

1.1 함수 돌아보기

1.1.1 함수, 그래프

함수란 하나의 input을 넣었을 때 하나의 output이 나오는 기계로 비유할 수 있다. input과 output은 각각 실수일 수도 있고 n공간의 점(또는 n벡터)일 수도 있다. 어떤 input이 입력되느냐에 따라 output이 결정되기 때문에 output에 있는 변수들을 **종속변수(dependent variable)**라 하고 input에 있는 변수들을 **독립변수(independent variable)**라 한다. 독립변수들의 값을 모아 놓은 것을 **정의역(domain)**이라 하고 종속변수들이 가질 수 있는 값들의 집합을 **변역(codomain)**이라 한다. 정의역을 X, 변역을 Y라고 할 때 $x \in X$라는 input이 $f(x) \in Y$라는 output을 만들어내는 함수를 다음과 같이 나타낸다.

$$f : X \to Y, \quad y = f(x)$$

함숫값 전체의 집합

$$f(X) = \{f(x) \in Y : x \in X\} \subset Y$$

을 f의 **치역(range)**라 한다. 함수 f가 수식으로 주어지고 정의역이 명시되지 않은 경우, 정의역 D는 함수로 주어진 식이 잘 정의된 최대집합으로 정의된다. 예를 들어

$$f(x) = \sqrt{1 - x^2}$$

의 정의역은 닫힌구간 $[-1,\ 1]$이고

$$g(x) = \frac{1}{\sqrt{1 - x^2}}$$

의 정의역은 열린구간 $(-1,\ 1)$이다.

함수 $f : X \to Y$가 $x_1 < x_2$인 정의역의 임의의 두 값 $x_1,\ x_2 \in X$에 대하여

- $f(x_1) \le f(x_2)$이면 f는 **증가(increasing)**함수이다.
- $f(x_1) < f(x_2)$이면 f는 **순증가(strictly increasing)**함수이다.
- $f(x_1) \ge f(x_2)$이면 f는 **감소(decreasing)**함수이다.
- $f(x_1) > f(x_2)$이면 f는 **순감소(strictly decreasing)**함수이다.

이 정의에 의하면 상수함수 $f(x) = c$는 증가함수이자 감소함수이다. 구간에서의 증가, 감소도 같은 방법으로 정의한다.

다음 두 그림은 모두 증가함수의 그래프이지만 서로 다른 특징을 가진다. 주어진 구간에서 첫 번째 그래프는 **위로 볼록(concave down)**하다고 하고 두 번째 그래프는 **아래로 볼록(concave**

up)하다고 한다. 곡선 위의 임의의 두 점을 연결하였을 때 위로 볼록한 경우는 곡선의 그래프가 직선의 그래프보다 위에, 아래로 볼록한 경우는 곡선의 그래프가 직선의 그래프보다 아래에 있다.

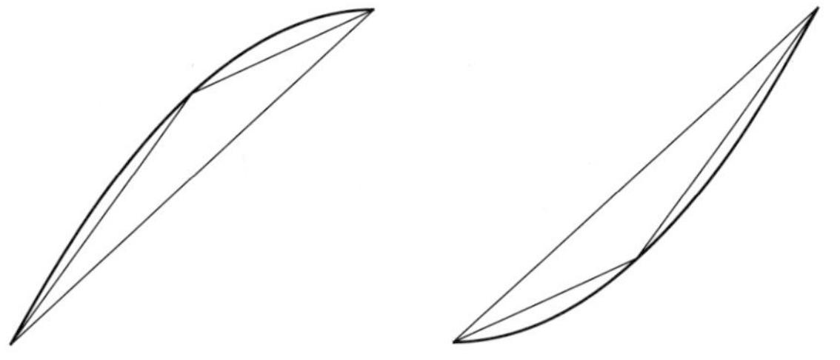

이 사실을 식으로 나타내면 다음과 같다 : 함수 f가 구간 I의 임의의 두 점 $a,\ b$와 임의의 $t \in (0,\ 1)$에 대하여[1]

$$f((1-t)a+tb) < (1-t)f(a)+tf(b)$$

이 성립하면 함수 f는 구간 I에서 아래로 볼록하다. 위로 볼록인 경우는 부등호의 방향이 바뀐다.

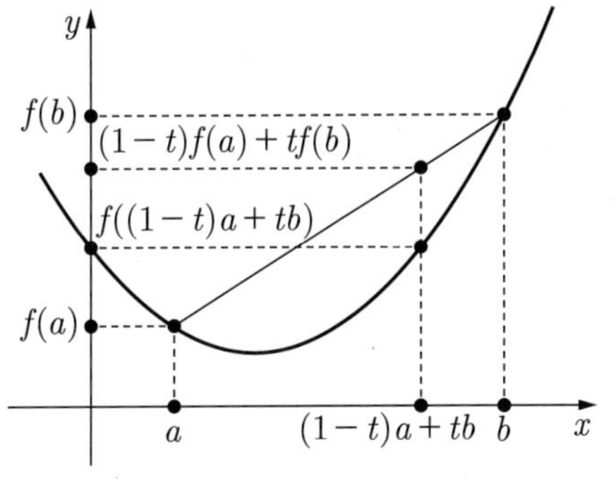

보기 1

(a) 지수함수 $y=a^x$는 $a>1$이면 순증가함수이고 $0<a<1$이면 순감소함수이다. 지수함수는 $a(a \neq 1,\ a>0)$의 값에 상관없이 아래로 볼록하다.

(b) 로그함수 $y=\log_a x$는 $a>1$이면 순증가함수이고 위로 볼록하다. $0<a<1$이면 순감소함수이고 아래로 볼록하다. □

[1]경우에 따라 $<$ 대신 $\leq$을 사용하여 정의하기도 한다.

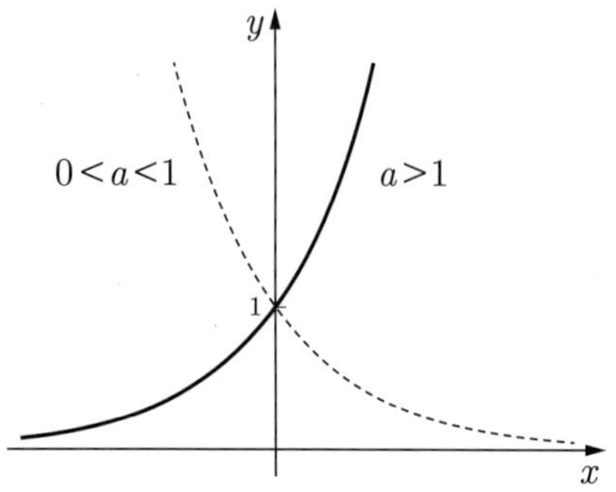

$y = a^x$ 의 그래프

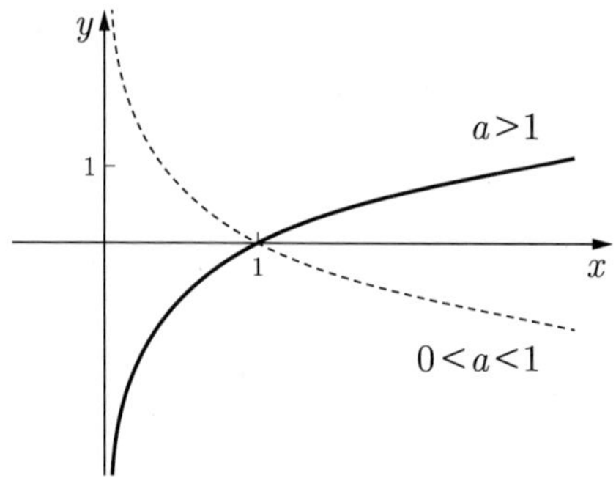

$y = \log_a x$ 의 그래프

짝함수와 홀함수

원점을 중심으로 대칭인 구간 I에서 정의된 함수 f에 대해

- $f(-x) = f(x)$가 항상 성립하면 함수 f의 그래프는 y축에 대해 대칭이다. 이때 f를 **짝함수(even function)** 또는 **우함수**라 한다.
- $f(-x) = -f(x)$가 항상 성립하면 함수 f의 그래프는 원점에 대해 대칭이다. 이때 f를 **홀함수(odd function)**, 또는 **기함수**라 한다.

보기 2

(a) 각 항이 짝수차인 다항식함수는 짝함수이고 각 항이 홀수차인 다항식함수는 홀함수이다. 예를 들어 다음 f는 짝함수이고 g는 홀함수이다.

$$f(x) = x^4 - 4x^2, \quad g(x) = 2x^3 - 6x$$

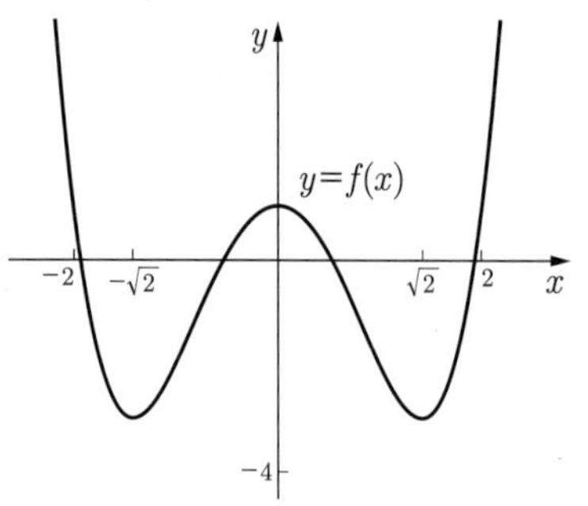

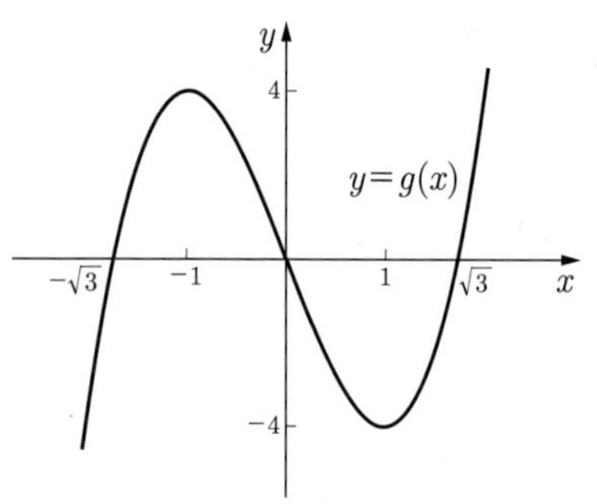

(b) $y = \sin x$는 홀함수이고 $y = \cos x$는 짝함수이다. □

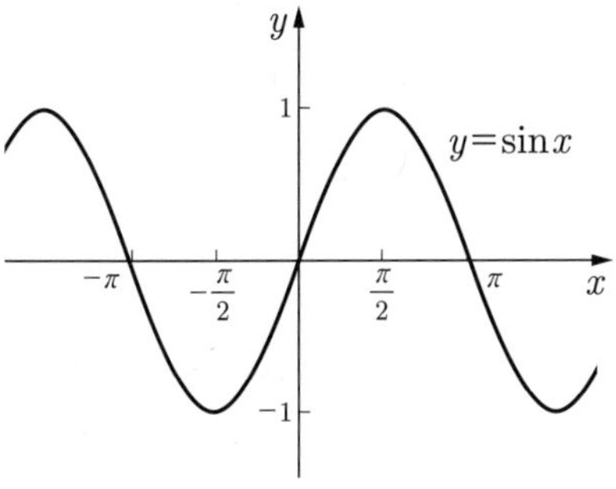

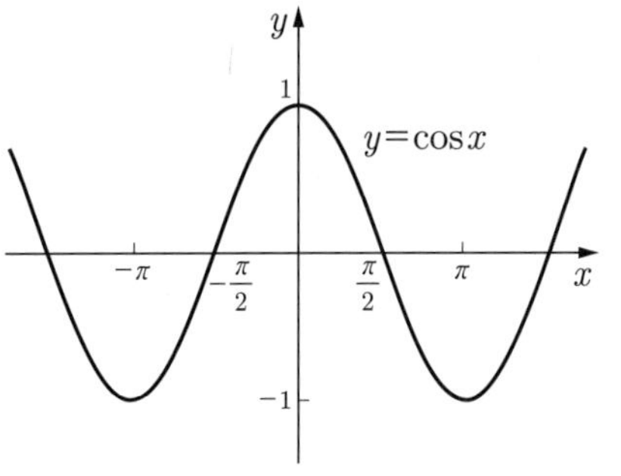

1.1.2 합성함수와 역함수

두 함수 $f: X \to Y,\ g: Y \to Z$에 대하여 합성함수 $g \circ f: X \to Z$는 다음과 같이 정의한다.

$$(g \circ f)(x) = g(f(x))$$

보기 3 $f(x) = x^2 + 1,\ g(x) = \sqrt{x}$이면

$$g \circ f: \mathbb{R} \to \mathbb{R}, \qquad (g \circ f)(x) = g(x^2+1) = \sqrt{x^2+1}$$
$$f \circ g: \mathbb{R}^+ \to \mathbb{R}, \qquad (f \circ g)(x) = f(\sqrt{x}) = x+1, \quad x \geq 0$$

이다. 이때 $\mathbb{R} = (-\infty,\ \infty)$는 실수집합, $\mathbb{R}^+ = [0,\ \infty)$는 음이 아닌 실수집합이다. □

세 개 이상의 함수에 대해서도 같은 방법으로 합성함수를 정의한다. 일반적으로 함수의 합성에서 교환법칙은 성립하지 않지만 결합법칙은 성립한다.

$$g \circ f \neq f \circ g, \qquad (f \circ g) \circ h = f \circ (g \circ h)$$

정의역의 임의의 두 값 $x_1,\ x_2 (x_1 \neq x_2)$에 대하여

$$f(x_1) \neq f(x_2)$$

이면 f를 **일대일함수(one−to−one function)** 또는 **단사함수(injective function)**라 한다. 대우를 생각하면

$$f(x_1) = f(x_2) \quad \Rightarrow \quad x_1 = x_2$$

이면 f는 일대일함수이다.

일대일함수는 정의역에 따라 결정된다. 예를 들어

$$f : \mathbb{R} \to \mathbb{R}, \quad f(x) = x^2$$

은 일대일함수가 아니지만

$$g : \mathbb{R}^+ \to \mathbb{R}, \quad g(x) = x^2$$

은 일대일함수이다. $f : X \to Y$가 일대일함수일 때 $b \in f(X)$에 대하여

$$f(a) = b$$

인 a가 유일하게 존재한다. 이때 f의 **역함수(inverse function)** $f^{-1} : f(X) \to X$를 다음과 같이 정의한다.

$$f^{-1}(b) = a \quad \Leftrightarrow \quad f(a) = b$$

일대일함수 $f : X \to Y$와 역함수 $f^{-1} : f(X) \to X$에 대하여 다음 식이 성립한다.

$$\text{모든 } x \in X, \qquad f^{-1}(f(x)) = x$$
$$\text{모든 } y \in f(X), \qquad f(f^{-1}(y)) = y$$

일대일함수 f의 역함수는 다음과 같이 구한다.

(1) $y = f(x)$에서 x를 y에 대하여 푼다.

(2) 독립변수를 x, 종속변수를 y로 쓰는 관례에 따라 변수 x, y를 바꾼다.

두번째 단계의 결과에 따라 함수 $y = f(x)$의 그래프와 역함수 $y = f^{-1}(x)$의 그래프는 직선 $y = x$에 대하여 대칭이다.

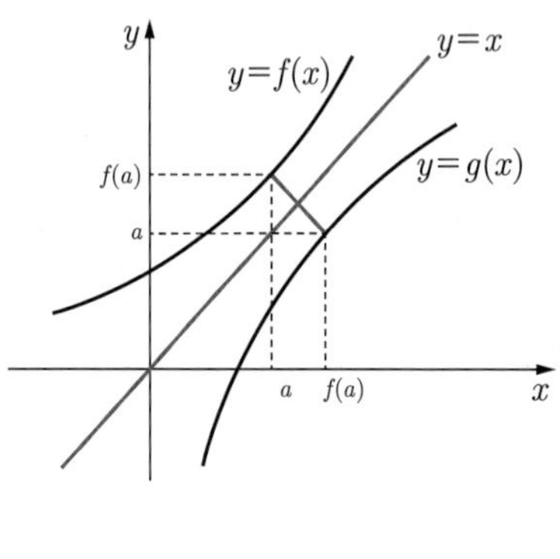

보기 4 함수 $f(x) = \sqrt{x-1}$에 대하여

(a) f의 정의역과 치역을 구하시오.

(b) f는 일대일함수임을 보이시오.

(c) f의 역함수 f^{-1}을 구하시오.

Solution

(a) 제곱근 안의 값이 음수가 될 수 없으므로 $x-1 \geq 0$이고 정의역은 $X=[1,\ \infty)$이다. 치역은 $f(X)=\mathbb{R}^+=[0,\ \infty)$이다.

(b) $x_1,\ x_2 \geq 1$이라 하자. $f(x_1)=f(x_2)$일 때 즉, $\sqrt{x_1-1}=\sqrt{x_2-1}$일 때 양변을 제곱하면

$$x_1-1=x_2-1 \quad \Rightarrow \quad x_1=x_2$$

이므로 f는 일대일함수이다.

(c) 대응관계 $y=f(x)$에서 x를 y에 대하여 풀면

$$y=\sqrt{x-1} \quad \Rightarrow \quad x=y^2+1,\ y \geq 0$$

이고 이 식에서 변수 $x,\ y$를 바꾸면

$$f^{-1}(x)=y=x^2+1, \quad x \geq 0$$

을 얻는다. 이때 f^{-1}의 정의역은 f의 치역 $f(X)=\mathbb{R}^+$이다. □

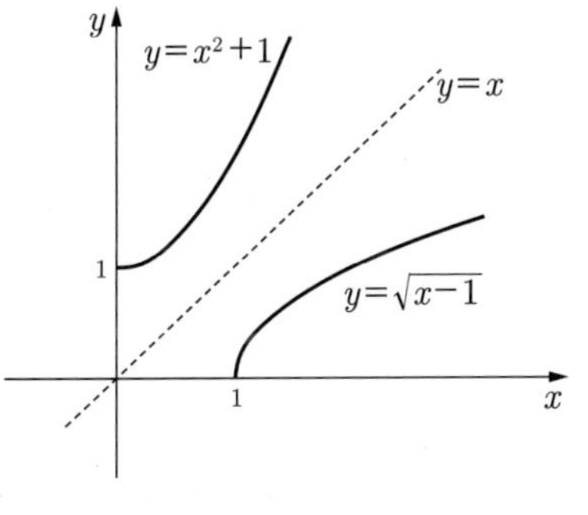

1.1.3 지수함수와 로그함수

자산의 가치나 인구성장, 방사성물질의 붕괴 등 사회나 자연에서의 여러 가지 현상은 지수함수

$$f(x)=a^x, \quad a>0,\ a\neq 1$$

를 이용하여 수학적으로 표현된다.[2] 지수함수

$$f(x) = a^x$$

는 $a > 1$일 때 순증가하고, $0 < a < 1$일 때 순감소하는 일대일함수이다. 따라서 역함수가 존재하는데 이를 **밑수(base)**가 a인 **로그함수(logarithmic function)**라 하고 $\log_a$로 나타낸다.

$$y = \log_a x \quad \Leftrightarrow \quad x = a^y$$

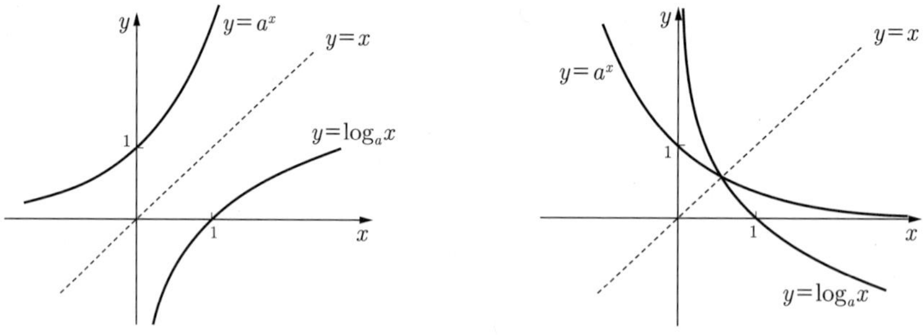

로그함수와 지수함수는 서로 역함수이므로 다음 식이 성립한다.

지수함수와 로그함수

$$a^{\log_a x} = x, \qquad \log_a a^x = x$$

지수함수의 성질로부터 다음과 같은 로그함수의 성질을 알 수 있다.

	$y = a^x$	$y = \log_a x$
정의역	$\mathbb{R}$	$(0,\ \infty)$
치역	$(0,\ \infty)$	$\mathbb{R}$
$a > 1$	순증가	순증가
$0 < a < 1$	순감소	순감소
지나는 점	$(0,\ 1),\ a^0 = 1$	$(1,\ 0),\ \log_a 1 = 0$
	$(1, a),\ a^1 = a$	$(a, 1),\ \log_a a = 1$
성질	$a^{x+y} = a^x a^y$	$\log_a(xy) = \log_a x + \log_a y$
	$a^{x-y} = a^x / a^y$	$\log_a(x/y) = \log_a x - \log_a y$
	$(a^x)^y = a^{xy}$	$\log_a(x^y) = y \log_a x$

[2]앞으로 특별한 언급이 없어도 로그함수의 밑 a는 항상 $a > 0,\ a \neq 1$인 것으로 간주한다.

자연상수

연이율이 100%($r=1$)일 때 이자를 1년에 복리로 m번 지급하면

$$A(1)=A\Big(1+\frac{1}{m}\Big)^m$$

이다. 이자를 더 자주 지급한다면, 다시 말해서 m이 커지면 1년 후의 자산가치 $A(1)$은 어떻게 될까? 다음 표는 $m=10,\ 100,\ 1000,\ 10000,\ 100000$일 때 $\left(1+\frac{1}{m}\right)^m$의 값을 구한 것이다.

m	10	100	1000	10000	100000
$\left(1+\frac{1}{m}\right)^m$	2.59374246	2.70481383	2.71692393	2.71814593	2.71826823

표에서 볼 수 있듯이 m이 커지면 $\left(1+\frac{1}{m}\right)^m$은 증가하며 점점 어떤 수로 수렴한다.[3] 이때 그 어떤 수를 **자연상수**라고 부르고 e로 나타낸다.[4]

$$e=\lim_{m\to\infty}\left(1+\frac{1}{m}\right)^m\approx 2.718$$

좀 더 일반적으로 자연상수를 다음과 같이 정의한다.

> **자연상수 e**
>
> $$e=\lim_{x\to 0}(1+x)^{\frac{1}{x}}=\lim_{x\to\infty}\left(1+\frac{1}{x}\right)^x=\lim_{n\to\infty}\left(1+\frac{1}{n}\right)^n$$

로그의 밑수가 자연상수 e이면 밑수를 생략하고 다음과 같이 나타내기로 한다.

$$\log_e x=\ln x$$

이때 $y=\ln x$를 **자연로그함수(natural logarithm)**라고 부른다.

---

[3] 증명은 이 교재의 범위를 넘으므로 생략한다.

[4] 자연상수 e는 원주율 π와 마찬가지로 무리수이다. 자연상수 e는 1618년 스코틀랜드의 수학자 네이피어(John Napier, 1550~1617)가 출판한 책의 로그표에 처음 자연로그의 밑수로 등장한다. 지수, 로그함수의 성질을 체계적으로 확립한 오일러가 처음 이 수를 나타내기 위하여 e를 기호로 사용하였다.

일반적으로 밑수가 a $(a > 0,\ a \neq 1)$ 인 로그함수는 자연로그를 이용하여 나타낼 수 있다. $y = \log_a x$ 이면 $x = a^y$ 이고 양변에 자연로그를 취하면

$$\ln x = \ln a^y = y \ln a$$

이므로

$$y = \log_a x = \frac{\ln x}{\ln a}$$

가 성립한다. 이를 밑의 변환공식이라 한다.

밑의 변환공식

$$\log_a x = \frac{\ln x}{\ln a}$$

보기 5 $\log_a b = c$일 때, 다음 값을 c를 이용하여 나타내시오.

(a) $\log_b a$ (b) $\log_{\frac{1}{a}} b$ (c) $\log_{a^2} b$

Solution 밑의 변환공식에 의하면 $c = \dfrac{\ln b}{\ln a}$ 이다.

(a) 다시 밑의 변환공식에 의하면 다음 식이 성립한다.

$$\log_b a = \frac{\ln a}{\ln b} = \frac{1}{c}$$

(b) 밑의 변환공식과 $\log \frac{1}{a} = -\log a$라는 사실을 이용하면

$$\log_{\frac{1}{a}} b = \frac{\ln b}{\ln \dfrac{1}{a}} = \frac{\ln b}{-\ln a} = -\frac{\ln b}{\ln a} = -c$$

(c) $\log_{a^2} b = \dfrac{\ln b}{\ln(a^2)} = \dfrac{\ln b}{2\ln a} = \dfrac{c}{2}$ □

연속복리

현실적으로는 불가능하지만 이자지급회수 $m \to \infty$ 일 때 이자를 **연속복리로 지급한다 (compounded continuously)**고 표현한다. 따라서 연이율 100%의 이자를 연속복리로 지급하면 1년 후 자산의 가치는

$$A(1) = Ae \approx 2.718A$$

다시 말해서 1년 후의 미래가치는 처음 자산의 약 2.718배이다. 일반적으로 연이율이 $r(100r\%)$일 때 이자를 연속복리로 지급하면

$$\left(1+\frac{r}{m}\right)^{mt} = \left(1+\frac{1}{m/r}\right)^{mt} = \left(\left(1+\frac{1}{m/r}\right)^{m/r}\right)^{rt}$$

에서 $m \to \infty$일 때 $m/r \to \infty$이므로

$$\lim_{m\to\infty}\left(1+\frac{1}{m/r}\right)^{m/r} = e$$

이고 t년 후의 자산가치는

$$A(t) = Ae^{rt}$$

이다.

연속복리

연이율이 $r(100r\%)$일 때 이자를 연속복리로 지급하면 현재가치가 A인 자산의 t년 후 자산가치(미래가치)는 다음과 같다.

$$A(t) = Ae^{rt}$$

Note t년 후 가격이 V인 자산의 현재가치는 Ve^{-rt}이다.

지수함수는 일대일함수이므로

$$a^x = a^y \quad \Rightarrow \quad x = y$$

이다. 밑이 다를 때에는 양변에 자연로그를 취하여 풀어 준다. 예를 들어

$$2^x = 3^{x^2}, \quad x \neq 0$$

일 때 양변에 자연로그를 취하면

$$\ln 2^x = \ln 3^{x^2} \quad \Rightarrow \quad x\ln 2 = x^2 \ln 3$$

이고 $x \neq 0$이므로

$$x = \frac{\ln 2}{\ln 3} \approx 0.63$$

이다.

보기 6 연이율 6%의 연속복리로 이자를 지급한다고 한다. 100만 원을 저금하였을 때 자산

가치가 200만 원이 되는 것은 언제인가?

Solution t년 후 자산가치를 $A(t)$라고 하면

$$A(t) = 100e^{0.06t}$$

이다. t년 후 자산이 200만 원이라면

$$100e^{0.06t} = 200 \quad \Rightarrow \quad e^{0.06t} = 2$$

이다. 양변에 자연로그를 취하면

$$\ln(e^{0.06t}) = \ln 2 \quad \Rightarrow \quad 0.06t = \ln 2$$

이므로

$$t = \frac{\ln 2}{0.06} \approx \frac{0.69}{0.06} = 11.5$$

이다. 다시 말해서 자산가치가 200만 원이 되는 것은 11년 6개월 후이다. □

1.1.4 연습문제

1. 다음 함수의 정의역을 구하시오.

   (a) $f(x) = \sqrt{x} + \dfrac{1}{x}$ (c) $f(x) = \dfrac{x^2 - 4}{x - 2}$ (e) $f(x) = \dfrac{1}{\sqrt{4 - x^2}}$

   (b) $f(x) = \sqrt{x} - \sqrt{x - 2}$ (d) $f(x) = \sqrt{4 - x^2}$ (f) $f(x) = \dfrac{1}{x^2 - 1}$

2. 함수 $f,\ g : \mathbb{R} \to \mathbb{R}$가 모두 일대일함수이다. 다음 함수가 일대일함수이면 증명하고 아니면 반례를 드시오.

   (a) $f + g$ (b) fg (c) f/g

3. 함수 $f,\ g : \mathbb{R} \to \mathbb{R}$가 f는 짝함수, g는 홀함수이다. 다음 함수는 짝함수인지 홀함수인지 둘 다 아닌지 말하시오.

   (a) $f + g$ (c) fg (e) $f \circ f$ (g) $f \circ g$

   (b) g^2 (d) f/g (f) $g \circ f$ (h) $g \circ g$

4. 원점을 중심으로 대칭인 구간에서 정의된 함수 f에 대하여 다음과 같이 정의된 함수 f_1은 짝함수, f_2는 홀함수임을 보이시오.

$$f_1(x) = \frac{f(x) + f(-x)}{2}, \quad f_2(x) = \frac{f(x) - f(-x)}{2}$$

5. 순증가함수 f, g에 대하여 다음 명제가 참이면 증명하고 거짓이면 반례를 드시오.

(a) $f + g$는 순증가함수이다.
(b) $f \circ g$는 순증가함수이다.
(c) f^2는 순증가함수이다.
(d) $g \circ f$는 순증가함수이다.

6. 다음과 같이 주어진 $y = f(u),\ u = g(x)$에 대하여 $y = f(g(x))$를 구하시오.

(a) $f(u) = 2u^2 + 3,\ g(x) = 3x + 1$
(b) $f(u) = u^3,\ g(x) = x^2 + 1$
(c) $f(u) = u^{-2},\ g(x) = \sqrt{x} + 1$
(d) $f(u) = \sqrt{u},\ g(x) = x^3 + x^2 - x$

7. 다음 함수를 $y = f(g(x))$의 형태로 나타낼 때 $y = f(u)$와 $u = g(x)$를 구하시오.

(a) $y = (1 - 2x)^5$
(b) $y = (x^2 + 4)^{-2}$
(c) $y = \left(x + \dfrac{1}{x}\right)^3$
(d) $y = \sqrt{\dfrac{1 - x}{1 + x}}$
(e) $y = (3x + 2)^3(x - 2)^{-3}$
(f) $y = (x + \sqrt{x^2 + 1})^3$

8. 주어진 함수들에 대하여 다음 합성함수들을 구하시오.

$$f(x) = x^2 + 1, \quad g(x) = x^3, \quad h(x) = \frac{1}{x - 1}, \quad k(x) = \sqrt{x + 1}$$

(a) $f \circ f$
(b) $g \circ f$
(c) $f \circ g$
(d) $k \circ f$
(e) $f \circ k$
(f) $h \circ f$
(g) $(h \circ f) \circ k$
(h) $h \circ (f \circ k)$
(i) $g \circ (k \circ f)$
(j) $(f \circ k) \circ h$
(k) $k \circ (g \circ f)$
(l) $g \circ (h \circ f)$

9. 다음 함수는 일대일함수임을 보이고 역함수 $g(x) = f^{-1}(x)$를 구하시오.

(a) $f(x) = \dfrac{x + 2}{x - 1}$
(b) $f(x) = x^3 + 1$
(c) $f(x) = \sqrt{2x - 3}$

10. 다음 함수들은 주어진 정의역에서 일대일함수임을 보이고 역함수 $f^{-1}: X \to Y$를 구하시오.

(a) $f(x) = x^2 - 2x,\ x \ge 1$

(b) $f(x) = \sqrt{x^2+4},\ x \ge 0$

(c) $f(x) = \dfrac{1}{x^2+1},\ x \le 0$

11. 다음 근삿값을 사용하여 주어진 값을 근사적으로 구하시오.

$$\log_2 x \approx 1.5, \quad \log_2 y \approx 3.1, \quad \log_2 z \approx -1.9$$

(a) $\log_2 xy$

(b) $\log_2 \dfrac{x}{z}$

(c) $\log_2 \sqrt{xyz}$

(d) $\log_x 8$

(e) $\log_{yz} 2$

(f) $\log_{0.5} 2x^2y$

12. 다음 방정식을 푸시오.

(a) $5^x = 2$

(b) $3^x = 6$

(c) $e^{\frac{x}{2}} = 3$

(d) $2^x = 4^{x^2}$

(e) $2^x = 3^{x-1}$

(f) $e^x = 4e^{-x}$

13. 다음 방정식을 풀어서 x를 ln를 이용하여 나타내고 근삿값을 소수점 이하 4자리까지 반올림하여 구하시오.

(a) $2^x = e^{x-1}$

(b) $e^{2x} = 4e^{-x}$

(c) $2 \cdot 4^x = e^{x^2}$

14. 생명체가 사망하면 생명체에 있는 **방사성탄소 C − 14**은 연속적으로 붕괴되어 안정적인 탄소 C−12로 바뀐다. 화석에 남아 있는 C − 14의 양이 처음 A였다면 t년 후의 C − 14의 양은 다음과 같이 주어진다.

$$C(t) = A(0.99988)^t$$

(a) 몇 년이 지나야 방사성 탄소 C − 14의 양이 절반이 되는지 자연수로 구하시오.

(b) 최근 발견된 식물 화석이 함유한 C − 14의 양은 0.5g이라 한다. 이 식물이 살아 있을 때 함유하고 있는 C − 14의 양이 212g이라면 이 화석은 얼마 전의 것이겠는가? 천의 단위에서 반올림하여 계산하시오.

(c) 최근 발견된 조개 화석이 함유한 C − 14의 양은 0.11g이라 한다. 이 화석이 4만 년 전의 것이라면 살아 있는 조개가 함유하고 있는 C − 14의 양을 소수점 이하 두 자리까지 구하시오.

15. 세계 인구는 1800년 12억이었고 2000년에는 60억이었다. 그렇다면 인구가 1억 인 해는 언제였겠는가? 인구가 지수적으로 증가한다고 가정하고 구하시오.

16. 배양기에 100마리의 박테리아가 있다. 박테리아는 연속적으로 증가하여 3시간 후에 두 배가 된다. 박테리아의 수가 지수적으로 증가한다고 할 때, t 시간 후 박테리아의 수 $P(t)$의 식을 구하시오. 이 함수를 이용하여 이틀 후 박테리아의 수를 구하시오.

17. 아스피린을 섭취한 후 두 시간이 지나면 체내의 아스피린 양은 반으로 준다고 한다. 그 양이 같은 방식으로 감소한다면

    (a) 300mg의 아스피린을 섭취하고 5 시간 후 아스피린의 양은 얼마인가?

    (b) 300mg의 아스피린을 섭취하고 몇 시간이 지나면 아스피린의 양이 50mg 이하가 되겠는가?

18. 혈중알콜농도는 지수적으로 감소하는데 한 시간이 지나면 1/5이 감소한다고 한다. 음주 단속에서 현재 혈중알콜농도가 0.12mg/L인 사람에 대하여

    (a) 30분 후 다시 측정한다면 혈중알콜농도는 얼마가 되겠는가?

    (b) 혈중 알콜 농도가 0.03mg/L 이하가 되려면 얼마나 지나야 하는가?

19. **데시벨(decibel)**은 소리의 크기를 측정하는 단위(dB)로 다음과 같이 주어진다.

$$D = 10 \log_{10} \frac{I}{I_0}$$

여기서 I는 소리의 강도를 나타내며 제곱미터 당 왓트(W/m^2)로 측정된다. $I_0 = 10^{-12}$W/m^{2}은 인간이 들을 수 있는 최소의 강도를 나타낸다.

    (a) 다음 소리들의 데시벨을 정수로 구하시오.
        - TV (3m 거리) : $3 \cdot 10^{-5}$W/m^2
        - 헤드폰의 큰 음악 : $1.1 \cdot 10^{-1}$W/m^2
        - 비행기 (150m 거리) : 100 W/m^2

    (b) 90dB이 넘는 소리는 인간의 청각에 손상을 줄 수 있는 것으로 알려져 있다. (a)의 소리 중에서 어떤 것이 인간의 청각에 손상을 줄 수 있는가?

    (c) D_1dB의 소리와 D_2dB의 소리가 갖는 강도 I_1과 I_2 사이에는 다음과 같은 관계식이 성립함을 보이시오.

$$\frac{I_2}{I_1} = 10^{0.1(D_2 - D_1)}$$

    (d) 데시벨이 1 커지면 소리의 강도는 몇 배가 되는가?

1.2 함수의 극한과 미분계수

1.2.1 함수의 극한

x가 a와 다른 값을 가지면서 a에 한없이 가까워질 때 $f(x)$의 값이 일정한 값 L에 한없이 가까워진다고 하자. 이를 $x \to a$일 때 $f(x)$는 L에 **수렴한다(converge)**고 하고

$$\lim_{x\to a} f(x) = L \quad \text{또는} \quad x \to a \text{ 일 때 } f(x) \to L$$

로 나타낸다.

x가 a보다 크면서(또는 a의 오른쪽에서) a로 갈 때 $x \to a+$로 나타낸다. a보다 작으면서(또는 a의 왼쪽에서) a로 갈 때는 $x \to a-$로 나타내기로 한다.

다음과 같이 정의된[5] 함수의 $x = 0$에서 극한값을 생각해 보자.

$$H(x) = \begin{cases} 0, & x < 0 \\ 1, & x \geq 0 \end{cases}$$

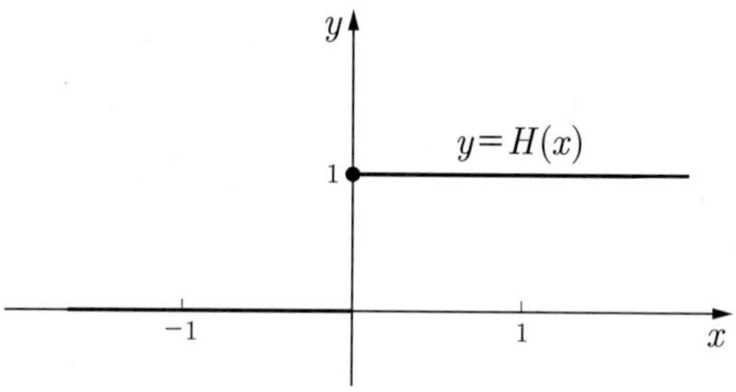

이 경우 $x \to 0+$일 때 $H(x)$는 항상 1에 가까워지지만[6] $x \to 0-$이면 항상 0에 가까워진다. 그러므로 x가 0에 가까워질 때 $H(x)$가 가까워지는 단 하나의 수는 존재하지 않는다. 다시 말해서 극한값

$$\lim_{x\to 0} H(x)$$

는 존재하지 않는다. 그러나 $x \to 0+$이면 $H(x) \to 1$, $x \to 0-$이면 $H(x) \to 0$이고 다음과 같이 나타내기로 한다.

[5]시간 0에서 전원을 올렸을 때 전류의 흐름을 나타내는 함수이다. 영국의 전기공학자 Olive Heaviside(1850−1925)의 이름을 따서 **헤비사이드 함수**라 한다.

[6]실제로는 정확히 1이고

$$\lim_{x\to0+} H(x) = 1, \qquad \lim_{x\to0-} H(x) = 0$$

여기서 1은 $x=0$에서의 **우극한값(right−hand limit)**, 0은 $x=0$에서의 **좌극한값(left−hand limit)**이라 한다. 일반적인 경우의 정의는 다음과 같다.

좌극한과 우극한

x가 a의 오른쪽에서(또는 왼쪽에서) a에 가까워질 때 $f(x)$의 값이 L에 한없이 가까워지면 L을 a에서 $f(x)$의 우극한(또는 좌극한)이라 하고 다음과 같이 쓴다.

$$\lim_{x\to a+} f(x) = L \ (\text{또는} \ \lim_{x\to a-} f(x) = L)$$

우극한, 또는 좌극한은 존재할 때도 있고 존재하지 않을 때도 있다. 또한 두 극한이 모두 존재하는 경우, 두 극한이 다를 수도 있고 같을 수도 있다. 두 극한이 존재하면서 일치하면 극한값이 존재하며 이 경우 일치하는 값이 극한값이다.

극한값의 존재 조건

다음 두 명제는 동치이다.

- $\lim_{x\to a} f(x) = L$
- $x=a$에서 두 극한값 $\lim_{x\to a+} f(x)$와 $\lim_{x\to a-} f(x)$가 존재하고 일치한다.

$$\lim_{x\to a+} f(x) = \lim_{x\to a-} f(x) = L$$

열린구간 $(a,\ b)$에서 정의된 함수 $y=f(x)$에 대하여 양 끝점 $a,\ b$에서의 극한값은 우극한값과 좌극한값으로 각각 정의한다. 다시 말해서

$$\lim_{x\to a+} f(x) = L_1, \qquad \lim_{x\to b-} f(x) = L_2$$

이면 f는 a에서 극한값 L_1, b에서 극한값 L_2를 갖는다고 한다.

x가 무한히 커질 때$(x\to\infty)$ $f(x)$의 값이 일정한 값 L에 한없이 가까워진다고 하자. 이를

$x \to \infty$일 때 $f(x)$는 L에 **수렴한다(converge)**고 하고

$$\lim_{x \to \infty} f(x) = L$$

로 나타낸다. 같은 방법으로

$$\lim_{x \to -\infty} f(x) = L$$

도 정의한다. 이때 $y = L$을 함수 $y = f(x)$의 **수평점근선(horizontal asymptote)**이라 한다.

함수의 극한은 사칙연산과 그 순서를 바꿀 수 있다. 다시 말해서 다음과 같은 성질이 성립하며 이 성질들을 이용하여 여러 가지 함수들의 극한값을 구할 수 있다.

극한법칙

극한값 $\lim_{x \to a} f(x)$, $\lim_{x \to a} g(x)(-\infty \le a \le \infty)$가 존재하면 다음 등식이 성립한다.

- $\lim_{x \to a} (f(x) \pm g(x)) = \lim_{x \to a} f(x) \pm \lim_{x \to a} g(x)$
- $\lim_{x \to a} (cf(x)) = c \lim_{x \to a} f(x)$, c는 상수
- $\lim_{x \to a} (f(x) \cdot g(x)) = \lim_{x \to a} f(x) \cdot \lim_{x \to a} g(x)$
- $\lim_{x \to a} g(x) \neq 0$이면 $\lim_{x \to a} \dfrac{f(x)}{g(x)} = \dfrac{\lim_{x \to a} f(x)}{\lim_{x \to a} g(x)}$

극한값 $\lim_{x \to a} \dfrac{f(x)}{g(x)}$에서 분모의 극한이 무한대이고 분자의 극한이 유한한 값이면 극한값은 0이다. 또한 분자, 분모의 극한값이 모두 무한대이면 분모가 0이 아닌 유한한 극한값을 가지도록 변형하여 극한값을 구한다.

보기 1 다음 극한값을 구하시오.

(a) $\lim_{x \to \infty} \dfrac{2x^2 + 1}{x^2 - 1}$

(b) $\lim_{x \to \infty} (\sqrt{x+1} - \sqrt{x})$

Solution

(a) 분자, 분모가 모두 무한대로 발산하므로 분모가 0이 아닌 유한한 극한값을 가지도록

변형한다. 분자, 분모를 모두 x^2으로 나누면

$$\lim_{x\to\infty}\frac{2x^2+1}{x^2-1}=\lim_{x\to\infty}\frac{2+\frac{1}{x^2}}{1-\frac{1}{x^2}}=\frac{2}{1}=2$$

이다.

(b) $(\sqrt{x+1}+\sqrt{x})$를 곱하고 나누면

$$\lim_{x\to\infty}\frac{(\sqrt{x+1}-\sqrt{x})(\sqrt{x+1}+\sqrt{x})}{(\sqrt{x+1}+\sqrt{x})}=\lim_{x\to\infty}\frac{1}{\sqrt{x+1}+\sqrt{x}}=0$$

이다. □

극한값 $\lim_{x\to a}\dfrac{f(x)}{g(x)}$에서 분모의 극한값이 0이고 분자의 극한값이 0이 아니면 극한값은 존재하지 않는다. 따라서 분모의 극한값이 0이면서 전체의 극한값이 존재하려면 분자의 극한값도 0이어야 한다.

보기 2 $\lim_{x\to 1}\dfrac{ax+b}{x-1}=3$일 때 상수 a, b를 구하시오.

Solution 분모의 극한값이 0이므로 분자의 극한값도 $a+b=0$이다. 따라서

$$\lim_{x\to 1}\frac{ax+b}{x-1}=\lim_{x\to 1}\frac{ax-a}{x-1}=a=3$$

이고 $b=-3$이다. □

샌드위치 정리

a 근방의 x에 대하여 $f(x)\le g(x)$이고 $x=a$에서 f와 g의 극한값이 존재한다고 하자. 그러면 다음 부등식이 성립한다.

$$\lim_{x\to a}f(x)\le\lim_{x\to a}g(x)$$

이 성질을 극한의 **단조성(monotonicity)**이라 한다. 다음 결과는 **샌드위치 정리(Sandwich theorem)**, 또는 **압축 정리(squeeze theorem)**라고 부른다.

샌드위치 정리

a 근방의 x에 대하여 $f(x) \le g(x) \le h(x)$이고

$$\lim_{x\to a} f(x) = \lim_{x\to a} h(x) = L$$

이라 하자. 그러면 극한값 $\lim_{x\to a} g(x)$가 존재하고 다음 식이 성립한다.

$$\lim_{x\to a} g(x) = L$$

Note 만약 $\lim_{x\to a} |f(x)| = 0$이면 $-|f(x)| \le f(x) \le |f(x)|$이므로 샌드위치 정리에 의해서

$$\lim_{x\to a} f(x) = 0$$

임을 알 수 있다.

1.2.2 연속함수

$x = a$에서 함수의 극한값이 존재하고 **극한값과 함숫값이 같으면**, 다시 말해서 다음 성질을 만족하면 f는 $x = a$에서 **연속(continuous)**이라 한다.

$$\lim_{x\to a} f(x) = f(a) = f\Big(\lim_{x\to a} x\Big) \quad \text{또는} \quad \lim_{h\to 0} f(a+h) = f(a) \tag{1.1}$$

함수 f가 $x = a$에서 연속이 아닐 때, f는 $x = a$에서 **불연속(discontinuous)**이라 하고 $x = a$를 f의 **불연속점(discontinuity)**이라 한다. 함수가 정의역의 모든 점에서 연속이면 **연속함수 (continuous function)**라 한다.

연속함수

- $\lim_{x\to a} f(x) = f(a) = f\Big(\lim_{x\to a} x\Big)$이면 함수 $f(x)$는 $x = a$에서 **연속**이라 한다.
- 함수가 정의역의 모든 점에서 연속이면 **연속함수**라고 한다.

Note 정의역이 연결된 하나의 구간이면 연속함수 $y = f(x)$의 그래프는 끊어짐 없이 연결되어 있다.

Note 연속함수의 정의에 의하면 함수 $f(x) = \frac{1}{x}$는 연속함수이다. 이때 정의역은 $\mathbb{R} - \{0\} = (-\infty,\ 0) \cup (0,\ \infty)$이다.

헤비사이드함수

$$H(t) = \begin{cases} 0, & t < 0 \\ 1, & t \geq 0 \end{cases}$$

나 절댓값함수

$$f(x) = |x| = \begin{cases} -x, & x < 0 \\ x, & x \geq 0 \end{cases}$$

처럼 함수가 2개 이상의 구간에서 다르게 정의되면 **조각적으로(piecewise)** 정의되었다고 한다. 조각적으로 정의된 함수가 각 구간에서 연속이면 **조각적으로 연속(piecewise continuous)**이라 한다. 헤비사이드함수와 절댓값함수는 모두 조각적으로 연속인 함수이다. 조각적으로 연속인 함수는 각 구간의 끝점에서 연속이면 연속함수이다. 예를 들어 절댓값함수는

$$\lim_{x \to 0+} f(x) = \lim_{x \to 0-} f(x) = 0 = f(0)$$

이므로 연속함수이다. 그러나 헤비사이드함수는 $x = 0$에서 극한값이 존재하지 않으므로 연속이 아니고 따라서 연속함수가 아니다.

보기 3 다음 함수가 $x = 1$에서 연속이 되도록 상수 a의 값을 정하시오.

$$f(x) = \begin{cases} ax, & x < 1 \\ 2^x, & x \geq 1 \end{cases}$$

Solution $x = 1$에서 함수 f의 극한값이 존재하고, 그 극한값이 함숫값 $f(1)$과 같아야 한다. 즉 $x = 1$에서 좌극한이 $f(1)$이 되도록 a를 정해야 한다.

$$\lim_{x \to 1-} f(x) = \lim_{x \to 1-} (ax) = a$$

이므로

$$a = f(1) = 2$$

이다. 따라서 $a = 2$이면 f는 $x = 1$에서 연속이다. □

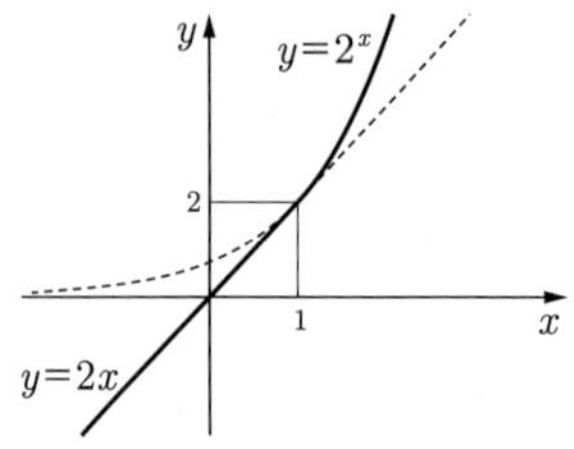

함수의 연산과 연속성

복잡한 함수의 연속성은 함수의 연산에 대한 극한법칙으로부터 확인할 수 있다.

함수의 연산과 연속성

- 두 함수 f와 g가 $x = a$에서 연속이면 다음 함수들도 $x = a$에서 연속이다.

$$f \pm g, \quad c \cdot f \ (c\text{는 상수}), \quad f \cdot g, \quad f/g \ (\text{단, } g(a) \neq 0\text{인 경우})$$

- 함수 g가 $x = a$에서 연속이고 함수 f가 $b = g(a)$에서 연속이면 $f \circ g$는 $x = a$에서 연속이다.

Note 결과적으로 모든 다항함수와 유리함수는 정의역에서(즉 분모가 0이 아닌 점에서) 연속이다. 그 이외에도 삼각함수(사인, 코사인, 탄젠트 등), 지수함수, 로그함수 등은 연속함수이다. 이러한 함수들의 연산, 또는 합성으로 만들어지는 함수들도 역시 연속함수이다. 예를 들어, 다음 함수들은 모두 연속함수이다.

$$f_1(x) = \sqrt{x^2 - 1}, \quad f_2(x) = \tan\frac{1}{x}, \quad f_3(x) = 10^{-\sqrt{x}}, \quad f_4(x) = \log(x^2 - 2x)$$

함수 $y = f(x)$가 구간 $[a,\ b]$에서 연속이란 것은 그래프를 그렸을 때 끊어짐이나 구멍없이 연결되어 있다는 것을 수학적으로 표현한 것이다. 따라서 r이 $f(a)$와 $f(b)$ 사이의 값이라면 직선 $y = r$과 $y = f(x)$의 그래프는 적어도 한 점에서 만나는 것을 의미한다.

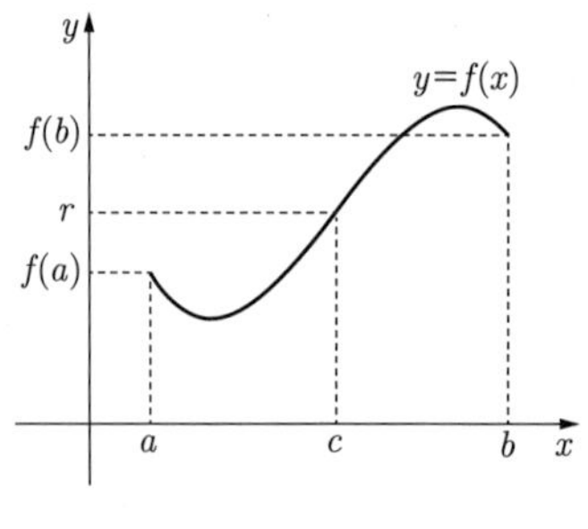

이 결과를 **사잇값정리(intermediate value theorem)**라 한다.

사잇값정리

함수 f가 닫힌구간 $[a,\ b]$에서 연속이고 $f(a) \neq f(b)$이면 $f(a)$와 $f(b)$ 사이의 임의의 값 r에 대하여

$$f(c) = r$$

인 점 c가 구간 $(a,\ b)$에 적어도 하나 존재한다.

Note 사잇값정리에서 $r = 0$일 때의 결과를 이용하면 방정식의 해가 존재하는 구간을 구할 수 있다. 즉, **연속함수 f에 대하여 $f(a)f(b) < 0$이면 $f(c) = 0$인 c가 구간 $(a,\ b)$에 존재한다.**

보기 4 방정식 $e^x = 2x + 1$에 대하여 적어도 하나의 양의 해가 존재함을 보이시오.

Solution $f(x) = e^x - 2x - 1$라 하면

$$f(1) = e - 3 < 0, \quad f(2) = e^2 - 5 > 0$$

이므로 사잇값정리에 의해 구간 $(1,\ 2)$에 적어도 하나의 해가 존재한다. □

함수를 다루는 데에 있어 가장 중요한 주제 중 하나는 최댓값, 최솟값을 구하는 것이다. 정의역 D에서 정의된 함수 $y = f(x)$는 모든 $x \in D$에 대하여

$$f(x) \geq f(c)$$

이면 $x = c$에서 **최솟값(minimum value)** $f(c)$를 갖는다고 한다. 마찬가지로 모든 $x \in D$에 대하여

$$f(x) \leq f(c)$$

이면 $x = c$에서 **최댓값(maximum value)** $f(c)$를 갖는다고 한다. 미분계수를 사용하여 최댓값, 최솟값을 구하는 방법은 뒤에서 다루기로 하고 연속함수에 대한 다음 결과로 이 절을 마무리하기로 한다.

최대·최소 정리

닫힌구간 $[a,\ b]$에서 함수 $y = f(x)$가 연속이면 함수 f는 이 구간에서 반드시 최댓값과 최솟값을 갖는다.

최대·최소 정리는 닫힌구간이 아니거나 닫힌구간에서 함수가 연속이 아닌 경우 성립하지 않을 수 있다. 예를 들어, 구간 $(0,\ 1)$에서 함수 $y = 1/x$는 연속이지만 최댓값, 최솟값 모두 존재하지 않는다. 또한

$$f(x) = \begin{cases} |x|, & x \neq 0 \\ 1, & x = 0 \end{cases}$$

는 $x = 0$에서 연속이 아닌데 구간 $[-1,\ 1]$에서 최댓값을 갖지만 최솟값은 갖지 않는다.

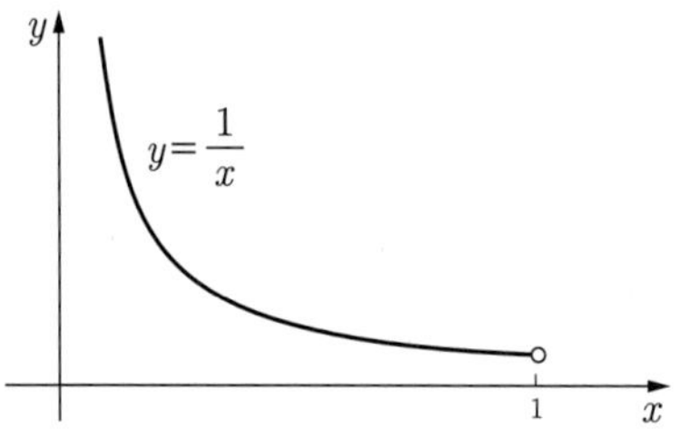

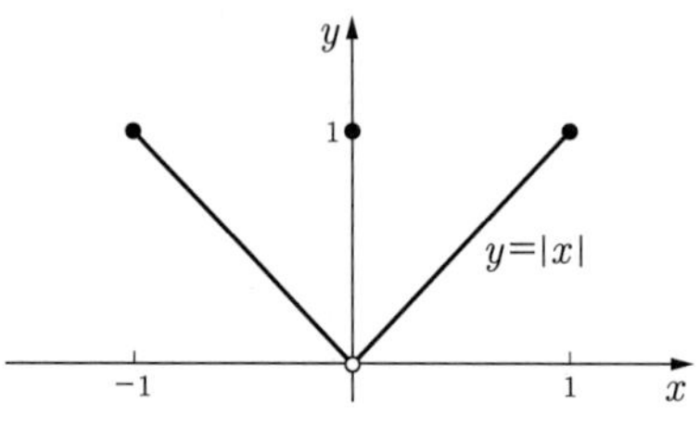

1.2.3 미분계수와 도함수

함수 $y = f(x)$가 a를 포함하는 열린구간에서 정의되었다고 하자. 변수 x가 a에서 $a + h$로 변할 때, x의 변화량 $\Delta x = h$와 그에 대응하는 종속변수 y의 변화량 $\Delta y = f(a+h) - f(a)$에 대하여 y의 변화량을 x의 변화량으로 나눈 몫

$$\frac{\Delta y}{\Delta x} = \frac{f(a+h) - f(a)}{h}$$

을 a와 $a + h$ 사이의 x에 대한 f의 **평균변화율(average rate of change)**이라 한다. 평균변화율은 다음 그림에서 선분 PQ의 기울기이다.

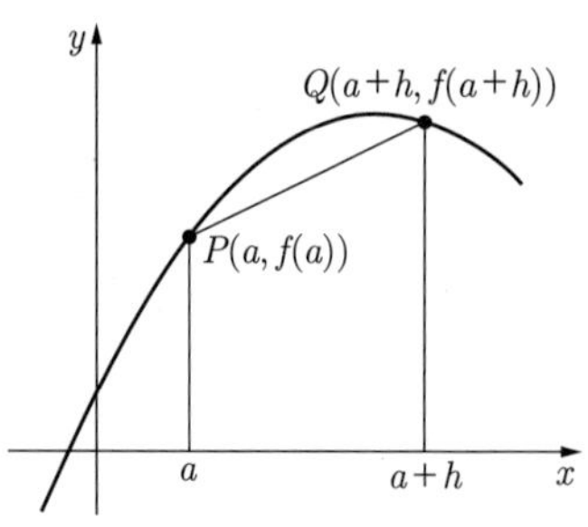

함수 $y=f(x)$에 대하여 $\Delta x = h$가 0에 가까워짐에 따라 평균변화율 $\frac{\Delta y}{\Delta x}$가 어떤 값에 수렴하면 이 값을 $x=a$에서의 **순간변화율(instantaneous rate of change)**, 또는 $x=a$에서의 **미분계수**라 하고 $f'(a)$로 나타낸다.

$$f'(a) = \lim_{h\to 0}\frac{f(a+h)-f(a)}{h} = \lim_{x\to a}\frac{f(x)-f(a)}{x-a}$$

극한값 $f'(a)$가 존재할 때 함수 f는 $x=a$에서 **미분가능하다(differentiable)**고 한다.

함수 $y=f(x)$가 미분가능한 x의 집합을 I라고 하면

$$f'(x) = \lim_{h\to 0}\frac{f(x+h)-f(x)}{h}$$

로 정의된 함수 $f' : I \to \mathbb{R}$을 f의 **도함수(derivative)**라고 부른다. $y=f(x)$의 도함수는 다음과 같이 여러 방법으로 나타낸다.

$$y', \quad f'(x), \quad \frac{dy}{dx}, \quad \frac{df}{dx}(x)$$

미분계수와 도함수

- $x=a$에서 $y=f(x)$의 미분계수: $f'(a) = \lim_{h\to 0}\frac{f(a+h)-f(a)}{h}$
- f가 미분가능한 점들의 집합 I에 대하여 $y=f(x)$의 도함수 :

$$f' : I \to R, \quad f'(x) = \lim_{h\to 0}\frac{f(x+h)-f(x)}{h}$$

보기 5 함수 $y=\sqrt{x}$에 대하여 정의를 이용하여 $x=2$에서 미분계수를 구하고 도함수를 구하시오.

Solution $g(x)=\sqrt{x}$라 할 때 정의에 의하여 구하면 다음과 같다.

$$\begin{aligned} g'(2) &= \lim_{h\to 0}\frac{\sqrt{2+h}-\sqrt{2}}{h} = \lim_{h\to 0}\frac{(\sqrt{2+h}-\sqrt{2})(\sqrt{2+h}+\sqrt{2})}{h(\sqrt{2+h}+\sqrt{2})} \\ &= \lim_{h\to 0}\frac{h}{h(\sqrt{2+h}+\sqrt{2})} = \lim_{h\to 0}\frac{1}{\sqrt{2+h}+\sqrt{2}} = \frac{1}{2\sqrt{2}} \end{aligned}$$

위 식에서 2 대신 $x > 0$를 대입하여 계산하면

$$g'(x) \;=\; \frac{1}{2\sqrt{x}}, \quad x > 0$$

을 얻는다. □

미분가능성과 연속성

f가 $x = a$에서 미분가능하다고 하자. 그러면

$$f(x) - f(a) = \frac{f(x) - f(a)}{x - a}(x - a)$$

에서

$$\lim_{x \to a} \frac{f(x) - f(a)}{x - a} = f'(a), \quad \lim_{x \to a}(x - a) = 0$$

이므로

$$\lim_{x \to a}(f(x) - f(a)) = f'(a) \cdot 0 = 0$$

또는

$$\lim_{x \to a} f(x) = f(a)$$

이 성립하고 f는 $x = a$에서 연속이다. 그러나 그 역은 참이 아니다. 다시 말해서 f가 $x = a$에서 연속이라 해서 항상 미분가능한 것은 아니다.[7] 원래 명제의 대우를 생각하면

"함수 f가 $x = a$에서 연속이 아니면 미분가능하지 않다"

는 것을 알 수 있다.

미분가능성과 연속성

- 함수 f가 $x = a$에서 미분가능하면 $x = a$에서 연속이다.
- 함수 f가 $x = a$에서 연속이 아니면 $x = a$에서 미분불가능하다.
- 함수 f가 $x = a$에서 연속이라 해서 $x = a$에서 항상 미분가능한 것은 아니다.

[7]반례는 보기 6을 참조할 것

$x = a$에서 우극한

$$\lim_{h \to 0+} \frac{f(a+h) - f(a)}{h}$$

가 존재하면 그 값을 $f'_+(a)$로 나타내고 $x = a$에서 f의 **우미분계수**라고 한다. 마찬가지로, 좌극한

$$\lim_{h \to 0-} \frac{f(a+h) - f(a)}{h} = -\lim_{h \to 0+} \frac{f(a-h) - f(a)}{h}$$

가 존재하면 그 값을 $f'_-(a)$로 나타내고 $x = a$에서 f의 **좌미분계수**라고 한다. 극한의 존재 조건으로부터 다음 결과를 얻는다.

미분가능성

다음 두 명제는 동치이다.

- f는 a에서 미분가능하다.
- $f'_+(a)$와 $f'_-(a)$가 존재하고 $f'_+(a) = f'_-(a)$이다. 이때 $f'(a) = f'_+(a)$이다.

보기 6 $x = 0$에서 함수 $y = f(x) = |x|$의 미분가능성을 조사하시오.

Solution 0과 h 사이의 평균변화율을 구하면

$$\frac{f(0+h) - f(0)}{h} = \begin{cases} \dfrac{h}{h} = 1, & h > 0 \\ \\ \dfrac{-h}{h} = -1, & h < 0 \end{cases}$$

이므로

$$f'_+(0) = 1, \quad f'_-(0) = -1$$

이다. 따라서 f는 $x = 0$에서 미분가능하지 않다. □

1.2.4 접선과 선형근사식

유클리드에 따르면 원의 **접선(tangent line)**은 원과 한 점에서 만나는 직선이다.[8]

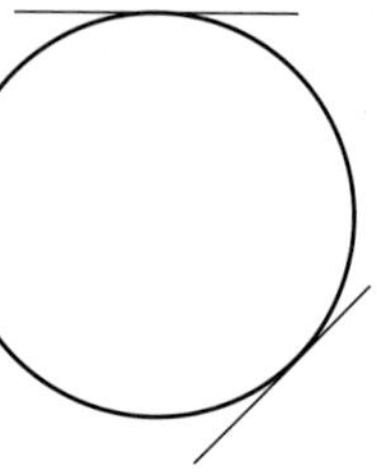

그렇다면 일반적인 그래프에 대하여 접선은 어떻게 정의할까? 원과 접선을 접점 근방에서 확대해 보면 원과 접선이 아주 비슷해 보인다. 일반적으로 $f'(a)$가 존재할 때 곡선 $y = f(x)$의 그래프를 점 $P(a,\ f(a))$근방에서 확대하면 할수록 곡선은 직선처럼 보인다. 이런 경우 곡선 $y = f(x)$는 $x = a$에서 **국소적으로 선형(locally linear)**이라 한다.[9]

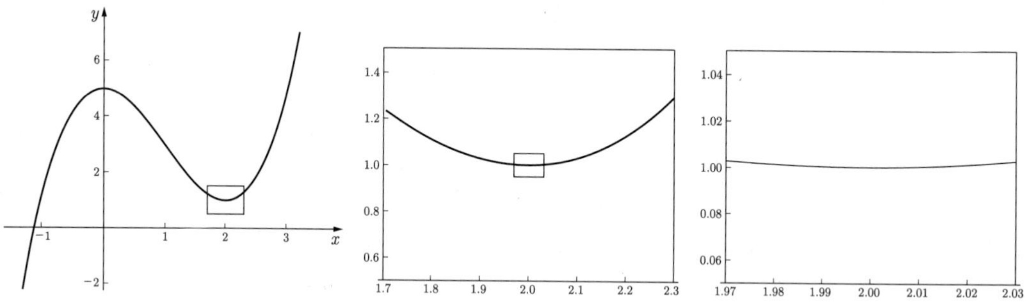

국소적으로 선형인 그래프를 확대하면 할수록 곡선 $y = f(x)$ 위의 한 점 $P(a,\ f(a))$ 근방에서의 평균변화율

$$\frac{f(a+h)-f(a)}{h}$$

는 미분계수 $f'(a)$에 가까워진다. 따라서 미분계수 $f'(a)$를 그 점에서 **곡선의 기울기(slope of curve)**로 정의하고 점 $P(a,\ f(a))$에서 곡선의 기울기와 같은 기울기를 갖는 직선을 **접선(tangent line)**으로 정의한다.

[8] 포물선, 타원, 쌍곡선과 같은 이차곡선에 대하여도 마찬가지이다.

[9] y축과 평행인 경우는 국소적으로 선형이라 하지 않는다. 따라서 $x = a$에서 국소적으로 선형이라는 표현과 미분가능하다는 표현은 같은 표현이다.

접선의 방정식

$x = a$에서 미분가능한 함수 $y = f(x)$의 접선의 방정식은 다음과 같다.

$$y = f'(a)(x - a) + f(a)$$

보기 7 함수 $g(x) = \sqrt{x}$에 대하여 $x = 2$에서 접선의 방정식을 구하시오.

Solution $g'(2) = \dfrac{1}{2\sqrt{2}}$이므로(보기 5 참조) 곡선 위의 점 $P(2,\ \sqrt{2})$에서 접선의 방정식은

$$y - \sqrt{2} = \frac{1}{2\sqrt{2}}(x - 2) \quad \Rightarrow \quad y = \frac{1}{2\sqrt{2}}(x + 2)$$

이다. □

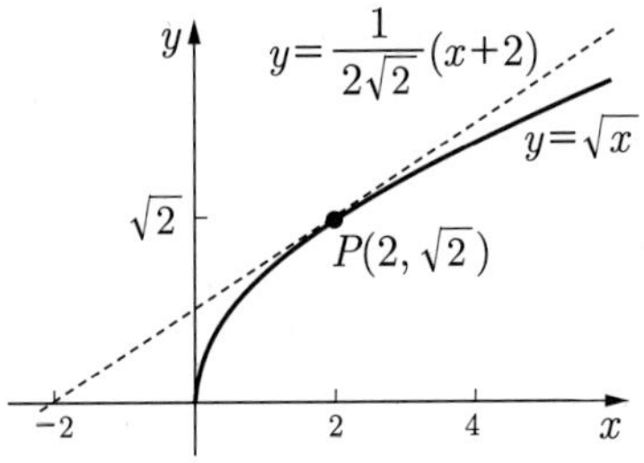

미분가능한 한 점에서 곡선의 그래프를 확대하면 할수록 접선의 그래프와 비슷해진다는 사실은 함수의 근삿값을 구하는 데에 유용하게 활용할 수 있다.

선형근사식 또는 일차근사식

함수 $y = f(x)$가 $x = a$에서 미분가능이면 a 근방의 x에 대하여

$$f(x) \approx L(x) = f(a) + f'(a)(x - a)$$

이다. 여기서 $L(x)$를 $x = a$에서 f의 **선형근사식(linear approximation)**, 또는 **일차근사식 (first order approximation)**이라 한다.

Note $\Delta x = x - a,\ \Delta y = f(x) - f(a) = f(a+\Delta x) - f(a)$라고 하면 선형근사식은 다음과 같이 표현하기도 한다.

$$\begin{aligned}\Delta y &= f(a+\Delta x) - f(a)\\ &\approx f'(a)\Delta x = f'(a)(x-a)\end{aligned}$$

보기 8 $x=0$에서 함수

$$f(x) = \sqrt{1+x}$$

의 선형근사식을 구하시오. 이 결과를 이용하여 $\sqrt{0.99},\ \sqrt{1.01},\ \sqrt{1.1},\ \sqrt{1.5},\ \sqrt{2}$의 근삿값을 구하시오.

Solution $x=0$에서의 미분계수는

$$f'(0) = \lim_{h\to 0}\frac{\sqrt{1+h}-\sqrt{1+0}}{h} = \lim_{h\to 0}\frac{h}{h(\sqrt{1+h}+\sqrt{1+0})} = \frac{1}{2}$$

이고 $f(0)=1$이므로 $x=0$에서 $\sqrt{1+x}$의 선형근사식은

$$y - 1 = \frac{1}{2}x \quad \text{또는} \quad y = 1 + \frac{1}{2}x$$

이다. 즉

$$\sqrt{1+x} \approx L(x) = 1 + \frac{1}{2}x$$

이므로 다음과 같이 근삿값을 구할 수 있다.

$$\begin{aligned}\sqrt{0.99} &= \sqrt{1+(-0.01)} \approx 1 + \frac{1}{2}(-0.01) = 0.995\\ \sqrt{1.01} &= \sqrt{1+0.01} \approx 1 + \frac{1}{2}(0.01) = 1.005\\ \sqrt{1.1} &= \sqrt{1+0.1} \approx 1 + \frac{1}{2}(0.1) = 1.05\\ \sqrt{1.5} &= \sqrt{1+0.5} \approx 1 + \frac{1}{2}(0.5) = 1.25\\ \sqrt{2} &= \sqrt{1+1} \approx 1 + \frac{1}{2}(1) = 1.5\end{aligned}$$

□

다음 그래프는 곡선 $y=\sqrt{1+x}$와 $x=0$에서 선형근사식을 그린 것이다.

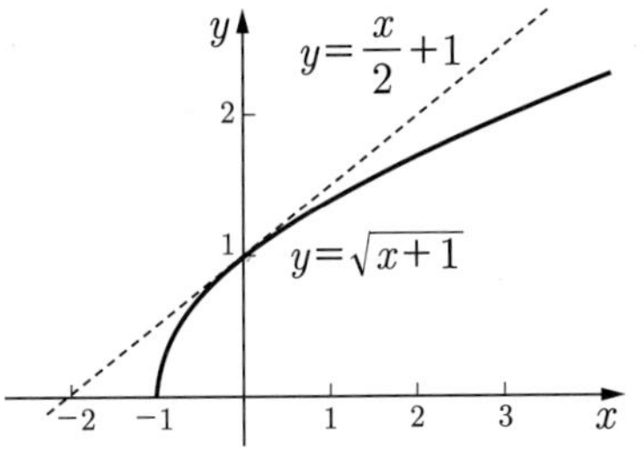

접선이 곡선보다 위에 있으므로 $x = 0$ 근방에서의 근삿값은 함수의 참값보다 크다. 이때 그 차이는 $|x-0| = |x|$가 커질수록 증가함을 볼 수 있다. 그래프에서 볼 수 있듯이 $|x|$가 큰 경우, 오차가 커지므로 좋은 근삿값이라 할 수 없다.

1.2.5 연습문제

1. 다음 값을 이용하여 주어진 극한값을 구하시오.

$$\lim_{x\to 3} f(x) = 4,\quad \lim_{x\to 3} g(x) = -8,\quad \lim_{x\to 3} h(x) = 0$$

(a) $\lim_{x\to 3}(2f(x)+g(x))$

(b) $\lim_{x\to 3}((f(x))^2 g(x))$

(c) $\lim_{x\to 3}\frac{f(x)}{g(x)+h(x)}$

(d) $\lim_{x\to 3}\frac{2f(x)+g(x)}{h(x)+1}$

(e) $\lim_{x\to 3}(\sqrt[3]{g(x)})$

(f) $\lim_{x\to 3}\frac{f(x)h(x)}{7+g(x)}$

2. 다음 극한값을 구하시오.

(a) $\lim_{x\to 2}(x^2-x+2)$

(b) $\lim_{x\to 2}\sqrt{x^2-x+2}$

(c) $\lim_{x\to 2}\frac{1}{x^2-x+2}$

(d) $\lim_{x\to 5}(2x^2-5x-1)$

(e) $\lim_{x\to 5}\frac{x-7}{2x^2-5x-1}$

(f) $\lim_{x\to 3}(x-4)^{17}$

(g) $\lim_{x\to -2}\sqrt{x^3+9}$

(h) $\lim_{x\to -4}(4-x)^{1/3}$

3. 다음 극한값을 구하시오. 극한값이 존재하지 않는 경우는 ND로 나타내시오.

(a) $\lim_{x\to -2}\frac{x^2-x-6}{x+2}$

(b) $\lim_{x\to -2}\frac{x^2+x-6}{x+2}$

(c) $\lim_{t\to 3}\frac{t-3}{t^2-9}$

(d) $\lim_{t\to 3}\frac{t^2-9}{2t^2+7t+3}$

(e) $\lim_{x\to 2}\frac{x^3-8}{x-2}$

(f) $\lim_{x\to 4}\frac{4-x}{2-\sqrt{x}}$

(g) $\lim_{x\to 1}\frac{x-1}{\sqrt{x+3}-2}$

(h) $\lim_{x\to -2}\frac{\frac{1}{2}+\frac{1}{x}}{2+x}$

(i) $\lim_{h\to 0}\frac{(2+h)^2-4}{h}$

(j) $\lim_{h\to0}\dfrac{\sqrt{h+2}-\sqrt{2}}{h}$

(k) $\lim_{h\to0}\dfrac{(h+2)^{-1}-2^{-1}}{h}$

(l) $\lim_{s\to2}\dfrac{s^4-16}{s^3-8}$

(m) $\lim_{s\to4}\dfrac{4s-s^2}{2-\sqrt{s}}$

(n) $\lim_{x\to-2}\dfrac{x+2}{\sqrt{x^2+5}-3}$

(o) $\lim_{z\to0}\left(\dfrac{1}{z}-\dfrac{1}{z^2+z}\right)$

(p) $\lim_{z\to0}\left(\dfrac{1}{z\sqrt{1+z^2}}-\dfrac{1}{z}\right)$

4. 다음 극한값이 존재하면 구하시오. 양의 무한대로 발산하면 ∞, 음의 무한대로 발산하면 $-\infty$로 나타내시오.

(a) $\lim_{x\to\infty}\dfrac{2x-6}{2-3x}$

(b) $\lim_{x\to-\infty}\dfrac{2x-6}{2-3x}$

(c) $\lim_{x\to\infty}\dfrac{x^2-x-6}{x+2}$

(d) $\lim_{x\to\infty}\dfrac{x^2-x-6}{x^2+2}$

(e) $\lim_{x\to\infty}\dfrac{x^2-x-6}{x^3+2}$

(f) $\lim_{x\to-\infty}\dfrac{x^2-x-6}{x+2}$

(g) $\lim_{x\to-\infty}\dfrac{x^2-x-6}{x^2+2}$

(h) $\lim_{x\to-\infty}\dfrac{x^2-x-6}{x^3+2}$

(i) $\lim_{x\to\infty}\dfrac{\sqrt{x^2+1}+2}{2x-1}$

(j) $\lim_{x\to-\infty}\dfrac{\sqrt{x^2+1}+2}{2x-1}$

5. 다음 극한값이 존재하면 구하시오. 양의 무한대로 발산하면 ∞, 음의 무한대로 발산하면 $-\infty$로 나타내시오.

(a) $\lim_{x\to\infty}(\sqrt{x^2+1}-x)$

(b) $\lim_{x\to-\infty}(\sqrt{x^2+1}+x)$

(c) $\lim_{x\to\infty}(\sqrt{x^2+x}-x)$

(d) $\lim_{x\to-\infty}(\sqrt{x^2+x}+x)$

(e) $\lim_{x\to\infty}(\sqrt{x^2+x}-\sqrt{x^2-x})$

(f) $\lim_{x\to-\infty}(\sqrt{x^2+x}-\sqrt{x^2-x})$

6. 다음 등식을 만족하는 상수 a, b를 구하시오.

(a) $\lim_{x\to2}\dfrac{x^2+ax+b}{x^2-x-2}=2$

(b) $\lim_{x\to0}\dfrac{\sqrt{ax+b}-2}{x}=2$

(c) $\lim_{x\to0}\dfrac{\sin x}{x^2+ax+b}=2$

(d) $\lim_{x\to1}\dfrac{a\sqrt{x}+b}{x-1}=2$

(e) $\lim_{x\to1}\dfrac{x^2+ax+4}{x^2-(b+1)x+b}=2$

7. 다음 극한값을 구하시오.

$$\lim_{x\to0}x\sin\frac{1}{x^2}$$

8. $\sqrt{4-2x^2}\le f(x)\le\sqrt{4-x^2}$ $(-1\le x\le1)$일 때, $\lim_{x\to0}f(x)$을 구하시오.

9. $\lim_{x\to 0}\dfrac{f(x)}{x^2}=3$일 때 $\lim_{x\to 0}f(x)$와 $\lim_{x\to 0}\dfrac{f(x)}{x}$을 구하시오.

10. 다음 함수의 수평점근선이 존재하면 구하시오.

(a) $f(x)=\sqrt{x^2+x}-x$

(b) $f(x)=\sqrt{x^2+1}-x$

(c) $f(x)=\sqrt{x^2+x}+x$

(d) $f(x)=\sqrt{x^2+1}+x$

11. 다음 함수가 연속함수가 되도록 상수 a를 정하시오.

(a) $f(x)=\begin{cases} x^2+1, & x\geq 2 \\ ax, & x<2 \end{cases}$

(b) $f(x)=\begin{cases} ax^2+1, & x\geq -1 \\ 2ax, & x<-1 \end{cases}$

12. 함수 f는 임의의 실수 $x,\ y$에 대하여 다음 등식을 만족한다고 한다.

$$f(x+y)=f(x)+f(y)$$

(a) $f(0)$을 구하시오.

(b) f는 $x=0$에서 연속이면 모든 점에서 연속임을 보이시오.

13. 함수 f는 임의의 실수 $x,\ y$에 대하여 다음 등식을 만족한다고 한다.

$$f(x+y)=f(x)f(y)$$

(a) $f(0)$을 구하시오.

(b) $f(0)=0$이면 모든 $x\in\mathbb{R}$에 대하여 $f(x)=0$임을 보이시오.

(c) $f(x)$는 $x=0$에서 연속이면 모든 점에서 연속임을 보이시오.

14. 방정식

$$2\sin x=x$$

는 적어도 세 개의 실근을 가짐을 사잇값정리를 이용하여 보이시오.

15. 사잇값정리를 이용하여 다음 방정식의 해가 주어진 구간에 존재함을 보이시오.

(a) $x^5+4x^3-4=0,\quad [0,\ 1]$

(b) $\sqrt{x+3}=2\cos x,\quad [0,\ 1]$

(c) $2^{-x}=x,\quad [0,\ 1]$

(d) $\sqrt{x-5}=\dfrac{1}{x+3},\quad [5,\ 6]$

16. 닫힌구간 $[0,\ 1]$에서 연속인 함수 $y = f(x)$에 대하여

$$0 < f(0) < 1, \quad 0 < f(1) < 1$$

이면 $f(c) = c$인 $c \in [0,\ 1]$가 존재함을 보이시오.

17. 다음 극한값은 어떤 함수 $f(x)$의 미분계수 $f'(a)$로 나타낼 수 있다. f와 a를 구하시오.

(a) $\displaystyle\lim_{h\to 0} \frac{(1+h)^{19}-1}{h}$ (b) $\displaystyle\lim_{x\to 4} \frac{2^x - 16}{x-4}$ (c) $\displaystyle\lim_{h\to 0} \frac{\sqrt{h+4}-2}{h}$

18. 주어진 점에서 다음 함수의 미분계수를 구하고 접선의 방정식을 구하시오.

(a) $y = 4 - x^2, \quad x = -1$

(b) $y = \sqrt{2x}, \quad x = 2$

(c) $y = x^3 + x, \quad x = 0$

(d) $y = \dfrac{1}{x-1}, \quad x = 3$

(e) $y = \dfrac{x}{x-1}, \quad x = 2$

(f) $y = \sqrt{x+4}, \quad x = 5$

19. $x = 2$에서 포물선 $y = ax^2$와 직선 $2x + y = b$가 접할 때 $a,\ b$를 구하시오.

20. $f'(2) = 5$일 때 $\displaystyle\lim_{x\to 0} \frac{f(2+2x) - f(2-3x)}{x}$의 값을 구하시오.

21. $f(2) = 0,\ f'(2) = 5$일 때 $\displaystyle\lim_{x\to 0} \frac{f(2+2x) + f(2-3x)}{x}$의 값을 구하시오.

22. 주어진 함수 f가 $x = 0$에서 미분가능하면 $f'(0)$을 구하고 미분가능하지 않으면 그 이유를 설명하시오.

(a) $f(x) = \sqrt{|x|}$ (b) $f(x) = x\sqrt{|x|}$

23. 다음 함수가 $x = a$에서 미분가능하도록 상수 $b,\ c$를 정하시오.

(a) $f(x) = \begin{cases} x^2, & x \le 1 \\ bx + c, & x > 1 \end{cases} \qquad a = 1$

(b) $f(x) = \begin{cases} \sqrt{x}, & x \le 4 \\ bx + c, & x > 4 \end{cases} \qquad a = 4$

(c) $f(x) = \begin{cases} \dfrac{1}{x}, & x \le 2 \\ bx + c, & x > 2 \end{cases} \qquad a = 2$

24. $f'(1) = 4,\ f(1) = 1$인 함수 $f(x)$에 대하여 다음 값을 구하시오.

(a) $\displaystyle\lim_{x\to 1} \frac{f(x)-1}{x^2-1}$

(b) $\displaystyle\lim_{x\to 1} \frac{f(x^2)-x^2}{x^2-1}$

(c) $\displaystyle\lim_{h\to 0} \frac{f(1+h^2)-1}{h}$

(d) $\displaystyle\lim_{h\to 0} \frac{f(1+2h)-f(1+h)}{h}$

25. 임의의 실수 $x,\ y$에 대하여 함수 $f(x)$는 다음 등식을 만족한다고 한다.

$$f(x+y) = f(x) + f(y)$$

f가 $x = 0$에서 미분가능하면 모든 x에서 미분가능함을 보이시오.

26. 항상 양의 값을 갖는 함수 f는 임의의 실수 $x,\ y$에 대하여 다음 등식을 만족한다고 한다.

$$f(x+y) = f(x)f(y)$$

$f'(0) = 3$일 때 $f(0)$을 구하고 $f'(x)$을 $f(x)$를 이용하여 나타내시오.

27. $x = 0$에서 미분가능한 함수가 모든 실수 $x,\ y$에 대하여

$$f(x+y) = f(x) + f(y) + xy, \quad \lim_{h\to 0} \frac{f(h)}{h} = 3$$

일 때 $f(0),\ f'(a)$를 구하시오.

28. 선형근사식 $(1+x)^k \approx 1 + kx$, (k는 실수)을 이용하여 다음 값의 근삿값을 구하시오.

(a) 1.012^3 (b) $\dfrac{1}{0.98^2}$ (c) $\dfrac{1}{9.97}$ (d) $\sqrt{100.2}$

29. 정육면체의 한 변의 길이가 반올림하여 12cm이다. 이 정육면체의 부피의 범위를 선형근사를 이용하여 구하시오.

30. 정육면체의 부피가 1003cm^3이다. 한 변의 길이를 선형근사를 이용하여 구하시오.

31. 다음과 같이 정의된 함수는 미분가능하지만 f'은 $x = 0$에서 연속이 아님을 보이시오.

$$f(x) = \begin{cases} x^2 \sin\dfrac{1}{x}, & x \neq 0 \\ 0, & x = 0 \end{cases}$$

1.3 미분법칙

1.3.1 사칙연산의 미분법칙

고등학교에서 배운 함수의 미분법칙을 정리하면 다음과 같다.

함수의 연산에 대한 미분법칙

미분가능한 두 함수 $f(x)$, $g(x)$에 대하여 다음이 성립한다.

- $(x^n)' = nx^{n-1}$, n은 자연수
- $(f(x) \pm g(x))' = f'(x) \pm g'(x)$
- $(cf(x))' = cf'(x)$
- $(f(x)g(x))' = f'(x)g(x) + f(x)g'(x)$

이제 두 함수의 몫 $f(x)/g(x)$의 도함수를 구해 보기로 하자. 우선 $g(x) \neq 0$인 x에 대하여 $\frac{1}{g(x)}$의 도함수를 구하면

$$\begin{aligned}\left(\frac{1}{g(x)}\right)' &= \lim_{h\to 0}\frac{\dfrac{1}{g(x+h)}-\dfrac{1}{g(x)}}{h} = \lim_{h\to 0}\frac{g(x)-g(x+h)}{hg(x+h)g(x)} \\ &= -\lim_{h\to 0}\frac{g(x+h)-g(x)}{h}\lim_{h\to 0}\frac{1}{g(x+h)g(x)} \\ &= -\frac{g'(x)}{(g(x))^2} \qquad (1.2)\end{aligned}$$

이다. 곱의 미분법칙

$$(f(x)g(x))' = f'(x)g(x) + f(x)g'(x)$$

과 식 (1.2)를 같이 이용하면 $\dfrac{f(x)}{g(x)} = f(x)\cdot\dfrac{1}{g(x)}$의 도함수를 다음과 같이 구할 수 있다.

$$\begin{aligned}\left(\frac{f(x)}{g(x)}\right)' &= f'(x)\frac{1}{g(x)} + f(x)\left(\frac{1}{g(x)}\right)' \\ &= \frac{f'(x)}{g(x)} - f(x)\frac{g'(x)}{(g(x))^2} = \frac{f'(x)g(x)-f(x)g'(x)}{(g(x))^2}\end{aligned}$$

이 결과를 **몫의 미분법칙**이라 한다.

몫의 미분법칙

미분가능한 두 함수 $f(x),\ g(x)$에 대하여 $g(x) \neq 0$이면 다음이 성립한다.

$$\left(\frac{f(x)}{g(x)}\right)' = \frac{f'(x)g(x) - f(x)g'(x)}{(g(x))^2}$$

보기 1 정수 n에 대하여 $(x^n)' = nx^{n-1}$임을 보이시오.

Solution 자연수 n에 대하여

$$(x^n)' = nx^{n-1}$$

이므로 몫의 미분법으로부터

$$(x^{-n})' = \left(\frac{1}{x^n}\right)' = -\frac{(x^n)'}{(x^n)^2} = -\frac{nx^{n-1}}{(x^n)^2} = -nx^{-n-1}$$

이다. $x^0 = 1,\ (x^0)' = 0$이므로 모든 정수 n에 대하여 다음 식이 성립한다.

$$(x^n)' = nx^{n-1}$$ □

보기 2 곡선 $y = \dfrac{x}{1+x^2}$에 대하여

(a) 곡선 위의 점 $(2,\ 0.4)$에서 접선의 방정식을 구하시오.

(b) x축과 평행한 접선이 있으면 모두 구하시오.

Solution

(a) $y' = \dfrac{1(1+x^2) - x(2x)}{(1+x^2)^2} = \dfrac{1-x^2}{(1+x^2)^2}$이므로 $x = 2$에서 접선의 기울기는

$$m = \frac{1-2^2}{(1+2^2)^2} = -\frac{3}{25}$$

이다. 따라서 접선의 방정식은 다음과 같다.

$$y - \frac{2}{5} = -\frac{3}{25}(x-2) \quad \Rightarrow \quad y = -\frac{3}{25}x + \frac{16}{25}$$

(b) 기울기가 0이 되는 x를 구하면

$$\frac{1-x^2}{(1+x^2)^2} = 0 \quad \Rightarrow \quad x = \pm 1$$

이므로 x축과 평행한 2개의 접선 $y = \pm\frac{1}{2}$이 존재한다. □

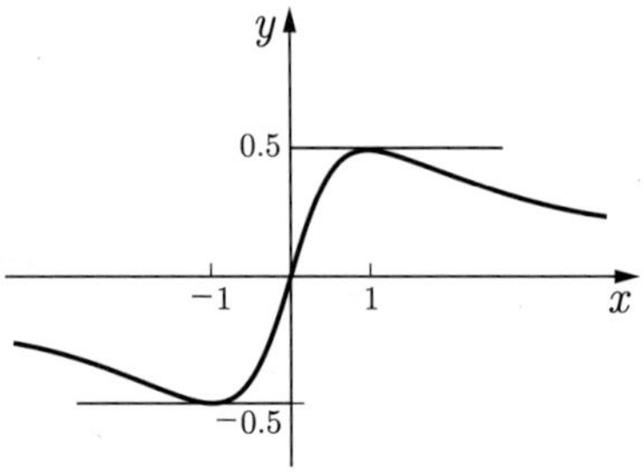

사인함수와 코사인함수의 도함수는 다음과 같이 주어진다.[10]

$$(\sin x)' = \cos x, \quad (\cos x)' = -\sin x$$

$y = \tan x = \dfrac{\sin x}{\cos x}$ 이므로 탄젠트함수의 도함수는 몫의 미분법으로 구할 수 있다.

$$\begin{aligned}(\tan x)' &= \left(\frac{\sin x}{\cos x}\right)' = \frac{(\sin x)'\cos x - \sin x(\cos x)'}{\cos^2 x} \\ &= \frac{\cos^2 x + \sin^2 x}{\cos^2 x} = \frac{1}{\cos^2 x} = \sec^2 x\end{aligned}$$

이때 $\sec x = \dfrac{1}{\cos x}$ 이다. 삼각함수의 도함수에 대한 결과를 정리하면 다음과 같다.

삼각함수의 도함수

$$(\sin x)' = \cos x, \qquad (\cos x)' = -\sin x, \qquad (\tan x)' = \sec^2 x$$

고계도함수

$y = f(x)$가 미분가능한 함수라면 f의 도함수 f'도 함수이다. 따라서 f'이 미분가능하면 f'의 도함수를 생각할 수 있다. 여기서 f'의 도함수를 f''로 나타내고 f의 **이계도함수(second derivative)**라 부른다.

$$f''(x) = (f'(x))' = \frac{d}{dx}(f'(x))$$

[10] 증명없이 결과만 활용한다. 증명은 고등학교 미적분 교재를 참고하기 바란다.

다음과 같은 기호들이 모두 이계도함수를 나타내는 데에 사용된다.

$$f''(x), \quad \frac{d^2y}{dx^2}, \quad \frac{d}{dx}\left(\frac{dy}{dx}\right), \quad y''$$

같은 방법으로 f의 삼계도함수는 f'''로 나타내고 f''의 도함수로 정의한다. 일반적으로 자연수 n에 대하여 n계 도함수는 $f^{(n)}(x)$로 나타내고 다음과 같이 귀납적으로 정의한다.

$$f^{(n)}(x) = \left(f^{(n-1)}(x)\right)' = \frac{d}{dx}\left(f^{(n-1)}(x)\right)$$

보기 3 $y = x^4 - x^3 + x$이면

$$\begin{aligned} y' &= 4x^3 - 3x^2 + 1 \\ y'' &= 12x^2 - 6x \\ y''' &= 24x - 6 \\ y^{(4)} &= 24 \\ y^{(5)} &= 0 \end{aligned}$$

이다. 따라서 $n \geq 5$이면 $y^{(n)} = 0$이다. □

일반적으로 자연수 n에 대하여 $f(x) = x^n$이면

$$f^{(n)}(x) = n!, \quad f^{(n+1)}(x) = f^{(n+2)}(x) = \cdots = 0$$

이다. 따라서 $f(x) = a_n x^n + a_{n-1}x^{n-1} + \cdots + a_1 x + a_0$이면

$$f^{(n)}(x) = n! a_n, \quad f^{(n+1)}(x) = 0$$

이다. 예를 들어, $f(x) = (x+2)(2x^2 - 2x + 1)(x-1)$이면 f는 x의 4차식이고 x^4의 계수는 2이므로

$$f^{(4)}(x) = 4! \cdot 2 = 8, \qquad f^{(5)}(x) = 0$$

이다.

1.3.2 연쇄법칙 : 합성함수의 미분법칙

$y = f(u),\ u = g(x)$가 미분가능한 함수이고

$$F(x) = (f \circ g)(x) = f(g(x))$$

라고 하자. Δx에 대응하는 $g(x)$의 변화량을 Δu, Δu에 대응하는 f의 변화량을 Δy라고 하자.

$$\begin{aligned}\Delta u &= g(x+\Delta x)-g(x)\\ \Delta y &= f(u+\Delta u)-f(u)\end{aligned}$$

그러면

$$\begin{aligned}F(x+\Delta x)-F(x) &= f(g(x+\Delta x))-f(g(x))\\ &= f(u+\Delta u)-f(u)=\Delta y\end{aligned}$$

이므로 Δx에 대응하는 $F(x)$의 변화량은 Δy이다. 따라서 x에 대한 F의 평균변화율은

$$\frac{\Delta y}{\Delta x}=\frac{\Delta y}{\Delta u}\cdot\frac{\Delta u}{\Delta x}$$

로 쓸 수 있다. 함수 g는 연속이므로 $\Delta x\to 0$이면 $\Delta u=g(x+\Delta x)-g(x)\to 0$이다. 따라서 양변에 $\Delta x\to 0$일 때의 극한값을 취해 주면

$$\begin{aligned}\frac{dy}{dx} &= \lim_{\Delta x\to 0}\frac{\Delta y}{\Delta x}=\lim_{\Delta x\to 0}\left(\frac{\Delta y}{\Delta u}\cdot\frac{\Delta u}{\Delta x}\right)\\ &= \lim_{\Delta u\to 0}\frac{\Delta y}{\Delta u}\cdot\lim_{\Delta x\to 0}\frac{\Delta u}{\Delta x}=\frac{dy}{du}\frac{du}{dx}\end{aligned}$$

을 얻는다. 다시 말해서

$$F'(x)=(f(g(x)))'=f'(u)g'(x)=f'(g(x))g'(x)$$

이 성립한다. 합성함수에 대한 이러한 미분법칙을 **연쇄법칙(chain rule)**이라 한다.[11] 특히, $f(u)=u^n$이면

$$f(g(x))=g^n(x)=(g(x))^n$$

이고 $f'(u)=nu^{n-1}$이므로 다음 식이 성립한다.

---

[11]**Note** 연쇄법칙은 세 개 이상의 함수가 합성되었을 때에도 같은 방법으로 주어진다. 예를 들어

$$x=h(t),\quad y=g(x),\quad z=f(y)$$

라고 하면 $z=f(g(x))=f(g(h(t)))$에 대하여

$$\frac{dz}{dt}=\frac{dz}{dx}\frac{dx}{dt}=\frac{dz}{dy}\frac{dy}{dx}\frac{dx}{dt}$$

이다. 따라서 $F(t)=(f\circ g\circ h)(t)=f(g(h(t)))$에 대하여 다음 식이 성립한다.

$$\begin{aligned}F'(t) &= \frac{dz}{dt}=\frac{dz}{dy}\frac{dy}{dx}\frac{dx}{dt}=f'(y)g'(x)h'(t)\\ &= f'(g(h(t)))g'(h(t))h'(t)\end{aligned}$$

$$\frac{dy}{dx} = f'(g(x))g'(x) = ng^{n-1}(x)g'(x)$$

연쇄법칙

함수 $f(u)$가 $u = g(x)$에서 미분가능하고 함수 $g(x)$가 x에서 미분가능하다고 하자. 그러면 합성함수 $F(x) = f(g(x))$는 x에서 미분가능하고 다음 식이 성립한다.

$$\begin{aligned} F'(x) &= f'(g(x))g'(x) \\ (g^n(x))' &= ng^{n-1}(x)g'(x) \end{aligned}$$

보기 4 다음 함수의 도함수를 구하시오.

(a) $y = (x^2 + 1)^5$ (b) $y = \sqrt{x^2 + 1}$ (c) $y = \sin^2 x$ (d) $y = \sin(x^2)$

Solution

(a) $f(u) = u^5,\ u = g(x) = x^2 + 1$로 놓으면 $(x^2 + 1)^5 = f(g(x))$이므로

$$\begin{aligned} (f(g(x)))' &= 5g^4(x)g'(x) \\ &= 5(x^2 + 1)^4(2x) = 10x(x^2 + 1)^4 \end{aligned}$$

(b) $y = (1 + x^2)^{\frac{1}{2}}$ 이므로

$$y' = \frac{1}{2}(1 + x^2)^{-\frac{1}{2}}(1 + x^2)' = \frac{x}{\sqrt{1 + x^2}}$$

(c) $f(u) = u^2,\ u = g(x) = \sin x$로 놓으면 $(\sin x)^2 = f(g(x))$이므로

$$(f(g(x)))' = 2u(\sin x)' = 2\sin x \cos x$$

(d) $f(u) = \sin u,\ u = g(x) = x^2$로 놓으면 $\sin(x^2) = f(g(x))$이므로

$$(f(g(x)))' = (\cos u)(x^2)' = 2x\cos(x^2) \qquad \square$$

공 모양의 풍선에 바람을 불어 넣으면 시간이 지남에 따라 풍선의 반지름도 늘어나고, 표면적과 부피도 늘어난다. 반지름과 표면적, 부피는 서로 관련이 되어 있다. 다시 말해서,

하나는 다른 하나의 함수로 나타낼 수 있다. 많은 경우 부피의 변화율을 구하기가 반지름이나 표면적의 변화율을 구하는 것보다 훨씬 간단하다. 따라서 부피의 변화율을 이용하여 다른 변화율을 구할 수 있다면 훨씬 효율적일 것이다. 이렇게 연관된 두 변수의 함수 관계를 이용하여 다른 변수의 변화율을 구하여 보기로 한다.

보기 5 구 모양의 대형풍선의 부피 V가 분당 4m^3씩 증가하고 있다. 풍선은 표면적 S는 $400\pi\text{m}^2$ 이하에서는 안전하지만 이보다 더 넓어지면 파열될 위험성이 있다고 한다. 표면적이 $400\pi\text{m}^2$일 때 시간에 대한 반지름의 변화율과 표면적의 변화율을 구하시오.

Solution 반지름이 r이면 표면적 S와 부피 V는 각각

$$S = 4\pi r^2, \quad V = \frac{4}{3}\pi r^3$$

이다. 표면적이 $400\pi(\text{m}^2)$일 때 반지름은 $r = 10(\text{m})$이고 부피의 시간에 따른 변화율은

$$\frac{dV}{dt} = 4(\text{m}^3/\text{min})$$

이다. 따라서 부피의 식에서 양변을 t에 대하여 미분하면

$$\frac{dV}{dt} = \frac{4}{3}\pi \cdot 3r^2 \frac{dr}{dt} = 4\pi r^2 \frac{dr}{dt}$$

이다. 따라서 $r = 10$일 때 반지름의 변화율은

$$4 = 4\pi \cdot 10^2 \frac{dr}{dt} \quad \Rightarrow \quad \frac{dr}{dt} = \frac{1}{100\pi} \approx 0.0032(\text{m/min})$$

이다. 표면적의 식을 t에 대하여 미분하면

$$\frac{dS}{dt} = 4\pi \cdot 2r \frac{dr}{dt}$$

이고 $r = 10$일 때 $\dfrac{dr}{dt} = \dfrac{1}{100\pi}$임을 이용하면 표면적의 변화율은

$$\frac{dS}{dt} = 8\pi \cdot 10 \cdot \frac{1}{100\pi} = \frac{8}{10} = 0.8(\text{m}^2/\text{min})$$

이다. □

Note 위의 보기에서 어떤 단위를 사용하느냐에 따라 다른 답을 얻는다. 그러나 단위를 환산하면 같은 답을 얻는다. 이런 종류의 문제에서 사용하는 단위를 일관되게 사용하도록 주의하여야 한다.

1.3.3 음함수 미분법과 역함수 정리

타원(ellipse)은 길쭉한 원이라는 뜻인데 중심이 원점인 타원은 다음과 같은 방정식으로 나타낸다.

$$\frac{x^2}{a^2} + \frac{y^2}{b^2} = 1$$

$a > b > 0$이면 옆으로 긴 원 모양이고 $b > a > 0$이면 위아래로 긴 원 모양이다. 타원의 그래프는 $(\pm a,\ 0)$, $(0,\ \pm b)$를 지난다.

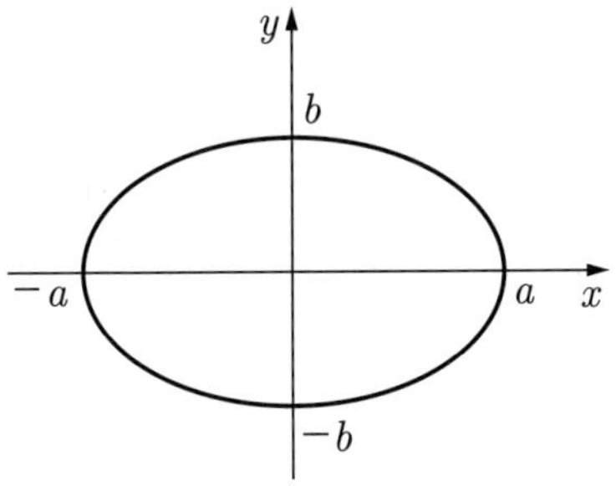

$a > b > 0$

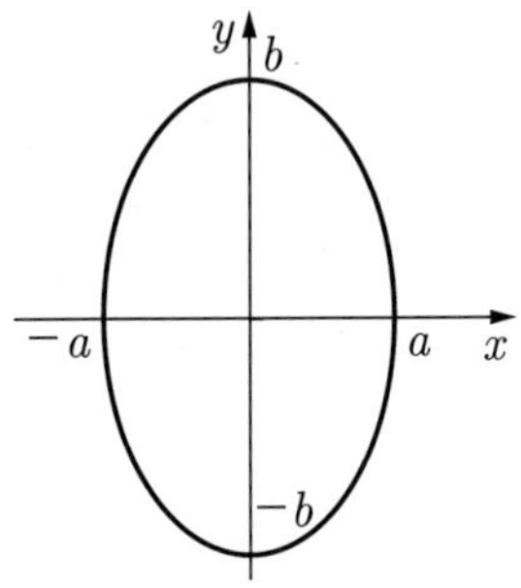

$b > a > 0$

방정식

$$\frac{x^2}{a^2} - \frac{y^2}{b^2} = 1 \quad \text{또는} \quad \frac{x^2}{a^2} - \frac{y^2}{b^2} = -1$$

의 그래프는 대칭인 두 개의 곡선으로 이루어지는데 이 곡선을 **쌍곡선(hyperbola)**이라 부른다.

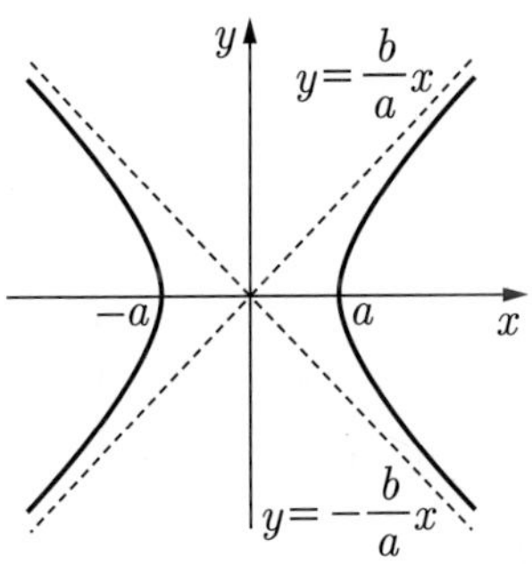

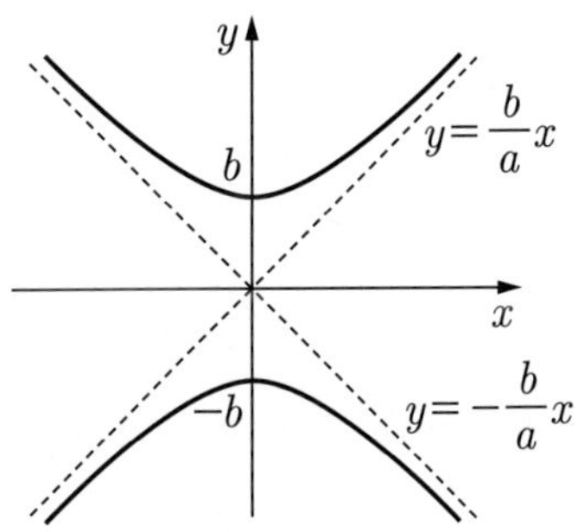

타원이나 쌍곡선을 평행이동하거나 회전한 그래프도 타원이나 쌍곡선이다.

타원이나 쌍곡선 같이 함수의 관계식이 $y = f(x)$와 같은 형태로 명확히 주어지지 않는 경우 **음함수 꼴로 표현되었다(defined implicitly)**고 한다.[12] 함수가 음함수 꼴로 주어진 경우

---

[12] 함수가

$$y = x^2 - 2, \qquad y = x \log x$$

표현된 식을(국소적으로) y에 대하여

$$y = f(x)$$

와 같이 풀어 쓸 수 있는 경우가 있다. 예를 들어 $x^2+4y^2=4$를 y에 대하여 풀면

$$y = \pm\frac{1}{2}\sqrt{4-x^2}$$

이다. 따라서 $x^2+4y^2=4$는 다음과 같이 두 함수의 그래프로 표현된다.

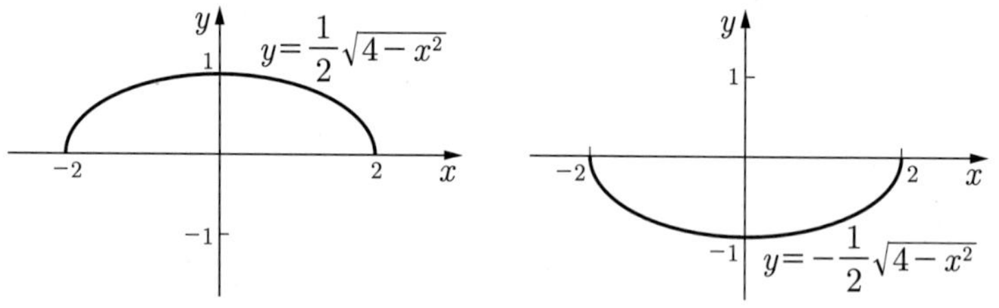

일반적으로 음함수 꼴로 주어진 그래프는 하나의 함수의 그래프가 아니라 여러 함수의 그래프가 합해진 것이다.

보기 6 타원 $x^2+4y^2=16$ 위의 점 $(2,\ \sqrt{3})$에서 접선의 기울기를 구하시오.

Solution 접선의 기울기를 두 가지 방법으로 구해 보기로 하자.

방법 1 : 점 $(2,\ \sqrt{3})$ 근방에서 양함수 꼴로 고쳐 쓰면

$$y = \sqrt{4-\frac{x^2}{4}} = \left(4-\frac{x^2}{4}\right)^{1/2}$$

이고

$$y' = \frac{1}{2}\left(4-\frac{x^2}{4}\right)^{-1/2}\left(4-\frac{x^2}{4}\right)' = \frac{-x}{4\sqrt{4-\frac{x^2}{4}}}$$

이다. 따라서 점 $(2,\ \sqrt{3})$에서 접선의 기울기는 다음과 같다.

$$y'\Big|_{x=2} = -\frac{1}{2\sqrt{3}}$$

방법 2 : 합성함수의 미분법을 이용하여 $x^2+4y^2=16$의 양변을 x에 대하여 미분하면

$$\frac{d}{dx}(x^2+4y^2) = \frac{d}{dx}16 \quad\Rightarrow\quad 2x+8y\frac{dy}{dx}=0$$

와 같이 $y=f(x)$ 꼴로 쓰여졌을 때 **양함수 꼴로 표현되었다(defined explicitly)**고 한다.

이다. 따라서 점 $(2,\ \sqrt{3})$에서 접선의 기울기는

$$\frac{dy}{dx} = -\frac{x}{4y} = -\frac{1}{2\sqrt{3}}$$

이다. □

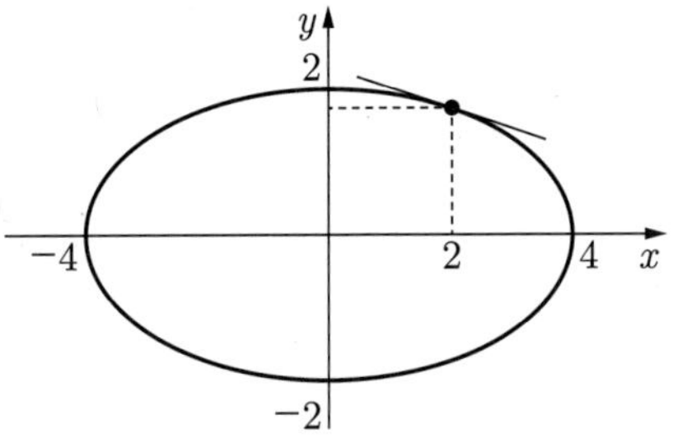

보기 6의 두 번째 풀이처럼 음함수를 양함수 꼴로 바꾸지 않고 미분계수를 구하는 것을 **음함수 미분법(implicit differentiation)**이라 한다. 이 방법을 이용하면 음함수 꼴로 주어진 함수를 양함수 꼴로 바꾸지 않아도 주어진 점에서 미분계수를 구할 수 있다.

음함수 미분법

- 음함수 꼴로 주어진 식의 양변을 x에 대하여 미분한다. 이때 y는 x의 함수이다.
- dy/dx를 포함하는 항을 방정식의 한 변으로 정리하여 dy/dx에 대하여 푼다.

보기 7 쌍곡선 $x^2 - y^2 = 1$ 위의 한 점 $(x_0,\ y_0)$에서 그은 접선의 방정식이 다음과 같이 주어짐을 보이시오. 단, $y_0 \neq 0$이다.

$$x_0 x - y_0 y = 1$$

Solution 음함수 미분법에 의하면

$$2x - 2yy' = 0$$

이므로 쌍곡선 $x^2 - y^2 = 1$ 위의 한 점 $(x_0,\ y_0)$에서 접선의 기울기는

$$y' = \frac{x_0}{y_0}$$

이다. 점 $(x_0,\ y_0)$을 지나는 접선의 방정식은

$$y - y_0 = \frac{x_0}{y_0}(x - x_0) \quad \Rightarrow \quad y_0 y - y_0^2 = x_0 x - x_0^2$$

이다. $x_0^2 - y_0^2 = 1$이므로 접선의 방정식은 $x_0 x - y_0 y = 1$이다. □

역함수 정리

기울기가 0이 아닌 모든 일차함수

$$y = f(x) = ax + b \ (a \neq 0)$$

의 역함수는

$$y = f^{-1}(x) = \frac{x}{a} - \frac{b}{a}$$

이므로 f의 기울기 a와 f^{-1}의 기울기 $1/a$은 항상 역수이다. f와 $g = f^{-1}$의 기울기에 대한 역수 관계는 일차함수가 아닌 경우에도 역시 성립한다.[13]

함수 f의 역함수 $g = f^{-1}$가 존재하고 미분가능하다면 $g(f(x)) = x$이므로 양변을 x에 대하여 미분하면

$$g'(f(x))f'(x) = 1$$

이다. 따라서 $b = f(a),\ a = g(b)$이므로 $f'(a) \neq 0$이면 다음 식이 성립한다.

$$g'(b) = \frac{1}{f'(a)} = \frac{1}{f'(g(b))}$$

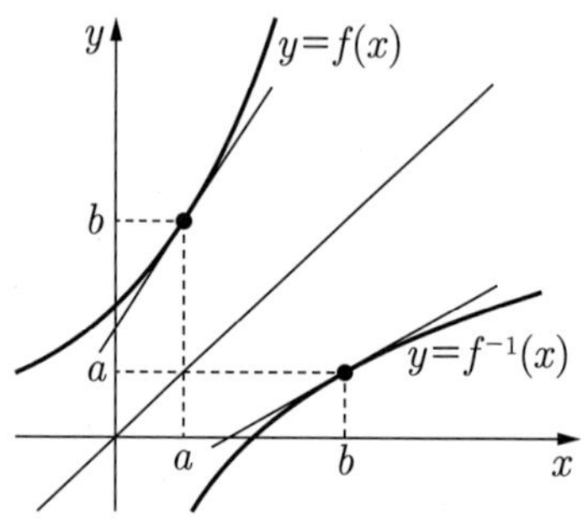

이 결과를 **역함수 정리(inverse function theorem)**라 한다.

[13] 한 점에서 곡선의 기울기는 그 점에서 접선의 기울기로 정의됨을 기억하자.

역함수 정리

구간에서 정의된 미분가능한 함수 $y = f(x)$가 정의역의 모든 점에서 $f'(x) \neq 0$이면

- f의 역함수 $g = f^{-1}$가 존재하고 미분가능하다.
- $b = f(a)$이면 다음 관계식이 성립한다.

$$g'(b) = \frac{1}{f'(a)} = \frac{1}{f'(g(b))} \tag{1.3}$$

Note 역함수 정리의 결론은 라이프니츠의 표기법을 이용하면 다음과 같이 쓸 수 있다.

$$\frac{dx}{dy} = \frac{1}{dy/dx}$$

보기 8 함수 $f(x) = x^3 + 3x$의 역함수 g가 존재함을 설명하고, 미분계수 $g'(4)$를 구하시오.

Solution 임의의 실수 x에 대하여

$$f'(x) = 3x^2 + 3 > 0$$

이므로 역함수 정리에 의하여 역함수 g가 존재한다.

$$f(a) = a^3 + 3a = 4$$

이면 $a = 1$이므로 $g(4) = 1$이다. 따라서

$$g'(4) = \frac{1}{f'(g(4))} = \frac{1}{f'(1)} = \frac{1}{6}$$

이다. □

1.3.4 연습문제

1. 주어진 함수의 도함수를 구하시오.

(a) $f(x) = 3$
(b) $f(x) = \pi^2$
(c) $f(x) = 3x - 2$
(d) $f(x) = 2x^4$
(e) $f(x) = x + x^2$
(f) $f(t) = \frac{1}{4}(1 + t^4)$
(g) $f(x) = x^3 + 3x + 2$
(h) $g(x) = 3x^8 - 8x^5$
(i) $h(x) = x^{2030} + 3x^{1020}$

2. 다음 함수의 도함수를 구하시오.

(a) $y = \frac{x^2 + 1}{x}$
(b) $y = \frac{1}{t} - \frac{1}{t^2}$
(c) $y = \frac{s^3 + s + 1}{s^2}$
(d) $y = \sqrt{x} + \frac{1}{\sqrt{x}}$
(e) $y = \frac{1}{2x + 1}$
(f) $y = \frac{1}{x^2 + x}$
(g) $y = \frac{t^2}{1 - t}$
(h) $y = \frac{u^2 - u + 1}{u^2 + u + 1}$
(i) $y = \frac{\sqrt{p} - 1}{\sqrt{p} + 1}$

3. 다음 함수의 도함수를 구하시오.

(a) $g(x) = (x + 1)(x^2 + 1)$
(b) $h(y) = \left(\frac{1}{y} - \frac{1}{y^2}\right)(y + y^2)$
(c) $f(x) = \frac{1}{3x^3}$
(d) $f(u) = \frac{u^2 + u + 1}{u}$
(e) $f(x) = \frac{1 - x}{1 + x}$
(f) $g(x) = \frac{ax}{1 + ax}$
(g) $f(x) = \frac{1 - x^2}{1 + x^2}$

4. 다음 함수의 도함수를 구하시오.

(a) $y = x\sqrt{x}$
(b) $y = \frac{1}{x\sqrt{x}}$
(c) $y = (x^3 + 1)^{\frac{1}{3}}$
(d) $y = (x^2 + 1)^{\frac{3}{2}}$

5. 함수 $y = f(x)$ 위의 점 $(a,\ b)$에서의 접선의 방정식이 $y = 2x - 1$이다. $y = f^{-1}(x)$ 위의 점 $(b,\ a)$에서 접선의 방정식을 구하시오.

6. 다음 함수의 도함수를 구하시오.

(a) $y = (1 - x)^7$
(b) $y = (2x + 3)^3$
(c) $y = (2x^2 + 1)^5$
(d) $y = (x^2 + x + 1)^3$
(e) $y = \left(1 + \frac{1}{x}\right)^3$
(f) $y = \sqrt{4x + 1}$

(g) $y = \dfrac{1}{\sqrt{4x+1}}$

(h) $y = \sqrt{1-x^2}$

(i) $y = \dfrac{3}{(2x+1)^3}$

(j) $y = \dfrac{3}{(2x^2+1)^3}$

7. 다음 함수를 $y = f(g(x))$의 형태로 나타낼 때 $y = f(u)$와 $u = g(x)$를 구하시오. 그리고 $\dfrac{dy}{dx}$를 구하시오.

(a) $y = (1-2x)^5$

(b) $y = (x^2+4)^{-2}$

(c) $y = \left(x + \dfrac{1}{x}\right)^3$

(d) $y = \sqrt{\dfrac{1-x}{1+x}}$

(e) $y = (x + \sqrt{x^2+1})^3$

8. $f(x) = xg(x)$이라 한다.

(a) $g(1) = 5,\ g'(1) = -7$일 때 $f'(1)$의 값을 구하시오.

(b) $f(2) = 4,\ f'(2) = -4$일 때 $g'(2)$의 값을 구하시오.

9. $f(a) = 3,\ f'(a) = 2,\ g(a) = -1,\ g'(a) = 5$일 때 다음 값을 구하시오.

(a) $(f+g)'(a)$ (b) $(fg)'(a)$ (c) $(f/g)'(a)$ (d) $(g/f)'(a)$

10. $x = \pm 2$에서 미분가능한 함수 $f,\ g$에 대하여

$$f(2) = 4,\quad g(2) = -2,\quad f'(2) = 3,\quad g'(2) = -2$$
$$f(-2) = 2,\quad g(-2) = 4,\quad f'(-2) = 7,\quad g'(-2) = 11$$

이다. $x = a$에서 다음 함수의 미분계수를 구하시오.

(a) $f(x)g(x),\ a = 2$

(b) $1/f(x),\ a = -2$

(c) $f(g(x)),\ a = 2$

(d) $g(f(x)),\ a = -2$

(e) $\dfrac{1}{f(g(x))},\ a = 2$

(f) $\sqrt{f(x)+g(x)},\ a = 2$

(g) $\sqrt{f^2(x)+g^2(x)},\ a = -2$

(h) $f(x+g(x)),\ a = -2$

11. 주어진 점에서 함수의 접선을 구하시오.

(a) $f(x) = \dfrac{1}{1+x^2},\quad (1,\ 0.5)$

(b) $f(x) = \sqrt{x^2+3},\quad (1,\ 2)$

12. 다음 함수의 이계도함수를 구하시오.

(a) $y = x + \dfrac{1}{x}$

(b) $r = \dfrac{\theta^3 + \theta + 1}{\theta^2}$

(c) $y = (1 - 2x)^5$

(d) $y = \left(x + \dfrac{1}{x}\right)^3$

13. $k = 1,\ 2,\ 3$에 대하여 k계 도함수 $f^{(k)}(x)$를 구하고 $f^{(k)}(0)$을 구하시오.

(a) $f(x) = 3 + x + x^2 + x^3$

(b) $f(x) = \sin x$

14. 이차다항식 $f(x)$가 다음 조건을 만족할 때 $f(x)$를 구하시오.

(a) $f(0) = 2,\ f'(0) = 3,\ f''(0) = 4$

(b) $f(3) = 2,\ f'(3) = 3,\ f''(3) = 4$

15. 음함수 미분법을 이용하여 $\dfrac{dy}{dx}$를 구하시오.

(a) $x^3 + y^3 = 1$

(b) $x^2y + xy^2 = 1$

(c) $y^2 = \dfrac{x-1}{x+1}$

(d) $x^2 = \dfrac{x-y}{x+y}$

16. 음함수 미분법을 이용하여 $\dfrac{dy}{dx}$를 구하고 $\dfrac{d^2y}{dx^2} = \dfrac{d}{dx}\left(\dfrac{dy}{dx}\right)$을 구하시오.

(a) $x^2 + 4y^2 = 4$

(b) $x^2 - y^2 = 1$

17. $1 + f(x) + (xf(x))^2 = 6$이고 $f(2) = 1$일 때 $f'(2)$을 구하시오.

18. 음함수미분법을 이용하여 타원

$$\frac{x^2}{a^2} + \frac{y^2}{b^2} = 1$$

위의 점 $(x_0,\ y_0),\ y_0 \neq 0$에서 접선의 방정식은

$$\frac{x_0x}{a^2} + \frac{y_0y}{b^2} = 1$$

임을 보이시오.

19. 음함수미분법을 이용하여 쌍곡선

$$\frac{x^2}{a^2} - \frac{y^2}{b^2} = 1$$

위의 점 $(x_0,\ y_0)$에서 접선의 방정식은

$$\frac{x_0x}{a^2} - \frac{y_0y}{b^2} = 1$$

임을 보이시오.

20. 음함수 미분법으로 주어진 점에서 접선의 기울기를 구하시오.

(a) $x+y^2=3,\ (2,\ 1)$

(b) $xy^2=4,\ (1,\ -2)$

(c) $\sqrt{x}+\sqrt{y}=4,\ (9,\ 1)$

(d) $\dfrac{1}{x}+\dfrac{1}{y}=1,\ (2,\ 2)$

21. 주어진 점이 곡선 위에 있음을 확인하고 그 점에서 접선의 방정식을 구하시오.

(a) $y^2-2x-4y-1=0,\ (-2,\ 1)$

(b) $x^2+2xy-y^2=7,\ (2,\ 3)$

(c) $x^2y^2=4,\ (1,\ 2)$

(d) $2x^2-3xy+2y^2=7,\ (1,\ -1)$

22. 양의 실수 k에 대하여 다음과 같이 주어진 두 곡선이 직교함을 보이시오.

$$2x^2+y^2=k^2, \quad x=y^2$$

23. 다음 함수 f는 주어진 구간에서 역함수 $g=f^{-1}$를 가짐을 보이고 $x=b$에서 미분계수 $g'(b)$를 구하시오.

(a) $f(x)=x^3-3x^2+4x-5,\ -\infty<x<\infty,\ b=-3$

(b) $f(x)=\dfrac{1}{x^3+x+2},\ x>-1,\ b=\dfrac{1}{2}$

24. 공 모양의 풍선의 부피가 $50\text{cm}^3/\text{sec}$의 비율로 늘어 나고 있다.

(a) 풍선의 반지름이 5cm일 때 반지름의 시간에 대한 증가율을 구하시오.

(b) 풍선의 반지름이 5cm일 때 표면적의 시간에 대한 증가율을 구하시오.

25. 배가 섬 근처를 직선항로를 따라 운항하고 있다. 이 섬 선착장에 배가 가장 가깝게 접근한 거리는 60m이고 이 배는 초당 4m의 속도로 동쪽으로 움직인다.

(a) 배가 섬에서 멀어지기 시작한 지 1분 후 배가 선착장에서 멀어지는 속도를 구하시오.

(b) 배에서 선착장까지의 거리가 100m가 되었을 때 배가 선착장에서 멀어지는 속도를 구하시오.

1.4 지수, 로그함수의 미분

1.4.1 지수함수의 도함수

자연상수의 정의

$$e = \lim_{x \to 0} (1+x)^{\frac{1}{x}}$$

에서 양변에 자연로그를 취하면 로그함수는 연속함수이므로

$$\ln e = \ln\left(\lim_{x \to 0} (1+x)^{\frac{1}{x}}\right) = \lim_{x \to 0}\left(\ln(1+x)^{\frac{1}{x}}\right) \quad \Rightarrow \quad 1 = \lim_{x \to 0} \frac{\ln(1+x)}{x}$$

이 식에 $x = e^t - 1$로 놓으면 $e^t = x + 1$이므로 $t = \ln(x+1)$이고 $x \to 0$일 때 $t \to 0$이므로

$$\lim_{t \to 0} \frac{t}{e^t - 1} = \lim_{x \to 0} \frac{\ln(1+x)}{x} = 1$$

이다.

지수함수와 로그함수의 극한

$$\lim_{x \to 0} \frac{e^x - 1}{x} = 1, \qquad \lim_{x \to 0} \frac{\ln(1+x)}{x} = 1$$

보기 1 다음 극한값을 구하시오.

(a) $\lim_{x \to 0} \frac{e^{5x} - 1}{2x}$

(b) $\lim_{x \to 0} \frac{\ln(1+3x)}{x}$

Solution

(a) $x \to 0$일 때 $5x \to 0$이므로

$$\lim_{x \to 0} \frac{e^{5x} - 1}{2x} = \lim_{x \to 0} \frac{e^{5x} - 1}{5x} \cdot \frac{5}{2} = \frac{5}{2}$$

(b) $x \to 0$일 때 $3x \to 0$이므로

$$\lim_{x \to 0} \frac{\ln(1+3x)}{x} = \lim_{x \to 0} \frac{\ln(1+3x)}{3x} \cdot 3 = 3$$

□

자연상수를 밑으로 하는 지수함수 $f(x)=e^x$ 의 $x=0$에서의 미분계수는

$$f'(0)=\lim_{h\to 0}\frac{e^h-1}{h}=1$$

이다. 지수함수 $f(x)=e^x$ 의 도함수를 정의를 이용하여 계산하면

$$\begin{aligned} f'(x) &= \lim_{h\to 0}\frac{e^{x+h}-e^x}{h} = \lim_{h\to 0}\frac{e^x(e^h-1)}{h} \\ &= e^x\lim_{h\to 0}\frac{e^h-1}{h}=e^x \end{aligned}$$

이다. 다시 말해서 $f(x)=e^x$ 는 임의의 실수 x에 대하여 미분가능하고

$$(e^x)'=e^x$$

이다. 따라서 합성함수의 미분법에 의하면 다음 식을 얻는다.

$$\frac{d}{dx}(e^{g(x)})=f'(g(x))g'(x)=e^{g(x)}g'(x)$$

특히 상수 k에 대하여 $g(x)=kx$이면

$$\frac{d}{dx}(e^{kx})=e^{kx}(kx)'=ke^{kx} \tag{1.4}$$

가 성립한다. 바꾸어 말하면 $h(x)=e^{kx}$ 의 변화율을 나타내는 도함수 h'은 h의 k배이다.

밑이 a인 지수함수는 다음과 같이 나타낼 수 있다.

$$y=a^x=(e^{\ln a})^x=e^{x\ln a}$$

따라서 식 (1.4)로부터

$$(a^x)'=(e^{x\ln a})'=(\ln a)e^{x\ln a}=a^x\ln a$$

을 얻는다.

지수함수의 도함수

$$\frac{d}{dx}(e^{kx})=ke^{kx},\qquad \frac{d}{dx}(a^x)=a^x\ln a,\qquad \frac{d}{dx}(e^{g(x)})=e^{g(x)}g'(x)$$

보기 2 다음 함수의 도함수를 구하시오.

(a) $y = 4^{\sqrt{x}}$ (b) $y = e^{\sin x}$ (c) $y = xe^x$ (d) $y = \frac{e^x}{x}$

Solution

(a) $4^{\sqrt{x}} = e^{\sqrt{x}\ln 4} = e^{(2\ln 2)\sqrt{x}} \quad \Rightarrow \quad (4^{\sqrt{x}})' = (2\ln 2\sqrt{x})'e^{\sqrt{x}\ln 4} = \frac{\ln 2}{\sqrt{x}}4^{\sqrt{x}}$

(b) $(e^{\sin x})' = (\sin x)'e^{\sin x} = (\cos x)e^{\sin x}$

(c) $(xe^x)' = (x)'e^x + x(e^x)' = e^x + xe^x = (1+x)e^x$

(d) $\left(\frac{e^x}{x}\right)' = \frac{(e^x)'x - e^x(x)'}{x^2} = \frac{(x-1)e^x}{x^2}$ □

보기 3 $f(x) = e^x$에 대하여

(a) $x = 0$에서 접선의 방정식을 구하시오.

(b) 이를 이용하여 $e^{0.1}$과 $e^{-0.1}$의 근삿값을 구하시오.

Solution

(a) $f'(x) = e^x$이므로 $f'(0) = 1$이다. 따라서 $x = 0$에서 $f(x) = e^x$의 접선의 방정식은

$$y = f(0) + f'(0)x = 1 + x$$

이다.

(b) 접선의 값을 함숫값의 근삿값으로 사용하면

$$e^{0.1} = f(0.1) \approx 1 + 0.1 = 1.1, \quad e^{-0.1} = f(-0.1) \approx 1 - 0.1 = 0.9$$

이다.[14]

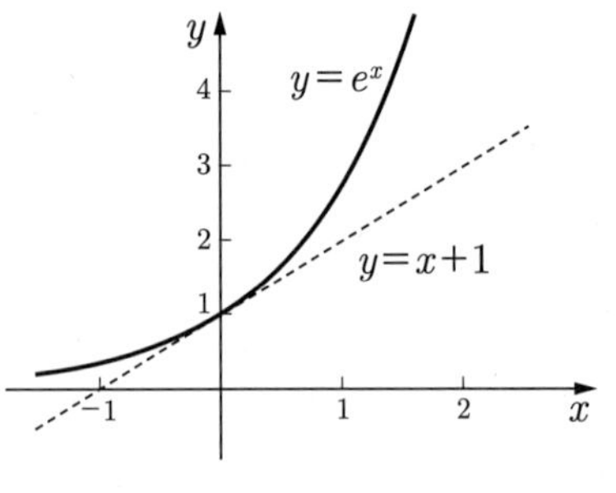

[14]실제로 값을 소수점 이하 9자리까지 구하면 $e^{0.1} = 1.105190918$, $e^{-0.1} = 0.904837418$이다.

로지스틱함수

1798년 영국의 경제학자 **맬서스(Malthus)**[15]는 세계인구증가를 수학적으로 모형화한 논문을 발표하였다.[16] 이 논문에서 그는 세계 인구가 인구의 현재 크기에 비례하여 증가한다는 가정을 제시하고 이 가정 하에서 인구는 지수함수를 따라 증가한다는 것을 보였다. 지수함수

$$y = Aa^x \quad (a > 1)$$

는 $x \to \infty$일 때 아주 빠른 속도로 커진다. 그러나 실제 인구를 살펴 보면, 인구가 적을 때는 빠르게 증가하다가 인구가 많아지면 증가율이 둔화되는 경향을 볼 수 있다.

이러한 현상은 **로지스틱함수(logistic function)**를 이용하여 나타내는 것이 보편적이다. 로지스틱함수는 인구성장이나 전염병의 전파 등을 표현하는 데에도 적합한 함수임이 알려져 있다. 또한, 신기술상품의 보급율이나 수요함수 등을 나타내는 데에도 유용하다. 로지스틱함수는 다음과 같이 정의된다.

$$f(x) = \frac{N}{1 + Ae^{-rx}}, \quad r,\ N,\ A > 0$$

로지스틱함수의 그래프는 누운 S자 모양으로 순증가하며

$$\lim_{x\to\infty} f(x) = N, \qquad \lim_{x\to-\infty} f(x) = 0$$

이므로 2개의 수평점근선

$$y = 0, \qquad y = N$$

을 갖는다. 로지스틱함수는 순증가하므로 그래프는 항상 두 직선 $y = 0$과 $y = N$ 사이에 위치한다.

$$0 < \frac{N}{1 + Ae^{-rx}} < N$$

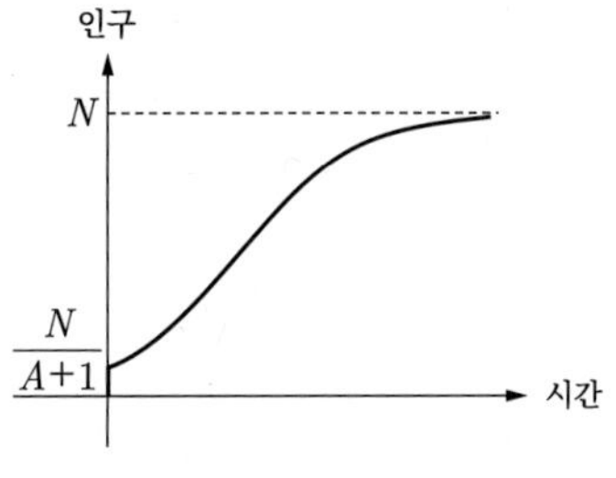

[15]Malthus, Thomas Robert(1766–1834), 영국의 경제학자이자 성직자

[16]논문 제목은 "An essay on the Principles of Population(Growth) as It Affects the Future Improvement of Society" 이다

로지스틱함수의 분자 분모에 e^{rx}를 곱하면

$$f(x) = \frac{N}{1 + Ae^{-rx}} = \frac{Ne^{rx}}{e^{rx} + A}$$

을 얻는다. x가 0에 가까우면 e^{rx}는 1에 가까우므로

$$f(x) \approx \frac{Ne^{rx}}{1 + A} = \frac{N}{1 + A}e^{rx}$$

을 얻는다. 다시 말해서 $x = 0$ 근방에서 $f(x)$는 지수함수와 비슷하게 움직인다. 반면 x의 값이 아주 커지면 Ae^{-rx}의 값은 0에 가까워지므로

$$f(x) \approx N$$

이다. 여기서 N을 **수용용량(carrying capacity)**이라 한다.

보기 4 로지스틱 함수 $y = \dfrac{N}{1 + Ae^{-rx}}$와 변화율 y' 사이의 관계식을 구하시오.

Solution $y' = \dfrac{-N(-r)Ae^{-rx}}{(1 + Ae^{-rx})^2} = \dfrac{N}{1 + Ae^{-rx}} \cdot r\dfrac{Ae^{-rx}}{1 + Ae^{-rx}}$ 이고

$$\frac{Ae^{-rx}}{1 + Ae^{-rx}} = 1 - \frac{1}{1 + Ae^{-rx}}$$

이므로 이 식을 y를 이용하여 쓰면 다음과 같다.

$$\frac{Ae^{-rx}}{1 + Ae^{-rx}} = \frac{1}{N}\left(N - \frac{N}{1 + Ae^{-rx}}\right) = \frac{1}{N}(N - y)$$

따라서 y와 y' 사이에는 다음과 같은 관계식이 성립한다.

$$y' = \frac{r}{N}y(N - y) = ry\left(1 - \frac{y}{N}\right)$$

□

Note 보기 4에서 y가 어떤 속성을 가진 개체 수라면 개체 수의 변화율 y'은 그 성질을 가지는 개체 수(y)와 가지지 않는 개체 수($N - y$)의 곱에 비례함을 의미한다. □

1.4.2 로그함수의 도함수

$y = \ln x$라고 하면 $e^y = x$이다. 양변을 x에 대하여 미분하면

$$\frac{d}{dx}(e^y) = e^y\frac{dy}{dx} = 1$$

을 얻고 양변을 e^y로 나누면

$$\frac{dy}{dx} = \frac{1}{e^y} = \frac{1}{x}$$

을 얻는다. 또한, $\log_a x = \dfrac{\ln x}{\ln a}$ 이므로

$$\frac{d}{dx}\Big(\log_a x\Big) = \frac{1}{x \ln a}$$

이다. 합성함수 $y = \ln g(x) = f(g(x))$에 대하여 연쇄법칙을 적용하면 $f'(u) = \dfrac{1}{u}$ 이므로

$$\frac{dy}{dx} = f'(g(x))g'(x) = \frac{g'(x)}{g(x)}$$

이 성립한다.

로그함수의 도함수

$$\frac{d}{dx}(\ln x) = \frac{1}{x}, \qquad \frac{d}{dx}(\log_a x) = \frac{1}{x \ln a}, \qquad \frac{d}{dx}(\ln g(x)) = \frac{g'(x)}{g(x)}$$

보기 5 다음 함수의 도함수를 구하시오.

(a) $y = \ln(1 + x^2)$ (b) $y = \ln(\ln x)$ (c) $y = x \ln x$ (d) $y = \dfrac{\ln x}{x}$

Solution

(a) 합성함수의 미분법을 적용하면 다음을 얻는다.

$$y' = \frac{(1+x^2)'}{1+x^2} = \frac{2x}{1+x^2}$$

(b) $f(x) = \ln x$일 때 $y = \ln f(x)$이므로

$$(\ln f(x))' = \frac{f'(x)}{f(x)} = \frac{1/x}{\ln x} = \frac{1}{x \ln x}$$

(c) 함수의 곱의 미분법칙을 적용하면

$$(x \ln x)' = (x)' \ln x + x(\ln x)' = \ln x + x\frac{1}{x} = \ln x + 1$$

(d) 함수의 몫의 미분법칙을 적용하면

$$\left(\frac{\ln x}{x}\right)' = \frac{(\ln x)'x - \ln x(x)'}{x^2} = \frac{(1/x)x - \ln x}{x^2} = \frac{1 - \ln x}{x^2}$$

□

보기 6 함수 $f(x) = \ln(1+x)$에 대하여

(a) $x = 0$에서 접선의 방정식을 구하시오.

(b) (a)의 결과를 이용하여 $\ln 0.9$, $\ln 1.1$의 근삿값을 구하시오.

Solution

(a) $f'(x) = \dfrac{1}{1+x}$이므로 $f'(0) = 1$이다. $f(0) = 0$이므로 접선의 방정식은 다음과 같다.

$$y = f(0) + f'(0)x = x$$

(b) 접선의 값을 함수의 근삿값으로 사용하면

$$\ln 0.9 = \ln(1 + (-0.1)) \approx -0.1, \qquad \ln 1.1 = \ln(1 + 0.1) \approx 0.1$$

이다.[17] □

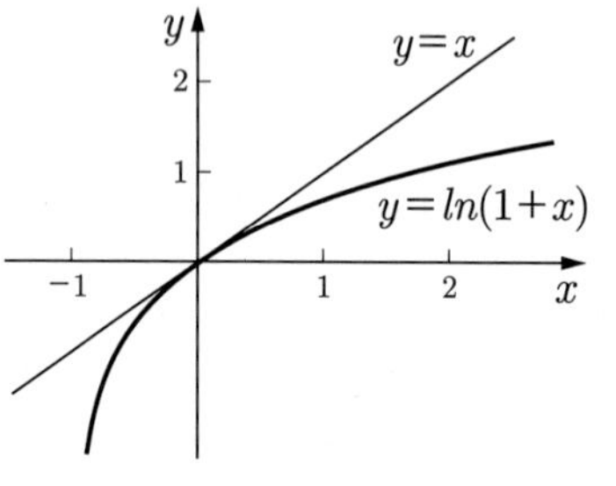

$y = \ln|x|$는 $x \neq 0$인 실수에 대하여 정의된다.

$$\ln|x| = \begin{cases} \ln x, & x > 0 \\ \ln(-x), & x < 0 \end{cases}$$

이므로 $x > 0$이면

$$\Big(\ln|x|\Big)' = \Big(\ln x\Big)' = \frac{1}{x}$$

이고 $x < 0$이면

$$\Big(\ln|x|\Big)' = \Big(\ln(-x)\Big)' = \frac{-1}{-x} = \frac{1}{x}$$

을 얻는다. 같은 방법으로 미분가능한 함수 f에 대하여 다음 결과가 성립함을 보일 수 있다.

[17] $\ln 0.9 \approx -0.105360516$, $\ln 1.1 \approx 0.095310180$

$$(\ln|x|)' = \frac{1}{x}, \quad (\ln|f(x)|)' = \frac{f'(x)}{f(x)}$$

로그미분법

곱, 몫, 또는 지수에 대하여 로그를 취하면 각각 합, 차, 곱으로 변환된다.

$$\ln(xy) = \ln x + \ln y, \qquad \ln\frac{x}{y} = \ln x - \ln y, \qquad \ln x^y = y\ln x$$

이러한 로그함수의 성질을 이용하면 복잡한 함수의 도함수도 간단하게 구할 수 있다. 예를 들어, $y = x^x$일 때 양변에 자연로그를 취하면

$$\ln y = x\ln x$$

이고 양변을 x에 대하여 미분하면

$$\frac{y'}{y} = \ln x + x(\ln x)' = \ln x + 1 \quad \to \quad y' = (\ln x + 1)x^x$$

이다. 이렇게 양변에 로그를 취하여 도함수를 구하는 방법을 **로그미분법**이라 한다.

보기 7 r이 임의의 실수일 때 $y = x^r$의 도함수를 구하시오.

Solution 양변에 자연로그를 취하면

$$\ln y = r\ln x$$

이고 양변을 x에 대하여 미분하면

$$\frac{y'}{y} = r\frac{1}{x} \quad \Rightarrow \quad y' = ry\frac{1}{x} = rx^{r-1}$$

을 얻는다. □

거듭제곱의 미분법칙

임의의 실수 r에 대하여 다음 식이 성립한다.

$$(x^r)' = rx^{r-1}, \qquad x > 0$$

보기 8 반도체 생산공장의 콥–더글러스 생산함수는

$$P = \frac{1}{1000}x^{0.25}y^{0.75}$$

로 주어진다. 여기서 P는 한 달 동안 만들어지는 반도체 량, x는 노동자의 수, y는(인건비를 제외한) 한 달 비용이다. 한 달에 2000단위의 반도체가 만들어진다고 할 때 $\dfrac{dy}{dx}$를 구하시오.

Solution 생산함수는 양변에 자연로그를 취하면 선형함수 꼴이 되어 계산이 간단해진다. $P = 2000$이므로

$$\ln 2000 = -\ln 1000 + 0.25 \ln x + 0.75 \ln y \quad \Rightarrow \quad C = \ln x + 3 \ln y$$

이고(C는 상수) 양변을 x에 대하여 미분하면

$$0 = \frac{1}{x} + \frac{3}{y}\frac{dy}{dx} \quad \Rightarrow \quad \frac{dy}{dx} = -\frac{y}{3x}$$

이다. □

Note 위의 보기에서 $x = 16$이면

$$2000 \cdot 1000 = 16^{0.25}y^{0.75} \quad \Rightarrow \quad y = (1000 \cdot 1000)^{4/3} = 10^8$$

이므로

$$\frac{dy}{dx} = -\frac{10^8}{3 \cdot 16} \approx -2083333$$

이다. 이는 노동자의 수를 16명에서 한 명 더 늘리면 한 달 동안 2000단위의 반도체를 만드는 데 드는 인건비를 제외한 한 달 비용은 약 2083333원 만큼 감소함을 의미한다.

1.4.3 로피탈의 법칙

다음과 같이 지수함수 또는 로그함수를 포함한 극한값을 구해 보자.

$$\lim_{x\to\infty} xe^{-x} = \lim_{x\to\infty} \frac{x}{e^x}, \qquad \lim_{x\to 0+} x \ln x$$

첫 번째 극한값은 분자, 분모가 모두 ∞가 되는 경우이고 두 번째 경우는 0과 $-\infty$의 곱의 형태이어서 극한의 곱, 또는 몫의 법칙을 적용할 수 없다. 로피탈의 법칙은 이러한 극한값을 구하는 데 유용한 방법이다.

미분가능한 두 함수 f, g에 대하여

$$f(a) = g(a) = 0$$

이라 하자. $g'(a) \neq 0$이면

$$\lim_{x\to a}\frac{f(x)}{g(x)} = \lim_{x\to a}\frac{\dfrac{f(x)-f(a)}{x-a}}{\dfrac{g(x)-g(a)}{x-a}} = \frac{\displaystyle\lim_{x\to a}\frac{f(x)-f(a)}{x-a}}{\displaystyle\lim_{x\to a}\frac{g(x)-g(a)}{x-a}} = \frac{f'(a)}{g'(a)}$$

이다. 이 결과는 **로피탈의 법칙(L'Hopital's rule)**의 특수한 경우이다. 로피탈의 법칙은 $a=\pm\infty$일 때도 성립한다. 또한 $x=a$에서의 극한값이 $\pm\infty$인 경우에도 성립한다.

로피탈의 법칙

미분가능한 함수 $f,\ g$에 대하여 극한값 $\displaystyle\lim_{x\to a}\frac{f'(x)}{g'(x)}$이 존재한다고 하자. $a \in [-\infty,\ \infty]$에 대하여

- $\displaystyle\lim_{x\to a} f(x) = \lim_{x\to a} g(x) = 0$이거나
- $\displaystyle\lim_{x\to a} f(x) = \lim_{x\to a} g(x) = \pm\infty$

이면 다음 등식이 성립한다.

$$\lim_{x\to a}\frac{f(x)}{g(x)} = \lim_{x\to a}\frac{f'(x)}{g'(x)}$$

로피탈의 정리는 $0/0$꼴이나 ∞/∞꼴의 **부정형(indeterminate form)**의 극한값을 구하는 데 유용하다. 예를 들어

$$\lim_{x\to 1}\frac{\ln x}{x-1} = \lim_{x\to 1}\frac{\frac{1}{x}}{1} = 1$$

은 $0/0$꼴의 부정형에 로피탈의 법칙을 적용한 것이고 다음은 ∞/∞꼴의 부정형의 계산에 로피탈의 법칙을 적용한 것이다.

$$\lim_{x\to\infty}\frac{x}{e^x} = \lim_{x\to\infty}\frac{1}{e^x} = 0$$

다음과 같이 로피탈의 법칙을 두 번 이상 적용하여 극한값을 구하기도 한다.

$$\lim_{x\to\infty}\frac{x^n}{e^x} = \lim_{x\to\infty}\frac{nx^{n-1}}{e^x} = \cdots = \lim_{x\to\infty}\frac{n!}{e^x} = 0$$

따라서 임의의 다항식 $p(x)$에 대하여

$$\lim_{x\to\infty}\frac{p(x)}{e^x} = 0$$

이다. 그러므로 지수함수는 x가 아주 커지면 어떤 다항식보다 빨리 커짐을 알 수 있다.

보기 9 다음 극한값을 구하시오.

(a) $\lim_{x\to\infty} \frac{\ln x}{x^p}$ $(p > 0)$ (b) $\lim_{x\to 0+} x\ln x$ (c) $\lim_{x\to 0} \frac{\sin x}{x}$

Solution

(a) ∞/∞꼴의 부정형이다. 로피탈의 법칙을 적용하면 다음을 얻는다.

$$\lim_{x\to\infty} \frac{\ln x}{x^p} = \lim_{x\to\infty} \frac{\frac{1}{x}}{px^{p-1}} = \lim_{x\to\infty} \frac{1}{px^p} = 0$$

(b) $0\cdot(-\infty)$꼴이지만 다음과 같이 $(-\infty)/\infty$꼴로 고쳐서 로피탈의 법칙을 적용할 수 있다.

$$\begin{aligned}\lim_{x\to 0+} x\ln x &= \lim_{x\to 0+} \frac{\ln x}{1/x} = \lim_{x\to 0+} \frac{1/x}{-1/x^2} \\ &= \lim_{x\to 0+} (-x) = 0\end{aligned}$$

(c) $0/0$꼴이므로 $\lim_{x\to 0} \frac{\sin x}{x} = \lim_{x\to 0} \frac{\cos x}{1} = 1$ □

함수 f가 $x = a$에서 연속이면 $\lim_{x\to a} f(x) = f(a)$이다. 특히, 지수함수는 모든 점에서 연속이므로

$$\lim_{x\to a} e^{f(x)} = e^{\lim_{x\to a} f(x)} = e^{f(a)}$$

가 성립한다.

보기 10 $\lim_{x\to 0+} x^x$의 값을 구하시오.

Solution $\ln x^x = x\ln x$이고 $\lim_{x\to 0+} x\ln x = 0$이므로

$$f(x) = e^{\ln f(x)}$$

라는 사실을 이용하면

$$\lim_{x\to 0+} x^x = \lim_{x\to 0+} e^{x\ln x} = e^0 = 1$$

이다. □

1.4.4 연습문제

1. 다음 극한값을 구하시오.

   (a) $\lim_{x \to 2} 10^{x^2-x+2}$　　(b) $\lim_{x \to 2} \log_2(x^2-x+2)$

2. $f(x) = \dfrac{1}{1+2^{1/x}}$ 일 때 다음 극한값이 존재하면 구하고 존재하지 않으면 그 이유를 설명하시오.

   (a) $\lim_{x \to 0+} f(x)$　　(b) $\lim_{x \to 0-} f(x)$　　(c) $\lim_{x \to 0} f(x)$

3. 다음 함수에 대하여 $x = 0$에서 좌극한과 우극한을 각각 구하시오. 연속이 되도록 $f(0)$의 값을 정할 수 있으면 정하시오.

   (a) $f(x) = e^{-1/x}$　　(b) $f(x) = e^{-1/x^2}$

4. 사잇값정리를 이용하여 다음 방정식의 해가 주어진 구간에 존재함을 보이시오.

   (a) $2^{-x} = x, \quad [0,\ 1]$　　(b) $\log_{10}(x^2+1) = x-1, \quad [1,\ 2]$

5. 다음 극한값이 존재하면 구하시오.

   (a) $\lim_{x \to 0} \dfrac{e^{-x}-1}{x}$　　(d) $\lim_{x \to 0} \dfrac{\ln(1-x)}{x}$　　(g) $\lim_{x \to 0} \dfrac{3^x-2^x}{x}$

   (b) $\lim_{x \to 0} \dfrac{e^{x^2}-1}{x}$　　(e) $\lim_{x \to \infty} \dfrac{\ln x}{x}$　　(h) $\lim_{x \to \infty} \dfrac{\ln(x^2+1)}{x}$

   (c) $\lim_{x \to -\infty} xe^x$　　(f) $\lim_{x \to \infty} \dfrac{(\ln x)^2}{x}$　　(i) $\lim_{x \to \infty} \dfrac{\ln(e^x+1)}{x}$

6. 다음 함수의 도함수를 구하시오.

   (a) $y = 2^x$　　(d) $y = \dfrac{1}{e^x}$　　(g) $y = e^{-\frac{x^2}{2}}$

   (b) $y = 4^x$　　(e) $y = (\sqrt{e})^x$　　(h) $y = x^2 e^{-x}$

   (c) $y = e^{2x}$　　(f) $y = \dfrac{1}{3^x}$　　(i) $y = \dfrac{e^{-x}}{x+1}$

7. 다음 함수의 도함수를 구하시오.

(a) $y = \log_2 x$
(b) $y = \log_{\frac{1}{2}} x$
(c) $y = \log_4 x$
(d) $y = \ln(2x+1)$
(e) $y = \ln(x^2+x)$
(f) $y = x\ln x$
(g) $y = \ln\left(x + \dfrac{1}{x}\right)$
(h) $y = \dfrac{\ln x}{x}$

8. $\dfrac{dy}{dx}$를 구하시오.

(a) $y = 2e^{2x}$
(b) $y = 3^{x^2}$
(c) $y = xe^{-x}$
(d) $y = e^{x^2}$
(e) $y = e^{\sqrt{x}}$
(f) $y = e^{e^x}$
(g) $y = \dfrac{1-e^x}{1+e^x}$
(h) $y = \dfrac{e^x}{1+x^2}$
(i) $y = \ln(kx)$ (k는 상수)
(j) $y = \ln\dfrac{2}{x^3}$
(k) $y = \ln(x^2+1)$
(l) $y = (\ln x)^2$
(m) $y = \ln(\ln x)$
(n) $y = \dfrac{x}{\ln x}$
(o) $y = \ln\left(\dfrac{x-1}{x+1}\right)$
(p) $y = \ln(e^x + xe^x)$
(q) $y = (\ln(1+e^x))^2$
(r) $y = \ln(x + \sqrt{x^2-1})$
(s) $y = (\log_2 x)(\log_4 x)$
(t) $y = \log_2(2+2e^x)$

9. 로그미분법을 이용하여 다음 도함수를 구하시오.

(a) $y = x^{1/x}$
(b) $y = x^{\ln x}$
(c) $y = (\ln x)^x$
(d) $y = \sqrt{\dfrac{x^2-1}{x^2+1}}$
(e) $y = \sqrt{x(x+1)}$
(f) $y = \dfrac{x\sqrt{x-1}}{(x^2+1)^{3/2}}$
(g) $y = xe^{x^2}\sqrt{x^2+1}$

10. 2년 전 양어장에 100마리의 물고기를 방류하였다. 올해 물고기의 수를 측정하였더니 1000마리였다면 내년 물고기의 수는 얼마로 추정할 수 있는지 다음 경우에 각각 구하시오. 단, 측정은 모두 같은 날에 한다고 한다.

(a) 지수적으로 증가할 때
(b) 수용용량이 5000인 로지스틱 모형을 따를 때
(c) 수용용량이 10000인 로지스틱 모형을 따를 때

11. 음함수 미분법을 이용하여 $\dfrac{dy}{dx}$를 구하시오.

(a) $e^{xy} = x^2 + y$
(b) $y = \ln(x^2+y^2)$
(c) $x^y = y^x$

12. 방정식 $\ln x = x + a$은 몇 개의 실근을 가지는지 판단하시오.

1.5 평균값 정리와 극대극소

1.5.1 임계점과 평균값 정리

함수의 정의역에서 가장 큰 함숫값을 **최댓값**, 가장 작은 함숫값을 **최솟값**이라 한다. 또한 정의역의 열린 부분구간에서 가장 큰 함숫값을 극댓값, 가장 작은 함숫값을 극솟값이라 한다. 엄밀히 말하자면 함수 f가 $x = a$를 포함하는 열린구간에서

$$f(x) \le f(a)$$

이면 f는 $x = a$에서 극대가 된다고 하고 $x = a$를 극대점, $f(a)$를 **극댓값(local maximum)**이라 한다. 또 $x = a$를 포함하는 열린구간에서

$$f(x) \ge f(a)$$

이면 f는 $x = a$에서 극소가 된다고 하고 $x = a$를 극소점, $f(a)$를 **극솟값(local minimum)**이라 한다. 다음 그림에서 볼 수 있듯이 극댓값이 항상 극솟값보다 큰 것은 아니다.

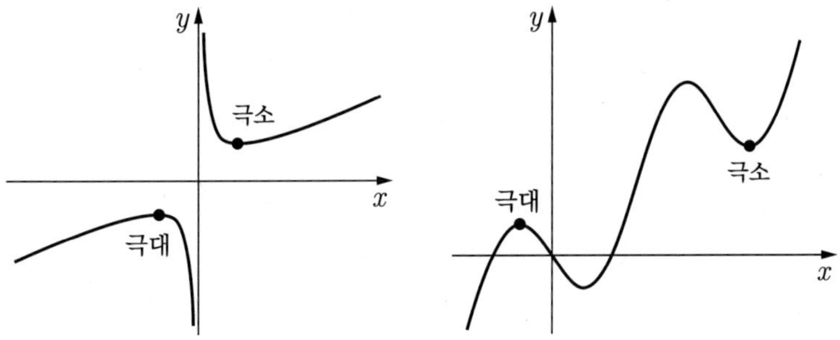

극대점과 극소점을 통틀어 **극점(extremal points)**, 극댓값과 극솟값을 통틀어 **극값(extremum)**이라 한다. 극값의 정의는 다음과 같이 쓸 수도 있다 :

어떤 양수 h가 존재하여 $|x - a| < h$인 x에 대하여 $f(x) \le f(a)$이면($f(x) \ge f(a)$이면) f는 $x = a$에서 극댓값(극솟값) $f(a)$를 갖는다고 한다.

보기 1 다음 그래프에서 $x = -1$에서 극댓값 5, $x = 1$에서 극댓값 3, $x = 2$에서 극댓값 2를 가진다. $x = 0$에서 극솟값 3이고 $0 < x < 1$에서 극댓값과 극솟값 모두 3이다. $x = 3$은 극대점도 극소점도 아니다. □

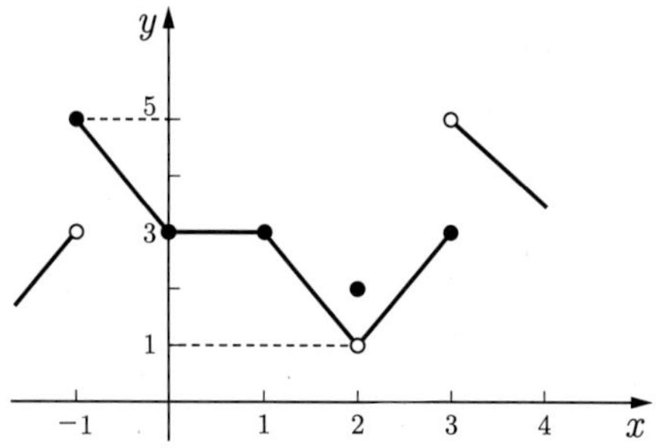

임계점

구간 $(a,\ b)$에서 미분가능한 함수 $y = f(x)$가 $x = c$ $(a < c < b)$에서 극댓값을 가지면 어떤 양수 h에 대하여 구간 $(c-h,\ c+h) \subset (a,\ b)$의 모든 x에 대하여 $f(x) \le f(c)$이다. 따라서 $x \in (c,\ c+h)$이면

$$\frac{f(x)-f(c)}{x-c} \le 0$$

이므로

$$f'_{+}(c) = \lim_{x \to c+} \frac{f(x)-f(c)}{x-c} \le 0$$

이다. 마찬가지로 $x \in (c-h,\ c)$이면 $x - c < 0$이므로

$$\frac{f(x)-f(c)}{x-c} \ge 0$$

이 성립하고

$$f'_{-}(c) = \lim_{x \to c-} \frac{f(x)-f(c)}{x-c} \ge 0$$

을 얻는다. f는 $x = c$에서 미분가능하므로

$$0 \le f'_{-}(c) = f'_{+}(c) \le 0$$

이고 $f'(c) = 0$임을 알 수 있다. 같은 방법으로 $x = c$에서 $y = f(x)$가 극소이면 $f'(c) = 0$임을 보일 수 있다.

극점에서의 미분계수

$x = c$에서 미분가능한 함수 $y = f(x)$가 $x = c$에서 극값을 가지면 $f'(c) = 0$이다.

Note 이 결과의 역은 일반적으로 참이 아니다. 다시 말해서 미분가능한 함수 $y = f(x)$에 대하여 $f'(c) = 0$이라 해서 $y = f(x)$가 $x = c$에서 항상 극값을 갖는 것은 아니다. 예를 들어, $f(x) = x^3$에서

$$f'(x) = 3x^2$$

이므로 $f'(0) = 0$이다. 하지만 f는 순증가하는 함수이므로 f는 $x = 0$에서 극값을 갖지 않는다.

다음 그림들에서 볼 수 있는 것처럼 함수가 미분가능하지 않은 점에서도 극값을 가질 수 있다.

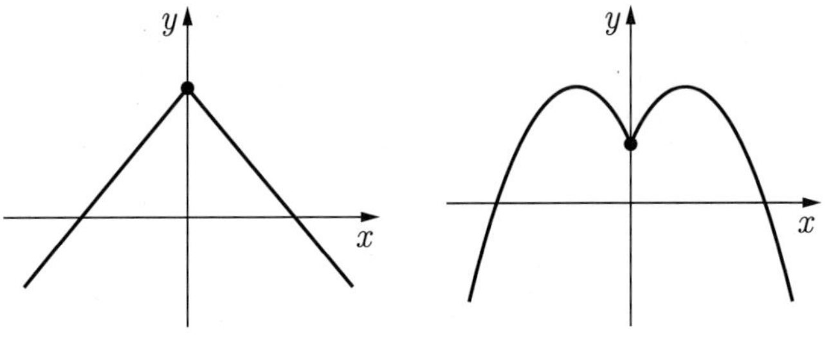

함수 $y = f(x)$가 $x = c$에서 극값을 갖는다면 $f'(c)$가 존재하지 않거나 또는 $f'(c) = 0$이다. 이러한 성질을 갖는 점 $x = c$를 **임계점(critical point)**이라 한다.[18]

위의 논의들을 요약하면 극점을 찾으려면 임계점만 살펴보면 된다는 결론에 이른다.

임계점정리

$x = c$를 포함하는 열린구간에서 정의된 함수 f에 대하여

- $x = c$에서 $y = f(x)$가 극값을 가지면 $x = c$는 임계점이다.
- $x = c$가 임계점이 아니면 $y = f(x)$는 $x = c$에서 극값을 갖지 않는다(대우).

평균값 정리

미분을 이용하면 함수가 증가 또는 감소하는 구간이나 어디서 극대 또는 극소가 되는지 등, 함수에 관하여 많은 정보를 알 수 있다. 이런 정보를 얻는 데 평균값 정리가 중요한 역할을 한다. 평균값 정리는 **롤의 정리(Rolle's theorem)**를 이용하면 쉽게 보일 수 있다.

[18] 교재에 따라서는 정의역이 닫힌구간일 때 구간의 양 끝값을 임계점에 포함시키는 경우도 있다.

롤의 정리

함수 f가 닫힌구간 $[a, b]$에서 연속이고 열린구간 (a, b)에서 미분가능하다고 하자. $f(a) = f(b)$이면

$$f'(c) = 0$$

을 만족하는 c가 구간 (a, b) 안에 적어도 하나 존재한다.

Note 함수 f가 열린구간 (a, b)에서 미분가능하다는 조건이 성립하지 않으면 롤의 정리는 성립하지 않을 수도 있다. 예를 들어, $f(x) = |x|$는 닫힌구간 $[-1, 1]$에서 연속이고 $f(-1) = f(1) = 1$이지만, 열린구간 $(-1, 1)$에서 $f'(c) = 0$인 c는 존재하지 않는다.

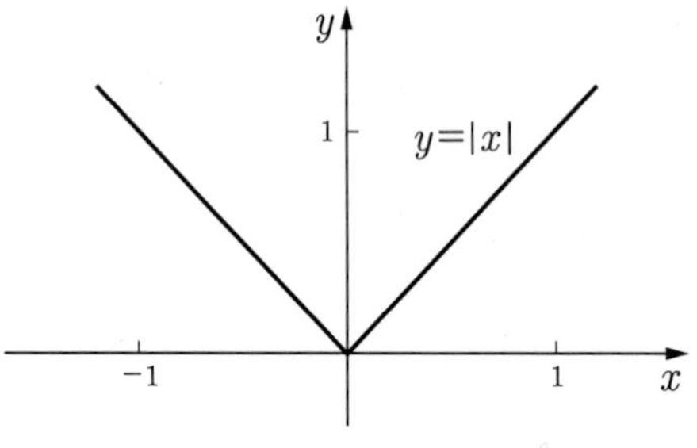

롤의 정리를 이용하면 다음 **평균값 정리(mean value theorem)**를 얻는다.

평균값 정리

함수 f가 닫힌구간 $[a, b]$에서 연속이고 열린구간 (a, b)에서 미분가능하다고 하자. 그러면 다음 등식을 만족하는 c가 구간 (a, b) 안에 적어도 하나 존재한다.

$$f'(c) = \frac{f(b) - f(a)}{b - a}$$

Note 평균값 정리는 어떤 구간에서 정의된 미분가능한 함수에 대하여 평균변화율 $\frac{f(b)-f(a)}{b-a}$과 순간변화율 $f'(c)$가 같아지는 점 $x = c$가 존재한다는 것을 말해 준다.

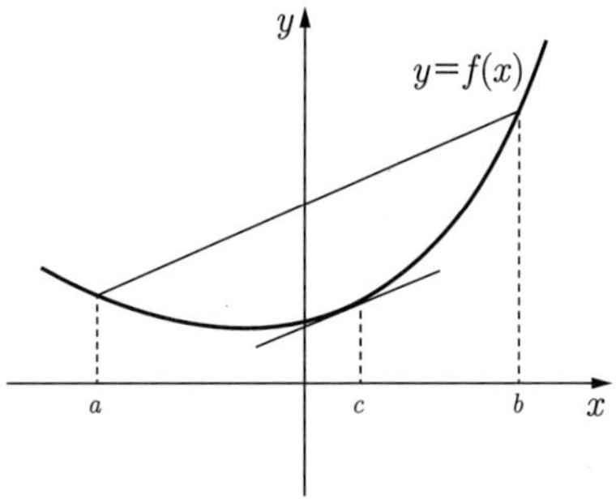

평균값 정리의 증명

롤의 정리로부터 평균값 정리를 증명하기로 한다. 함수 g를 다음과 같이 정의하자.

$$g(x) = f(x) - f(a) - \frac{f(b) - f(a)}{b - a}(x - a)$$

g는 구간 $[a,\ b]$에서 연속이고 구간 $(a,\ b)$에서는 미분가능하다. 또한

$$g(a) = g(b) = 0$$

이므로 롤의 정리에 의하여

$$0 = g'(c) = f'(c) - \frac{f(b) - f(a)}{b - a}$$

을 만족하는 c가 열린구간 $(a,\ b)$ 안에 존재한다.

1.5.2 도함수와 함수의 증감

구간 $(a,\ b)$에서 연속인 함수 f가 모든 x에 대하여 $f'(x) = 0$이라 하자. 평균값 정리에 의하면 $x \in (a,\ b)$에 대하여

$$\frac{f(x) - f(a)}{x - a} = f'(c) = 0$$

인 $c \in (a,\ b)$가 존재한다. 따라서 모든 $x \in (a,\ b)$에 대하여 f는

$$f(x) = f(a)$$

인 상수함수이다.

이제 구간 $I = (a,\ b)$에서 정의된 함수 $y = f(x)$에 대하여 항상 $f'(x) > 0$이면 어떤 일이 일어나는지 살펴보기로 하자. 구간 내의 임의의 두 점 $x,\ y\ (x < y)$에 대하여 평균값 정리에

의하면

$$\frac{f(y)-f(x)}{y-x} = f'(c)$$

인 점 c가 구간 $(x,\ y)$에 존재한다. $x < y$이고 $f'(c) > 0$이므로

$$f(y) - f(x) = f'(c)(y-x) > 0$$

이 성립한다. 다시 말해서 구간 I에서 함수 $y = f(x)$는 **순증가**함수이다. 마찬가지로 구간의 모든 점에서 $f'(x) < 0$이면 f는 그 구간에서 **순감소**함수이다.

<u>도함수와 함수의 증감</u>

미분가능한 함수 $y = f(x)$가 구간 I의 모든 x에 대하여

- $f'(x) = 0$이면 f는 상수함수이다.
- $f'(x) > 0$이면 f는 순증가함수이다.
- $f'(x) < 0$이면 f는 순감소함수이다.

Note 마찬가지로 $f'(x) \geq 0$이면 $f(x)$는 증가함수이고, $f'(x) \leq 0$이면 $f(x)$는 감소함수이다.

보기 2 구간 $[-5,\ 5]$에서 다음 함수가 증가하는 구간과 감소하는 구간을 구하시오.

$$f(x) = \frac{x}{1+x^2}$$

Solution $f'(x) \geq 0$인 구간과 $f'(x) \leq 0$인 구간을 구하면 된다.

$$f'(x) = \frac{1(1+x^2) - x(2x)}{(1+x^2)^2} = \frac{1-x^2}{(1+x^2)^2} = 0 \quad \Leftrightarrow \quad 1 - x^2 = 0$$

이므로 $x = \pm 1$에서 $f'(x) = 0$이다. 그 이외의 구간에서 f'의 부호를 구해보면 다음과 같다.

x		-1		1	
$f'(x)$	$-$	0	$+$	0	$-$
$f(x)$	$\searrow$		$\nearrow$		$\searrow$

따라서 함수 $y = f(x)$는 구간 $[-1,\ 1]$에서는 증가하고 나머지 구간 $[-5,\ -1]$, $[1,\ 5]$에서는 감소한다. □

$x = c$가 연속함수 f의 임계점이라 하자. f'의 부호가 $x = c$에서 $+$에서 $-$로 바뀌면 $x = c$까지 증가하다 $x = c$부터 감소하므로 극댓값을, 마찬가지로 $-$에서 $+$로 바뀌면 극솟값을 갖는다. 만약 임계점이 유일하다면 다음 결과가 성립한다.

임계점이 유일할 때

구간 $(a,\ b)$에서 연속인 함수 $y = f(x)$가 유일한 임계점 $x = c$를 갖는다고 하자.

- $x < c$일 때 $f'(x) > 0$이고 $x > c$일 때 $f'(x) < 0$이면 $y = f(x)$는 $x = c$에서 최댓값 $f(c)$를 갖는다.
- $x < c$일 때 $f'(x) < 0$이고 $x > c$일 때 $f'(x) > 0$이면 $y = f(x)$는 $x = c$에서 최솟값 $f(c)$를 갖는다.

보기 3 다음 함수의 최댓값, 또는 최솟값이 존재하면 구하시오.

(a) $f(x) = xe^{-x}$ (b) $y = \ln(x^2 + 1)$

Solution

(a) 곱의 미분법을 적용하면

$$f'(x) = x'e^{-x} + x(e^{-x})' = (1 - x)e^{-x}$$

이므로 $x = 1$은 유일한 임계점이다. $x < 1$이면 $f'(x) > 0,\ x > 1$이면 $f'(x) < 0$이므로 $x = 1$에서 극댓값 $f(1) = \frac{1}{e}$를 가지며 이 값이 최댓값이다. 하지만

$$\lim_{x \to -\infty} f(x) = -\infty$$

이므로 최솟값은 존재하지 않는다.

(b) 연쇄법칙을 이용하면

$$f'(x) = \frac{(x^2 + 1)'}{x^2 + 1} = \frac{2x}{x^2 + 1}$$

이다. 따라서 $x = 0$은 유일한 임계점이다. $x < 0$이면 $f'(x) < 0,\ x > 0$이면 $f'(x) > 0$이므로 $x = 0$에서 극솟값 $f(0) = 0$을 가지며 이 값이 최솟값이다.

$$\lim_{x \to \infty} \ln(x^2 + 1) = \lim_{x \to -\infty} \ln(x^2 + 1) = \infty$$

이므로 최댓값은 존재하지 않는다. □

부분에서 최대(또는 최소)가 아닌 값, 즉 극대가 아닌 값은 전체에서 최대(또는 최소)가 될 수 없으므로 최댓값, 최솟값은 임계점, 또는 양 끝점에서 얻어진다. 따라서 닫힌구간 $[a,\ b]$ 에서 연속함수 $y = f(x)$의 최대, 최소는 다음과 같이 구할 수 있다.

최대, 최소 구하기

닫힌구간 $[a,\ b]$에서 연속함수 $y = f(x)$에 대하여

1. $y = f(x)$의 임계점에서 f의 값을 모두 구한다.
2. 구간 $[a,\ b]$의 양 끝점에서의 값 $f(a)$와 $f(b)$를 구한다.
3. 1, 2에서 구한 값 중에서 가장 큰 값이 최댓값, 가장 작은 값이 최솟값이다.

Note 구간 $(a,\ b)$에서 함수 $y = f(x)$가 미분가능하면 1은 다음과 같이 바꾸어 쓸 수 있다.

1a. $f'(c) = 0$이 되는 c에 대하여 $f(c)$를 모두 구한다.

보기 4 주어진 구간에서 함수 $f(x) = x^2e^{-x}$의 최댓값과 최솟값을 구하시오.

(a) $[-3,\ 3]$ (b) $[-1,\ 1]$ (c) $[-2,\ -1]$

Solution $f'(x) = 2xe^{-x} - x^2e^{-x} = x(2-x)e^{-x}$이므로 임계점은 $x = 0,\ 2$이다.

$$f(0) = 0, \quad f(2) = \frac{4}{e^2}$$

(a) 임계점이 모두 구간에 포함된다. 구간의 양 끝점에서

$$f(-3) = 9e^3, \quad f(3) = \frac{9}{e^3}$$

이므로 $x = -3$에서 최댓값 $f(-3) = 9e^3$, $x = 0$에서 최솟값 $f(0) = 0$이다.

(b) 주어진 구간에 있는 임계점은 $x = 0$이고 구간의 양 끝점에서

$$f(-1) = e, \quad f(1) = \frac{1}{e}$$

이므로 $x = 0$일 때 최솟값 $f(0) = 0$, $x = -1$일 때 최댓값 $f(-1) = e$이다.

(c) 구간 내에 임계점은 존재하지 않는다. 구간의 양 끝점 $x=-2,\ -1$에 대하여

$$f(-2)=4e^2, \quad f(-1)=e$$

이므로 $x=-1$에서 최솟값 $f(-1)=e$, $x=-2$에서 최댓값 $f(-2)=4e^2$이다. □

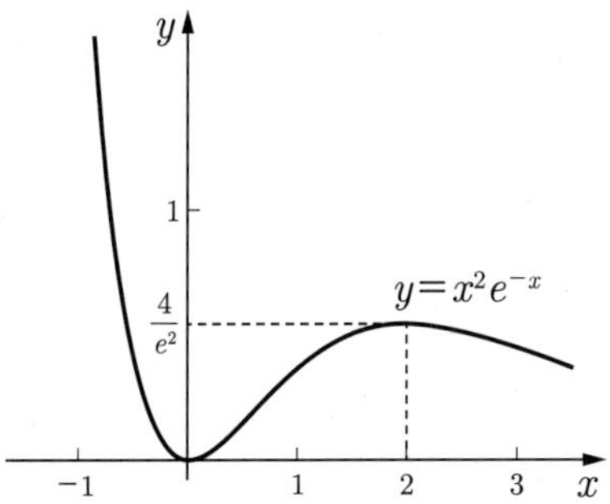

부등식의 증명

평균값 정리는 부등식을 증명하는 데에도 유용하다. 예를 들어 모든 x에 대하여 $|f'(x)|\le 1$이거나 $|f'(x)|\ge 1$이면 평균값 정리에 의하면 각각 다음 부등식이 성립한다.

$$|f(x)-f(y)|\le|x-y|, \quad |f(x)-f(y)|\ge|x-y|$$

보기 5 실수 $x,\ y\ge 0$에 대하여 다음 부등식이 성립함을 보이시오.

$$|\ln(1+x)-\ln(1+y)|\le|x-y|$$

Solution $x,\ y\ge 0$이라 하자. $x=y$이면 등식이 성립한다.

$$(\ln(1+x))'=\frac{1}{1+x}$$

이므로 $x\ne y$이면 평균값 정리에 의하여

$$\frac{\ln(1+x)-\ln(1+y)}{x-y}=\frac{1}{1+c}$$

인 $c>0$가 x와 y 사이에 존재한다. 따라서

$$\left|\frac{\ln(1+x)-\ln(1+y)}{x-y}\right|=\frac{1}{1+c}\le 1 \quad \Rightarrow \quad |\ln(1+x)-\ln(1+y)|\le|x-y|$$

이 성립한다. □

도함수와 함수의 증감관계도 부등식을 증명하는 데에 유용하다. 다시 말해서, $x > a$에 대하여 다음 결과가 성립한다.

$$f'(x) > 0\text{이면 } f(x) > f(a) \quad (f'(x) \geq 0\text{이면 } f(x) \geq f(a))$$
$$f'(x) < 0\text{이면 } f(x) < f(a) \quad (f'(x) \leq 0\text{이면 } f(x) \leq f(a))$$

보기 6

(a) 임의의 실수 x에 대하여 $e^x \geq 1 + x$임을 보이시오.

(b) $x > -1$이면 $\ln(1+x) \leq x$임을 보이시오.

Solution

(a) $g(x) = e^x - 1 - x$라 하자. $x > 0$이면 $g'(x) = e^x - 1 > 0$이므로 g는 순증가하고 $g(0) = 0$이므로

$$g(x) > g(0) = 0$$

이다. $x < 0$이면 $g'(x) = e^x - 1 < 0$이므로 g는 순감소한다. 따라서 $x < 0$이면

$$g(x) > g(0) = 0$$

이다. 따라서 모든 x에 대하여 $e^x \geq 1 + x$이다.

(b) $g(x) = x - \ln(1+x)$라고 하자.

$$g'(x) = 1 - \frac{1}{1+x}$$

에서 $x > 0$이면 $g' > 0$이므로 g는 순증가, $-1 < x < 0$이면 $g' < 0$이므로 g는 순감소한다. 따라서

$$x > 0 \text{ 이면 } g(x) > g(0) = 0, \quad -1 < x < 0 \text{ 이면 } g(x) > g(0) = 0$$

이므로 $x > -1$이면 $\ln(1+x) \leq x$이다. □

1.5.3 이계도함수와 변곡점

f가 미분가능한 함수라면 왼쪽의 경우(위로 볼록)는 x가 커지면 접선의 기울기가 점점 작아진다. 다시 말해서 f'이 감소한다. 오른쪽의 경우(아래로 볼록)는 접선의 기울기 f'이 점점 커진다. 이러한 성질을 미분가능한 함수 $y = f(x)$의 볼록성을 판단하는 데에 사용한다.

함수의 볼록성

미분가능한 함수 $y = f(x)$가

- 구간 $(a,\ b)$에서 f'이 순증가하면 $y = f(x)$는 **아래로 볼록**이다.
- 구간 $(a,\ b)$에서 f'이 순감소하면 $y = f(x)$는 **위로 볼록**이다.

만약 $y = f(x)$의 이계도함수가 존재하면 위의 결과는 다음과 같이 쓸 수 있다.

이계도함수와 볼록성

두번 미분가능한 함수 $y = f(x)$가

- 구간 $(a,\ b)$에서 $f'' > 0$이면 $y = f(x)$는 아래로 볼록이다.
- 구간 $(a,\ b)$에서 $f'' < 0$이면 $y = f(x)$는 위로 볼록이다.

보기 7 함수 $f(x) = xe^{-x}$에 대하여 위로 볼록인 구간과 아래로 볼록인 구간을 구하시오.

Solution $f'(x) = (1 - x)e^{-x}$이므로 $x = 1$은 유일한 임계점이다.

$$f''(x) = -e^{-x} + (1 - x)e^{-x}(-1) = (x - 2)e^{-x}$$

이므로 $x < 2$이면 $f''(x) > 0$이고 아래로 볼록이다. $x > 2$이면 위로 볼록이다. □

x		1		2	
$f'(x)$	+	0	−	−	−
$f''(x)$	+	+	+	0	−

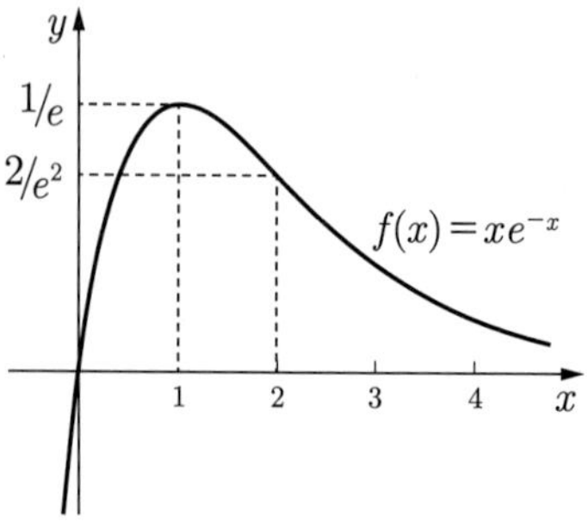

임계점에서 함수가 위로 볼록하면 극댓값을 갖는다. 또한 임계점에서 함수가 아래로 볼록하면 극솟값을 갖는다. 이 사실은 f''가 연속인 경우 다음과 같이 바꾸어 쓸 수 있다.

이계도함수 판정법

$f'(c) = 0$이고 f''이 연속일 때

- $f''(c) > 0$이면 f는 $x = c$에서 극솟값을 갖는다.
- $f''(c) < 0$이면 f는 $x = c$에서 극댓값을 갖는다.

보기 8 이계도함수 판정법으로 함수 $f(x) = \dfrac{x}{1+x^2}$의 극값을 구하시오.

Solution $f'(x) = \dfrac{1(1+x^2) - x(2x)}{(1+x^2)^2} = \dfrac{1-x^2}{(1+x^2)^2}$이므로 2개의 임계점 $x = 1,\ -1$을 갖는다.

$$f''(x) = \frac{-2x}{(1+x^2)^2} + (1-x^2)\frac{(-2)(2x)}{(1+x^2)^3} = \frac{2x(x^2-3)}{(1+x^2)^3}$$

으로부터

$$f''(1) = -\frac{1}{2} < 0, \quad f''(-1) = \frac{1}{2} > 0$$

이므로 $x = 1$에서는 극댓값 $f(1) = \frac{1}{2}$, $x = -1$에서는 극솟값 $f(-1) = -\frac{1}{2}$을 갖는다. □

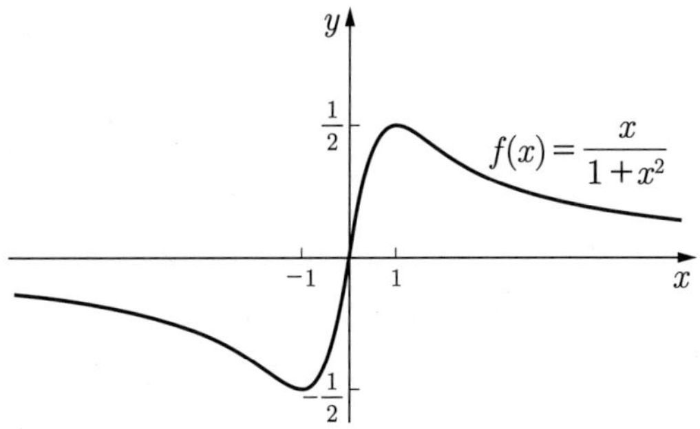

$y = x^3$의 그래프는 $x = 0$의 왼쪽에서 위로 볼록하다가 오른쪽에서는 아래로 볼록한 모양이다. 이렇게 곡선의 볼록한 모양이 바뀌는 점을 **변곡점(inflection point)**이라 한다. 두번 미분가능한 함수 f에 대하여 $x = a$가 변곡점인 것은 $x = a$를 기준으로 f''의 부호가 바뀌는 것과 필요충분조건이다.

보기 9 새로 개설된 인터넷 사이트의 가입자 수(단위 : 만 명)는 시간 t(단위 : 개월)에 대하여 다음과 같이 주어진다고 한다.

$$f(t) = \frac{20t^2}{27 + t^2}, \quad t \geq 0$$

$y = f(t)$의 변곡점을 구하고 변곡점 근처에서 어떤 현상이 일어나는지 설명하시오.

Solution $f(t) = \dfrac{20t^2}{27 + t^2} = 20 - \dfrac{540}{27 + t^2}$로 쓰면 $t > 0$일 때

$$f'(t) = \frac{1080t}{(27 + t^2)^2} > 0$$

이므로 회원 수는 순증가한다. 곱의 미분공식을 이용하면

$$f''(t) = \frac{1080}{(27 + t^2)^2} - \frac{4320t^2}{(27 + t^2)^3} = \frac{3240(9 - t^2)}{(27 + t^2)^3}$$

이고 $t > 0$이므로 $t = 3$에서 유일한 변곡점을 갖는다.

$$t < 3 \text{이면 } f''(t) > 0 \text{이고 } t > 3 \text{ 이면 } f''(t) < 0$$

이므로 $f'(t)$는 $t = 3$에서 최댓값을 갖는다. 다시 말해서 인터넷 사이트를 개설하고 3개월 후에 신규가입자수 $f'(t)$는 최대가 된다. 3개월이 지나고 나면 총가입자수 $f(t)$는 계속 늘지만 신규가입자 수 $f'(t)$는 줄어들기 시작한다. □

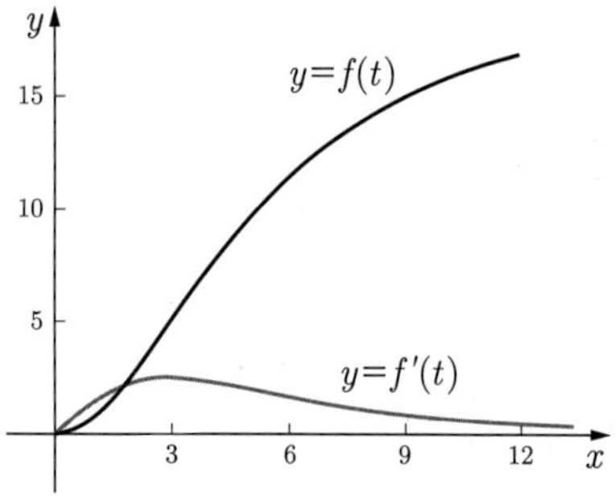

1.5.4 연습문제

1. 다음 함수의 임계점을 구하고 극값을 모두 구하시오.

   (a) $f(x) = 4x^2 + 6x$
   (b) $g(x) = x^3 - 3x^2 - 9x$
   (c) $h(x) = x^4 - 4x^2 + 2$
   (d) $g(t) = |x^2 - 1|$
   (e) $h(t) = \sqrt{x^2+1}$
   (f) $k(t) = \dfrac{x^2}{x^4+1}$

2. 삼차함수 $f(x) = ax^3 + bx^2 + cx + d$가 다음 조건을 만족할 때 상수 a, b, c, d를 구하시오.

   (a) $x = -2$에서 극솟값 -4를 갖고 $x = 1$에서 극댓값 2를 가진다.
   (b) $x = -2$에서 극댓값 4를 갖고 $x = 2$에서 극솟값 -2를 가진다.

3. 다음 함수의 극댓값 또는 극솟값을 모두 구하시오.

   (a) $y = xe^x$
   (b) $y = x^2e^x$
   (c) $y = x^2e^{-x}$
   (d) $y = xe^{-x^2}$
   (e) $y = 4e^{2x} + e^{-x}$
   (f) $y = x\ln x$
   (g) $y = x - \ln x$
   (h) $y = \dfrac{\ln x}{x}$
   (i) $y = \ln(1 + x^2)$

4. 미분가능한 두 함수 f, g가 모든 x에 대하여 $f'(x) = g'(x)$이면 다음 식이 성립함을 보이시오.

$$f(x) = g(x) + C \quad (\text{단, } C\text{는 상수})$$

5. f가 이차함수이면(구간 $[a, b]$에서) 평균값 정리에서 $c = \dfrac{a+b}{2}$임을 보이시오.

6. 함수 f가 미분가능하고 $\displaystyle\lim_{x\to\infty} f'(x) = 2$일 때 다음 극한값을 구하시오.

   (a) $\displaystyle\lim_{x\to\infty}\left(f\left(x+\frac{1}{2}\right) - f\left(x-\frac{1}{2}\right)\right)$

(b) $\lim_{x\to\infty}(f(2x+1)-f(2x-1))$

7. 모든 x에 대하여 $f'(x)<1$이면 $f(c)=c$인 c는 많아야 하나 존재함을 보이시오. (Hint. 이 성질을 가지는 값이 두 개 있다면 모순이 생김을 평균값 정리를 이용하여 보이시오.)

8. $f(0)=3$이고

   (a) $f'(x)\le 2$일 때 $f(2)$의 범위를 구하시오.

   (b) $f'(x)\ge -2$일 때 $f(2)$의 범위를 구하시오.

9. 두 함수 f와 g가 닫힌구간 $[a,\ b]$에서 연속이고 열린구간 $(a,\ b)$에서 미분가능하다고 하자. 그러면

$$f'(c)(g(b)-g(a))=g'(c)(f(b)-f(a))$$

을 만족하는 점 c가 열린구간 $(a,\ b)$에 존재함을 보이시오.[19]

10. 미분가능한 함수 $f:[-1,\ 1]\to\mathbb{R}$에 대하여 부등식 $f'(x)\le 1$이 성립한다고 한다. $f(-1)=-1,\ f(1)=1$이면 $f(x)=x$ 임을 보이시오.

11. 미분가능한 두 함수 $f,\ g$에 대하여

   (a) $f,\ g$ 모두 증가함수이면 $f\circ g$도 증가함수임을 보이시오.

   (b) f는 증가함수이고 g는 감소함수이면 $f\circ g$는 감소함수임을 보이시오.

   (c) $f,\ g$ 모두 감소함수이면 $f\circ g$는 증가함수임을 보이시오.

12. $x>0$에서 다음 부등식이 성립함을 보이시오.

   (a) $1+x+\dfrac{x^2}{2}<e^x$

   (b) $x-\dfrac{x^2}{2}<\ln(1+x)<x$

   (c) $\dfrac{1}{1+x}<\ln\dfrac{x+1}{x}<\dfrac{1}{x}$

13. 다음 부등식이 성립함을 보이시오.

   (a) $|e^x-e^y|\ge|x-y|,\quad x,\ y\ge 0$

   (b) $|\sin x-\sin y|\le|x-y|,\quad x,\ y\in\mathbb{R}$

---

[19] 이 결과를 코시의 평균값 정리라 한다.

14. 방정식 $x^3 - 3x^2 - 72x + k = 0$의 근의 개수가 다음과 같을 때 k의 범위를 구하시오.

(a) 하나 (b) 두 개 (c) 세 개

15. 다음 방정식의 근은 모두 몇 개 존재하는지 구하시오.

(a) $x^3 - 3x^2 - 6x + 2 = 0$

(b) $x^4 - 6x^2 + 8x = 0$

(c) $x^5 - 5x^3 + 3 = 0$

노트

1.6 최적화

1.6.1 최적화 문제

자연현상이나 경제활동에서의 최적화 문제는 비용을 최소화하거나 효율을 최대화하는 문제 등을 포함한다. 대부분의 문제에는 변수가 둘 이상이 주어지며 변수 사이의 관계식이 주어진다. 이 절에서는 일변수함수로 해결할 수 있는 최적화 문제를 다룬다. 이런 경우 최소화, 또는 최대화하고 싶은 함수를 하나의 변수로 나타내는 것이 우선되어야 한다. 또한 주어진 관계식에서 변수가 취할 수 있는 범위도 구하여야 한다.

보기 1 밑면이 정사각형인 직육면체 모양의 상자를 만들려고 한다. 부피가 1000m^3일 때 겉넓이를 최소화하는 밑면의 가로 길이를 구하시오.

Solution 밑면의 가로 길이를 x, 높이를 y라고 하자. 그러면 x, y는 다음과 같은 조건을 만족한다.

$$x^2y = 1000, \quad x \geq 0, \quad y \geq 0 \tag{1.5}$$

상자의 겉넓이는

$$A = 2x^2 + 4xy$$

이므로 문제는 조건 (1.5)를 만족하는 x, y 중에서 $A = 2x^2 + 4xy$를 최소화하는 x, y를 구하는 것이 된다. 조건 (1.5)에서

$$y = \frac{1000}{x^2}$$

이므로

$$A = 2x^2 + \frac{4000}{x}$$

이다. A의 임계점은

$$A' = 4x - \frac{4000}{x^2} = 0 \quad \Rightarrow \quad x = 10$$

으로 유일하다. 이 임계점에서 A'의 부호가 $-$에서 $+$로 바뀌므로 $x = 10$에서 A는 최솟값

$$A = 2 \cdot 100 + \frac{4000}{10} = 600 \ (\text{m}^2)$$

을 갖는다. 다시 말해서 한 변의 길이가 10인 정육면체의 겉넓이가 최소가 된다. □

일반적으로 최적화 문제는 다음과 같은 과정을 거쳐서 해결한다.

최적화 문제의 해결

1. 조건에 있는 미지수들을 이용하여 최적화하고 싶은 함수(목적함수)를 정의한다.
2. 조건에 있는 미지수에 대한 조건을 구하고 이 미지수들 사이의 관계식을 구한다.
3. 주어진 조건식을 이용하여 목적함수를 일변수함수로 바꾸어 쓴다.
4. 목적함수의 임계점을 모두 구한다.
5. 임계점과 조건의 끝점에서 목적함수의 값을 모두 구한다.
6. 위에서 구한 값 중에서 가장 큰 값이 최댓값, 가장 작은 값이 최솟값이 된다.

최적보유기간

t년 후의 가치가 $V(t)(\geq 0)$인 자산이 있다고 하자. 연 $100r\%$ 연속복리로 이자가 지급될 때 t년 후 이 자산의 현재가치는

$$P(t) = V(t)e^{-rt}$$

이다. $V(t)$가 미분가능하면

$$P'(t) = (V(t)e^{-rt})' = V'(t)e^{-rt} - rV(t)e^{-rt}$$

이므로 P의 임계점 t는 다음 관계식을 만족한다.

$$P'(t) = 0 \quad \Leftrightarrow \quad \frac{V'(t)}{V(t)} = r \tag{1.6}$$

임계점 $t = t_0$에서 P가 최댓값을 가지면 $t = t_0$을 **최적보유기간(optimal holding time)**이라 한다. 예를 들어 $t = t_0$이 유일한 임계점이고 $t < t_0$일 때

$$\frac{V'(t)}{V(t)} > r$$

이고 $t > t_0$일 때

$$\frac{V'(t)}{V(t)} < r$$

이면 $t = t_0$은 최적보유기간이다. 식 (1.6)에서 $\frac{V'(t)}{V(t)}$은 자산 가치의 백분율변화율을, 오른쪽 값 r은 은행의 이율을 나타낸다. 자산 가치의 백분율변화율이 은행 이율보다 높을 때에는 자산을 보유하는 것이, 은행 이율이 더 높을 때는 자산을 처분하는 것이 더 높은 수익을 냄을 알 수 있다.

보기 2 t년 후 가치가 $V(t) = 100 + 5t$인 자산이 있다. 연이율은 연속복리로 4%일 때 최적보유기간을 구하시오.

Solution $V'(t) = 5$이므로

$$\frac{V'(t)}{V(t)} = \frac{5}{100+5t} = 0.04$$

을 풀면

$$4 + 0.2t = 5 \quad \Rightarrow \quad t = 5$$

이다. $t < 5$이면

$$\frac{V'(t)}{V(t)} = \frac{5}{100+5t} > 0.04$$

이고 $t > 5$이면

$$\frac{V'(t)}{V(t)} = \frac{5}{100+5t} < 0.04$$

이므로 5년 후 자산을 처분하면 수익을 최대화할 수 있다. □

1.6.2 한계함수와 평균함수

물량 x개를 만드는 데 드는 **총비용함수(total cost function)**가 $C(x)$로 주어졌을 때 x에서의 **한계비용(marginal cost)**은

$$C(x+1) - C(x)$$

로 정의한다. 한계비용은 다음과 같은 근사식으로 계산할 수도 있다.

$$C'(x) = \lim_{h \to 0} \frac{C(x+h) - C(x)}{h} \approx \frac{C(x+1) - C(x)}{x+1-x} = C(x+1) - C(x)$$

여기서 $C'(x)$를 **한계비용함수(marginal cost function)**라고 부른다.[20] 한계비용함수는 물량 수 x에서 하나를 더 만드는 데 필요한 비용을 근사적으로 구하여 준다.

보기 3 USB를 x개 만드는 비용함수가 다음과 같이 주어진다고 한다(단위 : 천 원).

$$C(x) = 20000 + 11x - 0.0001x^2$$

10001번째 USB를 만드는 데 드는 한계비용을 한계비용함수를 이용하여 구하시오.

[20] 한계비용함수를 $MC(x)$로 나타내기도 한다.

Solution 한계비용함수를 구하면

$$C'(x) = 11 - 0.0002x$$

이므로

$$C(10001) - C(10000) \approx C'(10000) = 11 - 2 = 9$$

이다. 따라서 10001번째 USB를 만드는 데 드는 한계비용은 약 9천 원이다. □

Note 비용함수로부터 10001번째 USB를 만드는 데 드는 한계비용을 직접 계산하면

$$\begin{aligned}&C(10001) - C(10000)\\&= (20000 + 11 \cdot 10001 - 0.0001(10001)^2) - (20000 + 11 \cdot 10000 - 0.0001(10000)^2)\\&= 8.9999\end{aligned}$$

으로 한계비용함수를 이용하여 구한 근삿값이 상당히 정확함을 알 수 있다.

물품 x개를 판매할 때 가격을 $p = p(x)$라 하면 **총수입함수(total revenue function)**는

$$R(x) = px$$

로 정의한다. **총이윤함수(total profit function)** $P(x)$는 총수입함수에서 총비용함수를 뺀 것으로 정의한다.

$$P(x) = R(x) - C(x)$$

x에서 **한계수입(marginal revenue)**과 **한계이윤(marginal profit)**은 각각

$$R(x+1) - R(x), \quad P(x+1) - P(x)$$

으로 정의하고 **한계수입함수(marginal revenue function)**와 **한계이윤함수(marginal profit function)**는 각각

$$R'(x), \qquad P'(x)$$

로 정의한다. x에서의 한계수입은 한계수입함수를 이용하여 다음과 같이 근사적으로 구할 수 있다.

$$R(x+1) - R(x) \approx R'(x)$$

보기 4 공연의 관람료를 p(단위 : 만 원)로 했을 때 관람객의 수 x는 다음과 같이 주어진다.

$$x = 10000 - 500p$$

(a) 한계수입함수를 구하시오.

(b) 고정비용이 4억 원이고, 관람객 한 명에게 소요되는 비용이 2만 원이라 할 때 한계이윤 함수를 구하시오.

(c) 총이윤이 최대가 되려면 관람료를 얼마로 책정해야 하는가?

Solution

(a) 관람료가 p일 때 총수입은

$$R = px$$

이다. 한계수입함수는 관람객의 수 x에 대한 도함수이므로 R을 x의 함수로 나타내기로 하자.

$$p = 20 - \frac{1}{500}x$$

이므로

$$R(x) = 20x - \frac{1}{500}x^2$$

이다. 따라서 한계수입함수는

$$R'(x) = 20 - \frac{1}{250}x$$

이다.

(b) 총비용은 고정비용 4억에 관람객 수 x에 따라 결정되는 $2x$를 더한 것이므로

$$C(x) = 40000 + 2x$$

이다. 따라서 한계이윤함수는 다음과 같다.

$$P'(x) = R'(x) - C'(x) = 20 - \frac{1}{250}x - 2 = 18 - \frac{1}{250}x$$

(c) $x < 18 \cdot 250 = 4500$이면

$$P(x+1) - P(x) \approx P'(x) > 0$$

이고 $x > 4500$이면 $P'(x) < 0$이다. 따라서 총이윤 $P(x)$는 $x < 4500$일 때 x가 커지면 증가하는 반면 $x > 4500$일 때는 x가 커지면 감소한다. 즉 $x = 4500$일 때 총이윤이 최대가 된다.

$$p = 20 - \frac{1}{500}x$$

이므로 총이윤이 최대가 되는 가격은

$$p = 20 - \frac{4500}{500} = 11$$

즉 11만 원이다.[21] □

평균비용함수

한계비용함수 $C'(x)$는 곡선 위의 점 $(x,\ C(x))$에서 접선의 기울기이다. 이 값은 x개를 생산한 후 하나를 더 생산할 때 드는 추가비용으로 해석된다. 비용함수 $C(x)$를 상품의 수 x로 나누면 상품 하나를 생산하는 데 필요한 평균비용이 나온다. 이를 **평균비용함수(average cost function)**라고 한다.

$$AC(x) = \frac{C(x)}{x}$$

x개를 생산할 때의 평균비용 $\dfrac{C(x)}{x}$은 원점과 곡선 위의 점 $(x,\ C(x))$를 잇는 직선의 기울기이다.

보기 5 x개의 휴대전화를 생산하는 데 비용함수가

$$C(x) = 1000 + 5x + \frac{x^2}{1000}$$

이다(단위 : 만 원). 평균비용이 최소가 되는 x를 구하시오.

Solution 평균비용함수 $AC(x) = \dfrac{1000}{x} + 5 + \dfrac{x}{1000}$를 미분하면

$$AC'(x) = -\frac{1000}{x^2} + \frac{1}{1000} = 0 \quad \Rightarrow \quad x^2 = 1000^2$$

이고 $x > 0$이므로 $x = 1000$이 유일한 임계점이다.

	$x < 1000$	$x = 1000$	$x > 1000$
$AC'(x)$	−	0	+
$AC(x)$	↘	최소	↗

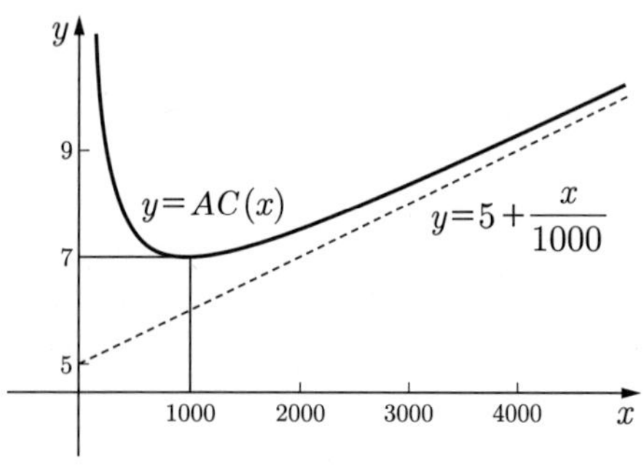

[21] 이 문제는 이차함수의 꼭짓점을 구하여 풀 수도 있다.

따라서 $x = 1000$일 때 평균비용은 최소가 되고 이때 평균비용은

$$AC(1000) = \frac{1000}{1000} + 5 + \frac{1000}{1000} = 7(\text{만 원})$$

이다. □

비용함수 $C(x)$가 미분가능하다고 하자.

$$AC'(x) = \frac{xC'(x) - C(x)}{x^2}$$

이므로

$$AC'(x) = 0 \quad \Leftrightarrow \quad C'(x) = \frac{C(x)}{x} = AC(x)$$

이다. 평균비용함수 $AC(x)$의 임계점에서

$$C'(x)(\text{한계비용}) \ = \frac{C(x)}{x}\ (\text{평균비용})$$

이다. 일반적으로 한계비용이 평균비용보다 작으면 생산을 늘릴 때 평균비용은 낮아진다. 반대로 한계비용이 평균비용보다 크면 생산을 줄이면 평균비용이 낮아진다.

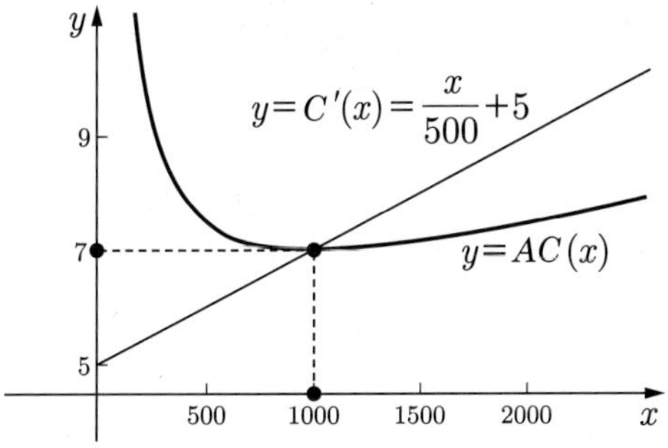

1.6.3 탄력성

가격의 변화에 수요가 어떻게 반응하는지는 경제학, 또는 경영학에서 아주 중요한 문제이다. 버스요금이 100원 오른 것과 택시비(기본요금)가 100원 오른 것은 액수는 같지만 소비자의 입장에서는 큰 차이가 있다. 현재 버스요금이 1000원, 택시 기본요금이 4000원이라 하면 버스요금과 택시기본요금은 각각

$$\frac{100}{1000} = 0.1 = 10\%, \qquad \frac{100}{4000} = 0.025 = 2.5\%$$

오른 것이다. 이렇게 변화량 $\Delta p = p_1 - p_0$을 초기값 P_0으로 나눈 것을 **상대변화율**, 또는 **백분율 변화율(percent rate of change)**이라 한다. 백분율 변화율은 어떤 단위를 사용하여도

단위가 상쇄된다.

지하철요금이 10% 오르면 승객의 수는 5% 감소하고 반면 택시요금이 10% 오르면 승객은 20% 감소한다고 하자. 이때 지하철의 경우 요금을 인상하여도 총수입함수는 감소하지 않는다. 요금 인상분이 승객 감소를 상쇄하고도 남기 때문이다.[22] 택시의 경우 요금 인상은 수요에 급격한 감소를 야기하며 총수입도 크게 줄어든다.[23] 이런 경우 택시의 수요가 지하철의 수요보다 가격에 대하여 **더 탄력적**(elastic)이라 말한다.

일반적인 경우 가격에 대한 **수요의 탄력성(elasticity of demand)**은 E로 나타내며 가격의 상대증가율($\Delta p/p$)에 대한 수요의 상대감소율($-\Delta q/q$)의 비율로 정의한다.

$$E = \frac{-\Delta q/q}{\Delta p/p} = -\frac{\Delta q}{\Delta p} \cdot \frac{p}{q}$$

여기서 p는 가격을, q는 가격이 p일 때의 수요를 나타낸다. p가 증가할 때 q가 감소하면 E는 양수가 된다. 여기서 가격의 변화 Δp는 가능한 한 작은 값으로 잡아 준다. 따라서 근사식

$$\frac{\Delta q}{\Delta p} \approx \frac{dq}{dp}$$

를 이용하여 수요의 탄력성을 다음과 같이 정의한다.[24]

수요의 탄력성

가격 p에 대한 수요 q의 탄력성 E는 다음과 같이 정의한다.

$$E = -\frac{dq}{dp} \cdot \frac{p}{q}$$

Note 수요함수를 $q = f(p)$라고 하면 $f'(p) = \frac{dq}{dp}$이므로 수요의 탄력성은 다음과 같이 쓸 수 있다.

$$E = -\frac{p}{q}\frac{dq}{dp} = -\frac{f'(p)}{f(p)}p$$

[22]현재의 지하철 요금을 P_0, 승객의 수를 x_0라고 하면 요금 인상 후의 요금은 $1.1p_0$, 승객의 수는 $0.95x_0$이다. 요금 인상 전 총수입은 $R_0 = p_0x_0$이고 요금 인상 후 총수입은

$$(1.1p_0)(0.95x_0) = 1.045x_0p_0 = 1.045R_0$$

으로 오히려 4.5% 증가한다.

[23]이 경우 총수입은 12% 줄어 든다.

[24]교재에 따라 탄력성을 − 부호 없이 정의하기도 한다.

Note $E > 1$이면 가격의 상대변화율보다 수요의 상대변화율이 더 큼을 의미하므로 수요는 **탄력적(elastic)**이라 한다. $E < 1$이면 수요는 **비탄력적(inelastic)**이라 한다.

보기 6 음료수의 수요함수가 $q = 2000 - 2p$로 주어져 있다. $p = 400,\ 500,\ 600$일 때 수요탄력성을 구하시오.

Solution $\dfrac{dq}{dp} = -2$이므로 가격에 대한 수요의 탄력성은

$$E = -\frac{dq}{dp} \cdot \frac{p}{q} = \frac{2p}{2000 - 2p}$$

이다. 따라서 $p = 400,\ 500,\ 600$일 때 수요탄력성은 각각

$$E = \frac{2}{3}, \quad E = 1, \quad E = \frac{3}{2}$$

이다. □

이제 총수입이 최대가 되는 경우의 수요탄력성을 구해 보기로 하자. 가격이 p이고 수요가 q인 경우의 총수입은

$$R = pq$$

이다. q가 p의 미분가능한 함수라면

$$\frac{dR}{dp} = q + p\frac{dq}{dp} = q\left(1 + \frac{p}{q}\frac{dq}{dp}\right) = q(1 - E)$$

이므로

$$\frac{dR}{dp} = 0 \quad \Leftrightarrow \quad E = 1$$

이다. $E < 1$이면 $\frac{dR}{dp} > 0$이므로 가격이 오르면 총수입이 증가한다. $E > 1$이면 $\frac{dR}{dp} < 0$이므로 가격이 오르면 총수입은 감소한다. 따라서 $E = 1$일 때 총수입은 극대가 된다. $E = 1$이 되는 p의 값이 유일하다면 $E = 1$일 때 총수입은 최대가 된다.

보기 7 게임기의 수요함수는 $q = 7500 - p^2$(p의 단위 : 천 원)로 주어진다.

(a) $p = 40,\ 60$일 때 가격에 대한 수요의 탄력성을 구하고 수요가 탄력적인지 판단하시오.

(b) 수요가 탄력적인 가격의 범위를 구하시오.

(c) 총수입이 최대가 되는 가격을 구하고 이때 총수입을 구하시오.

Solution

(a) 가격에 대한 수요의 탄력성은

$$E = -\frac{dq}{dp} \cdot \frac{p}{q} = 2p\frac{p}{7500 - p^2} = \frac{2p^2}{7500 - p^2}$$

이므로 $p = 40,\ 60$일 때 수요의 탄력성은 각각

$$\frac{2 \cdot 40^2}{7500 - 40^2} = \frac{32}{59}, \quad \frac{2 \cdot 60^2}{7500 - 60^2} = \frac{24}{13}$$

이다. 따라서 $p = 40$일 때는 비탄력적이고 $p = 60$일 때는 탄력적이다.

(b) $q = 7500 - p^2 > 0$이므로 $p^2 < 7500$, 즉 $p < 50\sqrt{3}$일 때 $E > 1$인 p의 범위를 구하면 된다.

$$E = \frac{2p^2}{7500 - p^2} > 1 \quad \Leftrightarrow \quad p^2 > 2500$$

이므로 $50 < p < 50\sqrt{3}$이다.

(c) $p = 50$일 때만 $E = 1$이므로 $p = 50$일 때 총수입은 최대가 되고 그 값은

$$R = 50(7500 - 50^2) = 250000 \text{ (단위 : 천 원)}$$

즉 2억 5000만 원이다. □

일반적으로 변수 x가 1% 변할 때 y가 몇 % 변하는가를 나타내는 수치를 **x에 대한 y의 탄력성**이라 한다. 가격의 변화에 따른 공급의 변화를 가격에 대한 공급의 탄력성이라 한다. 또한 소득에 대한 탄력성도 많이 다루는데 국민소득이 1% 증가할 때 고용된 노동자 수의 변화를 소득에 대한 고용의 탄력성, 수입량의 변화를 소득에 대한 수입의 탄력성이라 부른다.

1.6.4 연습문제

1. 주어진 구간에서 다음 함수의 최댓값과 최솟값이 존재하면 구하시오(연습문제 1.5, 1번 참조).

(a) $f(x) = 4x^2 + 6x,\ [-2,\ 2]$

(b) $g(x) = x^3 - 3x^2 - 9x,\ [-2,\ 2]$

(c) $h(x) = x^4 - 4x^2 + 2,\ [-2,\ 2]$

(d) $g(x) = |x^2 - 1|,\ [-2,\ 2]$

(e) $h(x) = \sqrt{x^2 + 1},\ [-2,\ 2]$

(f) $k(x) = \dfrac{x^2}{x^4 + 1},\ [-2,\ 2]$

2. 주어진 구간에서 다음 함수의 최댓값과 최솟값이 존재하면 구하시오(연습문제 1.5, 3번 참조).

(a) $y = xe^x,\ [-2,\ 2]$
(b) $y = x^2e^x,\ [-2,\ 2]$
(c) $y = x^2e^{-x},\ [-2,\ 2]$
(d) $y = xe^{-x^2},\ [-2,\ 2]$
(e) $y = 4e^{2x} + e^{-x},\ [-2,\ 2]$
(f) $y = x\ln x,\ [1/2,\ 2]$
(g) $y = x - \ln x,\ [1/2,\ 2]$
(h) $y = \dfrac{\ln x}{x},\ [1/2,\ 2]$
(i) $y = \ln(1+x^2),\ [-2,\ 2]$

3. 밀의 수확량 y는 토양에 있는 질소의 농도 N에 의해 다음과 같이 결정된다고 한다.

$$y = \frac{kN}{1+N^2}$$

밀의 수확량이 최대가 되는 질소의 농도를 구하시오. 단, $k > 0$은 상수이다.

4. (a) 합이 20인 두 수 중에서 곱이 최대가 되는 두 수를 구하시오.
(b) 차가 20인 두 수 중에서 곱이 최소가 되는 두 수를 구하시오.
(c) 곱이 20인 두 수 중에서 합이 최소가 되는 두 양수를 구하시오.

5. (a) 같은 둘레를 갖는 직사각형 중에서 넓이가 최대가 되는 것은 정사각형임을 보이시오.
(b) 같은 넓이를 갖는 직사각형 중에서 둘레의 길이가 최소가 되는 것은 정사각형임을 보이시오.

6. 타원 모양의 체육관에 직사각형 모양의 운동장을 만들려고 한다. 운동장의 넓이가 최대가 되는 가로와 세로의 길이를 구하시오. 단 타원의 방정식은 다음과 같다.

$$\frac{x^2}{a^2} + \frac{y^2}{b^2} = 1, \quad a > b > 0$$

7. 총비용함수 $C(x)$가 다음과 같을 때 한계비용함수 $C'(x)$와 평균비용함수 $AC(x)$를 구하시오.

(a) $C(x) = 200 + 3x + x^2 - \dfrac{1}{3}x^3$
(b) $C(x) = 170 + 2\sqrt{x} + 3x - x^2$
(c) $C(x) = 100 + 2x + \dfrac{1}{1+x}$

8. 평균비용함수 $AC(x)$가 다음과 같을 때 총비용함수 $C(x)$와 한계비용함수를 구하시오.

(a) $AC(x) = 1.5x + 8 + \dfrac{2}{x}$

(b) $AC(x) = \dfrac{1}{1+x^2} + x + 2$

(c) $AC(x) = 3\sqrt{x} + 3 + \dfrac{1}{x+x^2}$

9. 가격이 p일 때 수요 x와의 관계를 나타내는 수요함수가 다음과 같다. 총수입 $R = xp$가 최대가 되는 가격 p를 구하시오.

(a) $x = 100 - \dfrac{p}{2}$ (b) $x = \dfrac{10}{p^2+1}$

10. 어떤 상품을 개당 3(단위 : 만 원)에 판매하고 생산된 상품은 모두 판매된다고 가정하자. x개 생산할 때 총비용은

$$C(x) = 20 + 0.8x + 0.002x^2$$

이라고 한다.

(a) 총이윤함수 $P(x)$와 한계이윤함수 $P'(x)$를 구하시오.

(b) 500개에서 하나를 더 팔았을 때 생기는 이윤을 미분계수를 이용하여 근사적으로 구하시오.

(c) 몇 개를 팔았을 때 이윤이 최대가 되는가?

11. 태블릿의 가격 p(단위 : 만 원)와 일주일 동안의 판매량 q(단위 : 백대)의 관계는 다음과 같다.

$$p = 20 + \frac{100}{q}$$

일주일동안 q개의 태블릿을 생산하는 데 드는 총비용은

$$C(q) = 90 + 8q - \frac{1}{2}q^2 + \frac{1}{3}q^3$$

라고 한다. 총이윤이 최대가 되도록 가격을 정하시오. 이때 판매량은 얼마인가?

12. 어떤 품목의 가격 p와 수요 q는 $3p + 5q = 180$을 만족한다. 가격이 다음과 같을 때 수요의 탄력성을 구하시오.

(a) $p = 20$ (b) $p = 30$ (c) $p = 40$

13. 수요함수가 $pq = C$(C는 상수)일 때

(a) 수요탄력성은 항상 1임을 보이시오.

(b) 이때 가격을 올리면 총수입은 어떻게 변화하는가?

14. 포도주의 가치는 시간이 지남에 따라 다음 함수에 따라 증가한다(단위 : 만 원).

$$V(t) = \frac{100}{1 + e^{-0.2t}}$$

연이율 5%의 연속복리가 지속될 때 최적보유기간을 구하시오.

노트

2 CHAPTER
함수와 적분

2.1 부정적분과 변수분리법

2.1.1 부정적분

도함수가 f인 함수 F, 다시 말해서

$$F'(x) = f(x)$$

인 함수 F를 함수 f의 **부정적분(indefinite integral)** 또는 **원시함수(primitive function)**라 한다.

F가 함수 f의 부정적분이라면 임의의 상수 C에 대하여

$$(F(x) + C)' = f(x)$$

이므로 $F(x) + C$도 f의 부정적분이다. 또한 G가 f의 부정적분이면

$$(F(x) - G(x))' = f(x) - f(x) = 0$$

이다. 즉, 어떤 상수 C에 대하여

$$G(x) = F(x) + C$$

가 성립한다. 다시 말해서 함수 F를 함수 f의 부정적분 중 하나라고 하면 함수 f의 모든 부정적분은

$$F(x) + C \quad (\text{단, } C\text{는 상수})$$

로 나타낼 수 있다. 함수 f의 부정적분을 기호로

$$\int f(x)\,dx$$

와 같이 나타낸다. 즉,

$$f(x) = f'(x) \quad \Leftrightarrow \quad \int f(x)\,dx = F(x) + C \tag{2.1}$$

이다. 이때 함수 $f(x)$를 **피적분함수(integrand)**, 상수 C를 **적분상수(constant of integration)**라고 한다.

<u>도함수와 부정적분</u>

$$\frac{d}{dx}\Big(\int f(x)\,dx\Big) = f(x) \quad (y = f(x)\text{는 연속함수})$$

$$\int f'(x)\,dx = F(x) + C \quad (y = F(x)\text{는 미분가능한 함수})$$

미분공식으로부터 다음 결과를 얻는다.

여러 함수의 부정적분

$$(x^{n+1})' = (n+1)x^n \quad \Rightarrow \quad \int x^n\,dx = \frac{1}{n+1}x^{n+1} + C \ (n \neq -1)$$
$$(\ln|x+a|)' = \frac{1}{x+a} \quad \Rightarrow \quad \int \frac{1}{x+a}\,dx = \ln|x+a| + C$$
$$(a^x)' = a^x \ln a \quad \Rightarrow \quad \int a^x\,dx = \frac{a^x}{\ln a} + C \quad (a > 0, a \neq 1)$$
$$(\sin x)' = \cos x \quad \Rightarrow \quad \int \cos x\,dx = \sin x + C$$
$$(\cos x)' = -\sin x \quad \Rightarrow \quad \int \sin x\,dx = -\cos x + C$$
$$(\tan x)' = \sec^2 x \quad \Rightarrow \quad \int \sec^2 x\,dx = \tan x + C$$

연속함수 $f(x)$, $g(x)$의 부정적분을 각각 $F(x)$, $G(x)$라고 하면

$$F'(x) = f(x), \quad G'(x) = g(x)$$

이므로 임의의 상수 k 에 대하여

$$(kF(x))' = kF'(x) = kf(x)$$
$$(F(x) \pm G(x))' = F'(x) \pm G'(x) = f(x) \pm g(x) \text{ (복호동순)}$$

이다. 따라서 부정적분에 대한 다음 공식이 성립한다.

부정적분의 성질

$$\int kf(x)\,dx = k\int f(x)\,dx \quad (k \text{ 는 상수})$$
$$\int (f(x) \pm g(x))\,dx = \int f(x)\,dx \pm \int g(x)\,dx \text{ (복호동순)}$$

보기 1 다음 부정적분을 구하시오.

(a) $\displaystyle\int \frac{x^2 - x\sqrt{x} + 1}{x^2}\,dx$ (b) $\displaystyle\int \frac{x}{x^2-1}\,dx - \int \frac{1}{x^2-1}\,dx$

Solution

(a) 피적분함수를 간단히 한 후 부정적분을 구한다.

$$\begin{aligned}\int \frac{x^2 - x\sqrt{x} + 1}{x^2}\,dx &= \int \left(1 - x^{-\frac{1}{2}} + x^{-2}\right) dx \\ &= x - \frac{1}{(-\frac{1}{2})+1} x^{(-\frac{1}{2})+1} + \frac{1}{-2+1} x^{-2+1} + C \\ &= x - 2\sqrt{x} - \frac{1}{x} + C\end{aligned}$$

(b) 피적분함수끼리 더한 후 부정적분을 구한다.

$$\begin{aligned}\int \frac{x}{x^2-1}\,dx - \int \frac{1}{x^2-1}\,dx &= \int \frac{x-1}{x^2-1}\,dx = \int \frac{1}{x+1}\,dx \\ &= \ln|x+1| + C\end{aligned}$$

□

2.1.2 치환적분법

미분과 적분은 역작용으로 이해할 수 있고 모든 미분법칙에는 대응되는 적분법칙이 있다. 예를 들어 **치환적분법(integration by substitution)**은 미분의 연쇄법칙에 대응하는 방법이다.

함수 $u = g(x)$가 미분가능하고 함수 $f(u)$의 한 부정적분이 $F(u)$일 때, 연쇄법칙에 의하여

$$\begin{aligned}(F(g(x)))' &= F'(g(x))g'(x) \\ &= f(g(x))g'(x)\end{aligned}$$

이므로, $F(g(x))$는 $f(g(x))g'(x)$의 부정적분이다.

$$\int f(g(x))g'(x)\,dx = F(g(x)) + C = F(u) + C$$

$\int f(u)\,du = F(u) + C$이므로 다음 공식을 얻는다.

$$\int f(g(x))g'(x)\,dx = F(u) + C = \int f(u)\,du$$

이렇게 합성함수 $f(g(x))$에서 $g(x)$를 치환하여 적분하는 방법을 **치환적분법(integration by substitution)**이라 한다.

치환적분법

함수 $u = g(x)$가 미분가능할 때 다음 식이 성립한다.

$$\int f(g(x))g'(x)\,dx = \int f(u)\,du$$

Note 라이프니츠의 표기법 $\dfrac{du}{dx} = g'(x)$을 이용하면 위 식은 다음과 같이 쓸 수 있다.

$$\int f(g(x))g'(x)\,dx = \int f(u)\frac{du}{dx}\,dx = \int f(u)\,du$$

따라서 $u = g(x)$일 때 $\dfrac{du}{dx} = g'(x)$를

$$du = g'(x)\,dx$$

로 나타내기로 한다.

보기 2 다음 부정적분을 구하시오.

(a) $\displaystyle\int \sqrt{2x+1}\,dx$

(b) $\displaystyle\int \frac{x}{\sqrt{1-2x^2}}\,dx$

(c) $\displaystyle\int \frac{\ln x}{x}\,dx$

(d) $\displaystyle\int xe^{-x^2/2}\,dx$

Solution

(a) $u = 2x+1$이라 하면 $du = 2\,dx$이므로 $dx = \frac{1}{2}\,du$이다. 따라서

$$\begin{aligned}\int \sqrt{2x+1}\,dx &= \frac{1}{2}\int \sqrt{u}\,du = \frac{1}{2}\frac{1}{1+\frac{1}{2}}u^{3/2} + C \\ &= \frac{1}{3}(2x+1)^{3/2} + C\end{aligned}$$

(b) $u = 1-2x^2$이라 놓으면 $-4x\,dx = du$ 또는 $x\,dx = -\frac{1}{4}du$

$$\begin{aligned}\int \frac{x}{\sqrt{1-2x^2}}\,dx &= -\frac{1}{4}\int \frac{1}{\sqrt{u}}\,du = -\frac{1}{4}\frac{1}{1-\frac{1}{2}}u^{1/2} + C \\ &= -\frac{1}{2}(1-2x^2)^{1/2} + C\end{aligned}$$

(c) $u = \ln x$라 놓으면 $du = dx/x$이다.

$$\int \frac{\ln x}{x}\,dx = \int u\,du = \frac{1}{2}u^2 + C = \frac{1}{2}(\ln x)^2 + C$$

(d) $u = x^2/2$라 놓으면 $du = x\,dx$이므로

$$\int xe^{-x^2/2}\,dx = \int e^{-u}\,du = -e^{-u} + C = -e^{-x^2/2} + C$$

을 얻는다. □

<u>$f'(x)/f(x)$의 적분</u>

$u = f(x)$라 하면 $du = f'(x)dx$이므로

$$\begin{aligned}\int \frac{f'(x)}{f(x)}\,dx &= \int \frac{1}{u}\,du = \ln|u| + C \\ &= \ln|f(x)| + C\end{aligned}$$

를 얻는다.

보기 3 다음 부정적분을 구하시오.

(a) $\displaystyle\int \tan x\,dx$ (b) $\displaystyle\int \frac{x}{1+x^2}\,dx$

Solution

(a) $\tan x = \dfrac{\sin x}{\cos x}$이므로 $u = \cos x$로 치환하자. $du = -\sin x\,dx$이므로

$$\begin{aligned}\int \tan x\,dx &= \int \frac{\sin x}{\cos x}\,dx = -\int \frac{1}{u}\,du \\ &= -\ln|u| + C = -\ln|\cos x| + C \\ &= \ln|\sec x| + C\end{aligned}$$

이다.

(b) $u = 1 + x^2$로 치환하면 $du = 2xdx$이다. 따라서

$$\int \frac{x}{1+x^2}\,dx = \frac{1}{2}\int \frac{2x}{1+x^2}\,dx = \frac{1}{2}\ln(1+x^2) + C$$

이다. □

2.1.3 변수분리법

미분방정식(differential equation)이란 도함수를 포함하는 방정식을 뜻한다. 주어진 미분방정식에 어떤 함수를 대입하였을 때 등식이 성립하면 그 함수를 주어진 미분방정식의 **해(solution)**라고 한다. $f(x)$의 부정적분을 구하는 문제는

$$y' = f(x) \tag{2.2}$$

인 함수 $y = F(x)$를 모두 구하는 것과 같다. 다시 말해서, $f(x)$의 부정적분 $\int f(x)dx$는 미분방정식 (2.2)의 해이다. 미분방정식의 해를 모두 구하는 것을 미분방정식을 **푼다**고 한다.

y의 변화율이 다음과 같이 x의 함수와 y의 함수의 곱으로 주어지는 경우를 살펴보기로 하자.

$$\frac{dy}{dx} = f(x)g(y) \tag{2.3}$$

이런 형태로 주어진 미분방정식을 **변수분리방정식(separable equation)**이라 한다. 미분방정식 (2.3)에서

$$g(c) = 0$$

이 되는 상수 c가 존재하면 상수함수 $y = c$는 (2.3)의 해이다. 예를 들어, 상수함수 $y = 1$은 미분방정식

$$\frac{dy}{dx} = x(y-1) \tag{2.4}$$

을 만족하므로 (2.4)의 해이다. 이런 상수해를 **평형해(equilibrium solution)**라고 한다.

$h(y) = \frac{1}{g(y)}$를 (2.3)의 양변에 곱하면 $h(y)\frac{dy}{dx} = f(x)$이다. 양변을 x에 대하여 적분하면

$$\int h(y(x))\frac{dy}{dx}\,dx = \int f(x)\,dx$$

이므로 변수분리방정식 (2.3)은 다음 방정식과 동치이다.

$$\int h(y)\,dy = \int f(x)\,dx \tag{2.5}$$

이런 의미에서 미분방정식 (2.3)을 다음과 같은 형식으로 쓰기도 한다.

$$h(y)dy = f(x)dx$$

(2.3)의 해를 구하기 위해서는 다음 부정적분

$$H(y) = \int h(y)\,dy, \qquad F(x) = \int f(x)\,dx$$

를 구하여야 한다. 이렇게 변수분리방정식을 푸는 것을 **변수분리법(separation of variable)**이라 한다.

보기 4 다음 미분방정식을 푸시오.

(a) $\dfrac{dy}{dx} = ky$ (b) $\dfrac{dy}{dx} = xy^2$

Solution

(a) 상수함수 $y = 0$은 평형해이다. 변수분리하여 쓰면 $dy/y = kdx$, 다시 말해서

$$\int \frac{1}{y}\, dy = \int k\, dx$$

이다. 부정적분을 구하면

$$\ln |y| = kx + C$$

이다. 여기서 C는 적분상수이다. 따라서

$$|y| = e^{kx+C} = e^C e^{kx} \quad \Rightarrow \quad y = \pm e^C e^{kx}$$

이다. C가 실수이면 e^C는 양의 실수를, $-e^C$는 음의 실수를 의미한다. $y = 0 = 0e^{kx}$ 이므로 주어진 미분방정식의 해는 실수 C에 대하여 다음과 같다.

$$y = Ce^{kx}$$

(b) 상수함수 $y = 0$은 평형해이다. 변수분리하여 쓰면 $y^{-2}\, dy = x\, dx$, 즉

$$\int y^{-2}\, dy = \int x\, dx$$

이다. 부정적분을 구하면 실수 C에 대하여

$$-y^{-1} = \frac{1}{2}x^2 + C$$

이다. $A = -2C$로 놓고 간단히 하면

$$y = \frac{2}{A - x^2}$$

이다. □

보기 5 미분방정식 $\dfrac{dy}{dt} = -\dfrac{t}{y}$을 푸시오.

Solution 평형해는 존재하지 않는다. 변수분리하여 쓰면

$$y\,dy = -t\,dt$$

이다. 양변을 적분하고 $r^2 = 2C$으로 놓으면 다음 결과를 얻는다.

$$\frac{y^2}{2} = -\frac{t^2}{2} + C \quad \Rightarrow \quad t^2 + y^2 = r^2$$

즉, 이 미분방정식의 해곡선은 원점이 중심인 원으로 나타난다. □

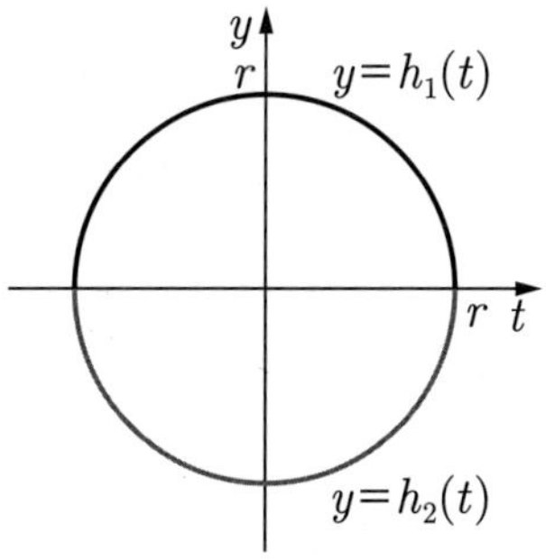

Note 보기 5에서 주어진 미분방정식의 해는 다음과 같이 두 개의 함수로 쓸 수 있다.

$$h_1(t) = \sqrt{r^2 - t^2}, \quad h_2(t) = -\sqrt{r^2 - t^2}$$

따라서 조건 $y(0) = 1$이 주어지면 $r^2 = 1$이고

$$y = h_1(t) = \sqrt{1 - t^2}$$

만이 주어진 문제의 해가 된다.

변수분리법

변수분리방정식 $\frac{dy}{dx} = f(x)g(y)$는 다음과 같은 과정을 통하여 푼다.

1. 모든 평형해를 찾는다.
2. 변수를 분리하여 쓰고 양변을 적분하여 음함수해를 찾는다.

$$\frac{1}{g(y)}dy = f(x)dx \quad \Leftrightarrow \quad \int \frac{1}{g(y)}dy = \int f(x)dx$$

2.1.4 자연성장, 자연감소

영국의 경제학자 **맬서스**는 1798년 발표한 논문에서[1] 인구증가율은 항상 현재의 인구에 비례한다는 가설을 제시하였다.

이런 원칙을 수학적으로 표현하기 위하여 시점 t에서의 인구를 $y = y(t)$로 나타내기로 하자. 각 시점에서 시간에 따른 인구증가율은 dy/dt이므로 인구증가율이 인구에 비례한다는 가정은 다음과 같은 미분방정식으로 표현이 가능하다.

$$\frac{dy}{dt} = ky \tag{2.6}$$

여기서 상수 k는 양의 값을 갖는 실수이며 실험적으로 그 값이 결정된다. 이 가정에 따르면

$$\frac{dy/dt}{y}$$

로 정의되는 인구의 **상대성장률(relative growth rate)**은 시간에 관계없이 상수 k이다. 어떤 시점 t_0에서 인구가 y_0이라면 인구 $y(t)$는 다음 두 조건을 만족한다.

$$\frac{dy}{dt} = ky, \quad y(t_0) = y_0 \tag{2.7}$$

미분방정식과 한 점에서의 함숫값이 주어진 경우 **초깃값문제(initial value problem)**라고 하고 미분방장식의 해 중에서 주어진 조건을 만족하는 함수를 찾는 것을 **초깃값문제를 푼다**고 한다.

보기 4(a)의 결과를 이용하면 초깃값문제 (2.7)의 해는 지수함수로 나타낼 수 있다.

<u>자연성장과 자연감소</u>

임의의 상수 k에 대하여, 초깃값문제

$$\frac{dy}{dt} = ky, \quad y(t_0) = y_0$$

의 해는 다음과 같이 주어진다.

$$y(t) = y_0 e^{k(t-t_0)}$$

[1]논문 제목은 "An essay on the Principles of Population (Growth) as It Affects the Future Improvement of Society" 이다

$k > 0$이면 해가 증가하는 지수함수로 주어지므로 식 (2.6)은 **지수성장방정식(exponential growth equation)**, 또는 **자연성장방정식(natural growth equation)**이라 부른다. $k < 0$이면 해가 감소하는 지수함수로 주어지므로 **지수감소방정식(exponential decay equation)**, 또는 **자연감소방정식(natural decay equation)**이라 부른다. 아래 그림은 $y(t)$의 전형적인 그래프를 $k > 0$인 경우와 $k < 0$인 경우 각각 보여 주고 있다.

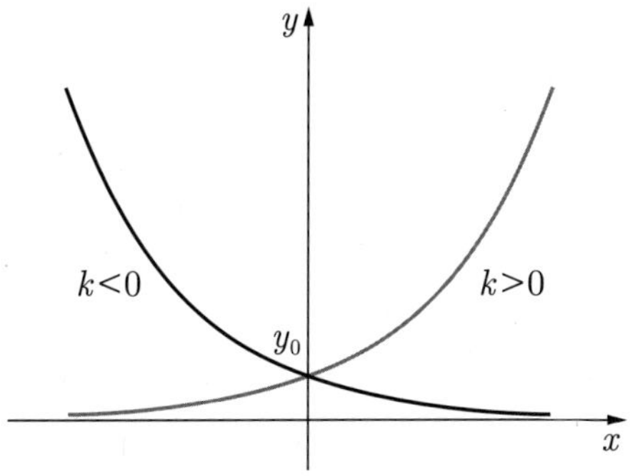

보기 6 2000년 1월 세계인구는 60억 명이고, 1월 한 달 동안 인구는 750만 명이 증가하였다. 인구증가율이 인구에 비례한다고 가정할 때, 인구가 두 배가 되는 것은 약 몇 년 후인가?

Solution 2000년에서 t년 후의 인구를 $P(t)$라고 하면 인구증가율이 인구에 비례하므로 P는 다음 초깃값문제를 만족한다.

$$\frac{dP}{dt} = kP, \quad P(0) = 60$$

여기서 $t = 0$은 2000년에 해당한다. 그러므로

$$P(t) = 60e^{kt}$$

이다. 인구가 1월 한 달에 750만 명 즉 0.075억 명이 늘었으므로

$$P'(0) \approx \frac{P(\frac{1}{12}) - P(0)}{\frac{1}{12}} = 0.075 \cdot 12 = 0.9 \quad (\text{억 명/년})$$

이다. 따라서

$$k = \left.\frac{P'(t)}{P(t)}\right|_{t=0} = \frac{P'(0)}{P(0)} \approx \frac{0.9}{60} = 0.015$$

이다. 즉, 2000년 인구 증가율은 약 1.5%이고 t년 후의 인구는

$$P(t) = 60e^{0.015t}$$

이다. 인구가 두 배가 되는 해, 즉, 120억이 되는 해를 찾기 위해서는 다음 식을 풀면 된다.

$$120 = P(T) = 60e^{0.015T} \quad \Rightarrow \quad T = \frac{\ln(120/60)}{0.015} \approx 46(\text{년})$$

따라서 2046년 인구가 120억이 될 것으로 추정된다. 인구증가율이 인구에 비례한다는 가정하에서는 그 후로 46년마다 인구는 두 배로 늘어난다. □

Note 보기 6에서 k는 한 달 후의 인구가 60.075억 명이라는 사실과 $P(t) = 60e^{rt}$ 임을 이용하여 다음과 같이 구할 수도 있다.

$$P\left(\frac{1}{12}\right) = 60e^{\frac{k}{12}} = 60.075 \quad \Rightarrow \quad k = 12\ln\frac{60.075}{60} \approx 0.01499$$

연속복리

이자가 연속복리로 지급되는 경우의 자산가치는 자연성장하는 대표적인 예이다. 다시 말해서 이자가 연 $r(100r\%)$의 연속복리로 지급된다면 현재 A원의 t년 후 자산가치는

$$y = Ae^{rt}$$

이므로

$$y' = rAe^{rt} = ry$$

을 만족한다. 즉 자산의 증가율은 자기자신에 비례한다. 이자가 자주 지급되는 경우– 예를 들어 일복리로 지급되는 경우– 연속복리를 이용하여 근삿값을 구하기도 한다.

보기 7 2024년 1월 1일에 10만 원을 저금하고 다음날부터 2028년 12월 31일까지 매일 5000원씩 저금을 하려고 한다. 연이율은 5%이고 이자는 일복리로 지급된다고 한다.

(a) t년 후 자산의 가치를 $A(t)$(단위 : 만 원)라고 할 때 A가 만족하는 초깃값문제를 구하시오.

(b) 2029년 1월 1일에 저금을 찾는다면 얼마를 수령하겠는가?

(c) 자산가치가 300만 원이 되는 것은 언제인가?

Solution

(a) 2024년 1월 1일 10만 원을 저금한 직후를 $t = 0$이라 하자. 하루가 지난 후의 자산 $A(t + \frac{1}{365})$이 증가하는 원인은 이자와 적립금 두 가지이다. 이자는 원금에 비례하며 하루의 이율은 $\frac{0.05}{365}$이고 하루의 적립금은 0.5이므로 하루 후의 자산은

$$A(t + \frac{1}{365}) = A(t) + \frac{0.05}{365}A(t) + 0.5$$

가 된다. 따라서

$$\frac{dA}{dt} \approx \frac{A(t+\frac{1}{365}) - A(t)}{\frac{1}{365}} = 0.05A + 182.5$$

이므로 근사적으로 $A(t)$는 다음 초깃값문제를 만족한다.

$$\frac{dA}{dt} = 0.05A + 182.5, \quad A(0) = 10 \tag{2.8}$$

(b) 미분방정식 (2.8)에서 $y = A + 3650$으로 놓으면

$$\frac{dy}{dt} = 0.05y, \quad y(0) = 3660$$

이 된다. 따라서 $y = 3660e^{0.05t}$이고

$$A(t) = y(t) - 3650 = 3660e^{0.05t} - 3650$$

이다. 그러므로 2029년 1월 1일, 즉, 5년 후의 자산가치는

$$A(5) = -3650 + 3660e^{0.25} \approx 1049.5 \text{ (만 원)}$$

이다.

(c) 300만 원이 되는 t의 값을 T라 하자. 그러면

$$300 = A(T) = -3650 + 3660e^{0.05T}$$

이므로

$$e^{0.05T} = \frac{3950}{3660}, \quad 즉, \quad T = \frac{1}{0.05} \cdot \ln\left(\frac{3950}{3660}\right) \approx 1.525$$

이다. 1.525년 후, 즉

$$1.525 \cdot 365 \approx 557$$

일 후면 자산가치는 300만 원이다. □

자연감소

아스피린(aspirin)이나 **페니실린(penicillin)** 같은 약품이 인체에 투여되면 약품은 혈액으로 흡수되며 시간이 지남에 따라 각 기관으로 흡수된다. 약품의 혈액농도의 변화율은 약품의 혈액농도에 비례한다는 것이 알려져 있다.

시점 t에서 약품의 혈액농도를 $y(t)$라고 하자. 시점 t에 대한 약품의 혈액농도의 변화량은 dy/dt이므로 약품의 혈액농도의 변화량이 약품의 혈액농도에 비례한다는 가정은 다음과 같은

미분방정식으로 쓸 수 있다.

$$\frac{dy}{dt} = -ky$$

여기서 상수 k는 양의 값을 갖는 실수이며 실험적으로 그 값이 결정된다.

보기 8 혈중알콜농도는 현재의 농도에 비례하여 감소하며 한 시간이 지나면 혈중알콜농도의 $\frac{3}{4}$배가 된다고 한다. 현재 혈중알콜농도가 0.12mg/L인 사람에 대하여 다음 물음에 답하시오.

(a) 2시간 후의 혈중알콜농도를 구하시오.

(b) 혈중알콜농도가 0.03mg/L 이하가 되는 것은 몇 분 후인지 구하시오.

Solution

(a) 지금부터 t시간 후의 혈중알콜농도를 $y(t)$라고 하자. 혈중알콜농도는 현재의 농도에 비례하여 감소하므로 초깃값문제

$$y' = -ky, \quad y(0) = 0.12$$

를 만족한다. 따라서

$$y(t) = 0.12e^{-kt}$$

이다. 한 시간 후 혈중알콜농도는 $\frac{3}{4}$배가 되므로

$$y(1) = 0.12e^{-k} = 0.09$$

에서 $e^{-k} = \frac{3}{4}$이고

$$y = 0.12\left(\frac{3}{4}\right)^t$$

이다. 따라서 2시간 후의 혈중알콜농도는

$$y(2) = 0.12\left(\frac{3}{4}\right)^2 = 0.0675 \text{ (mg/L)}$$

이다.

(b) $y(t) = 0.12\left(\frac{3}{4}\right)^t = 0.03$을 정리한 후 로그를 취하면 $t\ln\frac{3}{4} = \ln\frac{1}{4}$에서

$$t = \frac{-2\ln 2}{\ln 3 - 2\ln 2} \approx 4.82$$

이므로 4.82시간, 즉, 4시간 49분 후 혈중알콜농도는 0.03mg/L 이하가 된다. □

시장가격의 결정 모형

자유경쟁시장의 경우 수요와 공급은 가격에 의하여 결정된다.[2] 가격 P에 대하여 수요함수 Q_d와 공급함수 Q_s가 각각

$$Q_d = a + bP, \qquad Q_s = c + dP \tag{2.9}$$

라고 하자. 일반적으로 가격이 오르면 수요는 줄고 공급은 늘어나므로

$$b < 0, \qquad d > 0$$

으로 가정한다. 수요량과 공급량이 같아지는 가격이 존재하면 그 가격을 **균형가격 (equilibrium price)**[3]이라 부른다. 수요함수와 공급함수가 식 (2.9)로 주어진 경우 균형가격 P_e는

$$Q_d = Q_s \quad \Rightarrow \quad P_e = \frac{a-c}{d-b}$$

이다. 수요와 공급이 다를 때, $Q_d - Q_s$를 **초과수요**라고 한다.

보기 9 가격 P에 대하여 수요함수 Q_d와 공급함수 Q_s가 식 (2.9)로 주어졌다고 하자. 시장에서 가격의 변화율 $\frac{dP}{dt}$는 초과수요 $Q_d - Q_s$에 비례한다고 할 때 가격함수 $P = P(t)$를 구하시오. $\lim_{t\to\infty} P(t)$는 어떻게 되는가? 단, $P(0) = P_0$이라 하자.

Solution $\frac{dP}{dt}$는 초과수요 $Q_d - Q_s$에 비례하므로 양의 상수 k에 대하여[4]

$$\frac{dP}{dt} = k(Q_d - Q_s)$$

이다. 식 (2.9)로부터

$$Q_d - Q_s = a - c + (b-d)P$$

이므로 다음과 같은 미분방정식을 얻는다.

$$\frac{dP}{dt} = k(a - c + (b-d)P) = k(b-d)\left(P - \frac{a-c}{d-b}\right)$$

$y = P - P_e = P - \frac{a-c}{d-b}$로 놓으면 주어진 미분방정식은

$$\frac{dy}{dt} = k(b-d)y, \quad y(0) = P_0 - P_e$$

---

[2]또한 가격은 수요와 공급에 의하여 결정되기도 한다.

[3]또는 평형가격

[4]수요가 공급보다 많으면 가격은 상승하고, 수요가 공급보다 적으면 가격은 하락하므로 $k > 0$이다.

이므로

$$y = y(0)e^{k(b-d)t} \quad \Rightarrow \quad P = P_e + (P_0 - P_e)e^{k(b-d)t}$$

이다. $k(b-d) < 0$이므로

$$\lim_{t\to\infty} P(t) = P_e$$

이다. 다시 말해서, 초기조건에 상관없이 가격은 균형가격으로 수렴한다. □

2.1.5 연습문제

1. 다음 부정적분을 구하시오.

(a) $\displaystyle\int \left(\sqrt{x} + \frac{1}{\sqrt{x}}\right) dx$

(b) $\displaystyle\int \frac{x^3 + 3x + 4}{x^2}\, dx$

(c) $\displaystyle\int \frac{x^4}{x^2+1}\, dx - \int \frac{1}{x^2+1}\, dx$

(d) $\displaystyle\int (\cos x + 1)^2\, dx + \int (\sin x - 1)^2\, dx$

2. 다음 식이 성립함을 미분을 이용하여 보이시오.

(a) $\displaystyle\int \frac{x}{\sqrt{x^2+1}}\, dx = \sqrt{x^2+1} + C$

(b) $\displaystyle\int (3x-2)^{-2}\, dx = -\frac{1}{3(3x-2)} + C$

(c) $\displaystyle\int x\cos x\, dx = x\sin x + \cos x + C$

(d) $\displaystyle\int \frac{e^{\sqrt{x}}}{\sqrt{x}}\, dx = 2e^{\sqrt{x}} + C$

(e) $\displaystyle\int (1-x)e^{-x}\, dx = xe^{-x} + C$

(f) $\displaystyle\int 2xe^{x^2}\, dx = e^{x^2} + C$

(g) $\displaystyle\int \frac{2\ln x}{x}\, dx = (\ln x)^2 + C$

(h) $\displaystyle\int (\ln x + 1)\, dx = x\ln x + C$

3. 주어진 치환을 이용하여 부정적분을 구하시오.

(a) $\displaystyle\int \sin 2x\, dx,\ u = 2x$

(b) $\displaystyle\int x\cos(x^2)\, dx,\ u = x^2$

(c) $\displaystyle\int 12(3x-2)^{-3}\, dx,\ u = 3x-2$

(d) $\displaystyle\int 6x^2(x^3+1)^2\, dx,\ u = x^3+1$

(e) $\displaystyle\int \frac{1}{\sqrt{2-7t}}\, dt,\ u = 2-7t$

(f) $\displaystyle\int \frac{3t^2}{\sqrt{1-9t^3}}\, dt,\ u = 1-9t^3$

(g) $\displaystyle\int \sqrt{t}e^{\sqrt{t^3}}\, dt,\ u = \sqrt{t^3}$

(h) $\displaystyle\int \frac{1}{\sqrt{x}}(1+\sqrt{x})^2\, dx,\ u = 1+\sqrt{x}$

(i) $\displaystyle\int \frac{1}{x^2}\sec^2\frac{1}{x}\, dx,\ u = \frac{1}{x}$

(j) $\displaystyle\int \frac{1}{x^2 e^{\frac{1}{x}}}\, dx,\ u = \frac{1}{x}$

(k) $\int \frac{(\ln x)^2}{x}\, dx,\ u = \ln x$

4. 다음 부정적분을 구하시오.

(a) $\int \sin kx dx$ (c) $\int \left(4\cos\frac{x}{2}\right) dx$ (e) $\int (\sqrt{e})^x\, dx$

(b) $\int e^{2x}\, dx$ (d) $\int (e^{2x} + e^{-x})\, dx$ (f) $\int 2^{2x}\, dx$

5. 다음 부정적분을 구하시오.

(a) $\int x\sqrt{x-2}\, dx$ (c) $\int \frac{\sin\sqrt{x}}{\sqrt{x}}\, dx$ (e) $\int \frac{3+2x}{\sqrt{1+3x+x^2}}\, dx$

(b) $\int x^2\sqrt{x^3+2}\, dx$ (d) $\int \frac{1}{x\sqrt{\ln x}}\, dx$ (f) $\int \frac{e^x}{e^x+1}\, dx$

6. $(\ln|f(x)|)' = \frac{f'(x)}{f(x)}$ 임을 이용하여 다음 부정적분을 구하시오.

(a) $\int \frac{x^2}{x^3+1}\, dx$ (b) $\int \frac{e^{-t}}{2e^{-t}+1}\, dt$ (c) $\int \frac{1}{e^{-t}+1}\, dt$

7. 함수 f가 다음 조건을 만족할 때 f를 구하시오.

(a) $f'(x) = \sqrt{x} - 3x^2, \quad f(1) = 7$

(b) $f'(x) = \cos x + \sin x, \quad f(0) = 2$

(c) $f'(x) = 3x^2 + \frac{1}{x}, \quad x > 0, \quad f(1) = 3$

(d) $f''(x) = 6x + 12x^3, \quad f(0) = 3, \quad f'(0) = 2$

(e) $f''(x) = 2x - \frac{4}{x^2}, \quad f(1) = 2, \quad f'(1) = 3$

(f) $f''(x) = \cos x + \sin x, \quad f(0) = 2, \quad f'(0) = 4$

8. 연속함수 f가 다음 식을 만족할 때 함수 f를 구하시오.

(a) $\int xf(x)\, dx = x^4 - 3x^2 + C$ (c) $\int f(2x)\, dx = e^{2x} + e^{-2x} + C$

(b) $\int \frac{f(x)}{x}\, dx = x^2 + 2\sqrt{x} + C$ (d) $\int f(\sqrt{x})\, dx = x^2 - 2\sqrt{x} + C$

9. 실수에서 정의된 함수 f는 미분가능하고 $f'(x) = f(x)$라고 한다. 모든 x에 대하여 $F(x) = xf(x)$가 성립하면 f는 상수함수임을 보이시오.

10. F는 미분가능한 함수 f의 부정적분이고 다음 관계식이 성립한다.

$$F(x) = xf(x) + x^4 - 3x^2 + 4$$

$f(0) = 3$일 때 f를 구하시오.

11. 다음의 미분방정식을 변수분리법을 이용해서 푸시오.

(a) $y' = \dfrac{t^2}{y}$

(b) $ty' = 4y$

(c) $y' = y\sin t$

(d) $(1-t^2)y' = 2y$

(e) $\sqrt{t}y' = e^{y+\sqrt{t}}$

(f) $y' = \dfrac{e^{2t-y}}{e^{t+y}}$

(g) $y' = 1 + t + y + ty$

12. 다음 초깃값문제를 푸시오. 단, 양함수 꼴로 쓸 수 있는 경우는 양함수 꼴로 나타내시오.

(a) $y' = ye^t, \quad y(0) = 2e$

(b) $2yy' = \dfrac{t}{\sqrt{t^2-16}}, \quad y(5) = 2$

(c) $y' = 6e^{2t-y}, \quad y(0) = \ln 5$

(d) $y' = \dfrac{1-2t}{y}, \quad y(1) = -2$

(e) $y' = \dfrac{2t+\cos t}{2y}, \quad y(0) = -5$

(f) $ty' + y = y^2, \quad y(1) = -1$

13. 어떤 인구의 변화는 다음과 같이 표현된다.

$$\frac{dP}{dt} = 0.8P(1 - \frac{P}{5600})$$

(a) 어떠한 P의 값에 대해서 인구가 증가하는가?

(b) 어떠한 P의 값에 대해서 인구가 감소하는가?

(c) 인구증가율이 가장 클 때의 인구는 얼마인가?

14. **세슘−137(cesium)**은 방사성 물질로 지수적으로 감소하며 30년마다 그 양이 반으로 줄어든다. 지금 100mg의 세슘 샘플이 있다고 할 때,

(a) t년 후에 남아 있는 세슘의 질량을 구하시오.

(b) 120년 후에는 얼마나 많은 양의 세슘 샘플이 남아 있는가?

(c) 1mg 만이 남게 되는 것은 몇 년 후인가?

15. 바다의 수면 아래 깊이 x미터 지점의 빛의 강도 I는 다음 미분방정식을 만족한다.

$$\frac{dI}{dx} = -1.4I$$

(a) 수면에서의 빛의 강도를 I_0라 할 때, 빛의 강도가 절반이 되는 깊이는 얼마인가?

(b) 10m 지점에서의 빛의 강도는 I_0의 몇 배인가?

(c) 표면에서의 빛의 강도의 1%가 되는 깊이는 얼마인가?

16. 설탕이 물에 녹을 때, 아직 녹지 않은 설탕의 양을 A라 하면, A는 미분방정식

$$dA/dt = -kA \quad (k > 0)$$

을 만족시킨다고 한다. 설탕을 물에 넣은지 1분만에 25%의 설탕이 녹았다고 할 때, 절반의 설탕이 녹는 데 걸리는 시간은 얼마인가?

17. 혈중알콜농도는 현재 농도에 비례하여 감소하며 한 시간이 지나면 혈중알콜농도의 $\frac{3}{4}$배가 된다고 한다. 현재 혈중알콜농도가 0.12mg/L인 사람에 대하여 다음 물음에 답하시오.

(a) 2시간 후의 혈중알콜농도를 구하시오.

(b) 혈중알콜농도가 0.03mg/L 이하가 되는 것은 몇 분 후인지 구하시오.

✠ **뉴턴의 냉각법칙(cooling law of Newton)**(18.–21.) 어떤 물체의 시점 t에서의 온도를 $y(t)$라 하자. 에 의하면 온도 $y(t)$의 변화율은 매개체의 온도와 그 물체의 온도 차이에 비례한다. 즉, 이 물체를 온도가 A인 매개체에 놓았다면 다음과 같은 미분방정식이 성립한다.

$$\frac{dy}{dt} = -k(y - A) \quad (k > 0, \text{상수}) \tag{2.10}$$

여기서 물체의 크기는 매개체에 비하여 상대적으로 작아서 물체에 의한 매개체의 온도 변화는 무시할 수 있는 것으로 간주한다.

18. 물체의 초기온도가 $y(0) = y_0$일 때 $y(t)$를 구하시오.

19. 가마에서 꺼낸지 10분 된 도자기의 온도가 170°C이다. 10분 후 다시 재 보았더니 도자기의 온도는 80°C이었다면, 도자기를 처음 꺼냈을 때의 온도는 얼마이겠는가? 단, 방의 온도는 20°C를 유지하고 있다고 한다.

20. 냉장고에서 꺼낸지 10분 된 음료수의 온도가 8°C이다. 10분 후 다시 재 보았더니 음료수의 온도는 12°C이었다면, 냉장고 내부의 온도는 얼마이겠는가? 단, 방의 온도는 20°C를 유지하고 있다고 한다.

21. 온도가 20°C인 방안에 놓여 있던 온도계를 4°C인 집 밖으로 가지고 나갔다. 1분이 지났을 때, 온도계는 12°C를 가리키고 있었다.

(a) 1분이 더 지났을 때, 온도계는 몇 도를 가리키고 있을까?

(b) 6°C를 가리킬 때는 집 밖으로 나간지 몇 분 후인가?

22. (a) 연이율 $100r\%$ 이고, 이자는 연속복리로 계산되는 계좌에 A_0 원을 입금하였다. 그리고 일년에 Q 원을 입금하는데 모형을 간단하게 하기 위해서, 이 입금 역시(일년에 몇 회 일어나는 대신) 연속적으로 이루어진다고 가정하자. $A(t)$ 를 t 년 후에 이 계좌의 가치라고 할 때, 이 함수가 만족하는 초깃값문제를 구하시오.

    (b) K씨는 결혼 20주년에 세계일주 여행을 계획하고 있다. 20년 후 세계여행 비용은 5000만 원으로 예상된다. K씨의 계획은 결혼식 날부터 일년에 Q 원씩을 연속적으로 입금하고 20주년 되는 날 계좌의 모든 금액을 인출하는 것이다. 연 이율이 8% 일 때, K씨의 계획이 성공적이려면 Q 는 얼마이어야 하는가?

23. 몸무게가 64kg인 삼순이는 하루 섭취열량을 1800kcal로 제한하는 다이어트를 시작하였다. 삼순이의 **기초대사량(basal metabolic rate)**[5]은 1200kcal 이고 하루에 1kg 당 15kcal의 에너지가 소모된다. 1kg의 지방은 9000kcal의 에너지로 변환된다고 한다.

    (a) 다이어트를 시작하고 t 일 후 삼순이의 몸무게를 $y(t)$ 라고 할 때 $y(t)$ 가 만족하는 미분방정식을 세우고 해를 구하시오.

    (b) 삼순이의 몸무게가 처음으로 58kg 이하가 되는 것은 며칠 후인가?

    (c) 다이어트를 계속한다면 삼순이의 몸무게는 어떻게 되겠는가?

노트

[5]잠에서 깨어난 상태에서 절대안정을 유지할 때의 대사를 기초대사라 하며, 이 때 개체가 소비하는 에너지량을 기초대사량이라 한다.

2.2 미적분학의 기본정리

2.2.1 정적분의 정의

구간 $[a,\ b]$를 n등분하여 양 끝점과 각 분점의 x좌표를 $x_0(=a),\ x_1,\ x_2,\ \ldots,\ x_{n-1},\ x_n(=b)$이라 하면 부분구간의 길이는

$$\Delta x = x_k - x_{k-1} = \frac{b-a}{n}$$

이다. 함수 f가 구간 $[a,\ b]$에서 연속이면 구간

$$[x_{k-1},\ x_k] = \left[a + \frac{k-1}{n}(b-a),\ A + \frac{k}{n}(b-a)\right]$$

에서 어느 점 x_k^*를 잡더라도

$$f(x_1^*)\Delta x + \cdots + f(x_n^*)\Delta x = \sum_{k=1}^{n} f(x_k^*)\Delta x$$

는 $n \to \infty$일 때 일정한 값으로 수렴한다는 것이 알려져 있다.

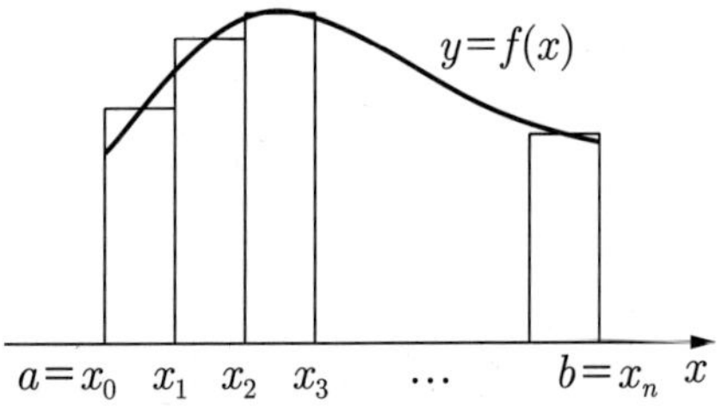

그 극한값을 함수 f의 구간 $[a,\ b]$에서의 **리만적분(Riemann integral)**, 또는 **정적분(definite integral)**이라 하고 $\displaystyle\int_a^b f(x)\,dx$로 나타낸다.[6]

구간 $[a,\ b]$에서 연속함수 $f(x)$의 정적분

$$\int_a^b f(x)\,dx = \lim_{n\to\infty}\sum_{k=1}^{n} f(x_k^*)\Delta x, \quad \Delta x = \frac{b-a}{n},\ x_{k-1} \le x_k^* \le x_k$$

[6]적분을 나타내는 기호 $\int$ 는 합을 나타내는 문자 S를 길게 늘어뜨린 모양이다. 이 기호는 독일의 수학자 라이프니츠에 의하여 고안되었다.

보기 1 다음 극한값을 정적분을 이용하여 나타내시오.

(a) $\lim_{n\to\infty}\left(\frac{1}{n^2}+\frac{2}{n^2}+\cdots+\frac{n}{n^2}\right)$

(b) $\lim_{n\to\infty}\left(\frac{n+2}{n^2}+\frac{n+4}{n^2}+\cdots+\frac{n+2n}{n^2}\right)$

Solution

(a) $\frac{1}{n^2}+\frac{2}{n^2}+\cdots+\frac{n}{n^2}=\left(\frac{1}{n}+\frac{2}{n}+\cdots+\frac{n}{n}\right)\frac{1}{n}$이므로 구간의 크기를 $\Delta x=1/n,\ x_k^*=k/n$이라 하면 $f(x)=x$인 경우이다. $x_0=0,\ x_n=1$이므로

$$\begin{aligned}\lim_{n\to\infty}\frac{1}{n^2}+\frac{2}{n^2}+\cdots+\frac{n}{n^2} &= \lim_{n\to\infty}\sum_{k=1}^{n}f(x_k^*)\frac{1}{n}\\ &= \int_0^1 xdx\end{aligned}$$

(b) 구간의 크기를 $\Delta x=1/n$이라 하면 $x_k^*=k/n,\ f(x)=1+2x$인 경우이다. $x_0=0,\ x_n=1$이므로

$$\begin{aligned}\lim_{n\to\infty}\left(\frac{n+2}{n^2}+\frac{n+4}{n^2}+\cdots+\frac{n+2n}{n^2}\right) &= \lim_{n\to\infty}\sum_{k=1}^{n}f(x_k^*)\frac{1}{n}\\ &= \int_0^1(1+2x)dx\end{aligned}$$

□

Note (b)에서 만약 구간의 크기를 $\Delta x=2/n$로 놓으면 $x_k^*=2k/n,\ f(x)=1+x$인 경우이다. $x_0=0,\ x_n=2$이므로 다음과 같은 표현도 가능하다.

$$\begin{aligned}\lim_{n\to\infty}\left(\frac{n+2}{n^2}+\frac{n+4}{n^2}+\cdots+\frac{n+2n}{n^2}\right) &= \lim_{n\to\infty}\frac{1}{2}\sum_{k=1}^{n}f(x_k^*)\frac{2}{n}\\ &= \frac{1}{2}\int_0^2(1+x)dx\end{aligned}$$

정적분은 극한값으로 정의되므로 극한의 성질들로부터 다음과 같은 정적분의 성질들이 성립함을 보일 수 있다.

정적분의 성질 I

구간 $[a,\ b]$에서 연속인 두 함수 $f(x),\ g(x)$에 대하여 다음 관계식이 성립한다.

- $\displaystyle\int_b^a f(x)\,dx = -\int_a^b f(x)\,dx$
- $\displaystyle\int_a^b c\,dx = c(b-a)$
- $\displaystyle\int_a^b (f(x)\pm g(x))\,dx = \int_a^b f(x)\,dx \pm \int_a^b g(x)\,dx$(복호동순)
- $\displaystyle\int_a^b cf(x)\,dx = c\int_a^b f(x)\,dx$($c$는 상수)

2.2.2 미적분학의 기본정리

어떤 함수의 부정적분을 미분하면 원래의 함수가 되고, 반대로 어떤 함수를 미분한 것의 부정적분은 원래의 함수가 된다.[7] 이러한 원리는 정적분에 대해서도 성립하는데 이를 **미적분학의 기본정리(fundamental theorem of calculus)**라고 한다.

미적분학의 기본정리

연속함수 $f(x)$에 대하여 다음 등식이 성립한다.

$$\frac{d}{dx}\Big(\int_a^x f(t)\,dt\Big) = f(x)$$

Note $F(x) = \displaystyle\int_a^x f(t)\,dt$라고 하면 $\displaystyle\int_x^a f(t)\,dt = -\int_a^x f(t)\,dt = -F(x)$이므로 다음 식이 성립한다.

$$\frac{d}{dx}\Big(\int_x^a f(t)\,dt\Big) = -f(x)$$

[7] 엄밀히 말하자면 원래 함수 + 상수

미적분학의 기본정리 증명

구간 $[a,\ b]$에서 연속인 함수 f에 대하여

$$F(x) = \int_a^x f(t)\,dt$$

라고 하자. $f \geq 0$이면 $F(x)$는 구간 $[a, x]$에서 함수 $y = f(x)$와 x축 사이의 넓이를 의미한다. $h > 0$이면 구간 $[x,\ x+h]$에서의 x축과 $y = f(x)$ 사이의 넓이는 $F(x+h) - F(x)$이고 $h < 0$이면 구간 $[x+h,\ x]$에서의 넓이는 $F(x) - F(x+h)$이다. 구간 $[x,\ x+h]$ 또는 $[x+h,\ x]$에서의 연속함수 f의 최솟값과 최댓값이 존재한다. 최솟값을 m, 최댓값을 M이라고 하자.

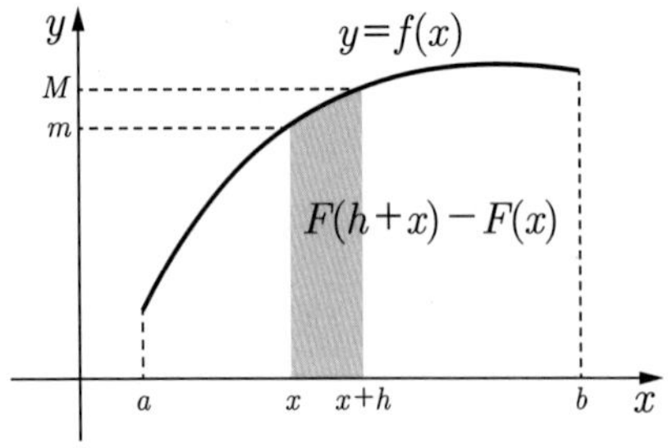

$h > 0$

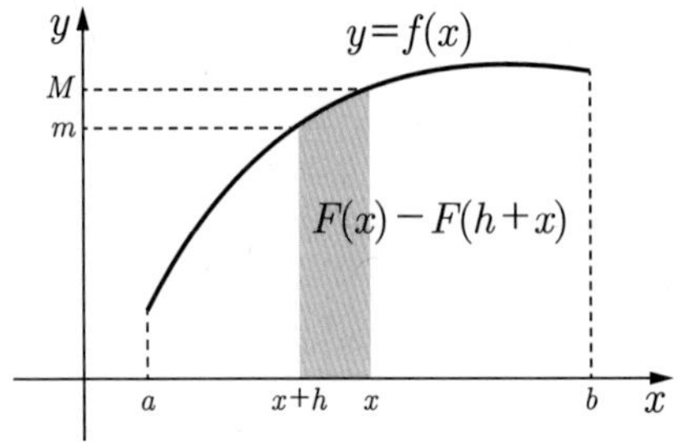

$h < 0$

$h > 0$이면

$$mh \leq F(x+h) - F(x) \leq Mh$$

이고 $h < 0$이면

$$m(-h) \leq F(x) - F(x+h) \leq M(-h)$$

이므로 두 경우 모두 다음 부등식이 성립한다.

$$m \leq \frac{F(x+h) - F(x)}{h} \leq M$$

함수 f는 연속이므로 $h \to 0$이면 $m,\ M \to f(x)$이다. 따라서 다음 등식이 성립한다.

$$f'(x) = \lim_{h \to 0} \frac{F(x+h) - F(x)}{h} = f(x)$$

보기 2 다음을 구하시오.

(a) $\dfrac{d}{dx} \displaystyle\int_a^x \frac{1}{1+t^2}\,dt$

(b) $\dfrac{d}{dx} \displaystyle\int_x^2 2t^2 e^t\,dt$

Solution

(a) $f(t) = \frac{1}{1+t^2}$는 모든 t에 대하여 연속이므로

$$\frac{d}{dx}\int_a^x \frac{1}{1+t^2}\,dt = \frac{1}{1+x^2}$$

(b) $\int_x^2 2t^2 e^t\,dt = -\int_2^x 2t^2 e^t\,dt$이고 $f(t) = 2t^2 e^t$는 연속이므로

$$\frac{d}{dx}\int_x^2 2t^2 e^t\,dt = -2x^2 e^x$$

□

미적분학의 기본정리를 이용하면 정적분의 값을 쉽게 구할 수 있다. 이 결과를 **정적분의 기본정리(fundamental theorem of definite integral)**라 한다.

정적분의 기본정리

함수 f가 구간 $[a,\ b]$에서 연속이라고 하자. 함수 F의 도함수가 f이면

$$\int_a^b f(x)\,dx = F(b) - F(a)$$

Note 정적분의 기본정리에서 $F(b) - F(a)$를

$$\big(F(x)\big)_a^b \quad 또는 \quad F(x)\Big|_a^b$$

로 나타내기도 한다. 이 기호에 의하면 다음과 같이 쓸 수 있다.

$$F'(x) = f(x) \quad \Rightarrow \quad \int_a^b f(x)\,dx = (F(x))_a^b = F(b) - F(a)$$

정적분의 기본정리 증명

함수 F가 f의 부정적분이라 하자. 미적분학의 기본정리에서

$$\frac{d}{dx}\int_a^x f(t)\,dt = f(x)$$

이므로 모든 x에 대하여

$$\frac{d}{dx}\Big(\int_a^x f(t)\,dt - F(x)\Big) = f(x) - f(x) = 0$$

이다. 도함수가 0인 연속함수는 상수함수이므로

$$\int_a^x f(t)\,dt - F(x) = C$$

이고 $x = a$이면 $-F(a) = C$이므로

$$\int_a^x f(t)\,dt = F(x) - F(a)$$

이 성립한다.

보기 3 다음 정적분을 구하시오.

(a) $\int_0^1 e^x\,dx$ (b) $\int_{-2}^2 3x^2\,dx$ (c) $\int_0^\pi \sin x\,dx$

Solution

(a) $(e^x)' = e^x$ 이므로 $\int_0^1 e^x\,dx = e^x\Big|_0^1 = e - 1$

(b) $(x^3)' = 3x^2$ 이므로 $\int_{-2}^2 3x^2\,dx = x^3\Big|_{-2}^2 = (2^3 - (-2)^3) = 16$

(c) $(-\cos x)' = \sin x$ 이므로 $\int_0^\pi \sin x\,dx = (-\cos x)\Big|_0^\pi = -(-1-1) = 2$ □

구간별 적분

함수 f가 세 점 $a,\ b,\ c$를 포함하는 구간에서 연속이라고 하자. F가 f의 부정적분이면

$$\begin{aligned}\int_a^c f(x)\,dx + \int_c^b f(x)\,dx &= F(c) - F(a) + F(b) - F(c) = F(b) - F(a) \\ &= \int_a^b f(x)\,dx\end{aligned}$$

이 성립한다. 이 관계식은 $a,\ b,\ c$의 대소관계에 상관없이 항상 성립한다.

정적분의 성질 II

$$\int_a^b f(x)\,dx = \int_a^c f(x)\,dx + \int_c^b f(x)\,dx$$

다음 그림은 $a \le c \le b$인 경우 $f(x) \ge 0$일 때의 상황을 그래프로 나타낸 것이다.

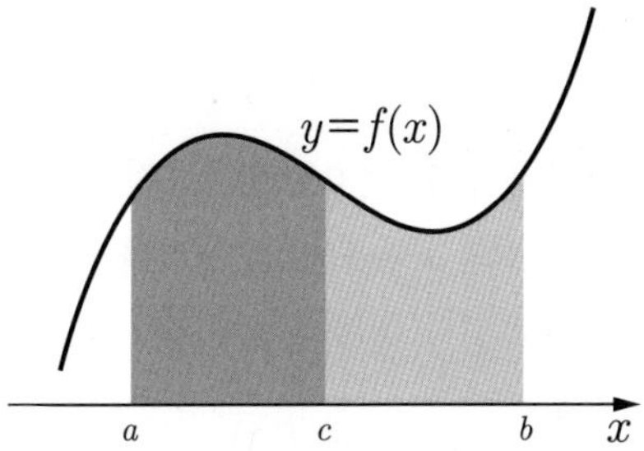

Note 정적분의 성질은 다음과 같이 차의 형태로도 나타낼 수 있다.

$$\int_c^b f(x)\,dx = \int_a^b f(x)\,dx - \int_a^c f(x)\,dx$$

<u>조각적으로 정의된 함수</u>

연속함수가 구간마다 다르게 정의되어 있으면 전체 구간에서 부정적분을 구하는 것이 어려워진다. 이런 경우 구간별로 정적분을 구하여 더하면 전체 정적분 값을 구할 수 있다. 조각적으로 연속인 함수의 정적분도 구간별 적분의 합으로 정의한다.

보기 4 다음 정적분의 값을 구하시오.

(a) $\int_0^3 |x^2-1|\,dx$

(b) $\int_{-1}^2 [x]\,dx$, $[x]$는 x를 넘지 않는 최대정수

Solution

(a) $|x^2-1| = \begin{cases} x^2-1, & x \ge 1 \\ 1-x^2, & x \le 1 \end{cases}$ 이므로

$$\begin{aligned} \int_0^3 |x^2-1|\,dx &= \int_0^1 (1-x^2)\,dx + \int_1^3 (x^2-1)\,dx \\ &= \left[x - \frac{1}{3}x^3\right]_0^1 + \left[\frac{1}{3}x^3 - x\right]_1^3 = \frac{22}{3} \end{aligned}$$

(b) $\int_{-1}^2 f(x)\,dx = \int_{-1}^0 (-1)\,dx + \int_0^1 (0)\,dx + \int_1^2 (1)\,dx = -1+0+1 = 0$ □

2.2.3 정적분과 넓이

연속함수 $y = f(x)$가 구간 $[a,\ b]$에서 $f(x) \geq 0$일 때, 정적분 $\int_a^b f(x)\,dx$는 정의로부터 곡선 $y = f(x)$와 x축, 그리고 두 수직선 $x = a,\ x = b$로 둘러싸인 영역의 넓이이다.

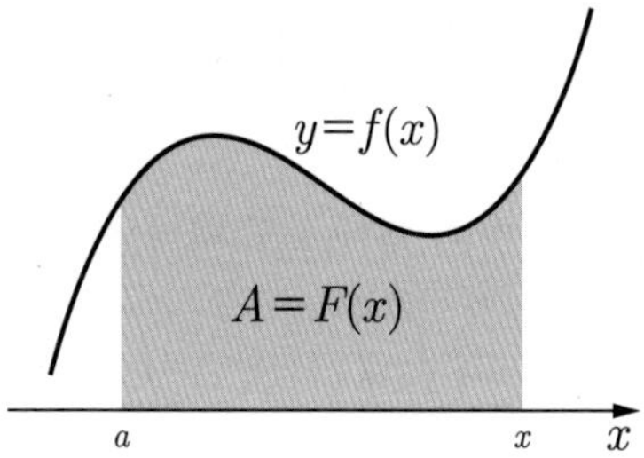

보기 5 다음 적분값을 구하시오.

(a) $\int_0^1 \sqrt{1-x^2}dx$

(b) $\int_{-1}^1 (1-|x|)dx$

Solution

(a) 중심이 원점이고 반지름이 1인 원의 사분원의 넓이이므로

$$\int_0^1 \sqrt{1-x^2}dx = \frac{\pi}{4}$$

(b) 밑변의 길이가 2, 높이가 2인 삼각형의 넓이이므로

$$\int_{-1}^1 (1-|x|)dx = \frac{1}{2}2(1) = 1$$

□

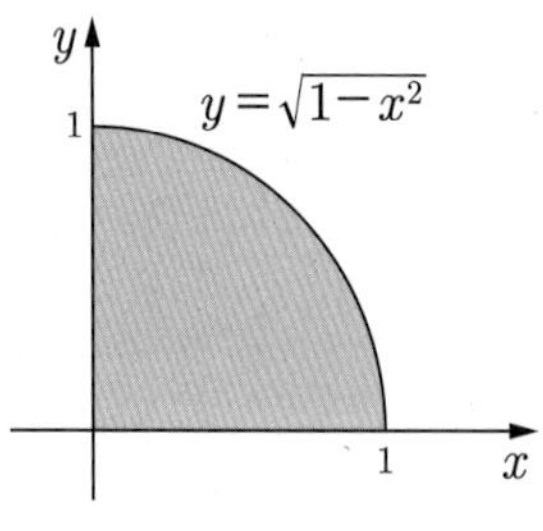

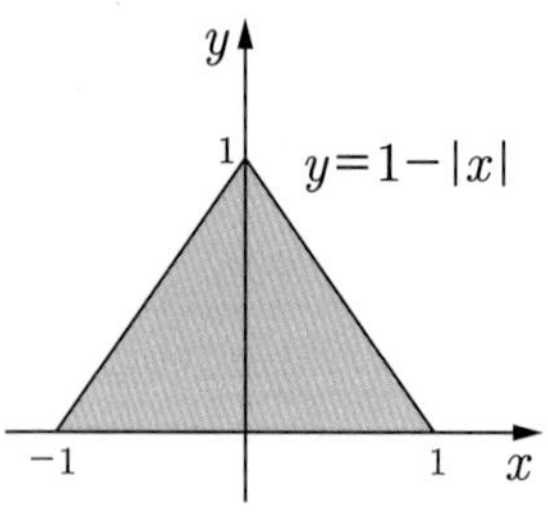

함수 f가 닫힌구간 $[a,\ b]$에서 연속이고 $f(x) \leq 0$일 때, 곡선 $y = f(x)$와 x축 및 두 직선 $x = a,\ x = b$로 둘러싸인 도형의 넓이 A는 다음 왼쪽 그림과 같이 $y = f(x)$를 x축에 대하여

대칭이동한 곡선 $y=-f(x)$와 x축 및 두 직선 $x=a,\ x=b$로 둘러싸인 도형의 넓이와 같다. 따라서 구하는 도형의 넓이 A는

$$A=\int_a^b(-f(x))dx=\int_a^b|f(x)|dx$$

이다.

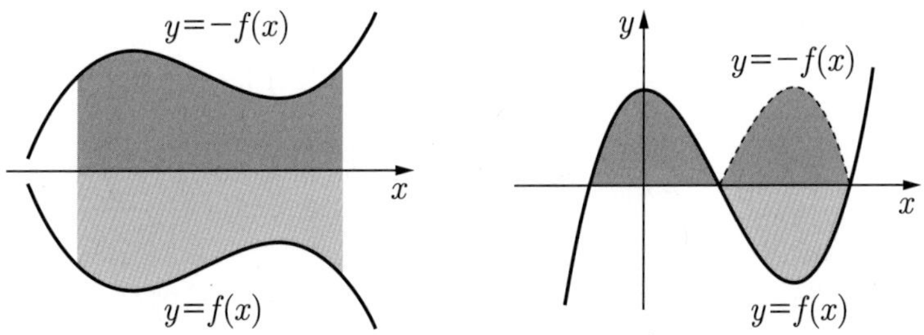

또한 곡선 $y=f(x)$가 구간 $[a,\ b]$에서 x축과 만나는 경우에도 x축 아래에 있는 곡선을 x축에 대하여 대칭이동하여 생각하면 곡선 $y=f(x)$와 x축 및 두 직선 $x=a,\ x=b$로 둘러싸인 도형의 넓이 A는 다음과 같다.

곡선과 x축 사이의 넓이

구간 $[a,\ b]$에서 연속인 곡선 $y=f(x)$와 x축 및 두 직선 $x=a,\ x=b$로 둘러싸인 도형의 넓이 A는 다음과 같다.

$$A=\int_a^b|f(x)|dx$$

마찬가지로 구간 $[a,\ b]$에서 두 곡선 $y=f(x),\ y=g(x)$ 사이의 넓이 A는 다음과 같이 구할 수 있다.

두 곡선 사이의 넓이

구간 $[a,\ b]$에서 연속인 곡선 $y=f(x),\ y=g(x)$와 x축 및 두 직선 $x=a,\ x=b$로 둘러싸인 도형의 넓이 A는 다음과 같다.

$$A=\int_a^b|f(x)-g(x)|dx$$

보기 6 구간 $[-\ln 2,\ \ln 2]$에서 두 곡선 $y = e^{2x}$, $y = e^x$으로 이루어지는 영역의 넓이를 구하시오.

Solution $x \le 0$이면 $e^{2x} \le e^x$, $x \ge 0$이면 $e^{2x} \ge e^x$이다. 구하는 영역의 넓이는

$$\begin{aligned}\int_{-\ln 2}^{\ln 2} |e^{2x} - e^x| dx &= \int_{-\ln 2}^{0} (e^x - e^{2x}) dx + \int_0^{\ln 2} (e^{2x} - e^x) dx \\ &= \left(e^x - \frac{1}{2}e^{2x}\right)\Big|_{-\ln 2}^{0} + \left(\frac{1}{2}e^{2x} - e^x\right)\Big|_0^{\ln 2} \\ &= \left(1 - \frac{1}{2}\right) - \left(\frac{1}{2} - \frac{1}{8}\right) + \left(\frac{1}{2}4 - 2\right) - \left(\frac{1}{2} - 1\right) = \frac{5}{8}\end{aligned}$$

□

보기 7 $f(x) = x - \sin x$의 역함수를 $y = g(x)$라 하자. 구간 $[0,\ \pi]$에서 두 곡선 $y = f(x)$와 $y = g(x)$로 둘러싸인 영역의 넓이를 구하시오.

Solution 두 곡선은 $y = x$에 대하여 대칭이다.

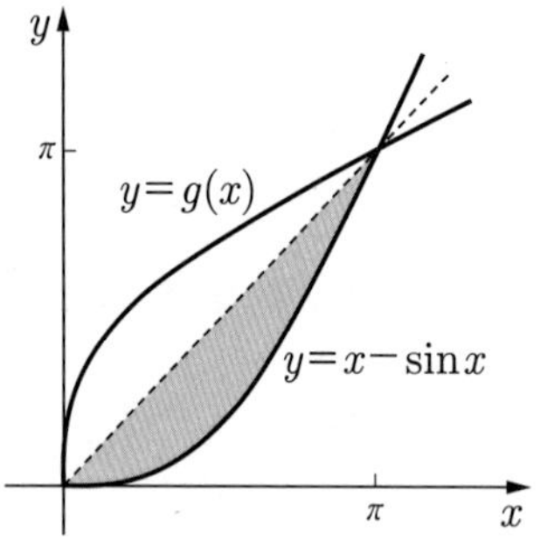

그러므로 구하는 영역의 넓이는 다음과 같다.

$$2\int_0^{\pi} (x-(x-\sin x))\, dx = 2\int_0^{\pi} \sin x\, dx = 2(-\cos x)\Big|_0^{\pi} = 4$$

□

지금까지는 x에 대한 적분으로 도형의 넓이를 구하였지만 경우에 따라 y에 대하여 적분하는 것이 더 편할 때도 있다.

보기 8 제1사분면에서 두 곡선 $y = \sqrt{x}$, $y = x - 2$으로 이루어지는 영역의 넓이를 구하시오.

Solution 주어진 영역은 y의 구간 $[0,\ 2]$에서 두 곡선 $x=y^2,\quad x=y+2$ 사이의 영역이다. 따라서 구하는 영역의 넓이는 다음과 같다.

$$\int_0^2 ((y+2)-y^2)dy = \left(\frac{1}{2}y^2+2y-\frac{1}{3}y^3\right)\Big|_0^2 = \frac{10}{3} \qquad \square$$

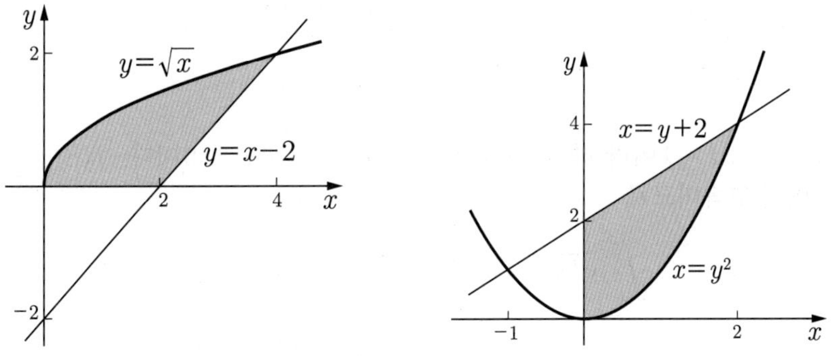

2.2.4 정적분의 치환적분법

이제 정적분 $\int_a^b f(g(x))g'(x)\,dx$를 구하는 방법을 알아 보기로 하자. $F(u)$가 $f(u)$의 부정적분이면 치환적분법에 의하면 $u=g(x)$일 때,

$$\int f(g(x))g'(x)\,dx = \int f(u)\,du = F(u)+C = F(g(x))+C$$

이다. 따라서 다음 결과가 성립한다.

$$\int_a^b f(g(x))g'(x)\,dx \quad = \quad F(g(b))-F(g(a)) = \int_{g(a)}^{g(b)} f(u)\,du$$

정적분의 치환적분법

구간 $(a,\ b)$에서 g'이 연속이고 f가 $u=g(x)$의 치역에서 연속이면 다음 식이 성립한다.

$$\int_a^b f(g(x))g'(x)\,dx = \int_{g(a)}^{g(b)} f(u)\,du$$

보기 9 다음 정적분을 구하시오.

(a) $\displaystyle\int_0^4 \sqrt{2x+1}\,dx$

(b) $\displaystyle\int_0^{0.5} \frac{x}{\sqrt{1-2x^2}}\,dx$

(c) $\displaystyle\int_1^e \frac{\ln x}{x}\,dx$

(d) $\displaystyle\int_0^2 xe^{-x^2/2}\,dx$

Solution

(a) $u = g(x) = 2x+1$이라 하면 $du = 2dx,\ g(0) = 1,\ g(4) = 9$이다. $f(u) = \sqrt{u}$는 구간 $[1,\ 9]$에서 연속이므로

$$\begin{aligned}\int_0^4 \sqrt{2x+1}\,dx &= \frac{1}{2}\int_1^9 \sqrt{u}\,du = \frac{1}{3}u^{3/2}\Big|_1^9 \\ &= \frac{1}{3}(3^3 - 1^3) = \frac{26}{3}\end{aligned}$$

(b) $u = g(x) = 1-2x^2$이라 놓으면 $du = -4xdx,\ g(0) = 1,\ g(0.5) = 0.5$이다. $f(u) = \frac{1}{\sqrt{u}}$는 구간 $[0.5,\ 1]$ 에서 연속이고

$$\begin{aligned}\int_0^{0.5} \frac{x}{\sqrt{1-2x^2}}\,dx &= -\frac{1}{4}\int_1^{0.5} \frac{1}{\sqrt{u}}\,du = -\frac{1}{2}\,u^{1/2}\Big|_1^{0.5} \\ &= \frac{1}{2}(1-\sqrt{0.5})\end{aligned}$$

(c) $u = g(x) = \ln x$라 놓으면 $du = \frac{dx}{x},\ g(1) = 0,\ g(e) = 1$이고 $f(u) = u$는 구간 $[0,\ 1]$에서 연속이다.

$$\int_1^e \frac{\ln x}{x}\,dx = \int_0^1 u\,du = \frac{1}{2}u^2\Big|_0^1 = \frac{1}{2}$$

(d) $u = g(x) = x^2/2$라 놓으면 $du = xdx,\ g(0) = 0,\ g(2) = 2$이므로

$$\int_0^2 xe^{-x^2/2}\,dx = \int_0^2 e^{-u}\,du = -e^{-u}\Big|_0^2 = 1 - e^{-2}$$ □

대칭함수의 정적분

적분구간이 원점에 대하여 대칭이면 즉, 적분구간이 $[-a,\ a]$이면 피적분함수의 대칭성을

이용하여 정적분을 간단히 구할 수 있다. 연속함수 f에 대하여 정적분의 성질을 사용하면

$$\begin{aligned}\int_{-a}^{a} f(x)\,dx &= \int_{-a}^{0} f(x)\,dx + \int_{0}^{a} f(x)\,dx \\ &= -\int_{0}^{-a} f(x)\,dx + \int_{0}^{a} f(x)\,dx\end{aligned}$$

이다. 마지막 식의 첫번째 정적분에서 $u = -x$로 치환하면 $du = -dx$이고 $x = -a$일 때 $u = a$이다. 따라서

$$-\int_{0}^{-a} f(x)\,dx = -\int_{0}^{a} f(-u)(-du) = \int_{0}^{a} f(-u)\,du$$

가 성립한다. $y = f(x)$가 짝함수이면 즉, $f(-u) = f(u)$이면 $\int_{0}^{a} f(-u)\,du = \int_{0}^{a} f(u)\,du$ 이므로

$$\int_{-a}^{a} f(x)\,dx = 2\int_{0}^{a} f(x)\,dx$$

이다. 반면에 $y = f(x)$가 홀함수이면 즉, $f(-x) = -f(x)$이면 $\int_{0}^{a} f(-u)\,du = -\int_{0}^{a} f(u)\,du$ 이므로

$$\int_{-a}^{a} f(x)\,dx = -\int_{0}^{a} f(u)\,du + \int_{0}^{a} f(x)\,dx = 0$$

이다.

대칭함수의 정적분

구간 $[-a,\ a]$에서 연속인 함수 f에 대하여

- f가 짝함수이면($f(-x) = f(x)$), $\int_{-a}^{a} f(x)\,dx = 2\int_{0}^{a} f(x)\,dx$
- f가 홀함수이면($f(-x) = -f(x)$), $\int_{-a}^{a} f(x)\,dx = 0$

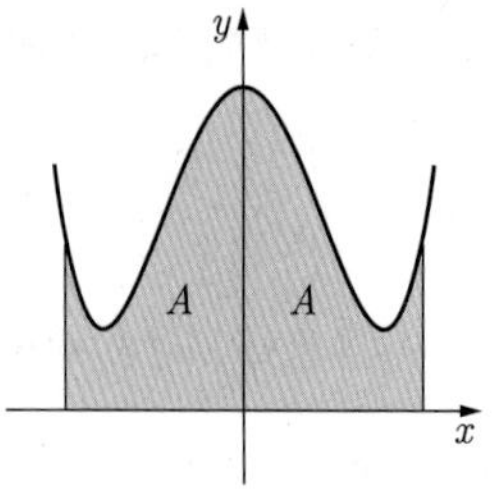

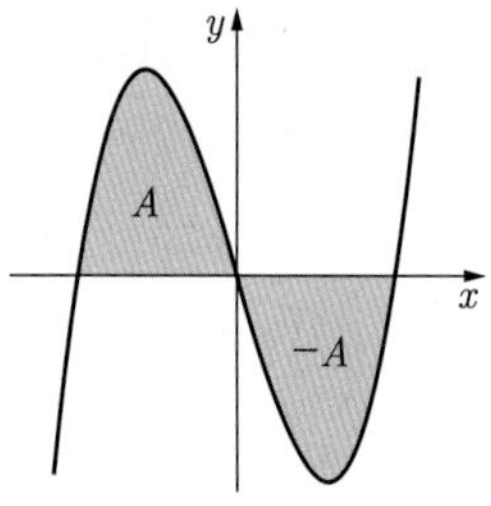

보기 10 다음 정적분을 구하시오.

(a) $\displaystyle\int_{-2}^{2}(x^3+|x|+1)\,dx$ (b) $\displaystyle\int_{-1}^{1}\frac{\sin x}{1+x^2}\,dx$

Solution

(a) $y=x^3$는 홀함수, $y=|x|+1$은 짝함수이므로

$$\int_{-2}^{2}(x^3+|x|+1)\,dx=2\Big(\int_{0}^{2}(x+1)\,dx\Big)=2\Big(\frac{1}{2}2^2+2\Big)=8$$

(b) $f(x)=\dfrac{\sin x}{1+x^2}$라 하면 f는 모든 실수에 대하여 연속이고

$$f(-x)=\frac{\sin(-x)}{1+(-x)^2}=-\frac{\sin x}{1+x^2}$$

이므로 f는 홀함수이다. 따라서

$$\int_{-1}^{1}\frac{\sin x}{1+x^2}\,dx=0$$

이다. □

2.2.5 함수의 평균

유한 개의 수 $y_1,\ y_2,\ \ldots,\ y_n$의 평균 $\overline{y}$는 다음과 같이 정의한다.

$$\overline{y}=\frac{y_1+y_2+\cdots+y_n}{n} \tag{2.11}$$

그렇다면 연속인 구간에서 함수의 평균은 어떻게 정의할까? 만약 $a\le x\le b$에서 $y=f(x)\ge 0$이라면 그래프와 x축 사이의 영역의 넓이는

$$A=\int_a^b f(x)\,dx$$

이다. 또한 A는 밑변의 길이가 $(b-a)$이고 높이가 $\frac{A}{b-a}$인 직사각형의 넓이이기도 하다. 여기서 $\frac{A}{b-a}$을 구간 $[a,\ b]$에서 함수 $y=f(x)$의 **평균(average)**으로 정의한다.

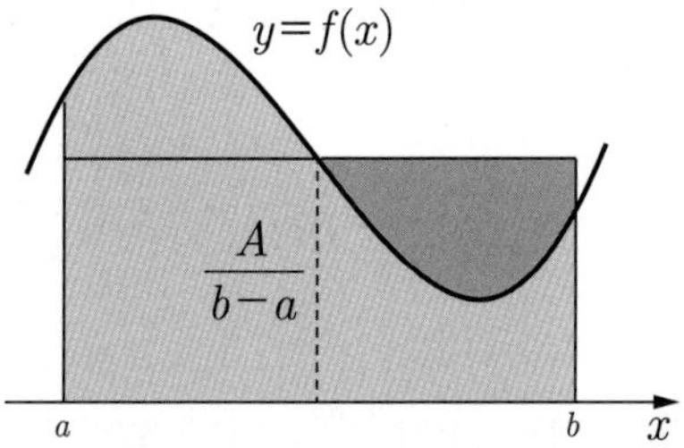

일반적인 연속함수 $y=f(x)$의 평균도 같은 방법으로 정의한다.

함수의 평균

연속함수 $y=f(x)$의 구간 $[a,\ b]$에서의 평균은 다음과 같이 정의한다.

$$\overline{f}=\frac{1}{b-a}\int_a^b f(x)\,dx$$

Note 함수 f가 다음과 같이 조각적으로 정의되었다고 하자.

$$f(x)=y_k,\ k-1\le x<k,\quad (k=1,\ 2,\ \ldots,\ n)$$

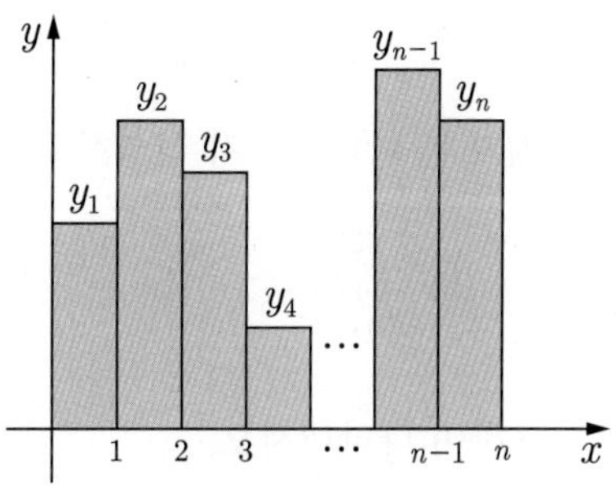

그러면 구간 $[a,\ b]=[0,n]$에서 함수 f의 평균

$$\overline{f}=\frac{1}{b-a}\int_a^b f(x)dx$$

는 식 (2.11)에서 정의된 $y_1,\ y_2,\ \ldots,\ y_n$의 평균 $\overline{y}$와 일치한다.

보기 11 S 은행에서는 2년 만기 예금에 대하여 연 4%의 이자를 연속복리로 지급하고 VIP 고객에게는 평균잔고(2년 동안)의 1%를 보너스로 지급한다. VIP로 선정된 삼식이가 100만 원짜리 2년 만기 예금에 가입하였을 때, 만기시 수령금액은 얼마인지 구하시오.

Solution 예금 가입 후 t에서 자산의 가치는

$$A(t) = 100e^{0.04t}$$

이다. 따라서 2년 후 잔고는

$$A(2) = 100e^{0.08} \approx 108.3287$$

이다. 2년 동안의 평균잔고는

$$\overline{A} = \frac{1}{2}\int_0^2 100e^{0.04t}\,dt = \frac{1}{2}\frac{100}{0.04}e^{0.04t}\Big|_0^2 = 1250(e^{0.08}-1) \approx 104.11$$

이므로 총 수령액은

$$108.3287 + 1.0411 = 109.3698 \text{ (만 원)}$$

이다. □

2.2.6 연습문제

1. 다음 극한값을 구하시오.

$$\lim_{n\to\infty}\left(\frac{1}{\sqrt{n}\sqrt{n+1}} + \frac{1}{\sqrt{n}\sqrt{n+2}} + \cdots + \frac{1}{\sqrt{n}\sqrt{n+n}}\right)$$

2. 다음 적분값은 어떤 영역의 넓이를 나타내는지 설명하고 적분값을 구하시오.

(a) $\int_{-2}^{2}\sqrt{4-x^2}\,dx$ (b) $\int_0^2 (4-2x)\,dx$ (c) $\int_1^2 2x\,dx$

3. 다음 극한값을 정적분을 이용하여 나타내시오.

(a) $\lim_{n\to\infty}\frac{1}{n}\left\{\left(\frac{n+1}{n}\right) + \left(\frac{n+2}{n}\right) + \cdots + \left(\frac{n+n}{n}\right)\right\}$

(b) $\lim_{n\to\infty}\frac{1}{n}\left\{\left(\frac{n}{n}\right)^2 + \left(\frac{n+2}{n}\right)^2 + \cdots + \left(\frac{n+2n-2}{n}\right)^2\right\}$

4. 다음 극한값을 정적분을 이용하여 나타내시오.

(a) $\lim_{n\to\infty}\sum_{k=0}^{n-1}\frac{k^3}{n^4}$

(b) $\lim_{n\to\infty}\sum_{k=1}^{n}\frac{1}{n}\left(1+\frac{k^3}{n^3}\right)$

(c) $\lim_{n\to\infty}\sum_{k=1}^{n}\frac{1}{n}\frac{(n+k)^3}{n^3}$

(d) $\lim_{n\to\infty}\sum_{k=1}^{n}\frac{1}{n}\left(1+\frac{(2k)^3}{n^3}\right)$

5. 역함수가 존재하는 연속함수 $y=f(x)$에 대하여 다음 조건이 성립한다.

$$f(0)=0,\ f(1)=b,\quad \int_0^1 f(x)dx=A,\quad b>0$$

(a) A의 범위를 구하시오.

(b) $g=f^{-1}$일 때 $\int_0^b g(x)\,dx$를 구하시오.

6. 다음 정적분을 구하시오(3.2절 연습문제 2번 참조).

(a) $\int_0^1 \frac{x}{\sqrt{x^2+1}}\,dx$

(b) $\int_{-1}^0 (3x-2)^{-2}\,dx$

(c) $\int_0^{\pi/2} x\cos x\,dx$

(d) $\int_1^4 \frac{e^{\sqrt{x}}}{\sqrt{x}}\,dx$

(e) $\int_0^{\ln 2} (1-x)e^{-x}\,dx$

(f) $\int_0^{\sqrt{2}} 2xe^{x^2}\,dx$

(g) $\int_1^e \frac{2\ln x}{x}\,dx$

(h) $\int_1^e (\ln x+1)\,dx$

7. 다음 정적분을 구하시오.

(a) $\int_0^{\pi}\left(4\cos\frac{x}{2}\right)dx$

(b) $\int_0^1 (e^{2x}+e^{-x})\,dx$

(c) $\int_0^2 (\sqrt{2})^x\,dx$

(d) $\int_0^{\sqrt{\pi}} x\cos(x^2)\,dx$

(e) $\int_1^2 \frac{1}{t^2}\sin\frac{\pi}{t}\,dt$

(f) $\int_0^2 \sqrt{1+4x}\,dx$

(g) $\int_0^1 x^2(2+x^3)^4\,dx$

(h) $\int_0^a x\sqrt{a^2-x^2}\,dx,\quad a>0$

(i) $\int_0^1 x\sqrt{1-x^4}\,dx$

(j) $\int_{-a}^a \frac{\sin x\cos x}{1+x^4}\,dx$

8. 함수 $f(x)=\int_0^x 20t(t-1)(t-2)\,dt$의 극값을 구하시오.

9. $f(x)=\int_2^x \frac{1}{\sqrt{1+t^4}}dt$일 때

(a) $f'(2)$를 구하시오.

(b) f^{-1}가 존재함을 보이시오.

(c) $(f^{-1})'(0)$을 구하시오.

10. 연속함수 f와 상수 c에 대하여 다음 식이 성립함을 보이시오.

(a) $\int_a^b f(x+c)\,dx=\int_{a+c}^{b+c} f(x)\,dx$ (b) $\int_0^c f(x)\,dx=\int_0^c f(c-x)\,dx$

11. 연속함수 f에 대하여 다음이 성립함을 보이시오.

(a) $\int_0^{\frac{\pi}{2}} f(\sin x)\,dx=\int_0^{\frac{\pi}{2}} f(\cos x)\,dx$ (b) $\int_0^{\pi} f(\sin x)\,dx=2\int_0^{\frac{\pi}{2}} f(\sin x)\,dx$

12. 다음 정적분을 구하시오.

$$\int_{-3}^{3}(2+x)\sqrt{9-x^2}\,dx$$

13. 다음 정적분의 값을 구하시오.

(a) $\int_0^{\pi}|\cos x|\,dx$ (b) $\int_{-1}^{1}\frac{1}{2+|x|}\,dx$ (c) $\int_{-1}^{2}|x-x^2|\,dx$

14. 구간 $[-3,\ 3]$에서 함수 $y=f(x)$의 그래프는 y축에 대하여 대칭이고 다음과 같다.

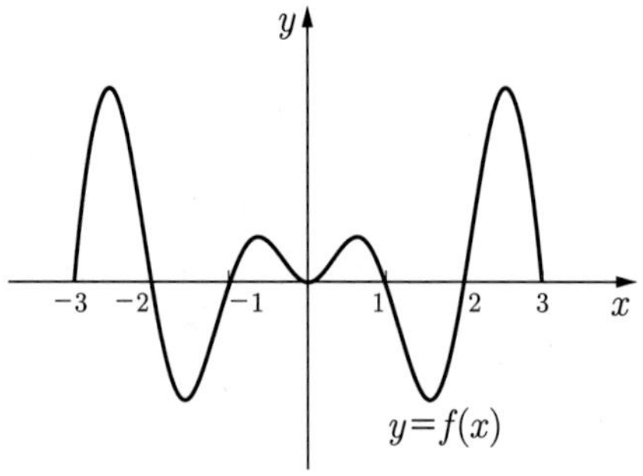

(a) $\int_0^1 f(t)\,dt=0.5,\ \int_1^2 f(x)\,dx=-1.5,\ \int_2^3 f(x)\,dx=2.5$일 때 다음 값을 구하시오.

i. $\int_{-1}^{1} f(x)\,dx$ ii. $\int_{-1}^{2} f(x)\,dx$ iii. $\int_{0}^{3} f(x)\,dx$ iv. $\int_{-3}^{1} f(x)\,dx$

(b) $F(x) = \int_{-3}^{x} f(t)\,dt$에 대하여 $F(x)$가 극댓값을 갖는 x의 값과, 극솟값을 갖는 $x \in (-3,\ 3)$의 값을 구하시오.

(c) $F(x)(-3 \le x \le 3)$가 최댓값을 갖는 x의 값과, 최솟값을 갖는 x의 값을 구하고 최댓값과 최솟값을 구하시오.

15. 주어진 구간에서 다음 곡선과 x축 사이의 영역의 넓이를 구하시오.

(a) $y = \sqrt{x} + x, \quad 0 \le x \le 4$

(b) $y = \cos x - \sin x, \quad 0 \le x \le \frac{\pi}{4}$

(c) $y = e^x - 1 - x, \quad -1 \le x \le 1$

(d) $y = e^{2x} - e^x, \quad 0 \le x \le \ln 2$

16. 두 곡선 $y = x^2,\ y = 4x - x^2$으로 둘러싸인 부분의 넓이를 구하시오.

17. 주어진 구간에서 두 곡선 사이의 넓이를 구하시오.

(a) $y = x^2, \quad y = x + 2, \quad -2 \le x \le 2$

(b) $y = e^{2x}, \quad y = e^{x+1}, \quad 0 \le x \le \ln 5$

(c) $y = \sin x, \quad y = \cos x, \quad -\frac{\pi}{2} \le x \le \frac{\pi}{2}$

18. 다음 곡선 또는 직선에 의해 만들어지는 영역의 넓이를 구하시오.

(a) $y = 5x - x^2, \quad y = x$

(b) $y = \sqrt{x+3}, \quad y = (x+3)/2$

(c) $y = x - 1, \quad y^2 = 2x + 6$

(d) $x = 2y^2, \quad x = 0, \quad y = 3$

(e) $x = 2y^2, \quad x = 4 + y^2$

(f) $xy^2 = 1, \quad y = x, \quad y = 8x$

19. 다음 부등식에 의해 만들어지는 영역의 넓이를 구하시오.

(a) $y \le 1/x^2,\ x \le 2,\ y \le x,\ y \ge 0$

(b) $x^2 + y^2 \le 1,\ y \ge (x-1)^2$

(c) $y \ge x^2/4,\ y \le x,\ y \le 1$

(d) $y \le x^2,\ x + y \le 2,\ x \ge 0,\ y \ge 0$

20. $f(x) = x^3 - x^2 + x$의 역함수가 존재함을 보이시오. $g(x) = f^{-1}(x)$라고 할 때, 1사분면에서 두 곡선 $y = f(x)$와 $y = g(x)$로 둘러싸인 부분의 넓이를 구하시오.

21. 주어진 구간에서 다음 함수의 평균을 구하시오.

(a) $y = x, \quad [0,\ 1]$

(b) $y = x^2, \quad [0,\ 2]$

(c) $y = e^x, \quad [-1,\ 1]$

(d) $y = \sin x, \quad [0,\ \pi]$

22. 연속함수 f에 대하여

(a) 다음 식을 만족하는 c가 a와 b 사이에 존재함을 보이시오.[8]

$$\frac{1}{b-a}\int_a^b f(x)\,dx = f(c)$$

(b) $y = f(x)$의 평균 $\overline{f}$에 대하여

$$\overline{f} = f(c)$$

인 c가 a와 b 사이에 존재함을 설명하시오.

23. 함수 $f(x) = \sqrt{4 - x^2}$의 구간 $[0,\ 2]$에서의 평균 $\overline{f}$을 구하시오.

24. $u(t) = \displaystyle\int_a^b (f(x) - t)^2\,dx$라고 하자. u는 $t = \overline{f}$일 때 최솟값을 가짐을 보이시오.[9]

노트

[8] 이 결과를 **정적분의 평균값 정리**라고 한다

[9] Hint. $u(t)$는 t에 관한 이차식이다.

2.3 특이적분

지금까지 우리는 **유한한 닫힌구간** $[a,\ b]$에서 정의된 **연속함수** f에 대하여 정적분 $\int_a^b f(x)dx$을 정의하였다. 이 절에서는 두 가지 조건 중에서 적어도 하나가 성립하지 않는 경우, 즉 정의역이 무한구간이거나 닫힌구간이 아닌 경우의 정적분을 정의한다. 이러한 경우의 정적분을 **특이적분(improper integral)**이라 부른다.

2.3.1 무한구간에서 정의된 특이적분

1사분면에서 곡선 $y = e^{-x}$ 아래 있는 영역을 생각해 보자.

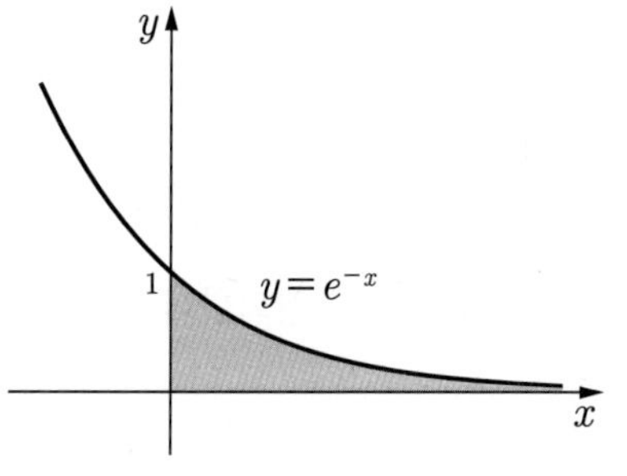

임의의 양수 t에 대하여 구간 $[0,\ t]$에서의 넓이를 $A(t)$라고 하자. 이 영역의 넓이는 $t \to \infty$일 때 $A(t)$의 극한값으로 정의한다. 정적분의 정의에 의하여

$$A(t) = \int_0^t e^{-x}\, dx = -e^{-x}\Big|_0^t = 1 - e^{-t}$$

이다. $t \to \infty$일 때, $A(t)$의 값은 1로 수렴한다. 따라서 빗금친 부분의 넓이는 1이다.

일반적으로 무한구간 $[a,\ \infty)$에서 정의된 연속함수 f에 대하여 $\lim_{t\to\infty} \int_a^t f(x)\, dx$가 존재하면 $\int_a^\infty f(x)\, dx$을 다음과 같이 정의한다.

$$\int_a^\infty f(x)\, dx = \lim_{t\to\infty} \int_a^t f(x)\, dx$$

이 극한값이 존재할 때 특이적분 $\int_a^\infty f(x)\, dx$는 **수렴한다(converge)**고 하고 극한값이 존재하지 않을 때는 **발산한다(diverge)**고 한다. 특이적분 $\int_{-\infty}^a f(x)\, dx$도 비슷한 방법으로 정의한다.

무한구간에서의 특이적분

- 무한구간 $[a,\ \infty)$에서 정의된 연속함수 f에 대하여 특이적분 $\int_a^\infty f(x)\,dx$는 다음과 같이 정의한다.
$$\int_a^\infty f(x)\,dx = \lim_{t\to\infty}\int_a^t f(x)\,dx$$
- 무한구간 $(-\infty,\ b]$에서 정의된 연속함수 f에 대하여 특이적분 $\int_{-\infty}^b f(x)\,dx$는 다음과 같이 정의한다.
$$\int_{-\infty}^b f(x)\,dx = \lim_{t\to-\infty}\int_t^b f(x)\,dx$$

구간 $(-\infty,\ a)$와 $(a,\ \infty)$에서 연속인 함수 f에 대하여 특이적분 $\int_{-\infty}^a f(x)\,dx$와 $\int_a^\infty f(x)\,dx$가 모두 수렴하면 $\int_{-\infty}^\infty f(x)\,dx$를 다음과 같이 정의한다.

$$\int_{-\infty}^\infty f(x)\,dx = \int_{-\infty}^a f(x)\,dx + \int_a^\infty f(x)\,dx$$

보기 1 특이적분 $\int_1^\infty \frac{1}{x^p}\,dx$이 수렴하는 p의 범위를 구하시오.

Solution $x \ge 1$이면 $1/x^p$는 연속이다. $p=1$일 때

$$\int_1^t \frac{1}{x}dx = \Big(\ln x\Big)_1^t = \ln t \to \infty$$

이므로 특이적분은 발산한다. $p \ne 1$이면

$$\begin{aligned}\int_1^t \frac{1}{x^p}dx &= \int_1^t x^{-p}dx = \Big(\frac{1}{1-p}x^{1-p}\Big)_1^t \\ &= \frac{1}{1-p}(t^{1-p}-1)\end{aligned}$$

이다. $p>1$이면 $1-p<0$이므로 $t\to\infty$일 때 $t^{1-p}\to 0$이다. 그러므로

$$\int_1^\infty \frac{1}{x^p}dx = \lim_{t\to\infty}\int_1^t \frac{1}{x^p}dx = \frac{1}{p-1}$$

이다. 반면 $p<1$이면 $t\to\infty$일 때 $t^{1-p}\to\infty$이므로 특이적분은 발산한다. 따라서 주어진 특이적분은 $p>1$일 때만 수렴한다. □

혼동의 위험이 없으면 $\lim_{t\to\infty} F(t)\Big|_a^t$ 대신 $F(t)\Big|_a^\infty$ 로 쓰기도 한다. 이 표현은 계산을 단순화하여 풀이를 쉽게 해준다.

보기 2 다음 특이적분이 수렴하는지 판단하고 수렴한다면 적분값을 구하시오.

(a) $\displaystyle\int_1^\infty \frac{\ln x}{x}dx$ (b) $\displaystyle\int_{-\infty}^\infty xe^{-x^2}\,dx$

Solution

(a) 구간 $[1,\ \infty)$에서 피적분함수 $\frac{\ln x}{x}$는 연속이다. $u=\ln x$로 치환하면 $x\to\infty$일 때, $u=\ln x\to\infty$이고 $du=\frac{dx}{x}$이므로

$$\int_1^\infty \frac{\ln x}{x}dx = \int_0^\infty udu = \frac{1}{2}u^2\Big|_0^\infty = \infty$$

을 얻는다. 따라서 특이적분은 발산한다.

(b) $f(x)=xe^{-\frac{x^2}{2}}$이라 하면 f는 기함수이다. 그러므로 $\displaystyle\int_0^\infty f(x)\,dx$가 수렴한다면 주어진 특이적분의 값은 0이다. 이제 $\displaystyle\int_0^\infty f(x)\,dx$이 수렴하는지 살펴 보자. $\frac{x^2}{2}=u$로 치환하면 $x\to\infty$일 때, $u=\ln x\to\infty$이고 $xdx=du$이므로

$$\begin{aligned}\int_0^\infty xe^{-\frac{x^2}{2}}\,dx &= \int_0^\infty e^{-u}\,du \\ &= -e^{-u}\Big|_0^\infty = 1\end{aligned}$$

이다. 구하는 특이적분의 값은 0이다. □

2.3.2 정의역이 닫힌구간이 아닌 특이적분

특이적분의 다른 형태는 피적분함수의 정의역이 유한하지만 닫힌구간이 아닌 경우이다. 예를 들어, 곡선 $y=x^{-\frac{1}{2}}$와 직선 $x=0,\ x=1,\ y=0$에 의하여 만들어지는 영역을 생각해 보자.

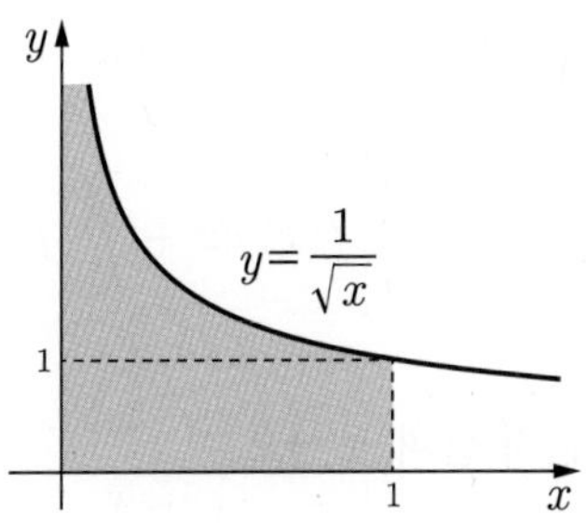

우선 $0 < t < 1$일 때, 구간 $[t,\ 1]$에서 영역의 넓이를 구하면 다음과 같다.

$$\int_t^1 x^{-\frac{1}{2}}\,dx = \frac{1}{-\frac{1}{2}+1}x^{\frac{1}{2}}\Big|_t^1 = 2(\sqrt{1}-\sqrt{t})$$

주어진 영역의 넓이는 $t \to 0+$일 때의 극한값으로 정의한다. 즉,

$$\int_0^1 x^{-\frac{1}{2}}\,dx = \lim_{t\to 0+} 2(\sqrt{1}-\sqrt{t}) = 2$$

이다. 일반적으로 함수 $f(x)$가 구간 $(a,\ b]$에서 연속이면 특이적분 $\int_a^b f(x)dx$는 다음과 같이 정의한다.

$$\int_a^b f(x)\,dx = \lim_{t\to a+}\int_t^b f(x)\,dx$$

함수 $f(x)$ 가 구간 $[a,\ b)$에서 연속인 경우도 같은 방법으로 정의한다.

정의역이 닫힌구간이 아닌 특이적분

- 함수 f가 구간 $(a,\ b]$에서 연속이면 특이적분 $\int_a^b f(x)dx$는 다음과 같이 정의한다.

$$\int_a^b f(x)\,dx = \lim_{t\to a+}\int_t^b f(x)\,dx$$

- 함수 f가 구간 $[a,\ b)$에서 연속이면 특이적분 $\int_a^b f(x)dx$는 다음과 같이 정의한다.

$$\int_a^b f(x)\,dx = \lim_{t\to b-}\int_a^t f(x)\,dx$$

위의 두 극한값이 존재할 때, 특이적분 $\int_a^b f(x)dx$은 **수렴한다(converge)**고 한다. 수렴하지 않는 경우는 **발산한다(diverge)**고 한다. 함수 f가 구간 $[a,\ c)$와 구간 $(c,\ b]$ $(a < c < b)$에서 각각 연속이라 하자. 특이적분 $\int_a^c f(x)dx$와 $\int_c^b f(x)dx$가 수렴하면 $\int_a^b f(x)dx$는 다음과 같이 정의한다.

$$\int_a^b f(x)\,dx = \int_a^c f(x)\,dx + \int_c^b f(x)\,dx$$

보기 3 다음 특이적분이 수렴하는지 살펴 보시오.

(a) $\displaystyle\int_0^1 \frac{1}{x}\,dx$ (b) $\displaystyle\int_{-1}^1 \frac{1}{x}\,dx$

Solution

(a) $x=0$에서 $\frac{1}{x}$는 정의되지 않는다.

$$\begin{aligned}\int_0^1 \frac{1}{x}\,dx &= \lim_{t\to 0+}\int_t^1 \frac{1}{x}\,dx = \lim_{t\to 0+} \ln x\Big|_t^1 \\ &= \lim_{t\to 0+}(-\ln t) = \infty\end{aligned}$$

이고 주어진 특이적분은 발산한다.

(b) 특이적분 $\displaystyle\int_0^1 \frac{1}{x}\,dx$이 발산하므로 주어진 특이적분 $\displaystyle\int_{-1}^1 \frac{1}{x}\,dx$도 발산한다. □

Note 위 보기의 (b)에서

"$f(x)=\frac{1}{x}$는 기함수이므로 $\displaystyle\int_{-1}^1 \frac{1}{x}\,dx = 0$이다"

라고 **결론을 내려서는 안된다.** 불연속점 $x=c$가 구간 안에 있는 경우, 특이적분 $\displaystyle\int_a^c f(x)dx$와 $\displaystyle\int_c^b f(x)dx$가 모두 수렴하는 경우에만 특이적분 $\displaystyle\int_a^b f(x)\,dx$는 수렴한다고 정의한다.

2.3.3 특이적분의 비교판정법

특이적분의 정확한 값을 구하는 것은 대부분 아주 어렵거나 불가능하다. 이런 경우 특이적분의 수렴여부는 다른 함수의 특이적분과 비교하여 판정할 수 있다. 이러한 판정법을 특이적분에 대한 **비교판정법(comparison test)**이라 한다.

비교판정법

두 연속함수 $f,\ g$가 $x \ge a$일 때 $f(x) \ge g(x) \ge 0$이라 하자. 그러면

- $\displaystyle\int_a^\infty f(x)\,dx$가 수렴하면 $\displaystyle\int_a^\infty g(x)\,dx$도 수렴한다.
- $\displaystyle\int_a^\infty g(x)\,dx$가 발산하면 $\displaystyle\int_a^\infty f(x)\,dx$도 발산한다.

Note 구간 $(-\infty,\ a]$, 또는, $(-\infty,\ \infty)$인 경우에도 비교판정법은 성립한다.

양의 값을 갖는 함수의 적분은 함수의 그래프와 x축 사이의 넓이로 이해할 수 있으므로 비교판정법은 작은 함수의 넓이가 큰 함수의 넓이보다 작다는 사실로부터 유추할 수 있다.

보기 4 다음 특이적분의 수렴여부를 판정하시오.

(a) $\displaystyle\int_0^1 \frac{e^{-x}}{x}\,dx$ (b) $\displaystyle\int_1^\infty \frac{e^{-x}}{x}\,dx$

Solution

(a) $0 < x < 1$이면 $0 < \frac{e^{-1}}{x} \le \frac{e^{-x}}{x}$이고

$$\lim_{t\to 0+}\int_t^1 \frac{e^{-1}}{x}\,dx = \lim_{t\to 0+} e^{-1}\ln x\Big|_t^1 = e^{-1}\lim_{t\to 0+}(-\ln(t)) = \infty$$

이므로 비교판정법에 의하여 주어진 특이적분은 발산한다.

(b) $x \ge 1$이면 $0 < \frac{e^{-x}}{x} \le e^{-x}$이고

$$\int_1^\infty e^{-x}dx = 1$$

이므로 비교판정법에 의하여 $\displaystyle\int_1^\infty \frac{e^{-x}}{x}\,dx$는 수렴한다. □

연속함수 f에 대하여 정적분 $\displaystyle\int_a^b f(x)dx$는 항상 유한한 값을 갖는다.

$$\int_a^\infty f(x)dx = \int_a^b f(x)dx + \int_b^\infty f(x)dx$$

이므로 $\displaystyle\int_a^\infty f(x)dx$와 $\displaystyle\int_b^\infty f(x)dx$는 동시에 수렴하거나 동시에 발산한다.

보기 5 특이적분 $\displaystyle\int_0^\infty e^{-x^2/2}\,dx$는 수렴함을 보이시오.

Solution $\displaystyle\int_0^1 e^{-x^2/2}\,dx$는 유한한 구간에서 연속인 함수의 정적분이므로 유한한 값을 갖는다.

$$\int_0^\infty e^{-x^2/2}\,dx = \int_0^1 e^{-x^2/2}\,dx + \int_1^\infty e^{-x^2/2}\,dx$$

이므로 $\int_0^\infty e^{-x^2/2}\,dx$ 와 $\int_1^\infty e^{-x^2/2}\,dx$ 는 동시에 수렴하거나 동시에 발산한다. $x \geq 1$ 이면

$$e^{-x^2/2} \leq e^{-x/2}$$

이고

$$\int_1^\infty e^{-x/2}dx = -2e^{-x/2}\Big|_1^\infty = \frac{2}{\sqrt{e}} < \infty$$

이므로 비교판정법에 의하여 특이적분 $\int_0^\infty e^{-x^2/2}\,dx$ 는 수렴한다. □

2.3.4 연습문제

1. 다음 특이적분을 구하시오.

(a) $\int_1^\infty \frac{1}{x^2}\,dx$ (b) $\int_1^\infty \frac{1}{x\sqrt{x}}\,dx$ (c) $\int_0^\infty e^{-2x}\,dx$ (d) $\int_{-\infty}^0 e^x\,dx$

2. 다음 특이적분이 수렴하면 그 값을 구하시오.

(a) $\int_0^1 x^{-\frac{1}{3}}\,dx$ (c) $\int_0^1 \frac{1}{x^3}\,dx$ (e) $\int_1^2 \frac{1}{\sqrt{x-1}}\,dx$

(b) $\int_{-1}^1 x^{-\frac{1}{3}}\,dx$ (d) $\int_{-1}^1 \frac{1}{x^3}\,dx$ (f) $\int_0^1 \frac{1}{x\sqrt{x}}\,dx$

3. 다음 적분이 발산하면 D라고 적고, 수렴하면 그 값을 구하시오.

(a) $\int_0^\infty \frac{1}{(2x+1)^2}\,dx$ (c) $\int_2^\infty \frac{2}{x^2-1}\,dx$ (e) $\int_0^\infty \frac{1}{\sqrt{x^2+1}}\,dx$

(b) $\int_{-\infty}^\infty \sin x\,dx$ (d) $\int_0^1 \frac{\ln x}{x}\,dx$ (f) $\int_{-\infty}^\infty \frac{x}{x^2+1}\,dx$

4. 비교판정법을 이용하여 다음 적분이 수렴하면 C, 발산하면 D라고 적어라.

(a) $\int_0^\infty \frac{1}{e^x+e^{-x}}\,dx$ (c) $\int_1^\infty \frac{e^{-x}}{\sqrt{x}}\,dx$ (e) $\int_1^\infty \frac{e^{-x}}{x}\,dx$

(b) $\int_0^1 \frac{e^{-x}}{\sqrt{x}}\,dx$ (d) $\int_0^1 \frac{e^{-x}}{x}\,dx$ (f) $\int_0^\infty \frac{3}{e^x+x}\,dx$

5. 다음 특이적분이 수렴하면 C, 발산하면 D라고 적어라. 단, $0 \le x \le \frac{\pi}{2}$일 때 다음 부등식이 성립한다.

$$\frac{1}{\pi}x \le \sin x \le x$$

(a) $\displaystyle\int_0^1 \frac{x^2}{\sin^2 x}\,dx$ (b) $\displaystyle\int_1^\infty \frac{x^2}{\sin^2 x}\,dx$ (c) $\displaystyle\int_0^1 \frac{\sin^2 x}{x^2}\,dx$ (d) $\displaystyle\int_1^\infty \frac{\sin^2 x}{x^2}\,dx$

6. 다음 특이적분이 수렴하면 C, 발산하면 D라고 적어라(Hint. 문제 4, 문제 5).

(a) $\displaystyle\int_0^\infty \frac{x^2}{\sin^2 x}\,dx$ (b) $\displaystyle\int_0^\infty \frac{\sin^2 x}{x^2}\,dx$ (c) $\displaystyle\int_0^\infty \frac{e^{-x}}{\sqrt{x}}\,dx$ (d) $\displaystyle\int_0^\infty \frac{e^{-x}}{x}\,dx$

7. 특이적분 $\displaystyle\int_e^\infty \frac{1}{x(\ln x)^p}\,dx$이 수렴하는 p의 범위를 구하고 적분값을 구하시오.

8. 다음 등식을 이용하여 주어진 적분값을 구하시오.

$$\frac{1}{\sqrt{2\pi}}\int_{-\infty}^\infty e^{-x^2/2}\,dx = 1, \qquad \frac{1}{\sqrt{2\pi}}\int_{-\infty}^\infty x^2 e^{-x^2/2}\,dx = 1$$

(a) $\displaystyle\int_0^\infty e^{-x^2}\,dx$ (b) $\displaystyle\int_0^\infty x^2 e^{-x^2}\,dx$

9. (a) 상수 $k > 0$, n에 대하여 다음 식이 성립함을 보이시오.

$$\int x^n e^{-kx}\,dx = -\frac{1}{k}x^n e^{-kx} + \frac{n}{k}\int x^{n-1}e^{-kx}\,dx$$

(b) 다음 관계식이 성립함을 보이시오.

$$\int_0^\infty x^n e^{-kx}\,dx = \frac{n}{k}\int_0^\infty x^{n-1}e^{-kx}\,dx$$

(c) n이 자연수일 때 (b)에서 왼쪽 특이적분 값을 구하시오.

✠ 함수 $f : \mathbb{R} \to [0, \infty)$에 대하여

$$\int_{-\infty}^\infty f(x)\,dx = 1, \qquad \mathcal{P}(a \le X \le b) = \int_a^b f(x)\,dx$$

가 성립하면 X를 **연속확률변수(continuous random variable)**라 하고 f를 X의 **확률밀도함수(probability density function)**라 한다. 이때 X의 **평균(mean)**, 또는 **기댓값(expected value)** μ와 **분산(variance)** σ^2은 다음과 같이 정의한다.

$$\begin{aligned}\mu &= E(X) = \int_{-\infty}^{\infty} xf(x)dx \\ \sigma^2 &= \text{Var}(X) = E((X-\mu)^2) = E(x^2) - \mu^2 \\ &= \int_{-\infty}^{\infty} x^2 f(x)dx - \mu^2\end{aligned}$$

10. 어떤 전기제품의 수명(단위 : 년)의 확률밀도함수가 다음과 같다.

$$f(x) = \begin{cases} \dfrac{8}{x^3}, & x \geq a \\ 0, & x < a \end{cases}$$

(a) 상수 a를 구하시오.

(b) 이 제품의 수명의 평균을 구하시오.

(c) 신상품을 구입하였을 경우 3년 이상 사용할 수 있을 확률을 구하시오.

11. 확률변수 X의 확률밀도함수 f가 다음과 같다.

$$f(x) = \begin{cases} ce^{-\lambda x}, & x \geq 0, \\ 0, & \text{기타} \end{cases}$$

(a) c의 값을 구하시오.

(b) 상수 t에 대하여 확률 $\mathcal{P}(X \geq t)$을 구하시오.

(c) $s,\ t \geq 0$에 대하여 다음 관계식이 성립함을 보이시오.

$$\mathcal{P}(X > t+s) = \mathcal{P}(X > t)\mathcal{P}(X > s)$$

(d) 평균과 분산은 각각 다음과 같음을 보이시오(Hint. 문제 9(b)).

$$E(X) = \frac{1}{\lambda}, \quad \text{Var}(X) = \frac{1}{\lambda^2}$$

12. 나누어심기를 한 나무의 수명은 확률밀도함수가 다음과 같다.

$$f(x) = \begin{cases} cxe^{-2x}, & x \geq 0 \\ 0 & \text{기타} \end{cases}$$

(a) 상수 c를 구하시오.

(b) 이 나무의 평균수명을 구하시오.

CHAPTER 3 수열과 급수

3.1 수열과 급수

3.1.1 수열

수열에서 여러 항의 합은 기호 $\sum$를 이용하면 간단하게 나타낼 수 있다.

$$\sum_{k=m}^{n} = a_m + a_{m+1} + \cdots + a_n, \quad n \geq m$$

다음 보기에서 볼 수 있듯이 $\sum$ 기호 아래 있는 문자와 다른 문자는 상수로 간주된다.

$$\sum_{k=2}^{4} k = 2+3+4 = 9, \qquad \sum_{k=2}^{4} n = n+n+n = 3n$$

다음과 같이 수열의 합을 $\sum$를 이용하여 나타내는 방법은 여러 가지 있을 수 있다.

$$\begin{aligned} 1+3+5+7+9 &= \sum_{k=1}^{5}(2k-1) = \sum_{k=0}^{4}(2k+1) \\ 1+2x+3x^2+4x^3 &= \sum_{n=1}^{4} nx^{n-1} = \sum_{n=0}^{3}(n+1)x^n \end{aligned}$$

현재가치와 미래가치

미래에 얻게 될 자산의 가치는 현재의 자산 가치와는 다르다. 현재의 자산은 시간이 지나면 이자가 붙어 자산의 크기가 커지기 때문이다. 예를 들어, 연이율이 5%일 때(이자를 1년에 한 번만 지급한다면) 현재의 100만 원은 1년 후 105만 원이 된다. 이때 현재 100만 원의 1년 후의 **미래가치(future value)**는 105만 원이고 1년 후 105만 원의 **현재가치(present value)**는 100만 원이라 한다. 현재가치가 P인 자산의 n년 후 자산의 가치를 F_n라고 하자. $r(100r\%)$의 연복리로 이자를 지급한다면

$$F_n = P(1+r)^n$$

이므로

$$P = \frac{F_n}{(1+r)^n} = F_n(1+r)^{-n}$$

이다.

보기 1 오크 통에 담근 포도주를 7년 후에 병으로 옮겨 담아 시장에 판매한다. 7년 후 1000만 원에 판매할 수 있는 포도주를 담근 후 바로 도매상에 넘긴다면 가격은 얼마로 책정해야

하는가? 만 원 단위까지 반올림하여 구하시오. 단, 연이율은 4%이고 다른 모든 부대비용은 무시하기로 한다.

Solution 도매상에게 넘기는 가격을 A라고 할 때 A의 7년 후의 미래가치가 1000만 원이 되어야 한다. 다시 말해서

$$A(1+0.04)^7 = 1000$$

이어야 하므로

$$A = 1000 \cdot 1.04^{-7} \approx 760$$

이다. 즉 760만 원에 판매하면 된다. □

보기 2 공비가 r인 등비수열 $a_k = r^k (r \neq 1)$에 대하여 $\sum_{k=1}^{n} a_k$, $\sum_{k=0}^{n} a_k$의 값을 구하시오.

Solution $S = \sum_{k=1}^{n} a_k = r + r^2 + \cdots + r^n$라 하면 $rS = r^2 + r^3 + \cdots + r^{n+1}$이므로

$$S - rS = r - r^{n+1}$$

이다. 따라서

$$\sum_{k=1}^{n} r^k = \frac{r(1-r^n)}{1-r}$$

이다. 이 결과를 이용하면 다음 결과를 얻는다.

$$\sum_{k=0}^{n} r^k = 1 + \sum_{k=1}^{n} r^k = \frac{1-r^{n+1}}{1-r}$$ □

등비수열 $\{r^n\}$ $(r \neq 1)$의 합

- $\sum_{k=1}^{n} r^k = \frac{r(1-r^n)}{1-r}$
- $\sum_{k=0}^{n} r^k = \frac{1-r^{n+1}}{1-r}$

적금과 연금

매년 초 A원씩을 적립하는 정기적금을 생각해 보자. 연이율이 $100r(\%)$, n번째 A원을

적립한 직후 자산의 크기를 W_n 이라 하면

$$\begin{aligned} W_1 &= A \\ W_2 &= A(1+r)+A \\ &\vdots \\ W_n &= A(1+r)^{n-1}+A(1+r)^{n-2}+\cdots+A(1+r)+A \end{aligned}$$

이다. W_n 의 합에서 순서를 거꾸로 생각하면 W_n 은 초항이 A 이고 공비가 $(1+r)$ 인 등비수열의 합이다. 즉

$$W_n = \sum_{k=0}^{n-1} A(1+r)^k = A\frac{(1+r)^n-1}{(1+r)-1} = \frac{A}{r}\left((1+r)^n-1\right)$$

반대로 1년 후부터 매년 A 원 씩을 n 년 동안 받을 수 있는 연금을 지금 일시불로 받는다고 하자. 1년 후 받을 A 원의 현재가치는 $\frac{A}{1+r}$, 2년 후 받을 A 원의 현재가치는 $\frac{A}{(1+r)^2}$, n 년 후 받을 A 원의 현재가치는 $\frac{A}{(1+r)^n}$ 이므로 이 연금의 현재가치를 P_n 이라 하면

$$\begin{aligned} P_n &= \frac{A}{1+r}+\frac{A}{(1+r)^2}+\cdots+\frac{A}{(1+r)^n} \\ &= A\frac{\frac{1}{1+r}-\frac{1}{(1+r)^{n+1}}}{1-\frac{1}{1+r}} \\ &= \frac{A}{r}(1-(1+r)^{-n}) \end{aligned}$$

이다.

보기 3 1년에 한 번 1000만 원이 지급되는 연금을 퇴직 시점부터 1년 단위로 20번 지급한다고 한다. 퇴직 시 일시불로 지급한다면 얼마를 지급하여야 하는지 반올림하여 만 단위까지 구하시오. 연이율은 복리 5%로 일년에 한번 지급한다.

Solution $k(k=0,\ 1,\ 2,\ \ldots,\ 19)$ 년 후 지급하는 1000만 원의 현재가치는 $1000(1+0.05)^{-k}$ 만 원이다. 따라서 이 연금의 현재가치 P 는 공비가 1.05^{-1} 인 등비수열의 합이다.

$$P = 1000(1.05)^0 + 1000(1.05)^{-1} + \cdots + 1000(1.05)^{-19}$$

초항이 1000, 공비가 1.05^{-1} 이므로

$$\begin{aligned} P &= 1000\cdot\frac{1-(1.05)^{-20}}{1-1.05^{-1}} \\ &= 21000(1-(1.05)^{-20}) \approx 13085.3 \end{aligned}$$

이므로 이 연금의 현재가치는 약 1억 3085만 원이다. □

3.1.2 수열의 극한

n이 커짐에 따라 a_n의 값이 L에 가까워질 때 수열 a_n은 극한값 L로 **수렴한다(converge)**고 하고

$$\lim_{n\to\infty} a_n = L$$

이라 쓴다. 수열 $\{a_n\}$이 수렴하지 않으면 **발산한다(diverge)**고 한다. 특히 n이 커짐에 따라 a_n이 한없이 커질 때 수열 $\{a_n\}$은 **양의 무한대로 발산한다(diverges to** ∞**)**고 하고, n이 커짐에 따라 a_n이 한없이 작아질 때 수열 $\{a_n\}$은 **음의 무한대로 발산한다(diverges to** $-\infty$**)**고 한다. 이때 기호로 다음과 같이 각각 나타낸다.

$$\lim_{n\to\infty} a_n = \infty, \qquad \lim_{n\to\infty} a_n = -\infty$$

등비수열에 대해 다음과 같은 결과가 성립한다.

등비수열 $\{r^n\}$의 수렴과 발산

- $|r| < 1$이면 $\lim_{n\to\infty} r^n = 0$
- $r = 1$이면 $\lim_{n\to\infty} r^n = 1$
- $|r| > 1$ 또는 $r = -1$이면 발산

고등학교에서 배운 수렴하는 수열의 연산에 대한 결과를 정리하면 다음과 같다.

수렴하는 수열의 연산

$\lim_{n\to\infty} a_n = \alpha$, $\lim_{n\to\infty} b_n = \beta$일 때 상수 c에 대하여 다음 관계식이 성립한다.

- $\lim_{n\to\infty} (a_n \pm b_n) = \alpha \pm \beta$
- $\lim_{n\to\infty} (a_n b_n) = \alpha \cdot \beta$
- $\lim_{n\to\infty} (ca_n) = c \cdot \alpha$
- $\beta \neq 0$이면 $\lim_{n\to\infty} \dfrac{a_n}{b_n} = \dfrac{\alpha}{\beta}$

함수가 연속인 경우 극한값과 함수의 순서를 바꾸어 쓸 수 있다는 사실은 수열의 극한값을 구하는 데 아주 유용한 사실이다. 즉, $\lim_{n\to\infty} a_n = \alpha$이고 함수 f가 $x = \alpha$에서 연속이면 연속성의 정의에 의하여 다음 식이 성립한다.

$$\lim_{n\to\infty} f(a_n) = f(\alpha)$$

예를 들어 $f(x) = 2^x$는 $x = 0$에서 연속이므로

$$\lim_{n\to\infty} 2^{1/n} = 2^{\lim_{n\to\infty} \frac{1}{n}} = 2^0 = 1$$

이다.

수렴하는 두 수열의 대소 관계를 이용하여 두 수열의 극한값의 대소 관계를 알 수 있다. 다시 말해서 $\lim\limits_{n\to\infty} a_n = \alpha$, $\lim\limits_{n\to\infty} b_n = \beta$이고 모든 n에 대하여

$$a_n \le b_n$$

이면 $\alpha \le \beta$이다. 이 결과를 이용하면 다음 **샌드위치 정리**를 얻는다.

샌드위치 정리

자연수 n에 대하여 $a_n \le b_n \le c_n$이고

$$\lim_{n\to\infty} a_n = \lim_{n\to\infty} c_n = L$$

이면 $\lim\limits_{n\to\infty} b_n = L$이다.

Note $\lim\limits_{n\to\infty} |a_n| = 0$이면

$$-|a_n| \le a_n \le |a_n|$$

이므로 샌드위치 정리에 의하여 $\lim\limits_{n\to\infty} a_n = 0$이다.

보기 4 $\lim\limits_{n\to\infty} \dfrac{\sin n}{n}$을 구하시오.

Solution $-1 \le \sin n \le 1$이므로 $-\dfrac{1}{n} \le \dfrac{\sin n}{n} \le \dfrac{1}{n}$이고

$$\lim_{n\to\infty} \frac{1}{n} = \lim_{n\to\infty} (-\frac{1}{n}) = 0$$

이므로 샌드위치 정리에 의하여 $\lim\limits_{n\to\infty} \dfrac{\sin n}{n} = 0$이다. □

3.1.3 무한급수

수열 $\{a_n\}_{n=0}^{\infty}$의 각 항을 모두 더한 것을

$$a_0 + a_1 + a_2 + \cdots$$

로 나타내고 **무한급수(infinite series)**, 또는 단순히 **급수(series)**라 부른다. 급수를 간단히

$$\sum_{n=0}^{\infty} a_n, \quad \text{또는} \quad \sum a_n$$

로 나타내기도 한다.[1] 그렇다면 무한히 많은 항을 더한다는 것은 무엇을 의미하는지 알아보자.

$$s_n = a_0 + a_1 + \cdots + a_n = \sum_{k=0}^{n} a_k, \text{ 또는 } s_n = a_1 + \cdots + a_n = \sum_{k=1}^{n} a_k$$ 을 무한급수 $\sum a_n$의 **부분합(partial sum)**이라 한다. 부분합의 수열 $\{s_n\}$이 극한값 s로 수렴하면 무한급수는 수렴한다고 하고 s를 **무한급수의 합(sum of series)**이라 부른다. 즉

$$\begin{aligned} s &= \lim_{n\to\infty} s_n = \lim_{n\to\infty} \sum_{k=0}^{n} a_k = \sum_{k=0}^{\infty} a_k \\ &= a_0 + a_1 + \cdots + a_n + \cdots \end{aligned}$$

$\{s_n\}$이 발산하면 무한급수도 **발산한다(diverge)**고 한다.

무한급수 $\sum a_n$이 수렴한다고 하자. 부분합을 s_n, 무한급수의 합을 s라 하면

$$a_n = s_n - s_{n-1}$$

이고

$$\lim_{n\to\infty} a_n = \lim_{n\to\infty} (s_n - s_{n-1}) = \lim_{n\to\infty} s_n - \lim_{n\to\infty} s_{n-1} = s - s = 0$$

이다. $\lim_{n\to\infty} \frac{1}{n} = 0$이지만 $\sum \frac{1}{n}$은 발산하므로 역은 성립하지 않는다.

일반항 판정법

- 무한급수 $\sum a_n$이 수렴하면 $\lim_{n\to\infty} a_n = 0$이다.
- $\lim_{n\to\infty} a_n$이 존재하지 않거나 $\lim_{n\to\infty} a_n \neq 0$이면 $\sum a_n$은 발산한다.

[1] 수열이 $\{a_n\}_{n=k}^{\infty}$로 주어지면 $a_k + a_{k+1} + \cdots = \sum_{n=k}^{\infty} a_n$으로 정의한다.

보기 5 무한급수 $\displaystyle\sum_{n=1}^{\infty} \frac{1}{n(n+1)}$ 는 수렴함을 보이고 그 합을 구하시오.

Solution $\dfrac{1}{k(k+1)} = \dfrac{1}{k} - \dfrac{1}{k+1}$ 이므로 부분합은 다음과 같다.

$$\begin{aligned} s_n &= \sum_{k=1}^{n} \frac{1}{k(k+1)} = \sum_{k=1}^{n} \Big(\frac{1}{k} - \frac{1}{k+1}\Big) \\ &= \Big(1 - \frac{1}{2}\Big) + \Big(\frac{1}{2} - \frac{1}{3}\Big) + \cdots + \Big(\frac{1}{n} - \frac{1}{n+1}\Big) = 1 - \frac{1}{n+1} \end{aligned}$$

따라서

$$\sum_{n=1}^{\infty} \frac{1}{n(n+1)} = \lim_{n\to\infty} s_n = \lim_{n\to\infty} \Big(1 - \frac{1}{n+1}\Big) = 1 - 0 = 1$$

이다. □

무한급수의 합은 부분합 수열의 극한으로 정의되므로 수열에 대하여 성립한 여러 성질들이 무한급수에 대하여도 성립한다.

수렴하는 급수의 기본 성질

급수 $\sum a_n$ 과 $\sum b_n$ 이 수렴하면 상수 c 에 대하여 다음 등식이 성립한다.

- $\sum c a_n = c \sum a_n$
- $\sum (a_n \pm b_n) = \sum a_n \pm \sum b_n$

첫째 항이 a 이고 공비가 x 인 등비수열 $a_n = ax^{n-1}$ 의 각 항을 모두 더한 급수

$$a + ax + ax^2 + \cdots + ax^n + \cdots = \sum_{n=0}^{\infty} ax^n$$

을 등비급수 또는 기하급수(geometric series)라 한다. 등비급수 $\displaystyle\sum_{k=0}^{\infty} x^k$ 에서 x^n 항까지의 부분합 $s_n = \displaystyle\sum_{k=0}^{n} x^k$ 은

$$s_n = \begin{cases} n+1, & x = 1 \\ \dfrac{1 - x^{n+1}}{1 - x}, & x \neq 1 \end{cases}$$

이고 $|x| < 1$이면 $x^{n+1} \to 0$이므로

$$\sum_{k=0}^{\infty} x^k = \frac{1}{1-x}$$

이다. $|x| > 1$, 또는 $x = -1$이면 x^{n+1}은 발산하므로 등비급수도 발산한다.

등비급수 $\sum x^k$의 수렴과 발산

- $|x| < 1$이면 수렴하고, 그 합은 $\displaystyle\sum_{k=0}^{\infty} x^k = \frac{1}{1-x}$
- $|x| \geq 1$이면 등비급수 $\displaystyle\sum_{k=0}^{\infty} x^k$은 발산한다.

무한급수의 합을 정확하게 구하는 것은 대부분의 경우 불가능하다. 대신 컴퓨터를 이용한 근삿값을 많이 사용하는데 이때 무한급수의 수렴, 발산은 아주 중요한 문제가 된다. 근삿값은 수렴하는 경우에 의미가 있지 발산하는 경우에는 아무 의미도 없기 때문이다. 무한급수 수렴 판정법은 여러 가지가 있으나 여기서는 거듭제곱급수에 꼭 필요한 **비율판정법(ratio test)**만 다루기로 한다.

기하급수 $\sum ar^{n-1}$의 경우 연속한 두 항의 비율은 다음과 같다.

$$\frac{a_{n+1}}{a_n} = \frac{ar^n}{ar^{n-1}} = r$$

이때 $|r| < 1$이면 기하급수는 수렴하고 $|r| > 1$이면 기하급수는 발산한다. 비율판정법은 이 결과를 일반화한 방법으로 연속한 두 항의 비율의 극한값에 따라 급수의 수렴, 발산을 판단할 수 있다.

비율판정법

무한급수 $\sum c_n$에서 $\rho = \displaystyle\lim_{n\to\infty} \left| \frac{c_{n+1}}{c_n} \right|$이 존재할 때

- $\rho < 1$이면 주어진 급수는 수렴한다.
- $\rho > 1$이면 주어진 급수는 발산한다.

보기 6 다음 급수의 수렴, 발산을 판단하시오.

(a) $\sum \frac{2^n}{n}$ (b) $\sum \frac{n}{2^n}$ (c) $\sum \frac{n!}{n^n}$

Solution

(a) $\left|\frac{a_{n+1}}{a_n}\right| = \frac{2^{n+1}/(n+1)}{2^n/n} = \frac{2n}{n+1} \to 2 > 1$이므로 급수는 발산한다.

(b) $\left|\frac{a_{n+1}}{a_n}\right| = \frac{(n+1)/2^{n+1}}{n/2^n} = \frac{n+1}{2n} \to \frac{1}{2} < 1$이므로 급수는 수렴한다.

(c) $\left|\frac{a_{n+1}}{a_n}\right| = \frac{(n+1)!/(n+1)^{n+1}}{n!/n^n} = \frac{n^n}{(n+1)^n} = \frac{1}{(1+\frac{1}{n})^n} \to \frac{1}{e} < 1$이므로 수렴한다. □

Note $\rho = 1$일 때는 경우에 따라 수렴하기도 하고 발산하기도 한다. 예를 들어, $\sum \frac{1}{n}$은 발산하지만 $\sum \frac{1}{n(n+1)}$은 수렴한다.

3.1.4 연습문제

1. 일반항이 다음처럼 주어진 수열이 수렴하는지 발산하는지 판별하고 수렴하면 극한값을 구하시오.

(a) $a_n = \frac{2^{2n}}{5^n}$

(b) $a_n = 1 - (-0.9)^n$

(c) $a_n = \frac{2n-1}{3n+1}$

(d) $a_n = \frac{n+(-1)^n}{n}$

(e) $a_n = \frac{1-n^2}{1+2n^2}$

(f) $a_n = (-1)^n\left(1 - \frac{1}{n}\right)$

(g) $a_n = \left(\frac{n+1}{n^2}\right)\left(\frac{n^3+1}{n^2+1}\right)$

(h) $a_n = \left(1 - \frac{1}{2^n}\right)\left(2 + \frac{1}{3^n}\right)$

(i) $a_n = \sqrt{\frac{4n}{n+1}}$

(j) $a_n = \frac{n}{\sqrt{n^3+1}}$

(k) $a_n = \log(n+1) - \log n$

(l) $a_n = \sqrt{n+1} - \sqrt{n-1}$

(m) $a_n = \sqrt{n^2+n} - n$

(n) $a_n = \sqrt[n]{2^{2n+1}}$

(o) $a_n = \frac{n!}{n^n}$

2. 다음 수열의 극한값을 구하시오.

$$\sqrt{2}, \quad \sqrt{2\sqrt{2}}, \quad \sqrt{2\sqrt{2\sqrt{2}}}, \quad \cdots$$

3. 다음 수열이 증가수열인지 감소수열인지를 판단하시오.

(a) $x_n = \dfrac{1}{n^2 - n},\ n \geq 2$

(b) $x_n = \dfrac{n^2 - 2n}{n+1},\ n \geq 1$

(c) $x_n = \sin\left(\dfrac{n\pi}{2}\right),\ n \geq 1$

(d) $x_n = ne^{-n},\ n \geq 1$

(e) $x_n = \dfrac{n}{1 - n^2},\ n \geq 2$

(f) $x_n = \dfrac{\sqrt{n^2+1}}{n},\ n \geq 1$

4. 양수들로 이루어진 수열 a_n이 모든 자연수 n에 대하여 다음 부등식을 만족한다.

$$2a_{n+1}^2 + a_{n+1}a_n - a_n^2 < 0$$

수열 (a_n)이 수렴함을 보이고 그 극한을 구하시오.

5. 급수 $\displaystyle\sum_{n=1}^{\infty} \frac{1}{n}$은 발산함을 보이시오.

6. 다음 무한급수가 수렴함을 보이고 그 합을 구하시오.

(a) $\displaystyle\sum_{n=2}^{\infty} \frac{1}{(n-1)(n+2)}$

(b) $\displaystyle\sum_{n=1}^{\infty} \frac{4}{(4n-1)(4n+3)}$

(c) $\displaystyle\sum_{n=1}^{\infty} \frac{\sqrt{n+1} - \sqrt{n}}{\sqrt{n^2+n}}$

(d) $\displaystyle\sum_{n=0}^{\infty} \left(\frac{1}{2^n+1} - \frac{1}{2^{n+1}+1}\right)$

7. 다음 급수가 수렴하는지 발산하는지 판정하고 수렴하는 경우 그 합을 구하시오.

(a) $\displaystyle\sum_{n=1}^{\infty} \sin n$

(b) $\displaystyle\sum_{n=1}^{\infty} \frac{1-n^2}{1+n^2}$

(c) $\displaystyle\sum_{n=1}^{\infty} \frac{1}{1+n}$

(d) $\displaystyle\sum_{n=1}^{\infty} \frac{2^{2n}}{2^n + 2^{2n}}$

(e) $\displaystyle\sum_{n=1}^{\infty} \frac{6^n - 5^n}{6^n}$

(f) $\displaystyle\sum_{n=1}^{\infty} \frac{2^{2n} + 3^n}{5^n}$

(g) $\displaystyle\sum_{n=1}^{\infty} \frac{1}{2 + 2^{-n}}$

(h) $\displaystyle\sum_{n=1}^{\infty} \frac{\cos n\pi}{2^n}$

(i) $\displaystyle\sum_{n=1}^{\infty} \left(\cos\frac{1}{n} - \cos\frac{1}{n+1}\right)$

(j) $\displaystyle\sum_{n=2}^{\infty} \frac{1}{n^2 - 1}$

(k) $\displaystyle\sum_{n=1}^{\infty} \left(\frac{1}{\sqrt{n}} - \frac{1}{\sqrt{1+n}}\right)$

(l) $\displaystyle\sum_{n=1}^{\infty} \left(\sqrt{n+1} - \sqrt{n}\right)$

8. 다음 순환소수를 기약분수로 나타내시오.

(a) $0.\dot{2} = 0.222\ldots$

(b) $0.1\dot{2} = 0.1222\ldots$

(c) $2.\dot{3}\dot{4} = 2.3434\ldots$

(d) $9.1\dot{1}\dot{9} = 9.11919\ldots$

9. 다음과 같이 적금을 들었을 때 만기일에 적금 금액을 반올림하여 만 단위까지 구하시오. 단, 불입금은 주기 첫 날에 입금되고 이자는 불입주기별 복리라고 가정한다.

(a) 월불입금 100만 원, 만기 10년, 연이율 3%

(b) 월불입금 50만 원, 만기 20년, 연이율 3%

(c) 월불입금 100만 원, 만기 10년, 연이율 6%

(d) 월불입금 50만 원, 만기 20년, 연이율 6%

(e) 분기별 불입금 300만 원, 만기 10년, 연이율 3%

(f) 분기별 불입금 300만 원, 만기 10년, 연이율 6%

10. 1000만 원을 주어진 기간 동안 적립하기 위한 주기별 불입금액을 반올림하여 천 단위까지 구하시오. 단, 불입금은 주기 첫 날에 입금되고 이자는 불입주기별 복리라고 가정한다.

(a) 만기 3년, 연이율 3%, 월별 불입

(b) 만기 3년, 연이율 6%, 월별 불입

(c) 만기 6년, 연이율 3%, 월별 불입

(d) 만기 3년, 연이율 6%, 분기별 불입

11. 다음과 같은 연금의 현재가치를 구하시오. 단, 지급액은 주기 첫 날에 지급되고 이자는 불입주기별 복리라고 가정한다.

(a) 월 100만 원, 20년, 연이율 3%

(b) 월 100만 원, 20년, 연이율 6%

(c) 월 200만 원, 10년, 연이율 3%

(d) 월 200만 원, 10년, 연이율 6%

(e) 분기별 300만 원, 20년, 연이율 3%

(f) 분기별 300만 원, 20년, 연이율 6%

12. 지금 받으면 1억 인 연금을 다음과 같이 기간동안 주기별로 지급받으려고 한다. 주기별 지급액은 얼마인가? 지급액은 지금부터 한 주기 후에 입금되고 이자는 불입주기별 복리라고 가정한다.

(a) 20년, 연이율 3%, 월지급

(b) 20년, 연이율 6%, 월지급

(c) 10년, 연이율 3%, 월지급

(d) 10년, 연이율 6%, 월지급

(e) 20년, 연이율 3%, 분기별지급

(f) 20년, 연이율 6%, 분기별지급

13. 1억을 대출 받은 후 다음과 같이 상환하려고 한다. 주기별 상환액은 얼마인가? 상환은 한 주기 후부터 시작되고 이자는 불입주기별 복리라고 가정한다.

(a) 5년, 연이율 3%, 월지급

(b) 5년, 연이율 6%, 월지급

(c) 10년, 연이율 3%, 월지급

(d) 10년, 연이율 6%, 월지급

14. 삼순이는 대학교에 입학하면서 학자금으로 1000만 원을 대출받았다. 4년 후 졸업을 하였고 졸업 후 1년이 지난 시점부터 매년 일정금액을 갚아 5년만에 대출금을 모두 갚으려고 한다. 1년에 얼마씩을 갚아야 하는가? 단, 대출이율은 연복리로 6%라고 한다.

15. 공정한 동전을 던져서 앞면이 먼저 나오는 사람이 이기는 게임을 한다고 하자.

(a) 두 사람이 게임을 할 때 첫번째 던진 사람이 이길 확률을 구하시오.

(b) 세 사람이 게임을 할 때 첫번째 던진 사람이 이길 확률은 세번째 던진 사람이 이길 확률의 몇 배인가?

(c) n 사람이 게임을 할 때 첫번째 던진 사람이 이길 확률은 마지막 던진 사람이 이길 확률의 몇 배인가?

16. (a) 주사위 게임에서 형이 던졌을 때 1 또는 6이 나오면 형이 이기고, 동생이 던졌을 때 2, 또는 4가 나오면 동생이 이기는 것으로 약속을 하였다. 형이 먼저 던지기 시작하여 누군가 이길 때까지 번갈아 던진다면 형이 이길 확률은 얼마인가?

(b) 형이 던졌을 때 1 또는 6이 나오면 형이 이기고, 동생이 던졌을 때 2, 3, 또는 4가 나오면 동생이 이기는 것으로 약속을 하였다. 그 이외의 경우는 모두 무승부로 간주하고 형이 먼저 던지기 시작하여 번갈아 던진다면 형이 이길 확률은 얼마인가?

17. 다음 무한급수가 수렴함을 보이고 이 급수의 합을 구하시오.

$$\sum_{n=1}^{\infty} \frac{n}{(n+1)!}$$

18. 다음과 같이 정의된 피보나치 수열에 대하여 각 등식이 성립함을 보이시오.

$$f_{n+2} = f_{n+1} + f_n, \quad f_0 = f_1 = 1$$

(a) $\dfrac{1}{f_n f_{n+2}} = \dfrac{1}{f_n f_{n+1}} - \dfrac{1}{f_{n+1} f_{n+2}}$

(b) $\displaystyle\sum_{n=0}^{\infty} \frac{1}{f_n f_{n+2}} = 1$

(c) $\displaystyle\sum_{n=0}^{\infty} \frac{f_{n+1}}{f_n f_{n+2}} = 2$

3.2 거듭제곱급수

3.2.1 거듭제곱급수

다음과 같은 형태로 쓰인 급수를 $x = 0$에서의 **거듭제곱급수(power series)**라 한다.

$$\sum_{n=0}^{\infty} c_n x^n = c_0 + c_1 x + c_2 x^2 + c_3 x^3 + \cdots$$

이때 c_n은 x^n의 **계수(coefficient)**라 한다. 거듭제곱급수에서 x에 실숫값을 대입하면 실수의 급수를 얻는다.[2]

예를 들어 기하급수

$$\sum_{n=0}^{\infty} x^n = 1 + x + x^2 + x^3 + \cdots + x^n + \cdots$$

는 $|x| < 1$일 때 $\frac{1}{1-x}$로 수렴하는데 이 사실을 다음과 같이 나타낸다.

$$\frac{1}{1-x} = 1 + x + x^2 + x^3 + \cdots + x^n + \cdots, \quad |x| < 1 \tag{3.1}$$

여기서 거듭제곱급수의 부분합은 다항식

$$P_n(x) = 1 + x + x^2 + \cdots + x^n$$

이므로 왼쪽 식 $\frac{1}{1-x}$은 $|x| < 1$일 때 다항식 $P_n(x)$의 극한을 의미한다. 다음 그림은 $n = 1,\ 2$일 때와(왼쪽 그림), $n = 3,\ 4$일 때(오른쪽 그림) $P_n(x)$의 그래프를 $y = \frac{1}{1-x}$의 그래프와 같이 그린 것이다.

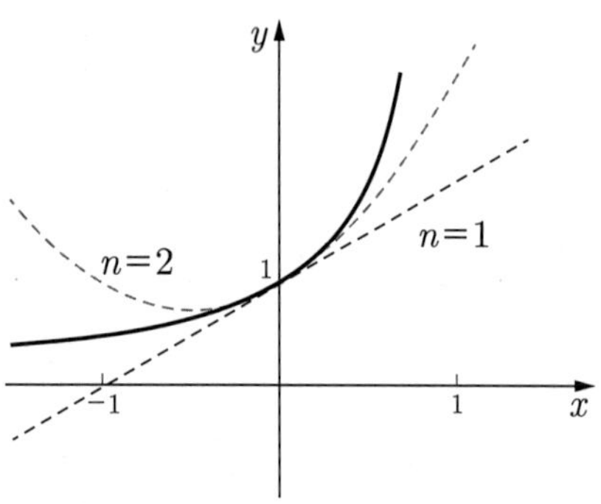

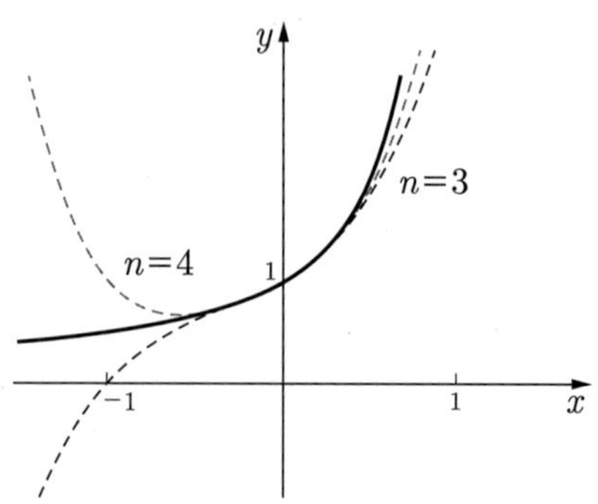

[2] 이 교재에서는 $x = 0$에서의 거듭제곱급수만 다루는데 $x = a \neq 0$일 때에도 자연스러운 방법으로 그 결과가 확장된다.

보기 1 다음 식을 $x = 0$에서 거듭제곱급수로 나타내고 거듭제곱급수가 주어진 함수로 수렴하는 x의 범위를 구하시오.

(a) $\dfrac{1}{1+x^2}$ (b) $\dfrac{1}{2-x}$

Solution

(a) 기하급수에서 x 대신 $-x^2$을 대입하면

$$\begin{aligned}\frac{1}{1+x^2} &= \frac{1}{1-(-x^2)} = \sum_{n=0}^{\infty}(-x^2)^n \\ &= 1 - x^2 + x^4 - x^6 + \cdots\end{aligned}$$

이 급수는 $|-x^2| < 1$일 때, 즉 $|x| < 1$일 때 수렴하고 $|x| \geq 1$일 때 발산한다.

(b) 기하급수 꼴로 나타내면

$$\begin{aligned}\frac{1}{2-x} &= \frac{1}{2}\frac{1}{(1-\frac{x}{2})} = \frac{1}{2}\sum_{n=0}^{\infty}\left(\frac{x}{2}\right)^n \\ &= \frac{1}{2} + \frac{x}{2^2} + \frac{x^2}{2^3} + \cdots\end{aligned}$$

이다. $|\frac{x}{2}| < 1$이면. 즉 $|x| < 2$이면 급수는 수렴하고 $|x| \geq 2$이면 급수는 발산한다. □

보기 2 다음 거듭제곱급수는 어떤 함수로 수렴하는지 구하고 거듭제곱급수가 이 함수로 수렴하는 x의 범위를 구하시오.

$$x + x^3 + x^5 + \cdots$$

Solution 이 거듭제곱급수는 초항이 x이고 공비가 x^2인 등비급수이다. 따라서 $|x^2| < 1$일 때, 즉 $|x| < 1$이면

$$x + x^3 + x^5 + \cdots = \frac{x}{1-x^2}$$

이다. □

수렴반지름

거듭제곱급수 $\sum c_n x^n$에서 연속한 두 항의 비는

$$\frac{c_{n+1}x^{n+1}}{c_n x^n} = \frac{c_{n+1}}{c_n}x$$

이므로 비율판정법에 의하면 극한값

$$\rho = \lim_{n\to\infty} \left| \frac{c_{n+1}}{c_n} \right| \in [0,\ \infty]$$

이 존재하면 다음 결과가 성립한다.

- $\rho = 0$이면 $\sum c_n x^n$는 모든 x에 대하여 수렴한다.
- $0 < \dfrac{1}{\rho} < \infty$이면 $\sum c_n x^n$는 $|x| < \dfrac{1}{\rho}$이면 수렴, $|x| > \dfrac{1}{\rho}$이면 발산한다.
- $\rho = \infty$이면 $\sum c_n x^n$는 $x = 0$에서만 수렴한다.

표기의 편의상 $\frac{1}{0} = \infty$, $\frac{1}{\infty} = 0$으로 나타내고 $R = \frac{1}{\rho}$를 **수렴반지름(radius of convergence)**이라 부른다.

수렴반지름

거듭제곱급수 $\sum c_n x^n$ 에서 극한값

$$\rho = \lim_{n\to\infty} \left| \frac{c_{n+1}}{c_n} \right| \in [0,\ \infty]$$

이 존재한다고 하자. 이때 거듭제곱급수 $\sum c_n x^n$ 의 수렴반지름은 $R = \frac{1}{\rho}$이다.

보기 3 다음 거듭제곱급수의 수렴반지름을 구하시오.

(a) $\displaystyle\sum_{n=1}^{\infty} n x^n$ (b) $\displaystyle\sum_{n=1}^{\infty} \frac{n x^n}{2^n}$

Solution

(a) $\left| \dfrac{c_{n+1}}{c_n} \right| = \dfrac{n+1}{n} \to 1$이므로 수렴반지름은 $R = 1$이다.

(b) $\left| \dfrac{c_{n+1}}{c_n} \right| = \dfrac{n+1}{n} \dfrac{2^n}{2^{n+1}} \to \dfrac{1}{2}$이므로 수렴반지름은 $R = 2$이다. □

3.2.2 거듭제곱급수의 미분과 적분

거듭제곱급수의 미분은 각 항을 미분한 것과 같고[3] 적분은 각 항을 적분한 것과 같다는 것이 알려져 있다.

거듭제곱급수의 기본정리

거듭제곱급수 $f(x) = \sum_{n=0}^{\infty} c_n x^n$ 의 수렴반지름이 R일 때

- $|x| < R$에서 f는 미분가능하고

$$f'(x) = \sum_{n=1}^{\infty} nc_n x^{n-1}$$

이다.

- $F'(x) = f(x)$일 때, $|x| < R$에서

$$F(x) = F(0) + c_0 x + \frac{c_1}{2}x^2 + \frac{c_2}{3}x^3 + \cdots = F(0) + \sum_{n=0}^{\infty} \frac{c_n}{n+1} x^{n+1}$$

이때 f'과 F의 수렴반지름은 R이다.

보기 4 $f(x) = \frac{1}{1-x} = \sum_{n=0}^{\infty} x^n$, $|x| < 1$을 이용하여 다음 함수의 거듭제곱급수를 구하고

---

[3] $f(x) = \sum_{k=0}^{\infty} c_k x^k$ 이라 하면 거듭제곱급수의 미분은 다음과 같이 쓸 수 있다.

$$f'(x) = \lim_{h \to 0} \frac{1}{h}(\sum_k c_k(x+h)^k - \sum_k c_k x^k) = \lim_{h \to 0} \lim_{n \to \infty} \left(\sum_{k=0}^{n} c_k \Big(\frac{(x+h)^k - x^k}{h} \Big) \right)$$

만약 극한을 취하는 순서를 바꿀 수 있다면(실제로 순서를 바꿀 수 있음이 알려져 있다.)

$$\begin{aligned} f'(x) &= \lim_{n \to \infty} \sum_{k=0}^{n} c_k \lim_{h \to 0} \Big(\frac{(x+h)^k - x^k}{h} \Big) \\ &= \lim_{n \to \infty} \sum_{k=0}^{n} c_k k x^{k-1} = \sum_{k=0}^{\infty} c_k k x^{k-1} \end{aligned}$$

이 성립한다.

수렴반지름을 구하시오.

(a) $g(x) = \dfrac{1}{(1-x)^2}$ (b) $h(x) = \dfrac{1}{(1-x)^3}$ (c) $k(x) = -\ln(1-x)$

Solution 세 경우 모두 수렴반지름은 $R = 1$이다.

(a) 거듭제곱급수의 기본정리로부터 $-1 < x < 1$일 때,

$$\begin{aligned} f'(x) &= \frac{1}{(1-x)^2} = 1 + 2x + 3x^2 + 4x^3 + \cdots + nx^{n-1} + \cdots \\ &= \sum_{n=1}^{\infty} nx^{n-1} = \sum_{n=0}^{\infty} (n+1)x^n \end{aligned}$$

(b) 다시 거듭제곱급수의 기본정리로부터 $-1 < x < 1$일 때,

$$\begin{aligned} f''(x) &= \frac{2}{(1-x)^3} = 2 + 3\cdot 2x + 4\cdot 3x^2 + \cdots + n(n-1)x^{n-2} + \cdots \\ &= \sum_{n=2}^{\infty} n(n-1)x^{n-2} = \sum_{n=0}^{\infty} (n+2)(n+1)x^n \end{aligned}$$

이므로

$$\frac{1}{(1-x)^3} = \sum_{n=0}^{\infty} \frac{(n+2)(n+1)}{2} x^n$$

(c) $-\ln(1-x) = \displaystyle\int_0^x \frac{1}{1-t}dt = \sum_{n=0}^{\infty} \int_0^x t^n dt$ 이므로

$$-\ln(1-x) = \sum_{n=0}^{\infty} \frac{1}{n+1} x^{n+1} = x + \frac{x^2}{2} + \frac{x^3}{3} + \cdots$$ □

거듭제곱급수의 기본정리를 이용하여 특수한 형태의 급수의 값을 구해 보기로 한다.

보기 5 다음 급수의 합을 구하시오.

(a) $\displaystyle\sum_{n=1}^{\infty} \frac{n}{2^n} = \frac{1}{2} + \frac{2}{2^2} + \frac{3}{2^3} + \cdots$ (b) $\displaystyle\sum_{n=1}^{\infty} \frac{1}{n2^n} = \frac{1}{2} + \frac{1}{2\cdot 2^2} + \frac{1}{3\cdot 2^3} + \cdots$

Solution

(a) $f(x) = \frac{1}{1-x}$이라 하면 보기 3(a)의 결과에 의해

$$\sum_{n=1}^{\infty} n\left(\frac{1}{2}\right)^n = \frac{1}{2}\sum_{n=1}^{\infty} n\left(\frac{1}{2}\right)^{n-1} = \frac{1}{2}f'\left(\frac{1}{2}\right) = \frac{1}{2}\frac{1}{(1-\frac{1}{2})^2} = 2$$

이다.

(b) 보기 4(c)의 결과에 의하면 $-\ln(1-x) = x + \frac{x^2}{2} + \frac{x^3}{3} + \cdots$ 이므로

$$\frac{1}{2} + \frac{1}{2 \cdot 2^2} + \frac{1}{3 \cdot 2^3} + \cdots = -\ln\left(1 - \frac{1}{2}\right) = \ln 2$$

이다. □

거듭제곱급수의 기본정리를

$$f'(x) = \sum_{n=1}^{\infty} nc_n x^{n-1}$$

에 적용시키면 f'은 미분가능하고 수렴반지름은 R이다. 또한

$$f''(x) = \sum_{n=2}^{\infty} n(n-1)c_n x^{n-2}$$

이 성립한다. 같은 방법으로 모든 $k \geq 1$에 대하여 $f^{(k)}(x)$가 존재하고

$$f^{(k)}(x) = \sum_{n=k}^{\infty} n(n-1)\cdots(n-k+1)c_n x^{n-k} \tag{3.2}$$

이다. 이 거듭제곱급수의 수렴반지름도 R이다. 따라서 거듭제곱급수로 주어진 함수

$$f(x) = \sum_{n=0}^{\infty} c_n x^n, \quad |x| < R$$

는 무한번 미분가능하다. 식 (3.2)에 $x = 0$을 대입하면 다음 결과를 얻는다.

$$f^{(k)}(0) = k!c_k \quad \Rightarrow \quad c_k = \frac{f^{(k)}(0)}{k!}$$

거듭제곱급수의 표현

함수 f가 $x=0$에서 수렴반지름이 R인 거듭제곱급수이면 다음과 같이 쓸 수 있다.

$$f(x) = \sum_{n=0}^{\infty} \frac{f^{(n)}(0)}{n!} x^n, \qquad |x| < R$$

Note 이 결과로부터 $|x| < R$ $(R > 0)$일 때 $\sum_{n=0}^{\infty} a_n x^n = \sum_{n=0}^{\infty} b_n x^n$이면 모든 $n \ge 0$에 대하여 $a_n = b_n$이다.

Note 거듭제곱급수는 수렴반지름 내에서 무한 번 미분가능하지만, 무한 번 미분가능한 함수를 항상 거듭제곱급수로 나타낼 수 있는 것은 아니다. 예를 들어,

$$f(x) = \begin{cases} e^{-1/x^2}, & x \ne 0 \\ 0, & x = 0 \end{cases}$$

의 경우 모든 n에 대하여 $f^{(n)}(0) = 0$임을 보일 수 있다. 즉, f는 무한 번 미분가능한 함수이다. 하지만 $x \ne 0$이면

$$f(x) \ne \sum_{n=0}^{\infty} \frac{f^{(n)}(0)}{n!} x^n = 0$$

이다.

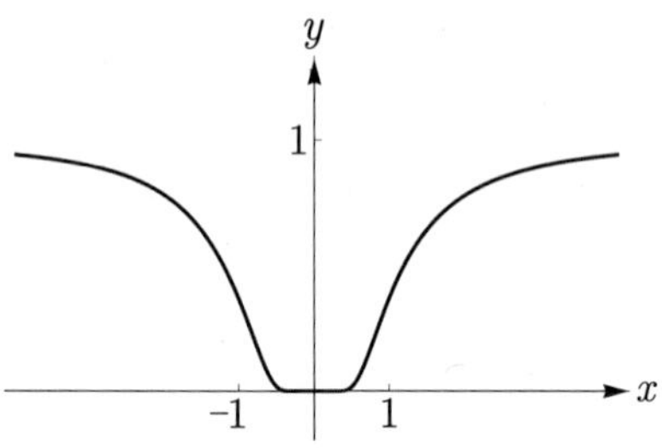

보기 6 $f(x) = \dfrac{x}{1+x^2}$에 대하여 $f^{(5)}(0)$, $f^{(6)}(0)$을 구하시오.

Solution $|x| < 1$이면

$$f(x) = x(1 - x^2 + x^4 - x^6 + \cdots) = x - x^3 + x^5 - x^7 + \cdots$$

이므로

$$f^{(5)}(0) = 5! = 120, \quad f^{(6)}(0) = 0 \cdot 6! = 0$$

이다. □

3.2.3 지수함수의 거듭제곱급수

거듭제곱급수

$$\sum_{n=0}^{\infty} \frac{x^n}{n!} = 1 + x + \frac{x^2}{2!} + \frac{x^3}{3!} + \cdots$$

의 수렴반지름은 ∞이므로 함수

$$f(x) = \sum_{n=0}^{\infty} \frac{x^n}{n!}$$

는 모든 실수 x에 대하여 정의된다. 한편, $f(0) = 1$이고 거듭제곱급수의 기본정리에서

$$f'(x) = f(x)$$

임을 알 수 있다. 따라서

$$f(x) = e^x$$

지수함수의 거듭제곱급수

$$e^x = \sum_{n=0}^{\infty} \frac{x^n}{n!} = 1 + x + \frac{x^2}{2!} + \frac{x^3}{3!} + \cdots$$

특히 $x = 1$이면 자연상수 e에 대한 다른 표현을 얻는다.[4]

$$e = 1 + 1 + \frac{1}{2!} + \frac{1}{3!} + \cdots$$

[4] 1장에서 자연상수 e는 다음과 같이 정의하였다.

$$e = \lim_{n \to \infty} \left(1 + \frac{1}{n}\right)^n$$

$t_n = \left(1 + \frac{1}{n}\right)^n$이라 하고 $s_n = \sum_{k=0}^{n} \frac{1}{k!}$라 할 때 근삿값 s_n이 근삿값 t_n 보다 훨씬 오차가 작다. 처음 몇 항의 값을 구하면 다음과 같다.

보기 7 다음 함수의 거듭제곱급수를 구하시오.

(a) $f(x) = e^{-x}$ (b) $f(x) = \dfrac{e^x + e^{-x}}{2}$ (c) $f(x) = e^{-x^2}$

Solution

(a) 지수함수 e^x 의 거듭제곱급수 전개에서 x 대신 $-x$를 대입한다.

$$e^{-x} = \sum_{n=0}^{\infty} \frac{(-x)^n}{n!} = 1 - x + \frac{x^2}{2!} - \frac{x^3}{3!} + \cdots$$

(b) 급수의 성질과 (a)의 결과를 이용하면 다음과 같다.

$$\begin{aligned} \frac{e^x + e^{-x}}{2} &= \frac{1}{2}\left(\sum_{n=0}^{\infty} \frac{x^n}{n!} + \sum_{n=0}^{\infty} \frac{(-x)^n}{n!}\right) \\ &= \sum_{n=0}^{\infty} \frac{1}{2}\left(\frac{x^n}{n!} + \frac{(-x)^n}{n!}\right) \\ &= \sum_{n=0}^{\infty} \frac{x^{2n}}{(2n)!} \end{aligned}$$

(c) 지수함수 e^x 의 거듭제곱급수 전개에서 x 대신 $-x^2$를 대입한다.

$$e^{-x^2} = \sum_{n=0}^{\infty} \frac{(-x^2)^n}{n!} = 1 - x^2 + \frac{x^4}{2!} - \frac{x^6}{3!} + \cdots$$

□

Note 쌍곡코사인함수 $\cosh x$와 쌍곡사인함수 $\sinh x$는 다음과 같이 지수함수를 이용하여 정의되는 중요한 함수이다.

$$\cosh x = \frac{e^x + e^{-x}}{2}, \qquad \sinh x = \frac{e^x - e^{-x}}{2}$$

쌍곡함수에 대하여 다음 결과가 성립한다. 이때 수렴반지름은 모두 ∞이다.

---

n	t_n	s_n	n	t_n	s_n
1	2	2	6	2.521626376	2.718055556
2	2.25	2.5	7	2.546499699	2.718253969
3	2.370370369	2.666666667	8	2.565784514	2.718278771
4	2.441406250	2.708333334	9	2.581174789	2.718281527
5	2.488320000	2.716666667	10	2.593742460	2.718281803

쌍곡함수의 거듭제곱급수

$$\cosh x = \sum_{n=0}^{\infty} \frac{x^{2n}}{(2n)!}, \qquad \sinh x = \sum_{n=0}^{\infty} \frac{x^{2n+1}}{(2n+1)!}$$

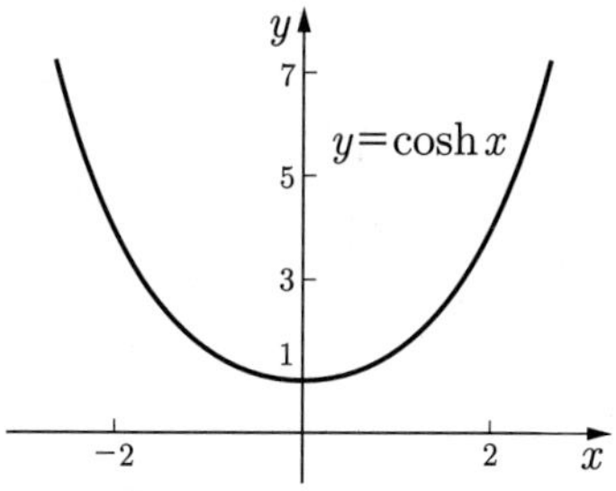

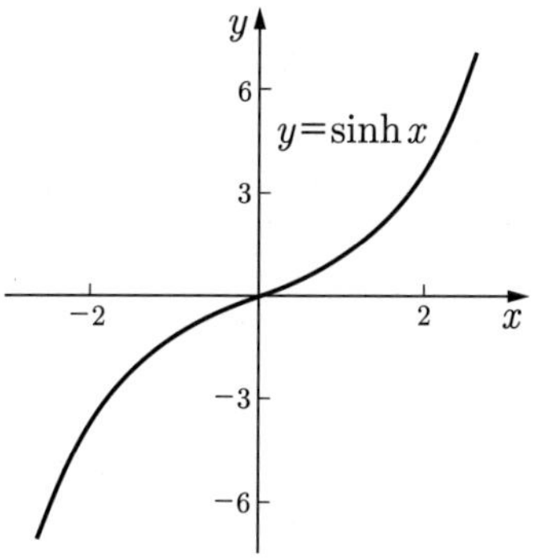

3.2.4 연습문제

1. 다음 거듭제곱급수의 수렴반지름을 구하시오.

(a) $\displaystyle\sum_{n=2}^{\infty} \frac{(-2x)^n}{\ln n}$ (d) $\displaystyle\sum_{n=1}^{\infty} \frac{(2x)^n}{n!}$ (g) $\displaystyle\sum_{n=0}^{\infty} \frac{(-x)^{2n}}{n!}$

(b) $\displaystyle\sum_{n=1}^{\infty} \frac{x^n}{n2^n}$ (e) $\displaystyle\sum_{n=0}^{\infty} \frac{(-2x)^n}{n^2 3^n}$ (h) $\displaystyle\sum_{n=0}^{\infty} \frac{(-x)^{2n}}{(2n)!}$

(c) $\displaystyle\sum_{n=1}^{\infty} \frac{x^n}{n^2+1}$ (f) $\displaystyle\sum_{n=0}^{\infty} \frac{x^{2n+1}}{2n+1}$ (i) $\displaystyle\sum_{n=0}^{\infty} \frac{x^{2n}}{2^n}$

2. $x=0$에서 다음 함수의 거듭제곱급수를 구하고 수렴반지름을 구하시오.

(a) $f(x) = \dfrac{1}{2+x}$ (c) $f(x) = \dfrac{x^2}{1-x}$ (e) $f(x) = \dfrac{x}{4+x^2}$

(b) $f(x) = \dfrac{1}{1-2x}$ (d) $f(x) = \dfrac{1}{1+x^3}$ (f) $f(x) = \dfrac{1+x^2}{1-x^2}$

3. 거듭제곱급수함수 $f(x) = \displaystyle\sum_{n=0}^{\infty} a_n x^n$가 짝함수이면 즉, $f(-x) = f(x)$이면 모든 $n \geq 0$에 대하여

$$a_{2n+1} = 0$$

임을 보이시오. 또한 f가 홀함수이면, 즉, $f(-x) = -f(x)$이면 모든 $n \geq 0$에 대하여

$$a_{2n} = 0$$

임을 보이시오.

4. 거듭제곱급수의 기본정리를 이용하여 $x = 0$에서 다음 함수의 거듭제곱급수를 구하고 수렴반지름을 구하시오.

(a) $f(x) = \dfrac{1}{(1+x)^2}$

(b) $f(x) = \dfrac{1}{(1+x)^3}$

(c) $f(x) = \dfrac{2x}{(1+x^2)^2}$

(d) $f(x) = \ln(1-x^2)$

5. 다음 무한급수의 합을 구하시오.

(a) $\displaystyle\sum_{n=1}^{\infty} \frac{n}{3^n}$

(b) $\displaystyle\sum_{n=1}^{\infty} \frac{n(n-1)}{3^n}$

(c) $\displaystyle\sum_{n=1}^{\infty} \frac{n^2}{3^n}$

(d) $\displaystyle\sum_{n=1}^{\infty} \frac{(-1)^n n}{3^n}$

(e) $\displaystyle\sum_{n=1}^{\infty} \frac{(-1)^n n(n-1)}{3^n}$

(f) $\displaystyle\sum_{n=1}^{\infty} \frac{(-1)^n n^2}{3^n}$

6. 다음 무한급수의 합을 구하시오.

(a) $3 + \dfrac{9}{2!} + \dfrac{27}{3!} + \dfrac{81}{4!} + \cdots$

(b) $1 - 2 + \dfrac{4}{2!} - \dfrac{8}{3!} + \cdots$

(c) $2 - \dfrac{4}{2!} + \dfrac{8}{3!} - \dfrac{16}{4!} + \cdots$

(d) $1 - \ln 2 + \dfrac{(\ln 2)^2}{2!} - \dfrac{(\ln 2)^3}{3!} + \cdots$

(e) $\ln 2 + \dfrac{(\ln 2)^3}{3!} + \dfrac{(\ln 2)^5}{5!} + \cdots$

(f) $1 + \dfrac{(\ln 2)^2}{2!} + \dfrac{(\ln 2)^4}{4!} + \cdots$

7. $f(0) = 1$이고 $f'(x) = f(x)$이면 $f(x) = e^x$임을 보이시오.

8. 쌍곡코사인함수 $\cosh x = \dfrac{e^x + e^{-x}}{2}$는 짝함수, 쌍곡사인함수 $\sinh x = \dfrac{e^x - e^{-x}}{2}$는 홀함수임을 보이시오.

9. $\cosh^2 x - \sinh^2 x = 1$임을 보이시오.

10. (a) 실수에서 쌍곡사인함수의 역함수가 존재함을 보이시오.

(b) 쌍곡사인함수의 역함수를 $\sinh^{-1} x$라고 할 때 다음 식이 성립함을 보이시오.

$$\frac{d}{dx} \sinh^{-1} x = \frac{1}{\sqrt{x^2+1}}$$

3.3 테일러급수

3.3.1 근사다항식

거듭제곱급수 $f(x) = \sum_{n=0}^{\infty} c_n x^n$가 수렴하는 x에 대하여

$$\lim_{n\to\infty} \sum_{k=0}^{n} c_k x^k = \sum_{k=0}^{\infty} c_k x^k$$

이므로 부분합 $\sum_{k=0}^{n} c_k x^k$은 거듭제곱급수에 대한 근사다항식으로 생각할 수 있다. 이제 일반적인 함수의 근사다항식을 구하는 방법을 생각해 보자.

$x = 0$에서 미분가능한 함수 f에 대한 선형근사식은 f의 그래프와 가장 가까운 직선으로 정의하였다.

$$L(x) = f(0) + f'(0)x$$

이때 다음 등식이 성립한다.

$$\lim_{x\to 0} \frac{f(x) - L(x)}{x} = 0$$

이는 함수 $f(x) - L(x)$가 x 보다 빨리 0으로 수렴함을 의미한다. 이때 선형근사식 L을 $x = 0$에서 f의 **1차 테일러다항식**, 또는 **일차근사식**이라 하고 $T_1 f(x)$로 나타내기로 한다. 다시 말해서 f의 1차 테일러 다항식은 $x = 0$에서 함수 f와 함숫값과 기울기가 같은 1차 다항식이다.

일차근사식의 개념을 확장하여 n차 다항함수

$$p(x) = a_0 + a_1 x + \cdots + a_n x^n$$

가 조건

$$\lim_{x\to 0} \frac{f(x) - p(x)}{x^n} = 0 \tag{3.3}$$

을 만족하면 $p(x)$를 $f(x)$의 n**차 테일러다항식** 또는 n**차 근사다항식**이라 하고 $p(x) = T_n f(x)$로 나타낸다.

주어진 조건식 (3.3)에서 로피탈 정리를 적용하면 다음과 같은 사실들을 관찰할 수 있다.

- 함수 f와 $T_n f$는 $x = 0$에서 같은 함숫값을 갖는다.
- 함수 f와 $T_n f$는 $k = 1,\ 2,\ \ldots,\ n$에 대하여 $x = 0$에서 같은 k계 미분계수를 갖는다.

$1 \le k \le n$일 때,

$$\begin{aligned}(T_n f)^{(k)}(x) &= k(k-1)\cdots 2\cdot 1 c_k + (k+1)k\cdots 3\cdot 2c_{k+1}x \\ &\quad + \cdots + n(n-1)\cdots(n-k+2)(n-k+1)c_n x^{n-k}\end{aligned}$$

이므로 두번째 조건으로부터

$$f^{(k)}(0) = (T_n f)^{(k)}(0) = k(k-1)\cdots 2\cdot 1 c_k \quad \Rightarrow \quad c_k = \frac{f^{(k)}(0)}{k!}$$

가 성립한다.

n차 테일러다항식

$x = 0$에서 n번 미분가능한 함수 f의 n차 테일러다항식은 다음과 같다.

$$T_n f(x) = f(0) + f'(0)x + \frac{f''(0)}{2!}x^2 + \cdots + \frac{f^{(n)}(0)}{n!}x^n$$

Note 원점 $x = 0$ 대신 $x = a$ 근방에서 n차 테일러다항식은 다음과 같다.

$$T_n f(x) = f(a) + f'(a)(x-a) + \frac{f''(a)}{2!}(x-a)^2 + \cdots + \frac{f^{(n)}(a)}{n!}(x-a)^n$$

보기 1 $x = 0$에서 $f(x) = \cos x$의 4차 테일러 다항식과 8차 테일러다항식을 구하시오. 이 다항식을 이용하여 $x = 1$에서 근삿값을 각각 구하시오.

Solution $f^{(2k-1)}(x) = (-1)^k \sin x$이므로 $f^{(2k-1)}(0) = 0$이다. 한편,

$$\begin{aligned} f''(x) &= -\cos x &&\Rightarrow\ f''(0) = -1 \\ f^{(4)}(x) &= \cos x &&\Rightarrow\ f^{(4)}(0) = 1 \\ f^{(6)}(x) &= -\cos x &&\Rightarrow\ f^{(6)}(0) = -1 \\ f^{(8)}(x) &= \cos x &&\Rightarrow\ f^{(8)}(0) = 1 \end{aligned}$$

이므로 4차 테일러다항식과 8차 테일러다항식은 각각 다음과 같다.

$$T_4 f(x) = 1 - \frac{x^2}{2!} + \frac{x^4}{4!}, \qquad T_8 f(x) = 1 - \frac{x^2}{2!} + \frac{x^4}{4!} - \frac{x^6}{6!} + \frac{x^8}{8!}$$

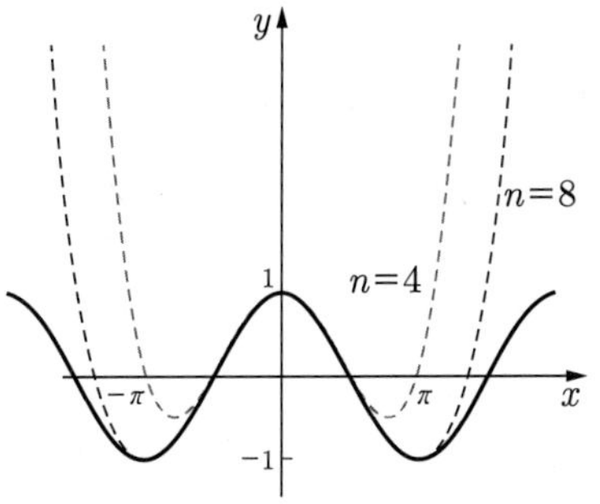

$x=0$에서 테일러다항식을 이용한 $\cos 1 = 0.5403023059$의 근삿값은 각각 다음과 같다.

$$T_4 f(1) = \frac{13}{24} \approx 0.5416666667, \qquad T_8 f(1) \approx 0.5403025794$$

8차 테일러다항식을 이용한 근삿값은 소수점 이하 6자리까지 일치하는 아주 좋은 근삿값을 구하여 준다. □

거듭제곱급수의 테일러다항식

함수 f가 거듭제곱급수 $f(x) = \sum_{n=0}^{\infty} c_n x^n$으로 표현되면 n차 테일러다항식은 n차항까지의 부분합이다. 예를 들어 $x=0$에서 지수함수 $f(x)=e^x$의 거듭제곱급수가

$$e^x = \sum_{n=0}^{\infty} \frac{x^n}{n!}$$

이므로 n차 테일러다항식은 다음과 같다.

$$e^x \approx T_n f(x) = 1 + x + \frac{x^2}{2!} + \frac{x^3}{3!} + \cdots + \frac{x^n}{n!}$$

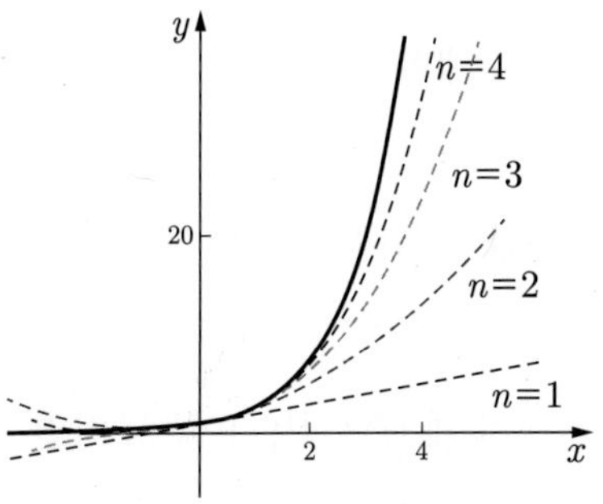

3.3.2 테일러급수

$T_n f(x) = \sum_{k=0}^{n} c_n x^k$ 가 $f(x)$ 의 n차 테일러다항식이고 $|x| < R$일 때

$$\lim_{n\to\infty} (f(x) - T_n f(x)) = 0$$

이면

$$\lim_{n\to\infty} T_n f(x) = f(x)$$

이다. 이때

$$\lim_{n\to\infty} T_n f(x) = \sum_{k=0}^{\infty} c_k x^k, \quad |x| < R$$

를 f 의 **테일러급수(Taylor series)**, 또는 **테일러전개(Taylor expansion)**라 정의한다. 따라서 테일러급수는 부분합이 테일러다항식인 거듭제곱급수이다. 따라서 거듭제곱급수로 정의된 함수의 경우는 그 자체가 테일러급수이다.

테일러급수 $\sum_{n=0}^{\infty} c_n x^n$ 가 $f(x)$ 로 수렴하는 x 의 범위를 구하기 위해서는 오차 $f(x) - T_n f(x)$ 의 크기를 구하는 것이 필요하다. 이에 대한 다음 결과를 **테일러정리(Taylor theorem)**라 한다.

테일러정리

구간 $(-r,\ r)$ 에서 $(n+1)$ 번 미분가능한 함수 f 에 대하여

$$f(x) \quad = \quad f(0) + f'(0)x + \cdots + \frac{f^{(n)}(0)}{n!}x^n + \frac{f^{(n+1)}(x^*)}{(n+1)!}x^{n+1}$$

이 성립하는 x^* 가 0과 x 사이에 존재한다.

Note $n = 0$ 일 때 위 결과는 평균값 정리이다. 테일러정리의 증명은 이 교재의 수준을 넘어서므로 생략한다.

테일러정리를 이용하면 $|x| \le r$ 일 때 $|f^{(n+1)}(x)| \le M$ 이면

$$|f(x) - T_n f(x)| = \left| \frac{f^{(n+1)}(x^*)}{(n+1)!} x^{n+1} \right| \le \frac{M}{(n+1)!} r^{n+1}$$

이므로 n차 테일러다항식의 오차에 대한 다음과 같은 결과를 얻는다.

<u>n차 테일러다항식의 오차한계</u>

$|x| \le r$일 때 $|f^{(n+1)}(x)| \le M$이면 다음 부등식이 성립한다.

$$|f(x) - T_n f(x)| \;\le\; \frac{M}{(n+1)!} r^{n+1}$$

보기 2 $f(x) = \cos x$의 테일러급수와 수렴반지름을 구하시오. 이로부터 사인함수의 테일러급수를 구하시오.

Solution $f(x) = \cos x$에 대하여 $f^{(2k-1)}(0) = 0$, $f^{(2k)}(0) = (-1)^k$이므로 코사인함수의 $x = 0$에서 테일러다항식은 다음과 같다.

$$\begin{aligned} T_{2n} f(x) &= T_{2n+1} f(x) \\ &= 1 - \frac{x^2}{2!} + \frac{x^4}{4!} - \frac{x^6}{6!} + \cdots + (-1)^n \frac{x^{2n}}{(2n)!} \end{aligned}$$

임의의 자연수 k에 대하여 $|\cos^{(k)} x| \le 1$이므로

$$|f(x) - T_{2n} f(x)| \le 1 \cdot \frac{|x|^{2n+1}}{(2n+1)!}$$

을 만족한다. 임의의 x에 대하여

$$\lim_{n\to\infty} \frac{|x|^{2n+1}}{(2n+1)!} = 0 \quad \Rightarrow \quad \lim_{n\to\infty} T_{2n} f(x) = \cos x$$

이다. 다시 말해서 임의의 x에 대하여 코사인함수의 테일러전개는 다음과 같다.

$$\begin{aligned} \cos x &= \sum_{n=0}^{\infty} (-1)^n \frac{x^{2n}}{(2n)!} \\ &= 1 - \frac{x^2}{2!} + \frac{x^4}{4!} - \frac{x^6}{6!} + \cdots \end{aligned}$$

이때 수렴반지름은 $R = \infty$이다. 위 식의 양변을 x에 대하여 미분하면 거듭제곱급수의 기본정리에서

$$\begin{aligned}
-\sin x &= (\cos x)' = \left(\sum_{n=0}^{\infty}(-1)^n \frac{x^{2n}}{(2n)!}\right)' \\
&= \sum_{n=1}^{\infty}(-1)^n \frac{x^{2n-1}}{(2n-1)!}
\end{aligned}$$

을 얻는다. 따라서 사인함수의 테일러급수는

$$\sin x = \sum_{n=1}^{\infty}(-1)^{n-1}\frac{x^{2n-1}}{(2n-1)!} = x - \frac{x^3}{3!} + \frac{x^5}{5!} - \cdots$$

이다. □

보기 3 $-1 \le x \le 1$에서 오차를 0.01보다 작게 하려면 e^x의 테일러다항식은 최소한 몇 차까지 구하여야 하는가?

Solution $f(x) = e^x$라 하자. $f^{(n)}(x) = e^x$이므로 $|x| \le 1$에서

$$|f^{(n)}(x)| \le e$$

이고 n차 테일러다항식의 오차는 다음 부등식을 만족한다.

$$|R_n f(x)| \le \frac{e}{(n+1)!}$$

$n = 4$이면 $e/5! \ge 2/120 \ge 0.01$이므로 오차가 0.01보다 작다고 말할 수는 없다. 한편 $n = 5$이면

$$\frac{e}{6!} \le \frac{3}{720} \le \frac{1}{100} = 0.01$$

이다. 따라서 5차 테일러다항식을 구하면 오차가 0.01보다 작아지게 할 수 있다. □

보기 4 원점에서 다음 함수들의 테일러급수를 구하시오.

(a) $\cos 2x$

(b) $\cosh x = \dfrac{e^x + e^{-x}}{2}$

Solution

(a) $\cos x$의 테일러급수에서 x 대신 $2x$를 치환하면 얻어진다.

$$\cos 2x = 1 - \frac{(2x)^2}{2!} + \frac{(2x)^4}{4!} - \cdots = \sum_{n=0}^{\infty}(-1)^n 2^{2n} \frac{x^{2n}}{(2n)!}$$

(b) 거듭제곱급수가 존재하므로 테일러급수는 거듭제곱급수와 같다.

$$\cosh x = \sum_{n=0}^{\infty} \frac{x^{2n}}{(2n)!} = 1 + \frac{x^2}{2!} + \frac{x^4}{4!} + \cdots$$ □

3.3.3 이항급수

이항정리(binomial theorem)에 의하면 양의 정수 m에 대하여 다음 등식이 성립한다.

$$\begin{aligned}(a+b)^m &= \sum_{k=0}^{m} \binom{m}{k} a^{m-k} b^k \\ &= a^m + \binom{m}{1} a^{m-1} b + \cdots + \binom{m}{m-1} a b^{m-1} + b^m\end{aligned}$$

이때 $\binom{m}{k}$는 다음과 같이 정의되는 **이항계수(binomial coefficient)**이다.[5]

$$\binom{m}{0} = 1, \qquad \binom{m}{k} = \frac{m!}{k!(m-k)!} = \frac{m \cdot (m-1) \cdots (m-k+1)}{k \cdot (k-1) \cdots 1}$$

특히 $a = 1,\ b = x$이면 이항정리는 다음과 같다.

$$(1+x)^m = \sum_{k=0}^{m} \binom{m}{k} x^k$$

$k > m$이면 $\binom{m}{k} = 0$이므로 이항정리는 다음과 같이 급수로 쓸 수도 있다.

$$(1+x)^m = \sum_{n=0}^{\infty} \binom{m}{n} x^n$$

이제 $m = r$이 자연수가 아닌 실수일 때

$$f(x) = (1+x)^r$$

---

[5] 고등학교 교재에서는 ${}_mC_k$로 나타낸다.

에 대하여 $x=0$에서 테일러급수를 구하여 보자.

$$\begin{aligned}
f(x) &= (1+x)^r & f(0) &= 1\\
f'(x) &= r(1+x)^{r-1} & f'(0) &= r\\
f''(x) &= r(r-1)(1+x)^{r-2} & f''(0) &= r(r-1)\\
&\vdots & &\vdots\\
f^{(n)}(x) &= r(r-1)\cdots(r-n+1)(1+x)^{r-n} & f^{(n)}(0) &= r(r-1)\cdots(r-n+1)
\end{aligned}$$

실수 r과 자연수 n에 대한 **이항계수(binomial coefficient)**를 다음과 같이 정의하자.[6]

$$\binom{r}{0}=1, \qquad \binom{r}{n}=\frac{r\cdot(r-1)\cdots(r-n+1)}{n!}$$

그러면 $x=0$에서 f의 테일러급수는

$$\begin{aligned}
f(x) &= (1+x)^r=\sum_{n=0}^{\infty}\frac{f^{(n)}(0)}{n!}x^n\\
&= \sum_{n=0}^{\infty}\frac{r\cdot(r-1)\cdots(r-n+1)}{n!}x^n = \sum_{n=0}^{\infty}\binom{r}{n}x^n
\end{aligned}$$

이다. 이 테일러급수를 **이항급수(binomial series)**라 한다. x^n의 계수를 a_n이라 하면

$$\begin{aligned}
\left|\frac{a_{n+1}}{a_n}\right| &= \left|\frac{r(r-1)\cdots(r-n)}{(n+1)!}\Big/\frac{r(r-1)\cdots(r-n+1)}{n!}\right|\\
&= \frac{|r-n|}{n+1}\to 1 \quad (n\to\infty)
\end{aligned}$$

이므로 수렴반지름은 $R=1$이다. 즉 이항급수는 $|x|<1$이면 수렴하고 $|x|>1$이면 발산한다.

이항급수

실수 r에 대하여 $|x|<1$이면 다음 식이 성립한다.

$$(1+x)^r=\sum_{n=0}^{\infty}\binom{r}{n}x^n$$

[6]여기서 r이 n보다 크거나 같은 자연수이면 이는 앞에서 정의한 이항계수와 일치한다. 따라서 이 정의는 이항계수의 일반화라 할 수 있다.

보기 5 다음 함수의 $x = 0$에서 테일러급수를 처음 다섯항을 포함하여 구하시오.

(a) $\sqrt{1+x}$ (b) $\sqrt{1-2x}$

Solution

(a) $f(x) = (1+x)^{\frac{1}{2}}$라 하자. 정의에 따라 이항계수를 구해 보면

$$\binom{\frac{1}{2}}{1} = \frac{1}{2}, \quad \binom{\frac{1}{2}}{2} = -\frac{1}{2 \cdot 2^2}, \quad \binom{\frac{1}{2}}{3} = \frac{1 \cdot 3}{3!2^3}, \quad \binom{\frac{1}{2}}{4} = (-1)^3 \frac{1 \cdot 3 \cdot 5}{4!2^4}$$

이므로 $|x| < 1$일 때 다음 식이 성립한다.

$$(1+x)^{\frac{1}{2}} = 1 + \frac{1}{2}x - \frac{1}{4}\frac{x^2}{2!} + \frac{3}{8}\frac{x^3}{3!} - \frac{15}{16}\frac{x^4}{4!} + \cdots$$

(b) (a)의 결과에 x 대신 $-2x$를 대입하면 $|-2x| < 1$일 때, 다시 말해서 $|x| < \frac{1}{2}$일 때 다음 결과를 얻는다.

$$\begin{aligned}\sqrt{1-2x} &= 1 + \frac{1}{2}(-2x) - \frac{1}{4}\frac{(-2x)^2}{2!} + \frac{3}{8}\frac{(-2x)^3}{3!} - \frac{15}{16}\frac{(-2x)^4}{4!} + \cdots \\ &= 1 - x - \frac{x^2}{2!} - \frac{3x^3}{3!} - \frac{15x^4}{4!} - \cdots\end{aligned}$$

□

지금까지 구한 테일러급수를 정리하면 다음과 같다.

주요함수의 테일러급수

$$\begin{aligned}\frac{1}{1-x} &= \sum_{n=0}^{\infty} x^n = 1 + x + x^2 + x^3 + \cdots, \quad |x| < 1 \\ e^x &= \sum_{n=0}^{\infty} \frac{x^n}{n!} = 1 + x + \frac{x^2}{2!} + \frac{x^3}{3!} + \cdots \\ \cos x &= \sum_{n=0}^{\infty} (-1)^n \frac{x^{2n}}{(2n)!} = 1 - \frac{x^2}{2!} + \frac{x^4}{4!} - \frac{x^6}{6!} + \cdots \\ \sin x &= \sum_{n=1}^{\infty} (-1)^{n-1} \frac{x^{2n-1}}{(2n-1)!} = x - \frac{x^3}{3!} + \frac{x^5}{5!} + \cdots \\ (1+x)^r &= \sum_{n=0}^{\infty} \binom{r}{n} x^n = 1 + rx + \frac{r(r-1)}{2!}x^2 + \cdots, \quad |x| < 1\end{aligned}$$

3.3.4 연습문제

1. 주어진 n에 대하여 $x=0$에서 다음 함수의 n차 테일러다항식을 구하시오.

   (a) $\dfrac{x}{1-x}, \quad n=2,\ 3$

   (b) $\sqrt[3]{1+x^2}, \quad n=2,\ 4$

   (c) $\sin x, \quad n=2,\ 4$

   (d) $\ln(2-3x), \quad n=2,\ 3$

   (e) $\ln(1+x^2), \quad n=2,\ 4$

   (f) $e^{1-x}, \quad n=3,\ 4$

   (g) $\dfrac{1}{\sqrt{1+x}}, \quad n=3$

2. $x=0$에서 함수 f의 2차 테일러다항식이

   $$T_2 f(x) = 3 - 5x + 2x^2$$

   이다. 다음 값을 구하시오.

   (a) $f(0)$ (b) $f'(0)$ (c) $f''(0)$

3. $f(x)=\sin(x^3)$일 때, $n=9,\ 10,\ 11$에 대하여 $f^{(n)}(0)$을 구하시오.

4. $f(x)=x^2\cosh x$일 때, $n=9,\ 10,\ 11$에 대하여 $f^{(n)}(0)$을 구하시오.

5. 차가 25m/sec의 속도로 달리고 있다. 이때, 가속도가 1m/sec^{2}라 면 1초 동안 차가 움직인 거리를 2차 테일러다항식을 이용하여 구하시오. 1분 동안 움직인 거리를 같은 방법으로 구할 수 있는가? 답에 대한 이유를 설명해 보시오.

6. $x=0$에서 다음 함수의 테일러급수를 구하시오.

   (a) e^{x^2} (b) $\dfrac{x}{1-x^2}$ (c) $x^2\ln(1+x^2)$ (d) $\dfrac{1}{(1+x)^2}$

7. 테일러급수를 이용하여 다음 극한값을 구하시오.

   (a) $\displaystyle\lim_{x\to 0}\frac{e^{x^2}-1}{x^2}$

   (b) $\displaystyle\lim_{x\to 0}\frac{\sin(x^2)-x^2}{x^6}$

   (c) $\displaystyle\lim_{x\to 2}\frac{\ln(x-1)}{x^2-4}$

   (d) $\displaystyle\lim_{x\to 0}\frac{\cos x-1}{x^2}$

   (e) $\displaystyle\lim_{x\to 0}\frac{1-\cos x}{\ln(1-x^2)}$

   (f) $\displaystyle\lim_{x\to 0}\frac{\ln(1+x^2)}{x^2}$

CHAPTER 4

행렬과 선형방정식계

4.1 좌표공간과 벡터

4.1.1 좌표공간과 거리

수직선은 직선에 실수 집합을 일대일 대응시킨 것이다. 직선에 원점과 단위 길이를 정하면, 이 직선 상의 한 점은 하나의 실수를 나타낸다. 비슷하게, 평면은 서로 수직인 두 직선을 좌표축으로 갖는 좌표평면으로 생각할 수 있고 이때 좌표평면의 각 점은 두 실수의 순서쌍 $(a,\ b)$로 표시한다.

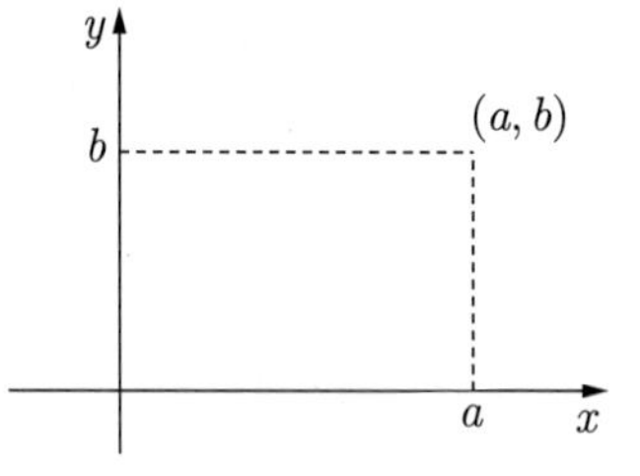

공간에서 고정된 점 O를 지나고 서로 수직인 세 수직선을 각각 x축, y축, z축이라 하자. x축과 y축을 포함하는 평면을 xy평면이라 하며 방정식 $z=0$으로 나타낸다. 마찬가지로 y축과 z축, z축과 x축을 포함하는 평면을 각각 yz평면, zx평면이라 하고

$$x = 0, \quad y = 0$$

으로 나타낸다.

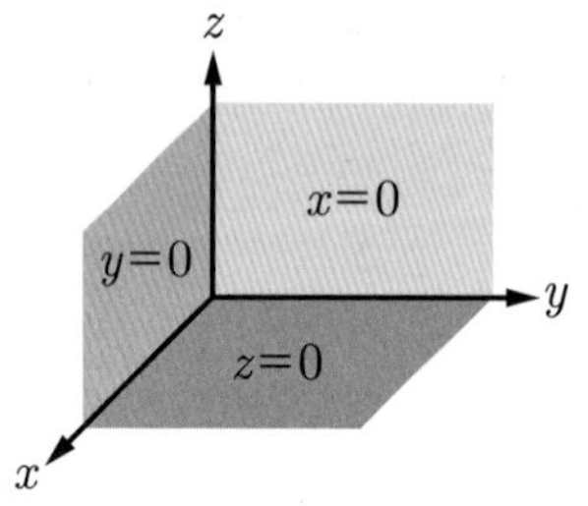

공간의 한 점 P에 대하여 점 P를 지나고 xz평면, yz평면, xy평면에 평행한 평면이 x축, y축, z축과 만나는 점을 각각 $a,\ b,\ c$라 하자. 이때 세 점 $a,\ b,\ c$의 x축, y축, z축 위에서의 좌표를 각각 $a,\ b,\ c$라고 하면 점 P에 대응하는 세 실수의 순서쌍 $(a,\ b,\ c)$가 정해진다. 이때 점 P에 대응하는 순서쌍 $(a,\ b,\ c)$를 점 P의 **좌표(coordinate)**라 하고

$$P(a,\ b,\ c) \quad \text{또는} \quad P = (a,\ b,\ c)$$

로 나타낸다. 또, $a,\ b,\ c$를 각각 점 P의 x좌표, y좌표, z좌표라 한다. 이와 같이 세 개의 수직인 좌표축이 주어진 공간을 **직교좌표공간** 또는 간단히 **좌표공간**이라고 하며 점 O를

원점이라고 하고 $O(0,\ 0,\ 0)$으로 나타낸다. 좌표평면은 2차원 공간 $\mathbb{R}^2$, 좌표공간은 3차원 공간 $\mathbb{R}^3$으로 나타낸다.

$$\begin{aligned}\mathbb{R}^2 &= \{(x,\ y) \mid x \in \mathbb{R}, y \in \mathbb{R}\} \\ \mathbb{R}^3 &= \{(x,\ y,\ z) \mid x \in \mathbb{R}, y \in \mathbb{R}, z \in \mathbb{R}\}\end{aligned}$$

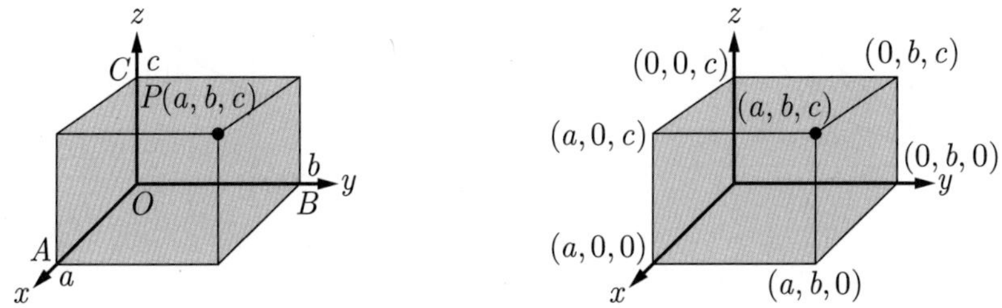

좌표공간에서 점 $P(a,\ b,\ c)$를 지나고 xy평면에 평행한 평면 위의 점의 z좌표는 모두 c이다. 다른 두 좌표에 대해서도 같은 결과가 성립한다. 따라서 $P(a,\ b,\ c)$를 지나고 xy평면과 평행한 평면, xz평면과 평행한 평면, yz평면과 평행한 평면의 방정식은 각각 다음과 같다.

$z = c,$ $\qquad$ $y = b,$ $\qquad$ $x = a$

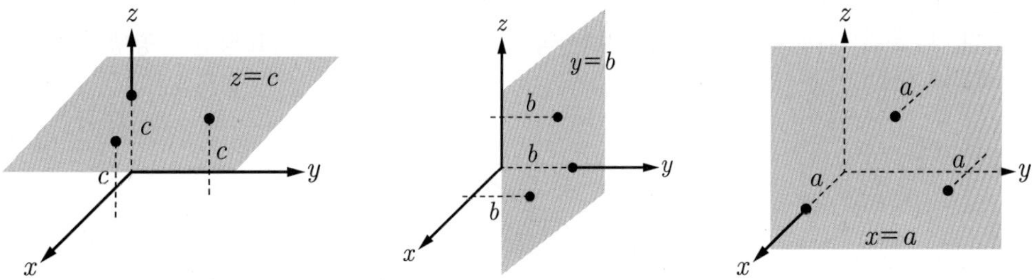

위의 세 평면은 각각 z축, y축, x축에 수직이다. 평면 $x = a$와 평면 $y = b$는 z축과 평행한 직선에서 만나는데 이 직선을 다음과 같이 나타낸다.

$$x = a, \quad y = b$$

이 직선은 z축과 평행이다. 다른 두 경우에도 같은 방식으로 정의한다.

$\mathbb{R}^3$에서 **덧셈**과 **상수곱**은 다음과 같이 성분별로 정의한다. $A(a_1,\ a_2,\ a_3)$, $B(b_1,\ b_2,\ b_3)$에 대하여

$$\begin{aligned}A + B &= (a_1,\ a_2,\ a_3) + (b_1,\ b_2,\ b_3) = (a_1 + b_1,\ a_2 + b_2,\ a_3 + b_3) \\ cA &= c(a_1,\ a_2,\ a_n) = (ca_1,\ ca_2,\ ca_3), \quad (c \in \mathbb{R})\end{aligned}$$

특히

$$A - B = A + (-1)B = (a_1 - b_1,\ a_2 - b_2,\ a_3 - b_3)$$

이다. 좌표공간에서 두 점 A, B의 합은 OA, OB를 이웃하는 두 변으로 가지는 평행사변형의 나머지 꼭짓점임을 알 수 있다. 또한 점 A의 상수곱 cA는 선분 OA의 연장선상에 있는 점이고 $c > 0$이면 A와 같은 방향, $c < 0$이면 A와 반대방향이다.

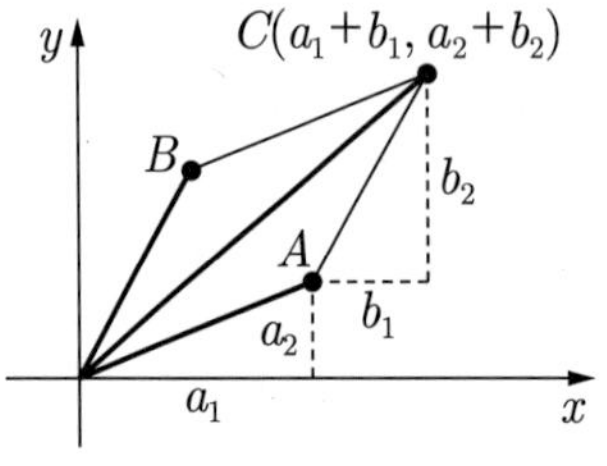

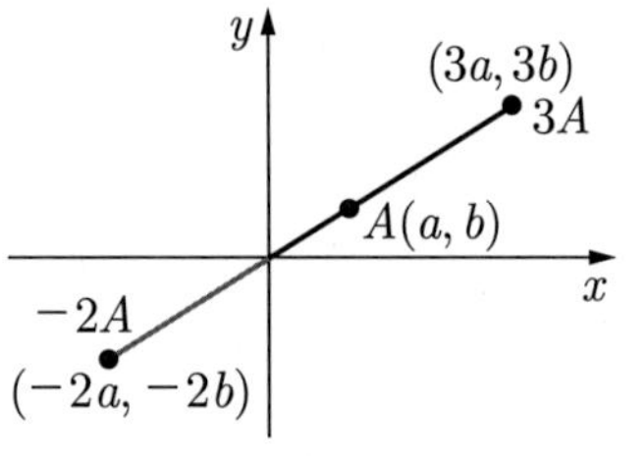

거리

좌표평면에서 두 점 $P_1(x_1,\ y_1)$, $P_2(x_2,\ y_2)$ 사이의 거리는 선분 P_1P_2의 길이로 정의하고 $|P_1P_2|$로 나타낸다.

$$|P_1P_2| = \sqrt{(x_2 - x_1)^2 + (y_2 - y_1)^2} = |P_2 - P_1|$$

좌표공간의 두 점 $P_1(x_1,\ y_1,\ z_1)$, $P_2(x_2,\ y_2,\ z_2)$ 사이의 거리 $|P_1P_2|$도 선분 P_1P_2의 길이로 정의한다. 다음과 같이 P_1, P_2가 마주보는 꼭짓점이면서 각 면이 좌표평면과 평행인 직육면체를 생각하자.

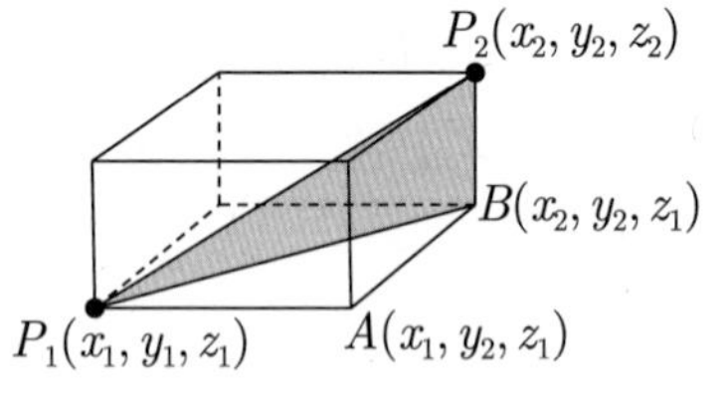

직육면체 위의 두 점 $A(x_1,\ y_2,\ z_1)$, $B(x_2,\ y_2,\ z_1)$에 대하여

$$|P_1A| = |y_2 - y_1|, \quad |AB| = |x_2 - x_1|, \quad |BP_2| = |z_2 - z_1|$$

이고 삼각형 P_1AB가 직삼각형이므로

$$|P_1B|^2 = |P_1A|^2 + |AB|^2 = (y_2 - y_1)^2 + (x_2 - x_1)^2$$

이다. 삼각형 P_1BP_2도 직각삼각형이므로 다음 식이 성립한다.

$$|P_1P_2|^2 = |P_1B|^2 + |BP_2|^2 = (x_2 - x_1)^2 + (y_2 - y_1)^2 + (z_2 - z_1)^2$$

공간의 두 점 사이의 거리

좌표공간의 두 점 $P_1(x_1, y_1,\ z_1)$, $P_2(x_2,\ y_2,\ z_2)$ 사이의 거리 $|P_1P_2|$는 다음과 같다.

$$|P_1P_2| = \sqrt{(x_2 - x_1)^2 + (y_2 - y_1)^2 + (z_2 - z_1)^2}$$

좌표공간의 거리공식을 이용하면 구의 방정식을 바로 얻을 수 있다. 좌표공간에서 구(**sphere**)는 한 점에서 같은 거리에 있는 점들의 집합이다. 이때 한 점을 구의 **중심(center)**, 거리를 구의 **반지름(radius)**이라 한다. 중심이 $P_0(x_0,\ y_0,\ z_0)$이고 반지름이 r인 구 위의 점을 $P(x,\ y,\ z)$라 하면

$$|PP_0| = \sqrt{(x - x_0)^2 + (y - y_0)^2 + (z - z_0)} = r$$

이므로 다음과 같은 구의 방정식을 얻는다.

중심이 $(x_0,\ y_0,\ z_0)$이고 반지름이 r인 구의 방정식

$$(x - x_0)^2 + (y - y_0)^2 + (z - z_0)^2 = r^2$$

보기 1 다음 구의 방정식을 구하시오.

(a) 중심이 $(1,\ -2,\ 3)$이고 원점을 지나는 구의 방정식을 구하시오.

(b) 방정식 $x^2 + y^2 + z^2 + 2x - 4z - 11 = 0$이 나타내는 구의 중심과 반지름을 구하시오.

Solution

(a) 반지름 r는 중심 $(1,\ -2,\ 3)$과 원점 $(0,\ 0,\ 0)$ 사이의 거리이다.

$$r = \sqrt{1^2 + (-2)^2 + 3^2} = \sqrt{14}$$

따라서 구의 방정식은 다음과 같다.

$$(x - 1)^2 + (y + 2)^2 + (z - 3)^2 = 14$$

(b) $x^2 + y^2 + z^2 + 2x - 4z = 11 \quad \Rightarrow \quad x^2 + 2x + 1 + y^2 + z^2 - 4z + 4 = 11 + 1 + 4$
이므로 주어진 구의 방정식은 다음과 같이 쓸 수 있다.

$$(x + 1)^2 + y^2 + (z - 2)^2 = 4^2$$

따라서 중심은 $(-1,\ 0,\ 2)$, 반지름은 4이다. □

n차원 공간

일반적으로 자연수 n에 대해

$$\mathbb{R}^n = \{(a_1,\ a_2,\ \ldots,\ a_n) \mid a_1,\ a_2,\ \ldots,\ a_n \in \mathbb{R}\}$$

로 나타낸다. 이때 $\mathbb{R}^n$을 n차원 **좌표공간(n dimensional space)**, 혹은 간단히 n**공간**이라 부르고, 이 공간의 원소 $(a_1,\ a_2,\ \ldots,\ a_n)$를 **점(point)**이라 부른다. 또 a_i를 i번째 좌표라고 한다.

$\mathbb{R}^n$의 두 점 $A(a_1,\ a_2,\ \ldots,\ a_n)$와 $B(b_1,\ b_2,\ \ldots,\ b_n)$는 대응하는 좌표들이 모두 같을 때 **같다**고 하고 $A = B$로 쓴다.

$$A = B \quad \Leftrightarrow \quad a_i = b_i\ (i = 1,\ 2,\ \ldots,\ n)$$

$\mathbb{R}^n$에서 **덧셈**과 **상수곱**은 다음과 같이 성분별로 정의한다.

$$(a_1,\ a_2,\ \ldots,\ a_n) + (b_1,\ b_2,\ \ldots,\ b_n) = (a_1 + b_1,\ a_2 + b_2,\ \ldots,\ a_n + b_n)$$

$$c(a_1,\ a_2,\ \ldots,\ a_n) = (ca_1,\ ca_2,\ \ldots,\ ca_n), \quad (c \in \mathbb{R})$$

두 점의 덧셈과 상수곱은 실수의 덧셈과 곱을 자연스럽게 확장한 것이다. 따라서 실수의 연산에 대하여 성립하는 다음과 같은 성질 역시 자연스럽게 성립한다.

$\mathbb{R}^n$의 덧셈과 상수곱의 성질

- (교환법칙과 결합법칙) $A + B = B + A, \quad (A + B) + C = A + (B + C)$
- (덧셈에 대한 항등원) $A + O = O + A = A$
- 점 $A = (a_1,\ a_2,\ \ldots,\ a_n)$의 덧셈에 대한 역원 : $-A = (-a_1,\ -a_2,\ \ldots,\ -a_n)$

$$A + (-A) = (-A) + A = O$$

- $(rs)A = r(sA), \quad r(A + B) = rA + rB, \quad (r + s)A = rA + sA, \quad (r,\ s \in \mathbb{R})$

$\mathbb{R}^n$의 점 $A = (a_1,\ a_2,\ \ldots,\ a_n)$의 **크기(norm)**를

$$|A| = \sqrt{a_1^2 + a_2^2 + \cdots + a_n^2}$$

으로 정의한다. 이는 피타고라스 정리를 확장한 것으로 원점과 점 A 사이의 거리이다. $\mathbb{R}^n$의 두 점 $A=(a_1,\ a_2,\ \ldots,\ a_n)$, $B=(b_1,\ b_2,\ \ldots,\ b_n)$ 사이의 거리는

$$\mathrm{dist}(A,\ B)=\sqrt{(a_1-b_1)^2+(a_2-b_2)^2+\cdots+(a_n-b_n)^2}$$

으로 정의한다. 정의에 의하면 두 점 $A=(a_1,\ a_2,\ \ldots,\ a_n)$, $B=(b_1,\ b_2,\ \ldots,\ b_n)$ 사이의 거리는 원점과 점 $B-A=(b_1-a_1,\ b_2-a_2,\ \ldots,\ b_n-a_n)$ 사이의 거리와 일치한다.

4.1.2 스칼라와 벡터

스칼라(scalar)와 **벡터(vector)**는 앞으로 계속 사용하게 될 용어이다. 스칼라는 크기만을 가지며 온도, 거리, 시간, 통장잔고 등을 표시할 때 사용한다. 정확하진 않지만 쉽게 말하자면 숫자 하나로 표현되는 것을 스칼라라고 이해해도 무방하다.

벡터란 크기와 방향을 모두 가지는 것으로 변화를 나타낼 때 사용한다. 따라서 벡터에는 **시점(initial point)**과 **종점(terminal point)**이 존재한다. 시점이 A, 종점이 B인 벡터는

$$\overrightarrow{AB}$$

로 나타낸다. 벡터를 한 문자로 나타낼 때는 **a**, **i**, **v**, **x**와 같이 볼드체의 소문자를 이용하여 나타내기로 한다. 단순하게 말하자면 벡터는 숫자 여러 개가 모여 있는 것, 즉, 실수의 순서쌍

$$\mathbf{a}=(a_1,\ a_2,\ \ldots,\ a_n)$$

이라고 생각해도 이 교재에서는 별 무리가 없다. 이때 시점은 $O=(0,\ 0,\ \ldots,\ 0)$, 종점은 $A=(a_1,\ a_2,\ \ldots,\ a_n)$이다. 이처럼 시점이 원점 O인 경우 벡터 $\overrightarrow{OA}$를 **위치벡터(position vector)**라 한다.

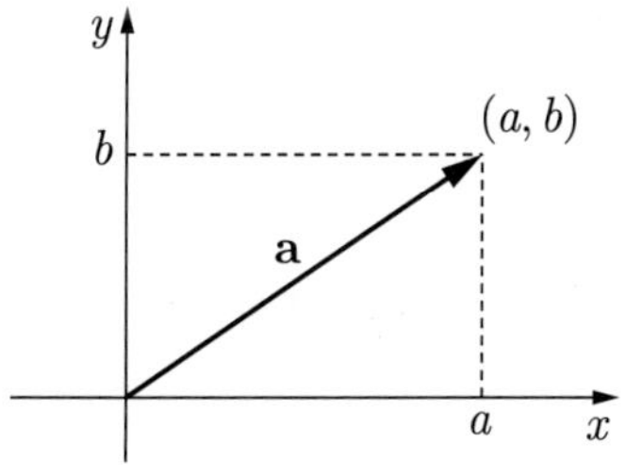

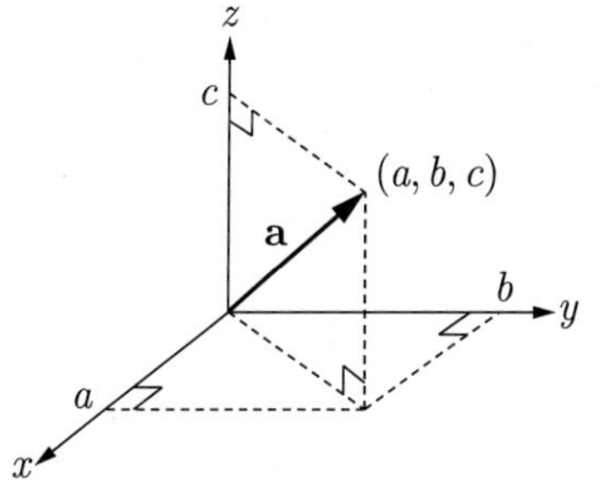

n차원 공간 $\mathbb{R}^n$은 점 $A=(a_1,\ a_2,\ \ldots,\ a_n)$의 집합을 나타내기도 하고 벡터 $\overrightarrow{OA}=(a_1,\ \ldots,\ a_n)$의 집합을 나타내기도 한다. n차원 공간의 벡터를 n차원 벡터, 또는 간단히 n벡터라 부른다. 벡터를 표시할 때 다음처럼 숫자를 세로로 쓰기도 하고 가로로 쓰기도 한다.

세로로 쓰인 벡터를 **열벡터(column vector)**, 가로로 쓰인 벡터를 **행벡터(row vector)**라 한다.

$$\mathbf{a} = \begin{pmatrix} a_1 \\ a_2 \\ \vdots \\ a_n \end{pmatrix}, \quad \mathbf{a} = (a_1,\ a_2,\ \ldots,\ a_n)$$

이때 a_i를 벡터 $\mathbf{a}$의 i번째 **성분(component)**이라 한다.

두 벡터 $\mathbf{v}$, $\mathbf{w}$의 크기와 방향이 같을 때, 즉 평행이동하여 포갤 수 있을 때 두 벡터는 **같다** 또는 **동등하다**고 하고 기호로 다음과 같이 나타낸다.

$$\mathbf{v} = \mathbf{w}$$

예를 들어, 다음 그림의 직육면체에서

$$\overrightarrow{AB} = \overrightarrow{DC} = \overrightarrow{EF} = \overrightarrow{HG}$$

이다.

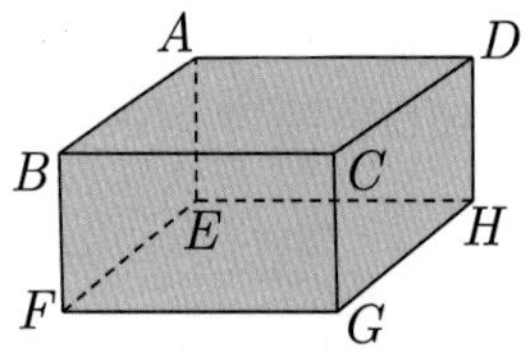

두 위치벡터는 종점이 같으면 서로 같으므로 두 벡터 $\mathbf{v} = (v_1,\ v_2,\ \ldots,\ v_n)$, $\mathbf{w} = (w_1,\ w_2,\ \ldots,\ w_n)$에 대하여 다음 결과가 성립한다.

$$\mathbf{v} = \mathbf{w} \quad \Leftrightarrow \quad v_1 = w_1, \quad v_2 = w_2, \quad \ldots, \quad v_n = w_n$$

모든 성분이 0인 벡터를 **영벡터**라 하고 $\mathbf{0}$로 나타낸다. 예를 들어 2차원 공간의 영벡터는 $\mathbf{0} = (0,\ 0)$, 3차원 공간의 영벡터는 $\mathbf{0} = (0,\ 0,\ 0)$이다.

$\mathbb{R}^n$에서 벡터의 합과 상수곱은 벡터의 성분별로 정의한다. 다시 말해서

$$\mathbf{a} = (a_1,\ \ldots,\ a_n), \quad \mathbf{b} = (b_1,\ \ldots,\ b_n)$$

일 때 다음과 같이 정의한다.

$$\mathbf{a} + \mathbf{b} = (a_1 + b_1,\ \ldots,\ a_n + b_n), \quad k\mathbf{a} = (ka_1,\ \ldots,\ ka_n)$$

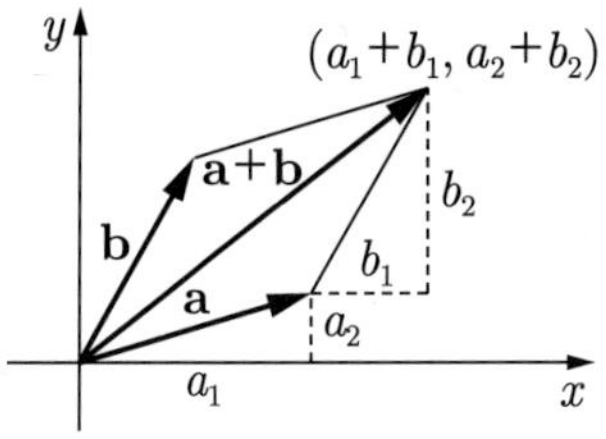

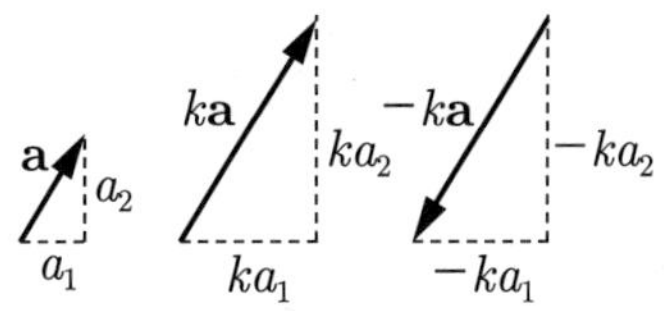

특히 $(-1)\mathbf{a} = -\mathbf{a}$로 나타낸다.

공간의 두 점

$$A(a_1,\ a_2,\ \ldots,\ a_n), \quad B(b_1,\ b_2,\ \ldots,\ b_n)$$

을 각각 시점과 종점으로 하는 벡터 $\overrightarrow{AB}$를 평행이동하여 벡터의 시점이 원점 O가 되도록 하면 그 종점 C는

$$C(b_1 - a_1,\ b_2 - a_2,\ \ldots,\ b_n - a_n)$$

이고 $\overrightarrow{AB} = \overrightarrow{OC}$이므로

$$\begin{aligned} \overrightarrow{AB} &= (b_1 - a_1,\ b_2 - a_2,\ \ldots,\ b_n - a_n) \\ &= (b_1,\ b_2,\ \ldots,\ b_n) - (a_1,\ a_2,\ \ldots,\ a_n) \\ &= \overrightarrow{OB} - \overrightarrow{OA} \end{aligned}$$

이다. 따라서 모든 벡터는 동등한 위치벡터를 가지며 각 벡터의 성분은 위치벡터의 성분과 같다.

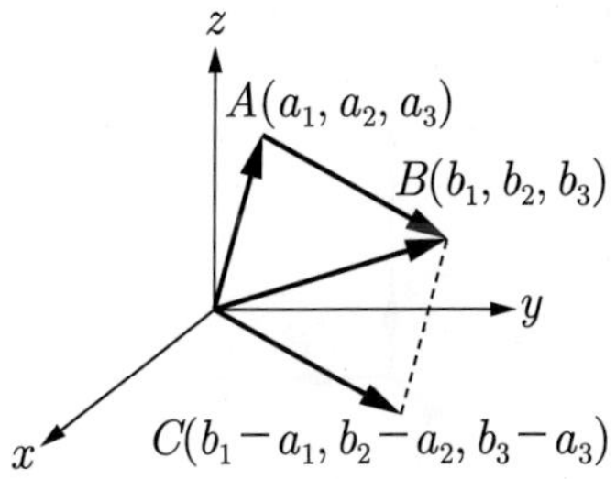

벡터의 합과 상수곱은 벡터의 성분별로 계산이 가능하므로 다음 성질이 성립함을 쉽게 보일 수 있다.

벡터의 연산에 대한 성질

$\mathbb{R}^3$의 벡터 $\mathbf{u}$, $\mathbf{v}$, $\mathbf{w}$와 상수 k, m에 대하여 다음 등식이 성립한다.

- (교환법칙) $\mathbf{u}+\mathbf{v}=\mathbf{v}+\mathbf{u}$
- (결합법칙) $(\mathbf{u}+\mathbf{v})+\mathbf{w}=\mathbf{u}+(\mathbf{v}+\mathbf{w})$
- (덧셈에 대한 항등원) $\mathbf{u}+\mathbf{0}=\mathbf{0}+\mathbf{u}=\mathbf{u}$
- (덧셈에 대한 역원) $\mathbf{u}+(-\mathbf{u})=(-\mathbf{u})+\mathbf{u}=\mathbf{0}$
- (분배법칙) $k(\mathbf{u}+\mathbf{v})=k\mathbf{u}+k\mathbf{v}$, $(k+m)\mathbf{u}=k\mathbf{u}+m\mathbf{u}$

$\mathbb{R}^n$ 공간의 두 점 $A(a_1, a_2, \ldots, a_n)$, $B(b_1, b_2, \ldots, b_n)$을 각각 시점과 종점으로 하는 벡터 $\overrightarrow{AB}$의 **크기(norm)**를 $\|\overrightarrow{AB}\|$로 나타내고 두 점 A와 B 사이의 거리로 정의한다.

$$\|\overrightarrow{AB}\|=|AB|=\sqrt{(b_1-a_1)^2+(b_2-a_2)^2+\cdots+(b_n-a_n)^2}$$

크기가 1인 벡터를 **단위벡터(unit vector)**라 한다. 특히 $\mathbb{R}^n$에서 i번째 성분이 1이고 나머지 성분이 모두 0인 단위벡터

$$(1, 0, \ldots, 0), \quad (0, 1, \ldots, 0), \quad \ldots, \quad (0, 0, \ldots, 1)$$

을 $\mathbb{R}^n$의 **표준단위벡터(standard unit vector)**라 하고 각각 $\mathbf{e}_1$, $\mathbf{e}_2$, $\ldots$, $\mathbf{e}_n$로 나타낸다. 좌표공간의 경우 표준단위벡터를 $\mathbf{i}$, $\mathbf{j}$, $\mathbf{k}$로 나타내기도 한다.

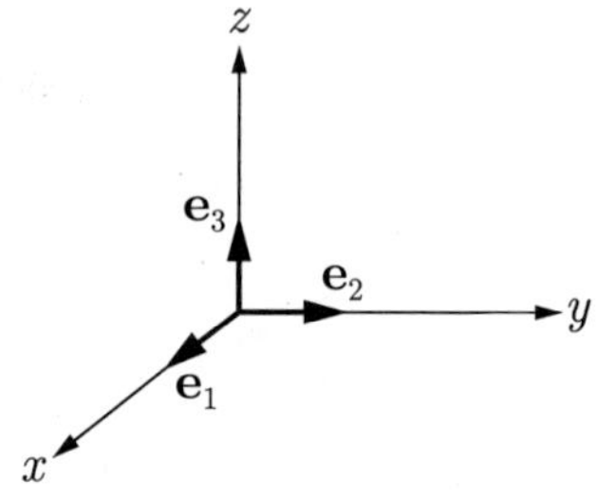

4.1.3 직선의 방정식

$k\mathbf{a}$는 $k>0$이면 $\mathbf{a}$와 같은 방향이고 $k<0$이면 $\mathbf{a}$와 반대방향이다. 영벡터가 아닌 두 벡터 $\mathbf{a}$, $\mathbf{b}$의 방향이 같거나 반대일 때 $\mathbf{a}$와 $\mathbf{b}$는 서로 **평행하다(parallel)**고 하고 기호로 다음과 같이 나타낸다.

$$\mathbf{a}//\mathbf{b}$$

영벡터가 아닌 두 벡터 $\mathbf{a}$, $\mathbf{b}$가 평행할 조건은 하나가 다른 하나의 실수배가 되는 것이다.

평행인 벡터

영벡터가 아닌 두 벡터 $\mathbf{a}$, $\mathbf{b}$에 대하여

$$\mathbf{a}//\mathbf{b} \quad \Leftrightarrow \quad \mathbf{b} = k\mathbf{a}(k \neq 0)$$

평면에서 한 점 $P_0(x_0,\ y_0)$을 지나고 직선의 기울기가 m이면 직선 위의 점 $(x,\ y)$에 대하여

$$\frac{y-y_0}{x-x_0} = m$$

이므로 직선의 방정식은 다음과 같다.

$$y = m(x-x_0) + y_0$$

공간에서 직선의 방정식은 직선 위의 한 점과 직선과 평행인 벡터를 알면 구할 수 있다. 직선이 한 점 $P_0(x_0,\ y_0,\ z_0)$을 지나고 벡터 $\mathbf{v} = (a,\ b,\ c)$와 평행하다고 하자. 직선 위의 임의의 점을 $P(x,\ y,\ z)$라 하면 벡터 $\overrightarrow{P_0P}$는 $\mathbf{v}$와 평행이므로

$$\overrightarrow{P_0P} = t\mathbf{v} \tag{4.1}$$

인 실수 t가 존재한다.

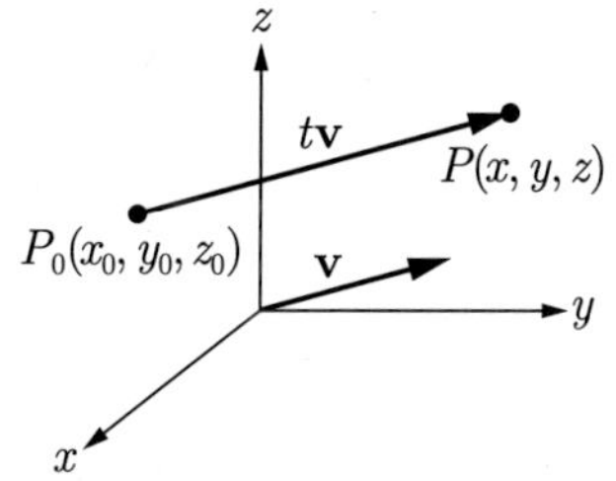

$\overrightarrow{OP} = \mathbf{x}$, $\overrightarrow{OP_0} = \mathbf{x}_0$이라 하면 $\overrightarrow{P_0P} = \overrightarrow{OP} - \overrightarrow{OP_0}$이므로 식 (4.1)은 다음과 같이 쓸 수 있다.

$$\mathbf{x} - \mathbf{x}_0 = t\mathbf{v} \quad \Rightarrow \quad \mathbf{x} = \mathbf{x}_0 + t\mathbf{v}$$

이 방정식에서 벡터 $\mathbf{v}$는 직선의 방향을 나타내는데 이를 이 직선의 **방향벡터(directional vector)**라 한다. 이와 같이 벡터를 이용하여 나타낸 방정식을 **벡터방정식(vector equation)**이라 한다. 또한 식 (4.1)을 성분별로 나타내면

$$(x-x_0,\ y-y_0,\ z-z_0) = (ta,\ tb,\ tc)$$

이므로 직선의 방정식은 다음과 같이 쓸 수 있다.

$$x = x_0 + at, \quad y = y_0 + bt, \quad z = z_0 + ct \quad (-\infty < t < \infty) \tag{4.2}$$

$abc \neq 0$이면 t를 소거하여 다음과 같이 쓸 수 있다.

$$\frac{x - x_0}{a} = \frac{y - y_0}{b} = \frac{z - z_0}{c}$$

이 방정식은 직선의 **대칭방정식(symmetric equation)**이라 한다. $abc = 0$이면 식 (4.2)를 이용하여 비슷한 방법으로 나타낼 수 있다. 예를 들어, $a = 0$이면

$$x = x_0, \quad \frac{y - y_0}{b} = \frac{z - z_0}{c}$$

으로 나타낼 수 있다. 이때 직선은 x축과 수직인 평면 $x = x_0$에 포함된다.

직선의 방정식

한 점 $P_0(x_0,\ y_0,\ z_0)$을 지나고 벡터 $\mathbf{v} = (a,\ b,\ c)$와 평행한 직선 위의 임의의 점을 $P(x,\ y,\ z)$라 하자. $\overrightarrow{OP} = \mathbf{x}$, $\overrightarrow{OP_0} = \mathbf{x}_0$라 하면 직선의 방정식은 다음과 같다.

$$\mathbf{x} = \mathbf{x}_0 + t\mathbf{v}, \quad (-\infty < t < \infty)$$

이 식을 성분별로 쓰면 다음과 같다.

$$x = x_0 + at, \quad y = y_0 + bt, \quad z = z_0 + ct$$

공간의 서로 다른 두 점 A, B를 지나는 직선은 유일하게 결정된다. 이때 방향벡터는 $\overrightarrow{AB}$이다.

보기 2

(a) 공간의 두 점 $A(2,\ 4,\ -1)$과 $B(3,\ 1,\ 2)$를 지나는 직선의 벡터방정식을 구하시오.

(b) 이 직선과 xy평면이 만나는 점을 구하시오.

Solution

(a) 구하려는 직선은 벡터

$$\overrightarrow{AB} = \overrightarrow{OB} - \overrightarrow{OA} = (3-2,\ 1-4,\ 2-(-1)) = (1,\ -3,\ 3)$$

와 평행하다. 따라서 점 $A(2,\ 4,\ -1)$을 지나고 $\overrightarrow{AB}$와 평행한 직선의 벡터방정식은

$$\mathbf{x} = (2,\ 4,\ -1) + t(1,\ -3,\ 3)$$

이고 성분별로 쓰면 다음과 같다.

$$x = 2 + t, \quad y = 4 - 3t, \quad z = -1 + 3t$$

(b) xy평면은 $z = 0$이므로 직선이 xy평면과 만날 때 $t = 1/3$이다. 따라서

$$x = \frac{7}{3}, \quad y = 3$$

이다. 즉 직선과 xy평면은 점 $(\frac{7}{3},\ 3,\ 0)$에서 만난다. □

4.1.4 연습문제

1. 점 $P(4,\ 2,\ -1)$에 대하여 다음 점의 좌표를 구하시오.

   (a) xy평면에 내린 수선의 발

   (b) z축에 내린 수선의 발

   (c) 원점에 대하여 대칭인 점

   (d) yz평면에 대하여 대칭인 점

   (e) x축에 대하여 대칭인 점

   (f) 점 $(1,\ 1,\ 1)$에 대하여 대칭인 점

2. 좌표공간의 점 $(3,\ 7,\ -4)$에서 다음까지의 거리를 구하시오.

   (a) xy평면

   (b) yz평면

   (c) zx평면

   (d) x축

   (e) y축

   (f) z축

3. 두 점 $A(3,\ 4,\ 5)$, $B(7,\ 5,\ 3)$와 같은 거리에 있는 z축 위의 점의 좌표를 구하시오.

4. 세 점 $A(2,\ 4,\ -1)$, $B(5,\ 3,\ 3)$, $C(-1,\ 2,\ -2)$로부터 같은 거리에 있는 zx평면 위의 점을 구하시오.

5. 중심이 $(1,\ 2,\ 3)$이고 다음 조건을 만족하는 구의 방정식을 구하시오.

   (a) 반지름이 $\sqrt{7}$인 구

   (b) 점 $(-2,\ 2,\ -1)$을 지나는 구

   (c) xy평면에 접하는 구

   (d) y축에 접하는 구

   (e) zx평면과 만나서 생기는 도형의 넓이가 9π일 때

6. 다음 구의 중심과 반지름을 구하시오

(a) $x^2 + y^2 + z^2 - 6x + 4y = 12$
(b) $x^2 + y^2 + z^2 = 2x + 2y + 2z$
(c) $2x^2 + 2y^2 + 2z^2 - 8z - 7 = 0$
(d) $4x^2 + 4y^2 + 4z^2 = 8x + 1$

7. 네 점 (0, 0, 0), (1, 1, 0), (2, 0, 0), (2, 3, 1)을 지나는 구의 방정식을 구하고 중심의 좌표와 반지름을 구하시오.

8. 두 구 $x^2 + y^2 + z^2 = 4$, $x^2 + y^2 + z^2 - 2x + 4y - 4z + a = 0$이 외접할 때 a의 값을 구하시오.

9. 다음 벡터의 연산을 하나의 벡터로 나타내시오.

(a) $\overrightarrow{PQ} + \overrightarrow{QS}$
(b) $\overrightarrow{PS} - \overrightarrow{PR}$
(c) $\overrightarrow{PQ} - \overrightarrow{SQ}$
(d) $\overrightarrow{RS} + \overrightarrow{SQ} + \overrightarrow{QP}$

10. 다음 정육각형에서 다음 벡터들을 $\mathbf{a} = \overrightarrow{OA}$, $\mathbf{b} = \overrightarrow{OB}$를 이용하여 나타내시오.

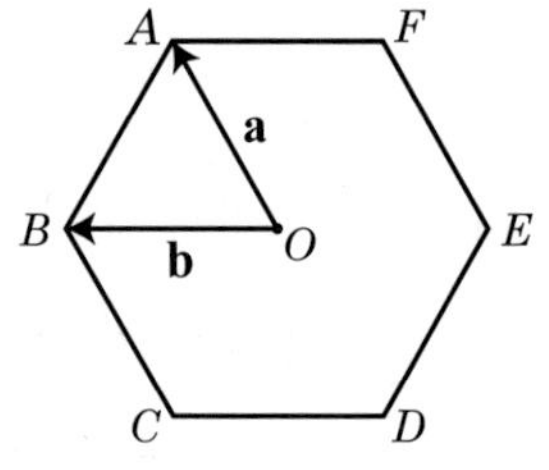

(a) $\overrightarrow{AB}$
(b) $\overrightarrow{BC}$
(c) $\overrightarrow{AD}$
(d) $\overrightarrow{CF}$
(e) $\overrightarrow{AC}$
(f) $\overrightarrow{BC} + \overrightarrow{DE} + \overrightarrow{FA}$

11. P, Q가 다음과 같을 때 벡터 $\overrightarrow{PQ}$, $\overrightarrow{QP}$를 구하고 $\|\overrightarrow{PQ}\|$, $\|\overrightarrow{QP}\|$을 구하시오.

(a) $P = (1,\ 3)$, $\quad Q = (2,\ -1)$
(b) $P = (5,\ 7,\ -1)$, $\quad Q = (2,\ 9,\ -2)$

12. $P = (2,\ -1)$, $Q = (-4,\ 3)$, P와 Q의 중점을 M이라 할 때, 다음 벡터를 구하고 벡터의 크기를 구하시오.

(a) $\overrightarrow{PQ}$
(b) $\overrightarrow{OM}$
(c) $\overrightarrow{PM}$
(d) $\overrightarrow{MQ}$

13. 다음 벡터와 같은 방향의 단위벡터를 구하시오.

(a) $(-3,\ 4)$ (b) $(-3,\ 2,\ 4)$ (c) $(-4,\ 2,\ -4)$

14. 주어진 $\mathbf{a}$, $\mathbf{b}$에 대하여 $\mathbf{a}+\mathbf{b}$, $2\mathbf{a}-3\mathbf{b}$, $\|\mathbf{a}\|$, $\|\mathbf{a}-\mathbf{b}\|$을 구하시오.

(a) $\mathbf{a}=(5,\ -12)$, $\mathbf{b}=(-3,\ -1)$

(b) $\mathbf{a}=(5,\ -1,\ 2)$, $\mathbf{b}=(2,\ 3,\ -1)$

(c) $\mathbf{a}=\mathbf{e}_1+4\mathbf{e}_2$, $\mathbf{b}=-\mathbf{e}_1+2\mathbf{e}_2$

(d) $\mathbf{a}=\mathbf{e}_1-2\mathbf{e}_2+3\mathbf{e}_3$, $\mathbf{b}=\mathbf{e}_1-2\mathbf{e}_2-3\mathbf{e}_3$

15. 다음 직선의 대칭방정식을 구하시오.

(a) 점 $(1,\ 0,\ -2)$를 지나고 벡터 $(2,\ -3,\ 5)$와 평행인 직선

(b) 두 점 $(3,\ 3,\ 7)$, $(-2,\ 1,\ 4)$를 지나는 직선

(c) 원점을 지나고 직선 $x=2t$, $y=3t-2$, $z=1-t$와 평행한 직선

(d) 점 $(12,\ 3,\ 6)$을 지나고 벡터 $\mathbf{e}_1-\mathbf{e}_2$와 벡터 $\mathbf{e}_1+\mathbf{e}_3$에 동시에 수직인 직선

노트

4.2 벡터의 내적과 평면의 방정식

4.2.1 벡터의 내적

두 벡터의 합이나 벡터의 상수곱은 성분별로 계산할 수 있고 따라서 실수에서 성립하는 연산의 성질이 대부분 성립한다. 그렇다면 벡터와 벡터의 곱을 정의하는 것은 가능한가? 가능하다면 어떤 의미를 갖는가? 여기서는 벡터와 벡터의 곱의 한 형태로 **내적(inner product)**에 대하여 알아 보기로 한다.

두 벡터 $\mathbf{a} = (a_1,\ a_2,\ a_3)$, $\mathbf{b} = (b_1,\ b_2,\ b_3)$에 대하여 $\mathbf{a}$와 $\mathbf{b}$의 내적은 $\mathbf{a} \cdot \mathbf{b}$로 나타내고

$$\mathbf{a} \cdot \mathbf{b} = a_1b_1 + a_2b_2 + a_3b_3$$

로 정의한다.[1] n벡터에 대하여 내적의 정의는 다음과 같이 자연스럽게 확장한다.

$$(a_1,\ \ldots,\ a_n) \cdot (b_1,\ \ldots,\ b_n) = a_1b_1 + a_2b_2 + \cdots + a_nb_n$$

예를 들어 표준단위벡터 $\mathbf{e}_1 = (1,\ 0,\ \ldots,\ 0),\ \ldots,\ \mathbf{e}_n = (0,\ \ldots,\ 0,\ 1)$에 대하여 다음 결과가 성립한다.

$$\mathbf{e}_i \cdot \mathbf{e}_i = 1, \quad \mathbf{e}_i \cdot \mathbf{e}_j = 0\ (i \neq j)$$

실수의 곱에서 성립하는 다음과 같은 성질들이 내적에 대해서도 성립한다.

<u>내적의 성질</u>

$\mathbf{a}$, $\mathbf{b}$, $\mathbf{c}$가 $\mathbb{R}^n$의 벡터들이고 c는 실수라 하자. 그러면

- $\mathbf{a} \cdot \mathbf{b} = \mathbf{b} \cdot \mathbf{a}$
- $(c\mathbf{a}) \cdot \mathbf{b} = c(\mathbf{a} \cdot \mathbf{b}) = \mathbf{a} \cdot (c\mathbf{b})$
- $\mathbf{a} \cdot (\mathbf{b} + \mathbf{c}) = \mathbf{a} \cdot \mathbf{b} + \mathbf{a} \cdot \mathbf{c}$
- $\mathbf{a} \cdot \mathbf{a} = \|\mathbf{a}\|^2 \geq 0$

보기 1 다음 등식이 성립함을 보이시오.

$$\|\mathbf{a} + \mathbf{b}\|^2 + \|\mathbf{a} - \mathbf{b}\|^2 = 2(\|\mathbf{a}\|^2 + \|\mathbf{b}\|^2)$$

[1] 두 벡터의 내적의 결과는 스칼라로 주어지므로 내적을 scalar product라 부르기도 한다. 또는 기호 $\cdot$을 이용하므로 dot product라 부르기도 한다.

Solution 내적의 성질에서

$$\begin{aligned}\|\mathbf{a}+\mathbf{b}\|^2 &= (\mathbf{a}+\mathbf{b})\cdot(\mathbf{a}+\mathbf{b}) = \mathbf{a}\cdot\mathbf{a}+\mathbf{b}\cdot\mathbf{a}+\mathbf{a}\cdot\mathbf{b}+\mathbf{b}\cdot\mathbf{b}\\ &= \|\mathbf{a}\|^2 + 2\mathbf{a}\cdot\mathbf{b} + \|\mathbf{b}\|^2\\ \|\mathbf{a}-\mathbf{b}\|^2 &= (\mathbf{a}-\mathbf{b})\cdot(\mathbf{a}-\mathbf{b}) = \mathbf{a}\cdot\mathbf{a}-\mathbf{b}\cdot\mathbf{a}-\mathbf{a}\cdot\mathbf{b}+\mathbf{b}\cdot\mathbf{b}\\ &= \|\mathbf{a}\|^2 - 2\mathbf{a}\cdot\mathbf{b} + \|\mathbf{b}\|^2\end{aligned}$$

이므로

$$\|\mathbf{a}+\mathbf{b}\|^2 + \|\mathbf{a}-\mathbf{b}\|^2 = 2(\|\mathbf{a}\|^2 + \|\mathbf{b}\|^2)$$

이 성립한다. □

Note 공간에서 위의 보기를 평행사변형을 이용하여 나타내면 다음과 같다. 따라서 이 등식을 **평행사변형의 법칙(parallelogram law)**이라 한다.

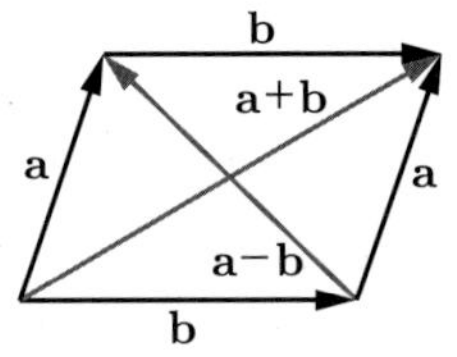

두 벡터의 사잇각

두 벡터의 내적은 두 벡터 사이의 낀 각 θ를 이용하여 나타낼 수도 있다. 평면, 또는 공간의 두 벡터 **a**, **b**가 시점이 일치하도록 놓였다고 하자. 두 벡터의 **사잇각(angle between two vectors)**은 **a**, **b**가 이루는 각 중에서 작은 각으로 정의한다. 만약 두 벡터가 평행이라면 $\theta = 0$(같은 방향) 또는 $\theta = \pi$(반대 방향)이다.

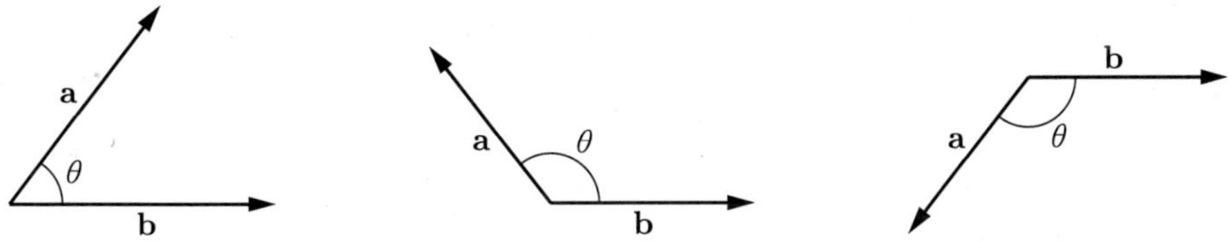

두 벡터 **a**, **b**가 이루는 각도가 θ일 때, 두 벡터의 **내적(inner product)** $\mathbf{a}\cdot\mathbf{b}$은

$$\mathbf{a}\cdot\mathbf{b} = \|\mathbf{a}\|\|\mathbf{b}\|\cos\theta \tag{4.3}$$

을 만족한다.[2]

[2]증명은 연습문제 참고

내적과 사잇각

영벡터가 아닌 두 벡터 $\mathbf{a}$와 $\mathbf{b}$의 사잇각을 θ라 하면 다음 식이 성립한다.

$$\mathbf{a}\cdot\mathbf{b} = \|\mathbf{a}\|\|\mathbf{b}\|\cos\theta, \quad \text{또는} \quad \cos\theta = \frac{\mathbf{a}\cdot\mathbf{b}}{\|\mathbf{a}\|\|\mathbf{b}\|}$$

보기 2 두 벡터 $\mathbf{a} = (2,\ -1,\ 1)$과 $\mathbf{b} = (1,\ 1,\ 2)$의 사잇각을 구하시오.

Solution $\|\mathbf{a}\| = \sqrt{2^2+1^2+1^2} = \sqrt{6}$, $\|\mathbf{b}\| = \sqrt{1^2+1^2+2^2} = \sqrt{6}$이므로

$$\cos\theta = \frac{2-1+2}{\sqrt{6}\sqrt{6}} = \frac{1}{2}$$

이다. 따라서 $\theta = \frac{\pi}{3} = 60^\circ$이다. □

4.2.2 코시–슈바르쯔 부등식

$\mathbb{R}^3$의 두 벡터 $\mathbf{a}$와 $\mathbf{b}$ 사이의 각을 θ라 할 때 $|\cos\theta| \le 1$이므로

$$|\mathbf{a}\cdot\mathbf{b}| = \|\mathbf{a}\|\|\mathbf{b}\||\cos\theta| \le \|\mathbf{a}\|\|\mathbf{b}\|$$

이 성립한다. 등식은 두 벡터가 평행일 때, 다시 말해서 $\theta = 0$, 또는 $\theta = \pi$일 때 성립한다. 이 부등식을 코시–슈바르쯔 부등식(**Cauchy–Schwarz inequality**)이라 한다. 이 부등식은 일반적으로 n벡터에 대하여도 성립한다.

코시–슈바르쯔 부등식

$\mathbb{R}^n$의 두 벡터 $\mathbf{a}$와 $\mathbf{b}$에 대하여 다음 부등식이 성립한다.

$$|\mathbf{a}\cdot\mathbf{b}| \le \|\mathbf{a}\|\|\mathbf{b}\|$$

여기서 등식은 두 벡터가 평행일 때 성립한다.

Note n벡터에 대한 코시–슈바르쯔 정리를 성분을 이용하여 나타내면 다음과 같다.

$$(a_1b_1 + a_2b_2 + \cdots + a_nb_n)^2 \le (a_1^2 + a_2^2 + \cdots + a_n^2)(b_1^2 + b_2^2 + \cdots + b_n^2)$$

보기 3 n개의 수 $a_1,\ a_2,\ \ldots,\ a_n$에 대하여 평균의 제곱은 제곱의 평균보다 작거나 같음을 보이시오. 다시 말해서 다음 부등식이 성립함을 보이시오.

$$\left(\frac{a_1+a_2+\cdots+a_n}{n}\right)^2 \le \frac{a_1^2+a_2^2+\cdots+a_n^2}{n}$$

Solution 위의 부등식의 양변에 n^2을 곱한 부등식

$$(a_1+a_2+\cdots+a_n)^2 \le n(a_1^2+a_2^2+\cdots+a_n^2)$$

이 성립함을 보이기로 하자. $\mathbf{a}=(a_1,\ \ldots,\ a_n),\ \mathbf{b}=(1,\ \ldots,\ 1)$이라 하면

$$\begin{aligned}(\mathbf{a}\cdot\mathbf{b})^2 &= (a_1+a_2+\cdots+a_n)^2\\ \|\mathbf{a}\|^2 &= a_1^2+a_2^2+\cdots+a_n^2\\ \|\mathbf{b}\|^2 &= 1^2+1^2+\cdots+1^2 = n\end{aligned}$$

이다. 따라서 코시–슈바르쯔 부등식에 의하면

$$\begin{aligned}(a_1+a_2+\cdots+a_n)^2 &= (\mathbf{a}\cdot\mathbf{b})^2\\ &\le \|\mathbf{a}\|^2\|\mathbf{b}\|^2 = (a_1^2+a_2^2+\cdots+a_n^2)n\end{aligned}$$

이므로 원하는 결과를 얻는다. □

코시–슈바르쯔 부등식은 최댓값, 최솟값을 구하는 문제에 적용이 가능하다.

보기 4 $x^2+\dfrac{y^2}{4}+\dfrac{z^2}{4}=4$일 때 $x+y+z$의 최댓값과 이때의 $x,\ y,\ z$를 구하시오.

Solution $\mathbf{a}=(1,\ 2,\ 2),\ \mathbf{b}=(x,\ \frac{y}{2},\ \frac{z}{2})$라 하자.

$$\begin{aligned}\mathbf{a}\cdot\mathbf{b} &= 1\cdot x+2\cdot\frac{y}{2}+2\cdot\frac{z}{2}=x+y+z\\ \|\mathbf{a}\| &= \sqrt{1^2+2^2+2^2}=3\\ \|\mathbf{b}\| &= \sqrt{x^2+\frac{y^2}{4}+\frac{z^2}{4}}=2\end{aligned}$$

이므로 코시–슈바르쯔 부등식에 의하면

$$\begin{aligned}|\mathbf{a}\cdot\mathbf{b}| &= |x+y+z| \le \|\mathbf{a}\|\ \|\mathbf{b}\|\\ &= 3\sqrt{x^2+\frac{y^2}{4}+\frac{z^2}{4}}\\ &= 6\end{aligned}$$

이다. 따라서 $x+y+z$의 최댓값은 6이다. $\mathbf{a}\cdot\mathbf{b}$의 최댓값은 $\mathbf{b}$가 $\mathbf{a}$와 같은 방향일 때이므로

양수 k에 대하여

$$\mathbf{b} = k\mathbf{a} \quad \Rightarrow \quad x = k,\ y = 4k,\ z = 4k$$

가 성립한다.

$$x^2 + \frac{y^2}{4} + \frac{z^2}{4} = k^2 + 4k^2 + 4k^2 = 4$$

이므로 $k = \frac{2}{3}$일 때, 즉, $x = \frac{2}{3},\ y = \frac{8}{3},\ z = \frac{8}{3}$에서 최댓값

$$x + y + z = \frac{2}{3} + \frac{8}{3} + \frac{8}{3} = 6$$

을 갖는다. □

4.2.3 평면의 방정식

공간에서 일직선 상에 있지 않은 3개의 점, 또는 서로 평행하지 않은 2개의 벡터는 하나의 평면을 결정한다.

평행하지 않은 두 벡터 $\mathbf{v}_1$과 $\mathbf{v}_2$와 평행이고 점 $P_0(x_0,\ y_0,\ z_0)$을 지나는 평면 위의 점을 $P(x,\ y,\ z)$라 하자. $\mathbf{v}_1$과 $\mathbf{v}_2$의 시점이 P_0이 되도록 놓으면 다음 식이 성립하는 실수 $s,\ t$가 존재한다.

$$\overrightarrow{P_0P} = t\mathbf{v}_1 + s\mathbf{v}_2 \tag{4.4}$$

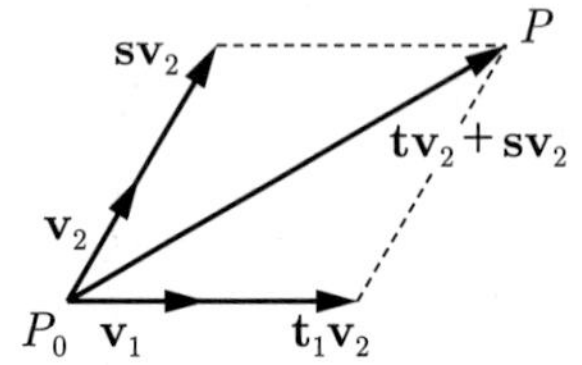

여기서 $\overrightarrow{OP} = \mathbf{x}$, $\overrightarrow{OP_0} = \mathbf{x}_0$로 놓으면 식 (4.4)은 다음과 같이 쓸 수 있다.

$$\mathbf{x} - \mathbf{x}_0 = t\mathbf{v}_1 + s\mathbf{v}_2 \quad \Rightarrow \quad \mathbf{x} = \mathbf{x}_0 + t\mathbf{v}_1 + s\mathbf{v}_2$$

이 식을 **평면의 벡터방정식(vector equation of plane)**이라 한다. 또한, $\mathbf{v}_1 = (a_1,\ b_1,\ c_1)$, $\mathbf{v}_2 = (a_2,\ b_2,\ c_2)$일 때, 식 (4.4)를 성분별로 나타내면 다음과 같다.

$$x = x_0 + ta_1 + sa_2, \quad y = y_0 + tb_1 + sb_2, \quad z = z_0 + tc_1 + sc_2 \tag{4.5}$$

평면의 벡터방정식

평행하지 않은 두 벡터 $\mathbf{v}_1 = (a_1,\ b_1,\ c_1)$과 $\mathbf{v}_2 = (a_2,\ b_2,\ c_2)$와 평행이고 점 $P_0(x_0,\ y_0,\ z_0)$을 지나는 평면 위의 점을 $P(x,\ y,\ z)$라 할 때 벡터 $\mathbf{x} = (x,\ y,\ z)$는 다음 식을 만족한다.

$$\mathbf{x} = \mathbf{x}_0 + t\mathbf{v}_1 + s\mathbf{v}_2$$

법선벡터와 평면

영벡터가 아닌 두 벡터 $\mathbf{a}$, $\mathbf{b}$의 사잇각이 $\frac{\pi}{2}$이면 두 벡터는 수직(**perpendicular**)이라 하고

$$\mathbf{a} \perp \mathbf{b}$$

로 나타낸다. 따라서 식 (4.3)은 영벡터가 아닌 두 벡터가 수직인 것과 내적이 0인 것이 동치임을 설명해 준다.

수직인 두 벡터

영벡터가 아닌 두 벡터 $\mathbf{a}$, $\mathbf{b}$에 대하여 다음 두 명제는 필요충분조건이다.

- $\mathbf{a} \cdot \mathbf{b} = 0$
- 두 벡터 $\mathbf{a}$, $\mathbf{b}$가 수직이다.

Note $0 < \theta < \frac{\pi}{2}$이면 $\cos\theta > 0$이므로 $\mathbf{a} \cdot \mathbf{b} > 0$이다. 반면 $\frac{\pi}{2} < \theta < \pi$이면 $\cos\theta < 0$이므로 $\mathbf{a} \cdot \mathbf{b} < 0$이다.

Note $n > 3$이면 두 n차원 벡터 $\mathbf{a}$, $\mathbf{b}$에 대하여 $\mathbf{a} \cdot \mathbf{b} = 0$이면 수직이라 정의한다.

보기 5 좌표평면에서 영벡터가 아닌 벡터 $\mathbf{n} = (a,\ b)$는 직선

$$ax + by + c = 0$$

과 수직임을 보이시오.

Solution $A(x_1,\ y_1)$, $B(x_2,\ y_2)$를 직선 위의 서로 다른 두 점이라 하면

$$ax_1 + by_1 + c = 0, \quad ax_2 + by_2 + c = 0$$

이다. 두번째 식에서 첫번째 식을 빼면

$$a(x_2 - x_1) + b(y_2 - y_1) = 0$$

이고 $\overrightarrow{AB} = (x_2 - x_1, y_2 - y_1)$이므로

$$\mathbf{n} \cdot \overrightarrow{AB} = 0$$

이다. 다시 말해서 벡터 $\mathbf{n}$과 $\overrightarrow{AB}$는 수직이다. 벡터 $\overrightarrow{AB}$는 직선 $ax + by + c = 0$과 평행하므로 원하는 결과를 얻는다. □

Note 직선, 또는 평면에 수직인 벡터를 **법선벡터(normal vector)**라 부른다.

평면과 평행인 두 벡터 대신 평면과 수직인 벡터를[3] 안다면, 즉 법선벡터를 안다면 역시 평면의 방정식을 구할 수 있다.

공간의 한 점 $P_0(x_0,\ y_0,\ z_0)$을 지나고 벡터 $\mathbf{n} = (a,\ b,\ c)$와 수직인 평면의 방정식을 구해보자. 평면의 임의의 점을 $P(x,\ y,\ z)$라 하면

$$\overrightarrow{P_0P} = (x - x_0,\ y - y_0,\ z - z_0)$$

은 평면에 포함되는 벡터이고 따라서 $\mathbf{n}$과 수직이다. 따라서 다음 식이 성립한다.

$$\mathbf{n} \cdot \overrightarrow{P_0P} = a(x - x_0) + b(y - y_0) + c(z - z_0) = 0$$

이 식을 정리하면 다음과 같은 꼴의 평면의 **일반방정식(general equation)**을 얻는다.

평면의 일반방정식

한 점 $P_0(x_0,\ y_0,\ z_0)$을 지나고 벡터 $\mathbf{n} = (a,\ b,\ c)$에 수직인 평면의 방정식은 다음과 같다.

$$ax + by + cz = ax_0 + by_0 + cz_0$$

Note 또한 $\mathbf{n} \neq \mathbf{0}$이면

$$ax + by + cz + d = 0$$

로 주어지는 평면은 벡터 $\mathbf{n}$과 수직이다.

[3] 어떤 벡터가 평면과 수직이라는 것은 평면에 포함되는 모든 벡터와 수직이라는 것을 의미한다.

보기 6 다음 조건을 만족하는 평면의 방정식을 $ax + by + cz = d$ 꼴로 구하시오.

(a) 점 $P_0(2,\ -3,\ 1)$을 지나고 벡터 $\mathbf{n} = (3,\ -5,\ 7)$과 수직인 평면

(b) 세 점 $A(1,\ 1,\ 1)$, $B(1,\ 2,\ 4)$, $C(2,\ 3,\ 5)$을 지나는 평면

Solution

(a) 평면 위의 점을 $P(x,\ y,\ z)$라 하면

$$\mathbf{n} \cdot \overrightarrow{P_0P} = 0 \quad \Rightarrow \quad 3(x-2) - 5(y+3) + 7(z-1) = 0$$

이 성립한다. 이를 정리하면 주어진 평면의 방정식은 다음과 같다.

$$3x - 5y + 7z = 28$$

(b) 한점 $A(1,\ 1,\ 1)$을 지나고 두 벡터

$$\mathbf{v}_1 = \overrightarrow{AB} = (0,\ 1,\ 3), \quad \mathbf{v}_2 = \overrightarrow{AC} = (1,\ 2,\ 4)$$

와 평행인 평면의 방정식을 구하면 된다. 따라서 주어진 평면의 매개변수방정식은 다음과 같다.

$$x = 1 + s, \quad y = 1 + t + 2s, \quad z = 1 + 3t + 4s$$

두 번째 식과 세 번째 식에서 t를 소거하면

$$3y - z = 2s + 2$$

이다. 첫 번째 식에서 $2s = 2(x-1)$이므로

$$2x - 2 = 3y - z - 2, \quad \Rightarrow \quad 2x - 3y + z = 0$$

이다. □

두 평면의 교선

두 평면이 평행하면 두 법선벡터가 평행하고, 역으로 두 법선벡터가 평행하면 두 평면이 평행하다. 평행한 두 평면은 일치하거나 만나지 않는다. 다음 왼쪽의 두 평면은 일치하고 오른쪽의 두 평면은 만나지 않는다.

$$\begin{cases} 2x - 3y + z &= 3 \\ -4x + 6y - 2z &= -6 \end{cases}, \quad \begin{cases} 2x - 3y + z &= 3 \\ -4x + 6y - 2z &= 3 \end{cases}$$

또 두 평면이 수직이면 두 법선벡터가 수직이고, 역으로 두 법선벡터가 수직이면 두 평면이 수직이다. 이를 정리하면 다음과 같다.

두 평면의 평행과 수직

두 평면 α, β의 법선벡터가 각각 $\mathbf{n}_1$, $\mathbf{n}_2$일 때 다음이 성립한다.

- $\alpha // \beta \Leftrightarrow \mathbf{n}_1 // \mathbf{n}_2$
- $\alpha \perp \beta \Leftrightarrow \mathbf{n}_1 \perp \mathbf{n}_2$

평행하지 않은 두 평면은 직선에서 만나는데 이 직선을 두 평면의 교선이라 한다.

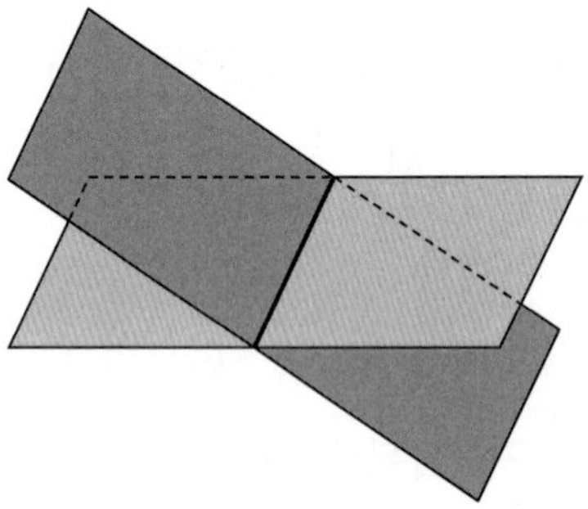

보기 7 다음 두 평면의 교선의 방정식을 구하시오.

$$2x - y + z = 2, \quad x - 2y - z = 10$$

Solution 각각 다른 변수를 소거하여 y, z를 x를 이용하여 나타내면

$$y = x - 4, \quad z = -x - 2$$

이다. $x = t$라 하고 벡터방정식으로 바꾸어 쓰면 다음과 같다.

$$(x,\ y,\ z) = (1,\ 1,\ -1)t + (0,\ -4,\ -2)$$ □

4.2.4 연습문제

1. 삼각형 $OAB(\theta = \angle AOB)$에 대하여 다음 식이 성립하는데 이를 **코사인 제2법칙(second law of cosine)**이라 한다.

$$|AB|^2 = |OA|^2 + |OB|^2 - 2|OA||OB|\cos\theta$$

코사인 제2법칙을 이용하여 다음 등식이 성립함을 보이시오.

$$\mathbf{a} \cdot \mathbf{b} = \|\mathbf{a}\|\|\mathbf{b}\| \cos \theta$$

2. 주어진 $\mathbf{a}$, $\mathbf{b}$에 대하여 $\mathbf{a} \cdot \mathbf{b}$을 구하시오.

(a) $\mathbf{a} = (5,\ -12),\ \mathbf{b} = (-3,\ -1)$
(b) $\mathbf{a} = (5,\ -1,\ 2), \mathbf{b} = (2,\ 3,\ -1)$
(c) $\mathbf{a} = \mathbf{e}_1 + 4\mathbf{e}_2,\ \mathbf{b} = -\mathbf{e}_1 + 2\mathbf{e}_2$
(d) $\mathbf{a} = \mathbf{e}_1 - 2\mathbf{e}_2 + 3\mathbf{e}_3,\ \mathbf{b} = \mathbf{e}_1 - 2\mathbf{e}_2 - 3\mathbf{e}_3$

3. $\mathbf{a}$, $\mathbf{b}$가 다음과 같은 성질을 가질 때 $\mathbf{a} \cdot \mathbf{b}$를 구하시오.

(a) $\|\mathbf{a}\| = 2,\ \|\mathbf{b}\| = 3$, $\mathbf{a}$와 $\mathbf{b}$ 사이의 각이 $120°$
(b) $\|\mathbf{a}\| = \sqrt{2},\ \|\mathbf{b}\| = \sqrt{3}$, $\mathbf{a}$와 $\mathbf{b}$ 사이의 각이 $\frac{\pi}{6}$

4. 좌표공간의 점 $A,\ B,\ C$에 대하여 삼각형 ABC가 한 변의 길이가 2인 정삼각형일 때 다음 값을 구하시오.

(a) $\overrightarrow{AB} \cdot \overrightarrow{AC}$ (b) $\overrightarrow{BA} \cdot \overrightarrow{BC}$ (c) $\overrightarrow{BA} \cdot \overrightarrow{AC}$ (d) $\overrightarrow{CA} \cdot \overrightarrow{AC}$

5. 좌표공간에서 사각형 $ABCD$가 한 변의 길이가 1인 정사각형일 때 다음 값을 구하시오.

(a) $\overrightarrow{AB} \cdot \overrightarrow{BC}$ (b) $\overrightarrow{AB} \cdot \overrightarrow{CD}$ (c) $\overrightarrow{AB} \cdot \overrightarrow{BD}$ (d) $\overrightarrow{AC} \cdot \overrightarrow{BD}$

6. 한 변의 길이가 1인 정육각형 $ABCDEF$에 대하여 다음 값을 구하시오.

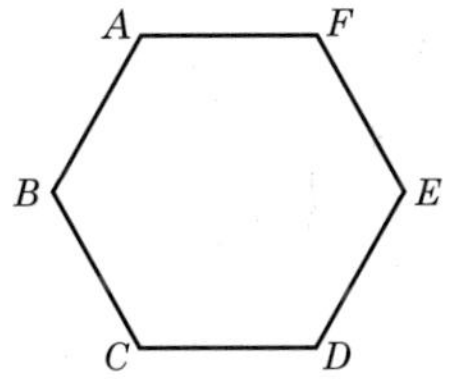

(a) $\overrightarrow{AB} \cdot \overrightarrow{AD}$ (b) $\overrightarrow{AB} \cdot \overrightarrow{BC}$ (c) $\overrightarrow{BC} \cdot \overrightarrow{DF}$ (d) $\overrightarrow{AC} \cdot \overrightarrow{BE}$

7. 다음 그림은 한 변의 길이가 각각 1인 정삼각형과 정사각형이다. $\mathbf{u} \cdot \mathbf{v}$, $\mathbf{u} \cdot \mathbf{w}$를 각각 구하시오.

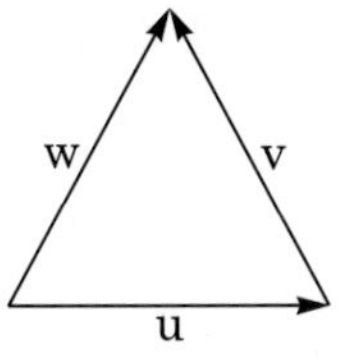

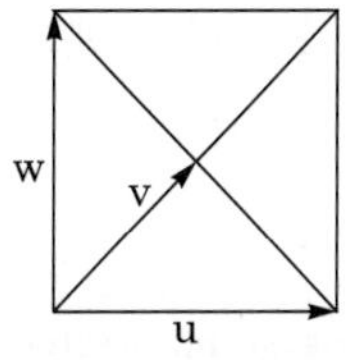

8. 공간의 세 점 $A(3,\ 0,\ 2)$, $B(4,\ 3,\ 0)$, $C(8,\ 1,\ -1)$은 직각삼각형의 꼭짓점이 됨을 보이시오.

9. $\mathbb{R}^n$의 두 벡터 $\mathbf{a}$, $\mathbf{b}$에 대하여 다음 등식이 성립함을 보이시오.

(a) $\mathbf{a}\cdot\mathbf{b} = \dfrac{1}{4}\|\mathbf{a}+\mathbf{b}\|^2 - \dfrac{1}{4}\|\mathbf{a}-\mathbf{b}\|^2$ (b) $(\mathbf{a}+\mathbf{b})\cdot(\mathbf{a}-\mathbf{b}) = \|\mathbf{a}\|^2 - \|\mathbf{b}\|^2$

10. (a) $x^2+y^2+z^2=1$일 때 $x+2y+3z$의 최댓값과 이때 $(x,\ y,\ z)$를 구하시오.
(b) $x+2y+3z=7$일 때 $x^2+y^2+z^2$의 최솟값을 구하시오.

11. $a_1+a_2+\cdots+a_n=1$인 n개의 수 $a_1,\ a_2,\ \ldots,\ a_n$에 대하여 $a_1^2+a_2^2+\cdots+a_n^2$의 최솟값과 $a_i,\ i=1,\ \ldots,\ n$의 값을 구하시오.

12. 임의의 두 벡터 $\mathbf{a}$, $\mathbf{b}$에 대하여 다음 부등식이 성립함을 보이시오.[4]

$$\|\mathbf{a}+\mathbf{b}\| \le \|\mathbf{a}\| + \|\mathbf{b}\|$$

또, 등호가 성립하는 때는 $\mathbf{a}$와 $\mathbf{b}$가 같은 방향일 때임을 설명하시오.

13. 다음 두 벡터에 동시에 수직인 단위벡터를 모두 구하시오.

(a) $\mathbf{a}=(1,\ 0,\ 1),\quad \mathbf{b}=(0,\ 1,\ 1)$ (b) $\mathbf{a}=(1,\ 2,\ 3),\quad \mathbf{b}=(1,\ 1,\ 1)$

14. 두 벡터 $\mathbf{a}$, $\mathbf{b}$가 수직일 때 k의 값을 구하시오.

(a) $\mathbf{a}=(2,\ 3),\quad \mathbf{b}=(k+1,\ k-1)$ (b) $\mathbf{a}=(1,\ -1,\ 2),\quad \mathbf{b}=(k^2,\ k,\ -3)$

15. $\mathbf{a}$가 두 벡터 $\mathbf{b}_1$, $\mathbf{b}_2$와 각각 수직이면 임의의 실수 k_1, k_2에 대하여 $\mathbf{a}$는 $k_1\mathbf{b}_1+k_2\mathbf{b}_2$와도 수직임을 보이시오.

16. 두 벡터 $\mathbf{a}$, $\mathbf{b}$가 수직인 것과 다음 등식이 성립하는 것이 필요충분조건임을 보이시오

(a) $\|\mathbf{a}+\mathbf{b}\|^2 = \|\mathbf{a}\|^2+\|\mathbf{b}\|^2$ (b) $\|\mathbf{a}+\mathbf{b}\| = \|\mathbf{a}-\mathbf{b}\|$

17. 다음 조건을 만족하는 평면의 방정식을 구하시오.
(a) 점 $(1,\ -2,\ 3)$을 지나고 벡터 $(1,\ -3,\ 7)$과 수직인 평면
(b) 점 $(2,\ -2,\ 7)$을 지나고 직선 $x=1+3t,\ y=3+5t,\ z=2-7t$와 수직인 평면

[4] 이 부등식을 삼각부등식(**triangle inequality**)이라 한다.

(c) 원점을 지나고 평면 $11x - 17y + 19z = 22$와 평행인 평면

18. 다음 직선과 평면의 교점을 구하시오.

(a) 직선 $x = 3 - t, y = 2t + 2,\ z = 3t - 7,$ 평면 $x - 2y + 3z = 10$

(b) 직선 $x = 2y - 4 = 3z,$ 평면 $2x + 5y - 3z = 10$

19. 다음 두 평면은 평행한지, 수직인지 판단하시오.

(a) $x + 4y - 7z = 1,\ 2x + 3y + 6z = 5$

(b) $z = 3x + 4y - 7,\ 2x - 3y + 6z = 5$

(c) $4x - 6y + 2z = 11,\ z = 3y - 2x$

(d) $x + 2y - 2z = 5,\ 2x + y + 2z = 7$

노트

4.3 행렬 : 정의와 연산

4.3.1 행렬의 정의

다음과 같은 두 일차연립방정식을 생각해 보자.

$$\begin{cases} x+2y &= 4 \\ 2x-y &= 3 \end{cases} \qquad \begin{cases} a+2b &= 4 \\ 2a-b &= 3 \end{cases}$$

첫번째 연립방정식과 두번째 연립방정식에는 다른 변수가 사용되었지만 해를 구하는 방법은 본질적으로 동일하다. 여기서 중요한 역할을 하는 것은 변수의 계수와 등호 오른쪽에 있는 상수들이다. 따라서 위의 일차연립방정식은 모두 다음과 같은 수의 배열에 의하여 특징지어 진다.

$$\begin{pmatrix} 1 & 2 & 4 \\ 2 & -1 & 3 \end{pmatrix}$$

이렇게 수 또는 문자를 직사각형 모양으로 배열하여 괄호로 묶은 것을 **행렬(matrix)**이라 한다. 행렬을 구성하고 있는 수 또는 문자를 그 행렬의 성분이라 한다. 행렬에서 성분을 가로로 배열한 줄을 **행(row)**이라 하고 위에서부터 제1행, 제2행, $\cdots$ 이라고 한다. 또 성분을 세로로 배열한 줄을 **열(column)**이라 하며 왼쪽에서부터 차례로 제1열, 제2열, $\cdots$ 라 한다.

$$\begin{array}{cc} & \begin{array}{ccc} \text{제1열} & \text{제2열} & \text{제3열} \\ \downarrow & \downarrow & \downarrow \end{array} \\ \begin{array}{c} \text{제1행} \ \rightarrow \\ \text{제2행} \ \rightarrow \end{array} & \begin{pmatrix} 1 & 2 & 4 \\ 2 & -1 & 3 \end{pmatrix} \end{array}$$

한편 m개의 행과 n개의 열로 이루어진 행렬을 $m \times n$ 행렬이라 하고 **행렬의 크기**가 $m \times n$이라 한다. 아래 행렬들은 각각

$$2 \times 2, \quad 1 \times 4, \quad 3 \times 1, \quad 2 \times 3$$

행렬이다.

$$\begin{pmatrix} 1 & -1 \\ 2 & 1 \end{pmatrix}, \quad \begin{pmatrix} 1 & 1 & -1 & 1 \end{pmatrix}, \quad \begin{pmatrix} 1 \\ 0 \\ 0 \end{pmatrix}, \quad \begin{pmatrix} 2 & 0 & -1 \\ 2 & 0 & -1 \end{pmatrix}$$

첫번째 행렬처럼 행과 열의 수가 같은 행렬을 **정사각행렬(square matrix)**이라 하며 $n \times n$ 행렬을 n차 정사각행렬이라 한다. 두번째 행렬처럼 행이 하나인 $1 \times m$ 행렬을 m**행벡터(row vector)**, 세번째 행렬처럼 열이 하나인 $n \times 1$ 행렬을 n**열벡터(column vector)**라고 한다. 의미가 명확한 경우에는 단순히 **벡터(vector)**라고 부르기도 한다. 행벡터의 경우 표기의 편의상

$(a_1, \ \ldots, \ a_n)$으로 나타내기도 한다.

일반적으로 행렬을 문자로 나타낼 때는 알파벳 $A, \ B, \ C, \ \ldots$로 나타낸다. 행렬 A의 제i행과 제j열이 만나는 위치의 성분을 행렬 A의 $(i, \ j)$성분이라 하고 a_{ij}와 같이 나타낸다. 경우에 따라

$$(A)_{ij} = a_{ij}$$

로 나타내기도 한다. $(i, \ j)$ 성분이 a_{ij}인 $m \times n$ 행렬을 간단히 (a_{ij}), 행과 열의 개수를 강조하고 싶을 때는 $(a_{ij})_{m \times n}$로 나타내기도 한다. 일반적인 $m \times n$ 행렬은 다음과 같이 쓸 수 있다.

$$A = (a_{ij}) = \begin{pmatrix} a_{11} & a_{12} & \cdots & a_{1n} \\ a_{21} & a_{22} & \cdots & a_{2n} \\ \vdots & \vdots & \ddots & \vdots \\ a_{m1} & a_{m2} & \cdots & a_{mn} \end{pmatrix}$$

행렬 A의 i번째 행벡터는 $\mathbf{r}_i(A)$, 또는 간단히 $\mathbf{r}_i$, j번째 열벡터는 $\mathbf{c}_j(A)$ 또는 $\mathbf{c}_j$로 나타낸다.

$$\mathbf{r}_i(A) = (a_{i1}, \ldots, a_{in}), \quad \mathbf{c}_j(A) = \begin{pmatrix} a_{1j} \\ \vdots \\ a_{mj} \end{pmatrix}$$

행렬 A는 행벡터와 열벡터를 이용하여 각각 다음과 같이 나타낼 수 있다.

$$A = \begin{pmatrix} \mathbf{r}_1(A) \\ \vdots \\ \mathbf{r}_m(A) \end{pmatrix}, \quad A = (\mathbf{c}_1(A) \ \cdots \ \mathbf{c}_n(A))$$

예를 들어 3×2 행렬 $A = \begin{pmatrix} 1 & -1 \\ 2 & 3 \\ -2 & 0 \end{pmatrix}$의 제3행은 $(-2, \ 0)$, 제2열은 $\begin{pmatrix} -1 \\ 3 \\ 0 \end{pmatrix}$, A의 $(3, \ 2)$ 성분은 0이다.

$$\mathbf{r}_3(A) = (-2, \ 0), \quad \mathbf{c}_2(A) = \begin{pmatrix} -1 \\ 3 \\ 0 \end{pmatrix}, \quad (A)_{32} = a_{32} = 0$$

보기 1 행렬 A의 크기와 성분 a_{ij}가 다음과 같을 때 행렬 A를 구하시오.

(a) 2×3 : $a_{ij} = i + j$ (b) 3×3 : $a_{ij} = i - j$ (c) 3×2 : $a_{ij} = ij$

Solution

(a) $\begin{pmatrix} 2 & 3 & 4 \\ 3 & 4 & 5 \end{pmatrix}$

(b) $\begin{pmatrix} 0 & -1 & -2 \\ 1 & 0 & -1 \\ 2 & 1 & 0 \end{pmatrix}$

(c) $\begin{pmatrix} 1 & 2 \\ 2 & 4 \\ 3 & 6 \end{pmatrix}$ □

두 행렬 A, B의 크기가 같을 때, A와 B는 **같은 꼴**이라고 한다. 같은 꼴인 두 행렬 A, B의 각 성분이 모두 같으면 두 행렬은 **같다**고 한다. 다시 말해서 $m \times n$ 행렬 $A = (a_{ij})$와 $B = (b_{ij})$에 대하여

$$a_{ij} = b_{ij}, \quad 1 \le i \le m,\ 1 \le j \le n$$

이면 두 행렬은 같다고 한다. 예를 들어 2×2 행렬 A, B가 같을 조건은 다음과 같다.

$$A = B \quad \Leftrightarrow \quad \begin{cases} a_{11} = b_{11} & a_{12} = b_{12} \\ a_{21} = b_{21} & a_{22} = b_{22} \end{cases}$$

n차 정사각행렬 A의 성분

$$a_{11},\ a_{22},\ \ldots,\ a_{nn}$$

을 정사각행렬의 **대각성분(diagonal entry)**이라 한다. 대각성분 이외의 모든 성분이 0인 정사각행렬을 **대각행렬(diagonal matrix)**이라 한다. 대각성분이 $d_1,\ d_2,\ \ldots,\ d_n$인 대각행렬은 $D(d_1,\ d_2,\ \ldots,\ d_n)$으로 나타낸다.

$$D(d_1,\ d_2,\ \ldots,\ d_n) = \begin{pmatrix} d_1 & 0 & \cdots & 0 \\ 0 & d_2 & \cdots & 0 \\ \vdots & \vdots & \ddots & 0 \\ 0 & 0 & \cdots & d_n \end{pmatrix}$$

예를 들면 다음과 같다.

$$D(1,\ -2) = \begin{pmatrix} 1 & 0 \\ 0 & -2 \end{pmatrix}, \quad D(a,\ b,\ c) = \begin{pmatrix} a & 0 & 0 \\ 0 & b & 0 \\ 0 & 0 & c \end{pmatrix}$$

대각성분이 모두 1인 $n \times n$ 대각행렬을 n차원 **단위행렬(identity matrix)**이라 하고 I_n으로 나타낸다. 이를테면

$$I_2 = \begin{pmatrix} 1 & 0 \\ 0 & 1 \end{pmatrix}, \quad I_3 = \begin{pmatrix} 1 & 0 & 0 \\ 0 & 1 & 0 \\ 0 & 0 & 1 \end{pmatrix}, \quad I_4 = \begin{pmatrix} 1 & 0 & 0 & 0 \\ 0 & 1 & 0 & 0 \\ 0 & 0 & 1 & 0 \\ 0 & 0 & 0 & 1 \end{pmatrix}$$

이다. 혼동의 여지가 없으면 간단히 단위행렬을 I로 나타내기도 한다.

행렬의 합과 상수곱

같은 꼴의 두 행렬 $A,\ B$에 대하여 행렬의 합 $A+B$는 두 행렬의 각 성분을 더한 것을 성분으로 가지는 행렬이다. 즉, $m \times n$ 행렬 $A = (a_{ij})$와 $B = (b_{ij})$에 대하여

$$A + B = (a_{ij}) + (b_{ij}) = (a_{ij} + b_{ij})$$

이다. 상수 c에 대하여 상수곱 cA는 각 성분에 c를 곱한 것을 성분으로 가지는 행렬이다.

$$cA = c(a_{ij}) = (ca_{ij})$$

$(-1)A$는 단순히 $-A$로 쓰고 두 행렬의 차는 다음과 같이 정의한다.

$$A - B = A + (-B) = (a_{ij} - b_{ij})$$

보기 2 두 행렬 $A = \begin{pmatrix} 2 & 0 & -1 \\ 1 & 2 & 1 \end{pmatrix}$, $B = \begin{pmatrix} -2 & 1 & 2 \\ 0 & -3 & 1 \end{pmatrix}$에 대하여 다음을 계산하시오.

(a) $A + B$

(b) $A - B$

(c) $3A - 2B$

Solution

(a) $A + B = \begin{pmatrix} 2+(-2) & 0+1 & -1+2 \\ 1+0 & 2+(-3) & 1+1 \end{pmatrix} = \begin{pmatrix} 0 & 1 & 1 \\ 1 & -1 & 2 \end{pmatrix}$

(b) $A - B = \begin{pmatrix} 2-(-2) & 0-1 & -1-2 \\ 1-0 & 2-(-3) & 1-1 \end{pmatrix} = \begin{pmatrix} 4 & -1 & -3 \\ 1 & 5 & 0 \end{pmatrix}$

(c) $3A - 2B = \begin{pmatrix} 6 & 0 & -3 \\ 3 & 6 & 3 \end{pmatrix} - \begin{pmatrix} -4 & 2 & 4 \\ 0 & -6 & 2 \end{pmatrix} = \begin{pmatrix} 10 & -2 & -7 \\ 3 & 12 & 1 \end{pmatrix}$ □

실수의 덧셈에서 교환법칙과 결합법칙이 성립하는 것과 마찬가지로 행렬의 덧셈에서도 교환법칙과 결합법칙이 성립한다. 다시 말해서 같은 꼴의 행렬 A, B, C에 대하여 다음이 성립한다.

- $A+B=B+A$
- $(A+B)+C=A+(B+C)$

행렬의 덧셈에 대한 결합법칙이 성립하므로 $(A+B)+C$, $A+(B+C)$를 간단히 $A+B+C$로 쓴다.

모든 성분이 0인 행렬을 **영행렬(zero matrix)**이라 한다. 예를 들어

$$\begin{pmatrix} 0 & 0 \end{pmatrix}, \quad \begin{pmatrix} 0 \\ 0 \end{pmatrix}, \quad \begin{pmatrix} 0 & 0 \\ 0 & 0 \end{pmatrix}, \quad \begin{pmatrix} 0 & 0 & 0 \\ 0 & 0 & 0 \end{pmatrix}$$

은 모두 영행렬이다. 영행렬은 각 꼴에 대하여 하나씩 있는데 혼동의 우려가 없으면 보통 기호 O로 나타낸다. 그러면 A와 같은 꼴의 영행렬 O에 대하여

$$A+O=A=O+A, \quad A+(-A)=O=(-A)+A$$

이 성립한다. 다시 말해서 영행렬은 같은 꼴의 행렬의 집합에서 덧셈에 대한 **항등원(identity element)**이고 $-A$는 A의 덧셈에 대한 **역원(inverse element)**이다.

다음 관계식이 성립하는 것은 실수의 성질에서 쉽게 확인할 수 있다.

행렬의 합과 상수곱의 성질

같은 꼴의 행렬 A, B, C, O와 상수 a, b에 대하여 다음 관계식이 성립한다.

- $A+B=B+A$
- $(A+B)+C=A+(B+C)$
- $A+O=A, \quad A+(-A)=O$
- $a(bA)=(ab)A$
- $a(A+B)=aA+aB$
- $(a+b)A=aA+bA$

보기 3 다음 등식을 만족시키는 행렬 X를 구하시오.

(a) $X+\begin{pmatrix} 2 & 0 & -1 \\ 1 & 2 & 1 \end{pmatrix}=\begin{pmatrix} 2 & 3 & 2 \\ 2 & 1 & -1 \end{pmatrix}$ (b) $\begin{pmatrix} 1 & 2 \\ 3 & 4 \end{pmatrix}-2X=\begin{pmatrix} 1 & 4 \\ 5 & 8 \end{pmatrix}$

Solution

(a) $X = \begin{pmatrix} 2 & 3 & 2 \\ 2 & 1 & -1 \end{pmatrix} - \begin{pmatrix} 2 & 0 & -1 \\ 1 & 2 & 1 \end{pmatrix} = \begin{pmatrix} 0 & 3 & 3 \\ 1 & -1 & -2 \end{pmatrix}$

(b) $-2X = \begin{pmatrix} 1 & 4 \\ 5 & 8 \end{pmatrix} - \begin{pmatrix} 1 & 2 \\ 3 & 4 \end{pmatrix} = \begin{pmatrix} 0 & 2 \\ 2 & 4 \end{pmatrix}$이므로

$$X = -\frac{1}{2}\begin{pmatrix} 0 & 2 \\ 2 & 4 \end{pmatrix} = \begin{pmatrix} 0 & -1 \\ -1 & -2 \end{pmatrix}$$ □

4.3.2 행렬벡터곱

사과, 배, 감 1개의 가격이 2000원, 3000원, 1500원일 때 각각 5, 3, 4개를 구입하는 가격은

$$2000 \cdot 5 + 3000 \cdot 3 + 1500 \cdot 4 = 25000$$

이다. 가격을 행벡터 $\mathbf{p} = (2000,\ 3000,\ 1500)$으로 나타내고 구매수량을 열벡터 $\mathbf{q} = \begin{pmatrix} 5 \\ 3 \\ 4 \end{pmatrix}$로 나타내자. 이때 행벡터 $\mathbf{p}$와 열벡터 $\mathbf{q}$의 곱을 $\mathbf{pq}$로 나타내고 같은 순서의 성분을 곱하여 모두 더한 것으로 정의한다.

$$\mathbf{pq} = (2000,\ 3000,\ 1500)\begin{pmatrix} 5 \\ 3 \\ 4 \end{pmatrix} = 2000 \cdot 5 + 3000 \cdot 3 + 1500 \cdot 4$$

같은 차원의 행벡터와 열벡터의 곱도 같은 방법으로 정의한다.

행벡터와 열벡터의 곱

n행벡터 $\mathbf{a} = (a_1,\ \ldots,\ a_n)$와 n열벡터 $\mathbf{b} = \begin{pmatrix} b_1 \\ \vdots \\ b_n \end{pmatrix}$에 대하여 $\mathbf{a}$와 $\mathbf{b}$의 곱은 $\mathbf{ab}$로 나타내고 다음과 같이 정의한다.

$$\mathbf{ab} = (a_1,\ \ldots,\ a_n)\begin{pmatrix} b_1 \\ \vdots \\ b_n \end{pmatrix} = a_1b_1 + \cdots + a_nb_n$$

$m \times n$ 행렬 A와 n열벡터 $\mathbf{x}$의 곱은 $A\mathbf{x}$로 나타내고 $A\mathbf{x}$의 i번째 성분이 A의 i번째 행과 $\mathbf{x}$의 곱인 m열벡터로 정의한다.

행렬벡터곱의 정의

행렬 $A = \begin{pmatrix} a_{11} & \cdots & a_{1n} \\ \vdots & \ddots & \vdots \\ a_{m1} & \cdots & a_{mn} \end{pmatrix}$와 벡터 $\mathbf{x} = \begin{pmatrix} x_1 \\ \vdots \\ x_n \end{pmatrix}$의 곱은 다음과 같이 정의한다.

$$A\mathbf{x} = \begin{pmatrix} \mathbf{r}_1(A)\mathbf{x} \\ \vdots \\ \mathbf{r}_m(A)\mathbf{x} \end{pmatrix} = \begin{pmatrix} a_{11}x_1 + \cdots + a_{1n}x_n \\ \vdots \\ a_{m1}x_1 + \cdots + a_{mn}x_n \end{pmatrix}$$

Note 행렬벡터곱 $A\mathbf{x}$는 다음과 같이 행렬 A의 열벡터를 이용하여 나타낼 수 있다.

$$A\mathbf{x} = x_1 \begin{pmatrix} a_{11} \\ \vdots \\ a_{m1} \end{pmatrix} + \cdots + x_n \begin{pmatrix} a_{1n} \\ \vdots \\ a_{mn} \end{pmatrix} = x_1\mathbf{c}_1(A) + \cdots + x_n\mathbf{c}_n(A)$$

보기 4

(a) $$\begin{pmatrix} 5 & 2 \\ 3 & 4 \\ 6 & 7 \end{pmatrix} \begin{pmatrix} 8 \\ -9 \end{pmatrix} = \begin{pmatrix} 5(8) + 2(-9) \\ 3(8) + 4(-9) \\ 6(8) + 7(-9) \end{pmatrix} = \begin{pmatrix} 22 \\ -12 \\ -15 \end{pmatrix}$$

(b) $$\begin{pmatrix} 2 & -3 & -2 \\ 3 & 1 & 5 \end{pmatrix} \begin{pmatrix} 6 \\ -11 \\ 7 \end{pmatrix} = \begin{pmatrix} 2(6) + (-3)(-11) + (-2)(7) \\ 3(6) + 1(-11) + 5(7) \end{pmatrix} = \begin{pmatrix} 31 \\ 42 \end{pmatrix}$$

(c) $$\begin{pmatrix} 1 & 0 & 0 \\ 0 & 1 & 0 \\ 0 & 0 & 1 \end{pmatrix} \begin{pmatrix} x \\ y \\ z \end{pmatrix} = \begin{pmatrix} 1(x) + 0(y) + 0(z) \\ 0(x) + 1(y) + 0(z) \\ 0(x) + 0(y) + 1(z) \end{pmatrix} = \begin{pmatrix} x \\ y \\ z \end{pmatrix}$$ □

위의 보기 (c)의 결과는 임의의 벡터 $\mathbf{x} \in \mathbb{R}^3$에 대하여 $I_3\mathbf{x} = \mathbf{x}$임을 보여 준다. 이 결과는 n차원 단위행렬 I_n과 $\mathbf{x} \in \mathbb{R}^n$에 대하여 자연스럽게 확장된다. 다시 말해서 임의의 벡터 $\mathbf{x} \in \mathbb{R}^n$에 대하여 다음 등식이 성립한다.

$$I_n\mathbf{x} = \mathbf{x}$$

행렬벡터곱에 대한 다음 성질은 간단하지만 중요한 결과이다. 증명은 연습문제로 남긴다.

행렬벡터곱의 성질

$m \times n$ 행렬 A와 n벡터 $\mathbf{u}$, $\mathbf{v}$, 상수 c에 대하여 다음 식이 성립한다.

- $A(\mathbf{u}+\mathbf{v}) = A\mathbf{u} + A\mathbf{v}$
- $A(c\mathbf{u}) = c(A\mathbf{u})$

Note 위의 두 성질을 이용하면 상수 a, b에 대하여 다음 식이 성립한다.

$$A(a\mathbf{u} + b\mathbf{v}) = aA\mathbf{u} + bA\mathbf{v}$$

4.3.3 행렬곱

두 행렬 A, $B = \begin{pmatrix} \mathbf{b}_1 & \cdots & \mathbf{b}_k \end{pmatrix}$의 곱을 AB로 나타내고

$$AB = \begin{pmatrix} A\mathbf{b}_1 & \cdots & A\mathbf{b}_k \end{pmatrix}$$

로 정의한다. 이때 행렬 A, B가 각각 $m \times n$, $n \times k$ 꼴일 때 곱셈이 정의되며 AB는 $m \times k$ 행렬이다.

$$\underset{(m \times k)}{C} = \underset{(m \times n)}{A} \quad \underset{(n \times k)}{B}$$

AB의 j번째 열벡터는

$$A\mathbf{b}_j = \begin{pmatrix} \mathbf{r}_1(A)\mathbf{b}_j \\ \vdots \\ \mathbf{r}_m(A)\mathbf{b}_j \end{pmatrix} = \begin{pmatrix} \mathbf{r}_1(A)\mathbf{c}_j(B) \\ \vdots \\ \mathbf{r}_m(A)\mathbf{c}_j(B) \end{pmatrix} = \begin{pmatrix} a_{11}b_{1j} + \cdots + a_{1n}b_{nj} \\ \vdots \\ a_{m1}b_{1j} + \cdots + a_{mn}b_{nj} \end{pmatrix}$$

이므로 $(AB)_{ij}$는 A의 i번째 행과 B의 j번째 열의 각 성분을 순서대로 곱하여 더한 값이다.

행렬곱의 계산

$m \times n$ 행렬 $A = (a_{ij})$와 $n \times k$ 행렬 $B = (b_{ij})$의 곱 AB는 $m \times k$ 행렬이고 AB의 $(i,\ j)$ 성분은 다음과 같다.

$$(AB)_{ij} = \mathbf{r}_i(A)\mathbf{c}_j(B) = \sum_{k=1}^{n} a_{ik}b_{kj} = a_{i1}b_{1j} + \cdots + a_{in}b_{nj}$$

보기 5 두 행렬 $A = \begin{pmatrix} 1 & 3 & -1 \\ -2 & -1 & 1 \end{pmatrix}$, $B = \begin{pmatrix} -4 & 0 \\ 5 & -2 \\ -1 & 2 \end{pmatrix}$에 대하여 AB는 2×2 행렬이고

$$AB = \begin{pmatrix} 1 & 3 & -1 \\ -2 & -1 & 1 \end{pmatrix} \begin{pmatrix} -4 & 0 \\ 5 & -2 \\ -1 & 2 \end{pmatrix} = \begin{pmatrix} 12 & -8 \\ 2 & 4 \end{pmatrix}$$

이다. 반면에 BA는 3×3 행렬이고

$$BA = \begin{pmatrix} -4 & 0 \\ 5 & -2 \\ -1 & 2 \end{pmatrix} \begin{pmatrix} 1 & 3 & -1 \\ -2 & -1 & 1 \end{pmatrix} = \begin{pmatrix} -4 & -12 & 4 \\ 9 & 17 & -7 \\ -5 & -5 & 3 \end{pmatrix}$$

이다. □

Note $m \times n$ 행렬 A와 $n \times k$ 행렬 B에 대하여 $m \neq k$이면 BA가 정의되지 않는다. $m = k$인 경우라도 행렬의 곱셈에 대하여는 교환법칙이 성립하지 않는다.

$$AB \neq BA$$

Note a, b가 실수인 경우, $ab = 0$이면 $a = 0$, 또는 $b = 0$이다. 그러나 행렬곱에 대하여는 이러한 성질이 성립하지 않는다. 다시 말해서 두 행렬이 곱이 영행렬이어도 두 행렬 모두 영행렬이 아닐 수 있다. 예를 들어 $A = \begin{pmatrix} 1 & 0 \\ 0 & 0 \end{pmatrix}$, $B = \begin{pmatrix} 0 & 0 \\ 0 & 1 \end{pmatrix}$이면 $A \neq O$, $B \neq O$이지만 $AB = O$이다.

행렬곱에 대하여 교환법칙은 성립하지 않지만 결합법칙은 성립한다. 행렬의 연산에 대하여 다음 성질을 보이는 것은 연습문제로 남긴다.

행렬곱의 성질

연산이 가능한 행렬 A, B, C에 대하여 다음 관계식이 성립한다.

- $A(cB) = c(AB)$
- $A(B + C) = AB + AC, \quad (B + C)A = BA + CA$
- $I_m A = A, \quad AI_n = A \quad$ (A는 $m \times n$ 행렬)
- $(AB)C = A(BC)$

Note 행렬곱에 대하여 결합법칙이 성립하므로 정사각행렬의 거듭제곱을 다음과 같이 정의할 수 있다.

$$A^2 = AA, \quad A^3 = A^2A = AA^2, \ \ldots, \ A^n = (A^{n-1})A = A(A^{n-1})$$

4.3.4 전치행렬

$m \times n$ 행렬 $A = (a_{ij})$에서 $(i,\ j)$항을 $(j,\ i)$항이 되도록 만든 행렬을 A^t로 나타내고 A의 **전치행렬(transpose matrix)**이라고 한다. 다시 말해서 $A^t = (b_{ij})$라고 하면

$$b_{ij} = a_{ji}$$

이다. 예를 들어

$$\begin{pmatrix} 1 & 2 & 3 \\ 4 & 5 & 6 \end{pmatrix}^t = \begin{pmatrix} 1 & 4 \\ 2 & 5 \\ 3 & 6 \end{pmatrix}, \quad (a_1,\ a_2,\ \ldots,\ a_n)^t = \begin{pmatrix} a_1 \\ a_2 \\ \vdots \\ a_n \end{pmatrix}$$

이다. A^t는 $n \times m$ 행렬이다. 전치행렬 A^t의 i번째 행은 A의 i번째 열과 같은 성분을 가지고 A^t의 j번째 열은 A의 j번째 행과 같은 성분을 가진다.

$$\mathbf{r}_i(A^t) = (a_{1i},\ \ldots,\ a_{mi}), \quad \mathbf{c}_j(A^t) = \begin{pmatrix} a_{j1} \\ \vdots \\ a_{jn} \end{pmatrix}$$

연산이 가능한 행렬 $A,\ B$에 대하여 다음의 성질들이 성립한다.

- $(cA)^t = cA^t, \quad (A^t)^t = A$
- $(A+B)^t = A^t + B^t, \quad (AB)^t = B^tA^t$

전치행렬의 간단한 응용을 살펴보면서 이 절을 마치기로 한다. 교무과에서 시간표를 만들기 위하여 학생 m명을 대상으로 수강하려고 하는 강좌를 조사하였다. n개의 강좌가 개설되고

$$a_{ij} = \begin{cases} 1, & i\text{번째 학생이 } j\text{강좌를 신청한 경우} \\ 0, & i\text{번째 학생이 } j\text{강좌를 신청하지 않은 경우} \end{cases}$$

라고 하면 $A = (a_{ij})$는 $m \times n$ 행렬이다. $C = A^tA$라고 했을 때 C의 $(i,\ j)$ 항을 c_{ij}라 하자. $B = A^t = (b_{ij})$라고 하면 $b_{ik} = a_{ki}$이므로

$$\begin{aligned} c_{ij} &= b_{i1}a_{1j} + b_{i2}a_{2j} + \cdots + b_{im}a_{mj} \\ &= a_{1i}a_{1j} + a_{2i}a_{2j} + \cdots + a_{mi}a_{mj} \end{aligned}$$

$a_{ki}a_{kj}$는 두 수 모두 1인 경우만 1이고 나머지 경우는 모두 0이므로

$$a_{ki}a_{kj} = \begin{cases} 1, & k\text{번째 학생이 } i \text{ 강좌와 } j \text{ 강좌를 동시에 신청하였을 때} \\ 0, & \text{그 이외의 경우} \end{cases}$$

이다. 따라서 c_{ij}는 $i=j$인 경우 i 강좌를 신청한 학생의 수, $i \neq j$인 경우는 i 강좌와 j 강좌를 동시에 수강하는 학생의 수를 나타낸다.

보기 6 다섯 개의 강좌에 대하여 열 명의 학생을 대상으로 희망하는 강좌를 조사하여 다음과 같은 표를 얻었다.

	강좌 1	강좌 2	강좌 3	강좌 4	강좌 5
학생 1	1	0	1	0	1
학생 2	1	1	1	0	0
학생 3	0	1	0	1	1
학생 4	1	0	1	1	0
학생 5	0	1	1	1	0
학생 6	1	1	0	0	1
학생 7	0	0	1	1	0
학생 8	1	0	1	1	0
학생 9	1	1	0	0	1
학생 10	0	1	0	1	1

(a) 같이 듣고 싶어하는 학생들이 가장 많은 순서쌍을 구하시오.

(b) 강좌 개설이 가능한 시간대가 모두 4개일 때 가장 많은 학생들이 듣고 싶은 강좌를 수강할 수 있도록 같은 시간대에 놓을 강좌를 선택하시오.

Solution

(a) 위의 표를 10×5 행렬로 나타낸 것을 A라고 하면

$$A^tA = \begin{pmatrix} 6 & 3 & 4 & 2 & 3 \\ 3 & 6 & 2 & 3 & 4 \\ 4 & 2 & 6 & 4 & 1 \\ 2 & 3 & 4 & 6 & 2 \\ 3 & 4 & 1 & 2 & 5 \end{pmatrix}$$

이다. 따라서 대각원소를 제외하면 $(1,\ 3)$, $(3,\ 4)$, $(2,\ 5)$ 항이 가장 큰 값 4를 갖는다. 즉, 1 강좌와 3 강좌, 3 강좌와 4 강좌, 그리고 2 강좌와 5 강좌를 동시에 신청하려는 학생이 가장 많다.

(b) $(3,\ 5)$ 항이 1, 즉 3 강좌와 5 강좌를 동시에 신청하려는 학생이 1로 가장 작으므로 3 강좌와 5 강좌를 같은 시간대에 편성하면 된다. □

대칭행렬

정사각행렬 A에 대하여 $A^t = A$이면 A를 **대칭(symmetric)**이라고 한다. 다시 말해서, $A = (a_{ij})$의 모든 $i,\ j$에 대하여

$$a_{ij} = a_{ji}$$

이면 A는 대칭이라고 한다. 정사각행렬 A에 대하여

$$\begin{aligned} (A + A^t)^t &= A^t + (A^t)^t = A^t + A = A + A^t \\ (A^t A)^t &= A^t (A^t)^t = A^t A \end{aligned}$$

이므로 $A + A^t,\ A^t A$ 모두 대칭이다.

다음과 같이 모든 항이 이차인 이변수함수를 **이차동차함수(quadratic form)**이라 부른다.

$$f(x,\ y) = ax^2 + 2bxy + cy^2$$

이차동차함수은 대칭행렬을 이용하여 나타낼 수도 있다. 2×2 대칭행렬 A와 2벡터 $\mathbf{x}$를

$$A = \begin{pmatrix} a & b \\ b & c \end{pmatrix} \qquad \mathbf{x} = \begin{pmatrix} x \\ y \end{pmatrix}$$

라 하면

$$\mathbf{x}^t A \mathbf{x} = (x,\ y) \begin{pmatrix} a & b \\ b & c \end{pmatrix} \begin{pmatrix} x \\ y \end{pmatrix} = (x,\ y) \begin{pmatrix} ax + by \\ bx + cy \end{pmatrix} = ax^2 + 2bxy + cy^2$$

변수가 3개 이상인 이차동차함수에 대해서도 같은 방법으로 대응하는 대칭행렬을 찾을 수 있다. 예를 들어 대칭행렬 A와 3벡터 $\mathbf{x}$에 대하여

$$A = \begin{pmatrix} 1 & 3 & -1 \\ 3 & -1 & 2 \\ -1 & 2 & 4 \end{pmatrix}, \qquad \mathbf{x} = \begin{pmatrix} x \\ y \\ z \end{pmatrix}$$

일 때

$$\begin{aligned}(x,\ y,\ z)\begin{pmatrix} 1 & 3 & -1 \\ 3 & -1 & 2 \\ -1 & 2 & 4 \end{pmatrix}\begin{pmatrix} x \\ y \\ z \end{pmatrix} &= (x,\ y,\ z)\begin{pmatrix} x+3y-z \\ 3x-y+2z \\ -x+2y+4 \end{pmatrix} \\ &= x(x+3y-z)+y(3x-y+2z) \\ &\quad +z(-x+2y+4z) \\ &= x^2-y^2+4z^2+6xy+4yz-2zx\end{aligned}$$

이다. 일반적으로 대칭행렬

$$A=\begin{pmatrix} a & d & f \\ d & b & e \\ f & e & c \end{pmatrix} \tag{4.6}$$

에 대응하는 이차동차함수은

$$\mathbf{x}^t A\mathbf{x} = ax^2+by^2+cz^2+2dxy+2eyz+2fzx$$

이다.

보기 7 다음 이차동차식에 대응하는 대칭행렬을 구하시오.

(a) $-x^2+2y^2+4xy$

(b) $-x^2+2y^2+3z^2+4xy+6yz-10zx$

Solution

(a) 대응하는 대칭행렬을 $A=\begin{pmatrix} a & b \\ b & c \end{pmatrix}$라 하면

$$\mathbf{x}^t A\mathbf{x} = ax^2+2bxy+cx^2 = -x^2+2y^2+4xy$$

이므로 $a=-1,\ b=2,\ c=2$이다 . 즉

$$A=\begin{pmatrix} -1 & 2 \\ 2 & 2 \end{pmatrix}$$

(b) (4.6)에 주어진 행렬 A에 대하여

$$\begin{aligned}\mathbf{x}^t A\mathbf{x} &= ax^2+by^2+cz^2+2dxy+2eyz+2fzx \\ &= -x^2+2y^2+3z^2+4xy+6yz-10zx\end{aligned}$$

이므로

$$A = \begin{pmatrix} -1 & 2 & -5 \\ 2 & 2 & 3 \\ -5 & 3 & 3 \end{pmatrix}$$

이다. □

4.3.5 연습문제

1. 성분이 다음과 같이 정의된 4×4 행렬 A를 구하시오[5]

(a) $a_{ij} = \begin{cases} ij, & j \geq i \\ 0, & i > j \end{cases}$ (b) $a_{ij} = \begin{cases} 0, & j \geq i \\ i+j, & i > j \end{cases}$

2. $A = \begin{pmatrix} 1 & 2 & x \\ y^2 & 1 & 3 \end{pmatrix}$, $B = \begin{pmatrix} z & 2 & 2-x \\ 4 & 1 & y+1 \end{pmatrix}$에 대하여 $A = B$일 때, x, y, z를 구하시오.

3. $A = \begin{pmatrix} 1 & 2 & 3 \\ 0 & -1 & 2 \end{pmatrix}$, $B = \begin{pmatrix} 3 & -2 & 1 \\ 2 & 3 & 0 \end{pmatrix}$에 대하여 다음 행렬을 구하시오.

(a) $A + B$ (b) $A - B$ (c) $2A + 3B$ (d) $\dfrac{A+B}{2}$

✠ 다음과 같은 행렬에 대하여 질문에 답하시오(4−7).

$$A = \begin{pmatrix} 3 & 2 & 1 \\ 1 & 0 & -1 \end{pmatrix} \quad B = \begin{pmatrix} 2 & 1 & 2 \\ 0 & -1 & 3 \end{pmatrix} \quad C = \begin{pmatrix} 1 & -2 & 1 \\ 0 & 1 & -1 \\ 2 & 1 & 0 \end{pmatrix}$$

$$D = \begin{pmatrix} 1 & 2 & 1 \\ 3 & 1 & 1 \\ 1 & 1 & 0 \end{pmatrix} \quad E = \begin{pmatrix} 1 & -2 \\ 1 & -1 \\ 1 & 0 \end{pmatrix} \quad F = \begin{pmatrix} 1 & 1 \\ 1 & 1 \\ -1 & 1 \end{pmatrix}$$

4. 주어진 연산이 가능하면 계산하시오.

(a) A^t (c) $A - 2B$ (e) $A - 3C$ (g) $C + C^t$

(b) $A + B$ (d) $2C - 3D$ (f) $A + E^t$ (h) $(C + C^t)^t$

---

[5](a)처럼 대각항 아래 성분이 모두 0인 정사각행렬을 **상삼각행렬(upper triangular matrix)**, (b)처럼 대각항 위 성분이 모두 0인 정사각행렬을 **하삼각행렬(lower triangular matrix)**이라 한다.

5. 다음 식을 만족하는 행렬 X를 구하시오.

(a) $A+X=B$ (b) $2X-C=D$ (c) $2E+X=F-X$

6. 행렬 C에 대하여 $C\begin{pmatrix} 3 \\ -1 \\ 2 \end{pmatrix}$를 C의 열벡터의 일차결합으로 나타내시오.

7. $\mathbf{x}=\begin{pmatrix} 1 \\ 2 \\ 3 \end{pmatrix}$, $\mathbf{y}=\begin{pmatrix} 1 \\ -2 \end{pmatrix}$일 때 다음 행렬과 벡터의 곱을 구하시오.

(a) $A\mathbf{x}$ (b) $B\mathbf{x}$ (c) $C\mathbf{x}$ (d) $E\mathbf{y}$ (e) $A^t\mathbf{y}$

8. 다음 벡터의 일차결합을 행렬과 벡터의 곱을 이용하여 나타내시오.

(a) $3\begin{pmatrix} 1 \\ -2 \end{pmatrix}-2\begin{pmatrix} 1 \\ 2 \end{pmatrix}+3\begin{pmatrix} -2 \\ 1 \end{pmatrix}$ (c) $\begin{pmatrix} 2 \\ -2 \end{pmatrix}-\begin{pmatrix} 1 \\ 1 \end{pmatrix}+2\begin{pmatrix} -1 \\ 2 \end{pmatrix}$

(b) $2\begin{pmatrix} 3 \\ -2 \\ 2 \end{pmatrix}-\begin{pmatrix} 1 \\ -1 \\ 4 \end{pmatrix}-3\begin{pmatrix} 0 \\ 1 \\ 2 \end{pmatrix}$ (d) $2\begin{pmatrix} 3 \\ -2 \\ -1 \\ 1 \end{pmatrix}+3\begin{pmatrix} 1 \\ -1 \\ 4 \\ -2 \end{pmatrix}-\begin{pmatrix} 0 \\ 1 \\ 2 \\ 3 \end{pmatrix}$

9. 3×3 행렬 A에 대하여 $A\mathbf{e}_1=\begin{pmatrix} 2 \\ 1 \\ 3 \end{pmatrix}$, $A\mathbf{e}_2=\begin{pmatrix} 1 \\ 1 \\ 0 \end{pmatrix}$, $A\mathbf{e}_3=\begin{pmatrix} 0 \\ 1 \\ 2 \end{pmatrix}$일 때

(a) A를 구하시오.

(b) $A\begin{pmatrix} 1 \\ 1 \\ -1 \end{pmatrix}$을 구하시오.

10. 3×3 행렬 A에 대하여 $(1,\ 0,\ 0)A=(3,\ 2,\ -1)$, $(0,\ 1,\ 0)A=(2,\ -1,\ 4)$, $(0,\ 0,\ 1)A=(-1,\ 2,\ 3)$일 때

(a) A를 구하시오.

(b) $A\begin{pmatrix} 1 \\ 1 \\ -1 \end{pmatrix}$을 구하시오.

11. $m \times n$ 행렬 $A = \begin{pmatrix} \mathbf{a}_1 & \cdots & \mathbf{a}_n \end{pmatrix}$와 n벡터 $\mathbf{u}$, $\mathbf{v}$, 상수 c에 대하여 다음 식이 성립함을 보이시오.

(a) $A(\mathbf{u}+\mathbf{v}) = A\mathbf{u} + A\mathbf{v}$　　(b) $A(c\mathbf{u}) = c(A\mathbf{u})$

12. $n \times n$ 행렬 A에 대하여

(a) 임의의 n벡터 $\mathbf{x}$에 대하여 $A\mathbf{x} = \mathbf{0}$이면 $A = O$ 임을 보이시오.

(b) 임의의 n벡터 $\mathbf{x}$에 대하여 $A\mathbf{x} = \mathbf{x}$이면 $A = I_n$ 임을 보이시오.

13. 행렬 A, B, C, D가 다음과 같을 때 행렬곱이 정의되면 행렬곱을 구하시오.

$$A = \begin{pmatrix} 1 & -1 \\ 0 & 2 \end{pmatrix} \quad B = \begin{pmatrix} 1 & 2 & 0 \\ 2 & 0 & -1 \end{pmatrix} \quad C = \begin{pmatrix} -2 & 1 \\ 0 & 2 \\ 1 & -1 \end{pmatrix} \quad D = \begin{pmatrix} 1 & 0 & 0 \\ 0 & 2 & 0 \\ 0 & 0 & 3 \end{pmatrix}$$

(a) A^2　　(e) AB　　(i) AD　　(m) BD

(b) B^2　　(f) BA　　(j) DA　　(n) DB

(c) C^2　　(g) AC　　(k) BC　　(o) CD

(d) D^2　　(h) CA　　(l) CB　　(p) DC

14. 행렬 A, B, C가 다음과 같을 때 행렬곱이 정의되면 행렬곱을 구하시오.

$$A = \begin{pmatrix} 1 & 1 \\ 1 & 0 \end{pmatrix}, \quad B = \begin{pmatrix} 0 & 1 \\ 1 & -1 \end{pmatrix}, \quad C = \begin{pmatrix} 1 & 2 & 3 \\ 3 & 2 & 1 \end{pmatrix}$$

(a) A^2　　(b) A^4　　(c) $(AB)C$　　(d) $A(BC)$　　(e) $AC - BC$

15. $A = \begin{pmatrix} a & b \\ c & d \end{pmatrix}$, $P = \begin{pmatrix} d_1 & 0 \\ 0 & d_2 \end{pmatrix}$일 때 AP, PA를 구하시오.

16. $A = (a_{ij})_{n\times n}$, $P = D(d_1, \ldots, d_n)$일 때 AP, PA를 구하시오.

17. 다음과 같은 행렬에 대하여 주어진 행렬을 구하시오.

$$C = \begin{pmatrix} 3 & 2 & 1 \\ 1 & 0 & -1 \end{pmatrix} \quad D = \begin{pmatrix} 2 & 1 \\ 0 & -1 \\ 1 & 0 \end{pmatrix} \quad E = \begin{pmatrix} 1 & -2 & 1 \\ 0 & 1 & -1 \\ 2 & 1 & 0 \end{pmatrix}$$

(a) $C^t,\ D^t$ (c) $(CC^t)^t$ (e) DD^t

(b) CC^t (d) D^tD (f) $E - E^t$

18. $n \times n(n \geq 2)$ 행렬 $A,\ B$에 대하여 다음 명제가 참이면 T, 거짓이면 F를 표시하시오.

(a) $AB = O$이면 $A = O$ 또는 $B = O$이다.

(b) $A^2 = O$이면 $A = O$이다.

(c) $AB = O$이면 $BA = O$이다.

(d) $A^2 = I_n$이면 $A = I_n$ 또는 $A = -I_n$이다.

19. 두 종류의 상품 P_1과 P_2를 생산하는 두 공장 '가,' '나'가 있다. 각 제품을 한단위 생산하는 데 공해물질인 **아황산가스(sulfur dioxide)**, **산화질소(nitric oxide)**, **분진(dust)**이 왼쪽 표와 같이 발생하고 한 달동안 두 공장에서 만들어내는 제품의 양은 오른쪽 표와 같다.

	아황산가스	산화질소	분진
P_1	200	150	100
P_2	300	250	400

	'가'	'나'
P_1	300	450
P_2	200	300

각 오염물질을 한 단위 처리하는 데 드는 비용(단위 : 천 원)은 다음과 같다.

	아황산가스	산화질소	분진
'가'	8	6	10
'나'	10	8	6

(a) 한 달동안 각 공장에서 배출하는 공해물질의 양을 표로 나타내시오.

(b) 각 공장에서 각 제품을 한 단위 만드는 데 배출되는 공해물질의 처리비용을 표로 나타내시오.

(c) 위의 표에 대응하는 행렬을 순서대로 $A,\ B,\ C$라고 할 때 (a), (b)의 표를 행렬의 곱으로 나타내시오.

20. 성인과 어린이를 대상으로 비만치료프로그램이 진행되고 있다. 참가인원과 대상별로 하루 동안 제공되는 3대 영양소는 다음과 같다.

	성인	어린이
여성	30	20
남성	25	25

	탄수화물	지방	단백질
성인	200	20	150
어린이	150	15	150

(a) 위 표에 대응하는 행렬을 각각 $A,\ B$라고 할 때, AB를 구하고 $(2,\ 2)$ 항이 무엇을 의미하는지 설명하시오.

(b) 이 프로그램에서 하루 동안 여성에게 제공되는 단백질의 총량은 얼마인가?

21. $m \times n$ 행렬 A에 대하여

(a) m행벡터 $B = (1,\ 1,\ \ldots,\ 1)$에 대하여 BA를 구하시오. BA의 j번째 항이 의미하는 것은 무엇인가?

(b) n열벡터 $B = \begin{pmatrix} 1 \\ \vdots \\ 1 \end{pmatrix}$에 대하여 AB를 구하시오. AB의 i번째 항이 의미하는 것은 무엇인가?

22. $n \times n$ 행렬 $A = (a_{ij})$의 **대각합(trace)**은 대각원소의 합으로 정의하고 $\text{tr}(A)$로 나타낸다.

$$\text{tr}(A) = a_{11} + a_{22} + \cdots + a_{nn}$$

$A,\ B$가 $n \times n$ 행렬일 때 다음을 보이시오.

(a) $\text{tr}(A^t) = \text{tr}(A)$

(b) $\text{tr}(A + B) = \text{tr}(A) + \text{tr}(B)$

(c) $\text{tr}(kA) = k\,\text{tr}(A)$

(d) $\text{tr}(AB) = \text{tr}(BA)$

23. 2024년 제주도와 울릉도를 방문한 국가별 관광객 수가 다음과 같다(단위 : 만 명).

	제주도	울릉도
대한민국	179	20
중국	244	9
일본	95	5

(a) 2024년 제주도를 방문한 사람 중에서 10%는 2025년에 제주도를 다시 방문하고 울릉도를 방문한 사람중에는 3%가 다시 울릉도를 방문한다고 예측한다.

$$A = \begin{pmatrix} 179 & 20 \\ 244 & 9 \\ 95 & 5 \end{pmatrix}, \quad B = \begin{pmatrix} 0.1 \\ 0.03 \end{pmatrix}, \quad C = \begin{pmatrix} 0.1 & 0 \\ 0 & 0.03 \end{pmatrix}$$

이라 할 때 $AB,\ AC$를 구하고 각 항이 의미하는 바를 설명하시오.

(b) 2025년 제주도와 울릉도를 방문하는 방문객의 수는 2024년 대비 대한민국은 10%, 중국은 20%, 일본은 8% 증가할 것으로 예측한다.

$$B_1 = (1.1,\ 1.2,\ 1.08), \quad C_1 = \begin{pmatrix} 1.1 & 0 & 0 \\ 0 & 1.2 & 0 \\ 0 & 0 & 1.08 \end{pmatrix}$$

이라 할 때 $B_1A,\ C_1A$를 구하고 각 항이 의미하는 바를 설명하시오.

24. 어떤 의류 회사는 일반형과 고급형 두 종류의 코트를 생산한다. 일반형에는 1.5kg의 합성섬유와 300g의 양모, 200g의 앙고라가 필요하고 고급형에는 200g의 합성섬유와 800g의 양모, 200g의 앙고라가 필요하다.

    (a) 합성섬유와 양모, 그리고 앙고라의 kg 당 구입가는 H사 제품은 각각 5000원, 이만 원, 삼만 원이고 J사 제품은 각각 6000원, 이만 원, 이만 오천 원이다. 원단을 H사에서 모두 구입하는 경우와 J사에서 모두 구입할 경우 일반형과 고급형 한 벌의 원단가격을 행렬곱을 이용하여 나타내시오.

    (b) 합성섬유와 양모, 그리고 앙고라의 kg 당 생산가는 H사는 각각 4000원, 만 오천 원, 이만 원이고, J사는 각각 4500원, 만 육천 원, 이만 원이다. 일반형과 고급형 한 벌의 원단을 판매하였을 때 각 원단회사가 얻는 이윤을 행렬의 곱을 이용하여 구하시오.

    (c) 일반형 250벌과 고급형 150벌을 만들려면 각 원단이 얼마나 필요한지 행렬곱을 이용하여 구하시오.

    (d) 일반형 250벌과 고급형 150벌을 만들려면 원단회사별로 비용이 얼마나 드는지 구하시오.

25. 연산이 가능한 행렬 A, B에 대하여 $(AB)^t = B^tA^t$이 성립함을 보이시오.

26. $n \times n$ 행렬 A가 대칭이고 $A^tA = O$이면 $A = O$임을 보이시오.

27. 다음 표는 성인병의 두 개 이상의 증상을 보이는 환자들을 조사한 결과이다.

	당뇨병	고지혈증	고혈압	심장병	비만
환자 1	0	1	1	0	0
환자 2	1	0	1	0	0
환자 3	0	1	0	1	0
환자 4	0	1	1	1	0
환자 5	0	0	0	1	1
환자 6	0	1	1	1	0
환자 7	0	0	1	0	1
환자 8	1	0	1	0	0
환자 9	0	1	0	0	1
환자 10	0	1	0	1	1

    (a) 동시에 가장 많이 관찰되는 성인병의 쌍을 구하시오.

    (b) 고혈압 환자에게 가장 많이 나타나는 성인병은 무엇인가?

28. 다음 표는 식료품 매장에서 고객이 구매한 품목을 조사한 결과이다.

	라면	맥주	땅콩	생수	분유	사과
고객 1	0	1	1	1	1	0
고객 2	1	0	0	0	0	1
고객 3	0	0	0	1	0	1
고객 4	1	1	1	1	0	1
고객 5	0	1	0	1	1	1
고객 6	1	0	1	1	0	1
고객 7	0	0	1	0	1	0
고객 8	1	0	1	0	0	0
고객 9	0	0	0	0	0	1
고객 10	1	0	0	1	0	0

(a) 주어진 표에 대응하는 행렬을 A라고 하고 $C = A^tA = (c_{ij})$라고 하자. c_{24}를 구하고 무엇을 의미하는지 설명하시오.

(b) 동시에 가장 많이 구매한 품목의 쌍을 구하시오.

(c) 매장이 두 개의 층으로 되어 있고 일부는 2층에 진열하여야 한다면 품목을 어떻게 분류하는 것이 좋을지 설명하시오.

29. 다음 대칭행렬로 만들어지는 이차동차함수를 구하시오.

(a) $\begin{pmatrix} 2 & -1 \\ -1 & -2 \end{pmatrix}$

(b) $\begin{pmatrix} 1 & 2 & 3 \\ 2 & 0 & -1 \\ 3 & -1 & 0 \end{pmatrix}$

30. 다음 이차동차함수에 대응하는 대칭행렬을 구하시오.

(a) $f(x,\ y,\ z) = x^2 - 2y^2 + 3z^2 - 2xy + 4yz - 6zx$

(b) $f(x,\ y,\ z) = 2xy - 14yz - zx$

4.4 선형방정식계

4.4.1 행렬방정식과 기약행사다리꼴

다음과 같은 방정식을 변수 $x_1,\ x_2,\ \ldots,\ x_n$의 **선형방정식** 또는 **일차방정식(linear equation)**이라 한다.

$$c_1x_1 + c_2x_2 + \cdots + c_nx_n = d \tag{4.7}$$

식 (4.7)에 $x_1 = s_1,\ \ldots,\ x_n = s_n$을 대입했을 때 등식이 성립하면 벡터 $\begin{pmatrix} s_1 \\ \vdots \\ s_n \end{pmatrix}$, 또는 $(s_1,\ \ldots,\ s_n)$을 식 (4.7)의 **해(solution)**라고 한다. 일반적으로 (4.7)의 해집합은 $n = 2$이면 평면에서 직선, $n = 3$이면 공간에서 평면이다.

같은 변수들의 선형방정식이 유한개 모여 있는 것을 **선형방정식계(system of linear equations)**, 또는 간단히 **선형계(linear system)**라고 한다. 일반적으로 n개의 변수와 m개의 식으로 이루어진 선형방정식계는 다음과 같이 쓸 수 있다.

$$\begin{aligned} a_{11}x_1 + \cdots + a_{1n}x_n &= b_1 \\ \vdots \qquad\qquad & \quad \vdots \\ a_{m1}x_1 + \cdots + a_{mn}x_n &= b_m \end{aligned} \tag{4.8}$$

선형계 (4.8)에 $x_1 = s_1,\ \ldots,\ x_n = s_n$을 대입했을 때 m**개의 등식이 모두 성립하면** 벡터 $\begin{pmatrix} s_1 \\ \vdots \\ s_n \end{pmatrix}$, 또는 $(s_1,\ \ldots,\ s_n)$을 선형계 (4.8)의 **해(solution)**라고 한다. 예를 들어 벡터 $(1,\ -1,\ 2)$는 다음 선형방정식계의 해이지만 벡터 $(2,\ -1,\ 2)$은 해가 아니다.

$$\begin{aligned} 3x + y - z &= 0 \\ x + 2y + 2z &= 3 \\ 2x - y - 3z &= -3 \end{aligned} \tag{4.9}$$

선형계의 해를 모두 구하는 것을 선형계를 **푼다**고 한다.

식 (4.8)은 다음과 같이 행렬벡터곱으로 쓸 수 있다.

$$\begin{pmatrix} a_{11} & \cdots & a_{1n} \\ \vdots & \ddots & \vdots \\ a_{m1} & \cdots & a_{mn} \end{pmatrix} \begin{pmatrix} x_1 \\ \vdots \\ x_n \end{pmatrix} = \begin{pmatrix} b_1 \\ \vdots \\ b_m \end{pmatrix}$$

따라서 $A = \begin{pmatrix} a_{11} & \cdots & a_{1n} \\ \vdots & \ddots & \vdots \\ a_{m1} & \cdots & a_{mn} \end{pmatrix}$, $\mathbf{x} = \begin{pmatrix} x_1 \\ \vdots \\ x_n \end{pmatrix}$, $\mathbf{b} = \begin{pmatrix} b_1 \\ \vdots \\ b_m \end{pmatrix}$ 라고 하면 선형계 (4.8)은 다음과 같이 행렬을 이용하여 나타낼 수 있다.

$$A\mathbf{x} = \mathbf{b}$$

이때 A를 **계수행렬(coefficient matrix)**이라 하고 선형방정식계를 행렬을 이용하여 나타내므로 **행렬방정식(matrix equation)**이라 한다.

<u>첨가행렬</u>

선형계를 푸는 데에 있어서 중요한 역할을 하는 것은 변수의 계수와 상수항이다. 그러므로 해집합을 구하기 위해서는 계수들과 오른쪽 상수들로 만들어진 다음과 같은 행렬을 다루는 것으로 충분하다.

$$\left(\begin{array}{ccc|c} a_{11} & \cdots & a_{1n} & b_1 \\ \vdots & & \vdots & \vdots \\ a_{m1} & \cdots & a_{mn} & b_m \end{array}\right)$$

이렇게 만들어진 행렬을 선형계의 **첨가행렬(augmented matrix)**이라 한다. 선형계를 푸는 방법은 기본적으로 소거법과 동일하다. 예를 들어 다음 선형계를 소거법으로 풀어 보자.

$$\begin{array}{rcrcr} x & - & 2y & = & 4 \\ 2x & + & 3y & = & 1 \end{array} \tag{4.10}$$

선형계 (4.10)에서 두번째 식의 $2x$를 소거하기 위해 첫번째 식에 2를 곱해 두번째 식에서 빼면 두번째 식은

$$7y = -7$$

이 되고 양변을 7로 나누면 즉 $1/7$을 곱하면

$$y = -1 \tag{4.11}$$

을 얻는다. 이 값을 선형계 (4.10)의 첫번째 식에 대입하면

$$x = 2$$

를 얻는다. $y = -1$을 선형계 (4.10)의 첫번째 식에 대입하는 것은 식 (4.11)에 2를 곱해 선형계 (4.10)의 첫번째 식에 더하는 것과 같다. 다음 보기에서 선형계를 푸는 과정을 선형계와 첨가행렬을 같이 써서 보이기로 한다.

보기 1 선형계 (4.10)의 첨가행렬은 다음과 같다.

$$\left(\begin{array}{cc|c} 1 & -2 & 4 \\ 2 & 3 & 1 \end{array}\right)$$

선형계 (4.10)에서 두번째 식의 $2x$를 소거하기 위해 첫번째 식에 2를 곱해 두번째 식에서 빼면

$$\begin{array}{rcrcr} x & - & 2y & = & 4 \\ & & 7y & = & -7 \end{array}, \qquad \left(\begin{array}{cc|c} 1 & -2 & 4 \\ 0 & 7 & -7 \end{array}\right)$$

을 얻는다. 이때 두번째 식의 계수 7로 나누면

$$\begin{array}{rcrcr} x & - & 2y & = & 4 \\ & & y & = & -1 \end{array}, \qquad \left(\begin{array}{cc|c} 1 & -2 & 4 \\ 0 & 1 & -1 \end{array}\right)$$

두번째 식에 2를 곱해 첫번째 식에 더하면 다음 결과를 얻는다.

$$\begin{array}{rcr} x & = & 2 \\ y & = & -1 \end{array}, \qquad \left(\begin{array}{cc|c} 1 & 0 & 2 \\ 0 & 1 & -1 \end{array}\right)$$

□

기약행사다리꼴

단순하게 말하자면 선형계를 푸는 것은 **계수들을 가능한 한** 0**과** 1**로 만드는 것**으로 이해할 수 있는데 이때 각 행의 첫번째 0이 아닌 계수는 1이 되도록 한다. 이때 계수가 1인 열의 다른 항의 값은 모두 0이 되도록 한다. 각 행에서 계수가 0이 아닌 첫번째 항을 **선행항(leading entry)**이라 하는데 아래 행의 선행항이 위 행의 선행항보다 오른쪽에 오도록 한다. 이는 주어진 식을 보기 좋고 이해하기 쉽게 하는 효과가 있다. 예를 들어 행렬 $\left(\begin{array}{cc|c} 0 & 1 & -1 \\ 1 & 0 & 2 \end{array}\right)$은

$$\begin{array}{rcr} y & = & -1 \\ x & = & 2 \end{array}$$

을 나타내므로 같은 해를 구해 주지만 관례적으로

$$\begin{array}{rcr} x & = & 2 \\ y & = & -1 \end{array}, \qquad \left(\begin{array}{cc|c} 1 & 0 & 2 \\ 0 & 1 & -1 \end{array}\right)$$

으로 나타내는 것이 선호된다.

이러한 조건을 만족하는 행렬을 **기약행사다리꼴(reduced row echelon form)**이라 한다.

기약행사다리꼴

행렬이 다음 성질을 만족하면 기약행사다리꼴이라 한다.

- 모든 선행항은 1이다.
- 선행항의 위, 아래는 모두 0이다.
- 아래 행의 선행항이 위 행의 선행항보다 오른쪽에 있다.

보기 2 2×2 행렬의 기약행사다리꼴을 모두 나열하면 다음과 같다. 이때 $*$는 임의의 실수를 의미한다.

$$\begin{pmatrix} 1 & 0 \\ 0 & 1 \end{pmatrix}, \quad \begin{pmatrix} 1 & * \\ 0 & 0 \end{pmatrix}, \quad \begin{pmatrix} 0 & 1 \\ 0 & 0 \end{pmatrix}$$

2×3 행렬의 기약행사다리꼴을 모두 나열하면 다음과 같다.

$$\begin{pmatrix} 1 & 0 & * \\ 0 & 1 & * \end{pmatrix}, \quad \begin{pmatrix} 1 & * & 0 \\ 0 & 0 & 1 \end{pmatrix}, \quad \begin{pmatrix} 1 & * & * \\ 0 & 0 & 0 \end{pmatrix}$$

$$\begin{pmatrix} 0 & 1 & 0 \\ 0 & 0 & 1 \end{pmatrix}, \quad \begin{pmatrix} 0 & 1 & * \\ 0 & 0 & 0 \end{pmatrix}, \quad \begin{pmatrix} 0 & 0 & 1 \\ 0 & 0 & 0 \end{pmatrix}$$

□

보기 1에서 선형계의 해를 구하기 위해서 방정식에 해 준 연산은 첨가행렬에서는 다음과 같이 나타낼 수 있다.[6] 이때 $\mathbf{r}_i$는 i번째 행을 나타낸다.

- 한 행에 0이 아닌 상수 c를 곱한다. $c\mathbf{r}_i \to \mathbf{r}_i$
- 한 행($\mathbf{r}_j$)에 상수배 한 것을 다른 행($\mathbf{r}_i$)에 더한다. $\mathbf{r}_i + c\mathbf{r}_j \to \mathbf{r}_i$

두 행의 위치를 바꾸는 것은 $\mathbf{r}_i \leftrightarrow \mathbf{r}_j$로 나타낸다. 이렇게 첨가행렬에 주어진 세 종류의 연산을 **기본행연산(elementary row operation)**, 또는 간단히 **행연산**이라 한다. 한 행렬에서 몇 개의 기본행연산들로 다른 행렬을 만들 수 있으면 두 행렬은 **동등하다(row equivalent)**고 한다. 동등한 첨가행렬로 나타낼 수 있는 선형계는 같은 해집합을 갖는다.

[6] 여기서 $\to$는 왼쪽의 것을 오른쪽에 대입하는 것을 의미한다.

보기 1의 연산과정은 다음과 같이 나타낼 수 있다.

$$\left(\begin{array}{cc|c} 1 & -2 & 4 \\ 2 & 3 & 1 \end{array}\right) \overset{-2\mathbf{r}_1+\mathbf{r}_2\to\mathbf{r}_2}{\longrightarrow} \left(\begin{array}{cc|c} 1 & -2 & 4 \\ 0 & 7 & -7 \end{array}\right)$$

$$\overset{\frac{1}{7}\mathbf{r}_2\to\mathbf{r}_2}{\longrightarrow} \left(\begin{array}{cc|c} 1 & -2 & 4 \\ 0 & 1 & -1 \end{array}\right) \overset{\mathbf{r}_1+2\mathbf{r}_2\to\mathbf{r}_1}{\longrightarrow} \left(\begin{array}{cc|c} 1 & 0 & 2 \\ 0 & 1 & -1 \end{array}\right)$$

4.4.2 선형계의 해집합

다음 행렬들을 살펴 보자.

$$A = \begin{pmatrix} 1 & 0 & 6 & 0 \\ 0 & 0 & 0 & 1 \\ 0 & 1 & 0 & 2 \end{pmatrix} \quad B = \begin{pmatrix} 1 & 0 & 0 & 8 \\ 0 & 1 & 0 & 4 \\ 0 & 2 & 1 & 6 \end{pmatrix} \quad C = \begin{pmatrix} 1 & 2 & 4 & 5 \\ 0 & 0 & 3 & 6 \\ 0 & 0 & 0 & 0 \end{pmatrix}$$

A는 세번째 행의 선행항이 두번째 행의 선행항보다 오른쪽에 있지 않아서 기약행사다리꼴이 아니다. 두번째 행과 세번째 행의 순서를 바꾼 A'은 기약행사다리꼴이다.

$$A = \begin{pmatrix} 1 & 0 & 6 & 0 \\ 0 & 0 & 0 & 1 \\ 0 & 1 & 0 & 2 \end{pmatrix} \overset{\mathbf{r}_2 \leftrightarrow \mathbf{r}_3}{\longrightarrow} \begin{pmatrix} 1 & 0 & 6 & 0 \\ 0 & 1 & 0 & 2 \\ 0 & 0 & 0 & 1 \end{pmatrix} = A'$$

첨가행렬 A'인 선형계는

$$\begin{array}{rcrcl} x_1 & + & 6x_3 & = & 0 \\ & & x_2 & = & 2 \\ & & 0 & = & 1 \end{array}$$

이고 이 선형계에서 마지막 식은

$$0x_1 + 0x_2 + 0x_3 = 1$$

을 의미하므로 해가 존재하지 않는다. 따라서 이 선형계의 해가 존재하지 않는다. 일반적으로 첨가행렬에서 마지막 상수항만 0이 아닌 행이 존재하면 그 선형계의 해가 존재하지 않는다. 이런 경우 주어진 선형계는 **불능(inconsistent)**이라 한다.

B는 두번째 행의 선행항 아래에 0이 아닌 항(2)이 존재하므로 기약행사다리꼴이 아니다. B는 다음과 같은 기본행연산에 의하여 기약행사다리꼴이 된다.

$$B = \begin{pmatrix} 1 & 0 & 0 & 8 \\ 0 & 1 & 0 & 4 \\ 0 & 2 & 1 & 6 \end{pmatrix} \overset{\mathbf{r}_3 - 2\mathbf{r}_2 \to \mathbf{r}_3}{\longrightarrow} \begin{pmatrix} 1 & 0 & 0 & 8 \\ 0 & 1 & 0 & 4 \\ 0 & 0 & 1 & -2 \end{pmatrix} = B'$$

행렬 B'을 첨가행렬로 가지는 선형계는 다음과 같다.

$$\begin{aligned} x_1 &= 8 \\ x_2 &= 4 \\ x_3 &= -2 \end{aligned}$$

B'처럼 첨가행렬에서 계수행렬이 단위행렬이면 항상 유일한 해가 존재한다.

C는 두번째 행의 선행항(3)이 1이 아니고 두번째 행의 선행항이 속한 열에 0이 아닌 항(4)이 있으므로 기약행사다리꼴이 아니다. 다음과 같은 기본행연산에 의하여 C는 약행사다리꼴이 된다.

$$C = \begin{pmatrix} 1 & 2 & 4 & 5 \\ 0 & 0 & 3 & 6 \\ 0 & 0 & 0 & 0 \end{pmatrix} \overset{\mathbf{r}_2/3 \to \mathbf{r}_2}{\to} \begin{pmatrix} 1 & 2 & 4 & 5 \\ 0 & 0 & 1 & 2 \\ 0 & 0 & 0 & 0 \end{pmatrix} \overset{\mathbf{r}_1 - 4\mathbf{r}_2 \to \mathbf{r}_1}{\to} \begin{pmatrix} 1 & 2 & 0 & -3 \\ 0 & 0 & 1 & 2 \\ 0 & 0 & 0 & 0 \end{pmatrix} = C'$$

행렬 C'을 첨가행렬로 가지는 선형계를 써 보면 다음과 같다.

$$\begin{aligned} x_1 + 2x_2 &= -3 \\ x_3 &= 2 \\ 0 &= 0 \end{aligned}$$

이때 x_1, x_3처럼 선행항에 해당되는 변수를 **기본변수(basic variable)**, x_2처럼 기본변수가 아닌 변수는 **자유변수(free variable)**라고 부른다. 따라서 변수가 n개인 선형계에서 항상

$$\text{기본변수의 수} + \text{자유변수의 수} = n$$

이다. 선형계의 해는 자유변수를 이용하여 다음과 같이 나타낼 수 있다.

$$\begin{aligned} x_1 &= -2x_2 - 4 \\ x_2 &= x_2 \\ x_3 &= 2 \end{aligned}$$

이렇게 자유변수를 이용하여 해를 나타낸 것을 선형계의 **일반해(general solution)**라고 한다. 일반해는 벡터를 이용하여 다음과 같이 나타낼 수 있다.

$$\begin{pmatrix} x_1 \\ x_2 \\ x_3 \end{pmatrix} = \begin{pmatrix} -2 \\ 1 \\ 0 \end{pmatrix} x_2 + \begin{pmatrix} -4 \\ 0 \\ 2 \end{pmatrix}$$

일반적으로 선형계에 대해 다음 결과가 성립한다.

선형계의 해집합

선형계 $A\mathbf{x} = \mathbf{b}$의 첨가행렬의 기약행사다리꼴에서

- $b \neq 0$이면서 $\left(\begin{array}{ccc|c} 0 & \cdots & 0 & b \end{array} \right)$ 꼴의 행이 있으면 해가 존재하지 않는다.
- 해가 존재하는 경우
  (a) 자유변수가 없으면 유일한 해가 존재한다.
  (b) 자유변수가 있으면 무수히 많은 해가 존재한다.

Note A가 정사각행렬이면 위의 결과는 다음과 같이 쓸 수 있다. 해가 존재하는 경우

(a) 대각항에 0이 없으면 유일한 해가 존재한다.

(b) 대각항에 0이 있으면 무수히 많은 해가 존재한다.

보기 3 다음 선형계의 일반해를 구하시오.

$$\begin{array}{ccccccc} x_1 & - & 3x_2 & + & 2x_4 & = & 7 \\ & & x_3 & - & 3x_4 & = & 2 \end{array}$$

Solution 선형계는 이미 기약행사다리꼴로 주어져 있다. 기본변수는 x_1, x_3이고 x_2, x_4는 자유변수이다. 일반해는 다음과 같다.

$$\begin{aligned} x_1 &= 3x_2 - 2x_4 + 7 \\ x_2 &= x_2 \\ x_3 &= 3x_4 + 2 \\ x_4 &= x_4 \end{aligned}$$

벡터를 이용하여 나타내면 다음과 같이 쓸 수 있다.

$$\begin{pmatrix} x_1 \\ x_2 \\ x_3 \\ x_4 \end{pmatrix} = \begin{pmatrix} 3 \\ 1 \\ 0 \\ 0 \end{pmatrix} x_2 + \begin{pmatrix} -2 \\ 0 \\ 3 \\ 1 \end{pmatrix} x_4 + \begin{pmatrix} 7 \\ 0 \\ 2 \\ 0 \end{pmatrix}$$ □

지금까지 살펴본 것처럼 선형계를 기약행사다리꼴을 이용해 해를 구하는 것을 **가우스**

소거법(Gauss elimination)이라 한다.[7]

A가 $n \times n$ 행렬일 때 선형계 $A\mathbf{x} = \mathbf{b}$가 유일한 해를 가지는 것은 A의 기약행사다리꼴이 단위행렬 I_n인 것과 동치이다. 마찬가지로 선형계 $A\mathbf{x} = \mathbf{0}$가 유일한 해 $\mathbf{x} = \mathbf{0}$를 가지는 것과 A의 기약행사다리꼴이 단위행렬 I_n인 것이 동치이므로 다음 결과를 얻는다.

필요충분조건

$n \times n$ 행렬 A에 대하여 다음 명제들은 동치이다.

- 임의의 n벡터 $\mathbf{b}$에 대하여 선형계 $A\mathbf{x} = \mathbf{b}$가 유일한 해를 갖는다.
- 선형계 $A\mathbf{x} = \mathbf{0}$가 유일한 해 $\mathbf{x} = \mathbf{0}$를 가진다.
- A의 기약행사다리꼴은 I_n이다.

4.4.3 사례연구

자원의 분배문제는 몇 개의 자원을 몇 개의 제한조건에 맞추어 분배하는 유형의 문제를 다룬다. 이러한 유형의 문제는 영양학이나 경제학 등에서 쉽게 찾아 볼 수 있다.

보기 4 비만환자의 식단은 총열량을 일정수준 이하로 제한하면서 비타민과 미네랄은 부족하지 않도록 구성되어야 한다. 어느 환자의 식단은 세 종류의 음식으로 구성되고 각 음식이 포함한 비타민 C와 칼슘, 그리고 마그네슘의 양이 다음 표로 정리되어 있다.

	음식1	음식2	음식3
비타민 C	10	15	35
칼슘	10	20	40
마그네슘	15	15	45

이 환자에게 필요한 비타민 C는 660, 칼슘은 820, 마그네슘은 750일 때 음식을 어떻게 섭취해야 하는지 구하시오.

[7]이러한 방법은 이미 기원전 3세기경 중국의 수학자에 의하여 사용된 기록이 있다. 그러나 서양에서는 19세기 독일의 수학자 **가우스(Carl Friedrich Gauss)**에 의하여 처음 발견되었다. 이 방법은 독일의 기술자 **요르단(Wilhelm Jordan)**이 측지학(geodesy)에 응용하면서 널리 보급되었다. 이런 이유로 Gauss–Jordan 소거법이라고도 한다.

Solution 음식 1을 x만큼, 음식 2를 y만큼, 음식 3을 z만큼 섭취한다고 하자. 그러면 각 영양소의 양은 다음과 같이 선형계를 이용하여 나타낼 수 있다.

$$\begin{array}{lcrcrcrcr} \text{비타민 C} & : & 10x & + & 15y & + & 35z & = & 660 \\ \text{칼슘} & : & 10x & + & 20y & + & 40z & = & 820 \\ \text{마그네슘} & : & 15x & + & 15y & + & 45z & = & 750 \end{array}$$

첫 방정식의 양변에는 1/5, 두번째 방정식에는 1/10, 마지막 방정식에는 1/15를 곱하면 선형계는 다음과 같은 꼴로 변형된다.

$$\begin{array}{rcrcrcr} 2x & + & 3y & + & 7z & = & 132 \\ x & + & 2y & + & 4z & = & 82 \\ x & + & y & + & 3z & = & 50 \end{array}$$

그러므로 다음과 같이 행연산으로 기약행사다리꼴을 구할 수 있다.

$$\left(\begin{array}{ccc|c} 2 & 3 & 7 & 132 \\ 1 & 2 & 4 & 82 \\ 1 & 1 & 3 & 50 \end{array}\right) \overset{\mathbf{r}_1 \leftrightarrow \mathbf{r}_3}{\rightarrow} \left(\begin{array}{ccc|c} 1 & 1 & 3 & 50 \\ 1 & 2 & 4 & 82 \\ 2 & 3 & 7 & 132 \end{array}\right)$$

$$\overset{\substack{\mathbf{r}_2 - \mathbf{r}_1 \to \mathbf{r}_2 \\ \mathbf{r}_3 - 2\mathbf{r}_1 \to \mathbf{r}_3}}{\rightarrow} \left(\begin{array}{ccc|c} 1 & 1 & 3 & 50 \\ 0 & 1 & 1 & 32 \\ 0 & 1 & 1 & 32 \end{array}\right) \overset{\substack{\mathbf{r}_3 - \mathbf{r}_2 \to \mathbf{r}_3 \\ \mathbf{r}_1 - \mathbf{r}_2 \to \mathbf{r}_1}}{\rightarrow} \left(\begin{array}{ccc|c} 1 & 0 & 2 & 18 \\ 0 & 1 & 1 & 32 \\ 0 & 0 & 0 & 0 \end{array}\right)$$

따라서 구하는 해는

$$x = 18 - 2z, \quad y = 32 - z$$

이고 음식 3은 9 이하로 섭취하여야 한다. 만약 음식 3을 6만큼 섭취한다면 음식 1은 6, 음식 2는 26만큼 섭취하여야 한다. □

망 분석

망(network)의 개념은 공학 뿐만 아니라 경제학, 사회학, 생태학 등 많은 분야에서 나타난다. 예를 들어, 전기회로, 교통망 등은 망을 이용하여 모형화할 수 있는 대표적인 예이다. 망은 **방향선분(arc 또는)**과 **마디(node)**로 이루어진 그래프로 나타낼 수 있다. 방향선분은 망 내의 흐름을 나타내고 마디는 방향선분끼리 만나는 교점을 나타낸다. 이상적인 망은 각 마디에서 **유입량(flow in)**과 **유출량(flow out)**이 같아야 한다.

보기 5 다음은 신도시 시청 근방 도로의 한부분이다. 한 시간 동안 교통량을 조사하였더니 다음과 같았다.

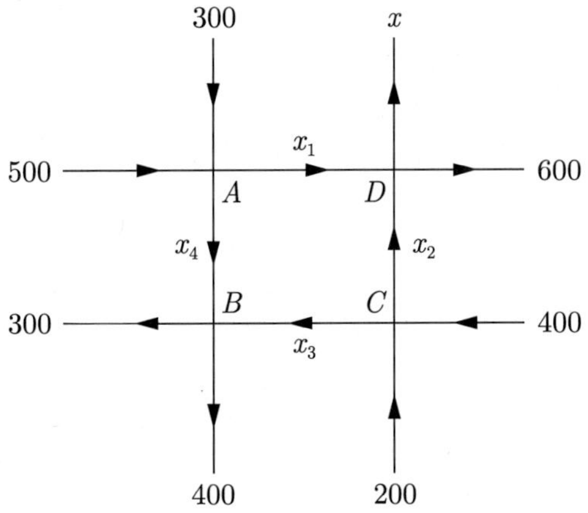

교통 흐름이 원활할 때

(a) x의 값을 구하시오.

(b) 교차로 A와 B 사이의 교통량 x_4의 범위를 구하시오.

Solution

(a) 교통 흐름이 원활하려면 이 망으로 들어오는 차량과 나가는 차량이 같아야 한다.

$$\begin{array}{rcrcl} \text{들어오는 차량 수} & : & 500+300+200+400 & = & 1400 \\ \text{나가는 차량 수} & : & x+600+400+300 & = & x+1300 \end{array}$$

이므로

$$x + 1300 = 1400$$

에서 $x = 100$임을 알 수 있다.

(b) 각 교차로로 들어 오는 차량의 수와 나가는 차량의 수를 구하면 다음과 같다.

교차로	들어오는 차량		나가는 차량
A :	$500+300$	$=$	x_1+x_4
B :	x_3+x_4	$=$	$400+300$
C :	$200+400$	$=$	x_2+x_3
D :	x_1+x_2	$=$	$100+600$

정리하여 쓰면 다음과 같다.

$$\begin{aligned} x_1 \qquad\qquad\qquad + x_4 &= 800 \\ x_3 + x_4 &= 700 \\ x_2 + x_3 \qquad &= 600 \\ x_1 + x_2 \qquad\qquad &= 700 \end{aligned}$$

가우스소거법을 사용하면

$$\left(\begin{array}{cccc|c} 1 & 0 & 0 & 1 & 800 \\ 0 & 0 & 1 & 1 & 700 \\ 0 & 1 & 1 & 0 & 600 \\ 1 & 1 & 0 & 0 & 700 \end{array}\right) \rightarrow \left(\begin{array}{cccc|c} 1 & 0 & 0 & 1 & 800 \\ 0 & 1 & 0 & -1 & -100 \\ 0 & 0 & 1 & 1 & 700 \\ 0 & 0 & 0 & 0 & 0 \end{array}\right)$$

을 얻는다. 따라서

$$\begin{aligned} x_1 &= 800 - x_4 \\ x_2 &= x_4 - 100 \\ x_3 &= 700 - x_4 \end{aligned}$$

이다. 모든 i에 대하여 $x_i \geq 0$이므로

$$100 \leq x_4 \leq 700$$

이다. □

다항식 보간법

평면에서 서로 다른 두 점을 지나는 직선은 유일하게 결정된다. 즉, 두 점 $(x_1,\ y_1)$, $(x_2,\ y_2)$, $(x_1 \neq x_2)$을 지나는 직선 $y = a + bx$는

$$\begin{aligned} y_1 &= a + bx_1 \\ y_2 &= a + bx_2 \end{aligned}$$

을 만족해야 하므로 $a,\ b$는 행렬방정식

$$\begin{pmatrix} y_1 \\ y_2 \end{pmatrix} = \begin{pmatrix} 1 & x_1 \\ 1 & x_2 \end{pmatrix} \begin{pmatrix} a \\ b \end{pmatrix}$$

을 풀면 구할 수 있다. $x_1 \neq x_2$이므로 이 행렬방정식은 유일한 해를 갖는다. 마찬가지로 $n+1$개의 점을 지나는 n차 함수의 방정식도 선형계를 이용하여 구할 수 있다. 즉, n차 함수 $y = a_0 + a_1 x + \cdots + a_n x^n$가 $n+1$개의 점

$$(x_0,\ y_0),\ (x_1,\ y_1),\ \ldots,\ (x_n,\ y_n)$$

을 지난다면(단, $x_i \neq x_j$) 다음 $n+1$개의 관계식이 성립한다.

$$\begin{aligned} y_0 &= a_0 + a_1x_0 + \cdots + a_nx_0^n \\ y_1 &= a_0 + a_1x_1 + \cdots + a_nx_1^n \\ &\vdots \\ y_n &= a_0 + a_1x_n + \cdots + a_nx_n^n \end{aligned}$$

따라서 원하는 n차 다항식을 구하기 위해서는 다음 행렬식을 만족하는 a_0, a_1, …, a_n을 구해야 한다.

$$\begin{pmatrix} y_0 \\ y_1 \\ \vdots \\ y_n \end{pmatrix} = \begin{pmatrix} 1 & x_0 & \cdots & x_0^n \\ 1 & x_1 & \cdots & x_1^n \\ \vdots & \vdots & \ddots & \vdots \\ 1 & x_n & \cdots & x_n^n \end{pmatrix} \begin{pmatrix} a_0 \\ a_1 \\ \vdots \\ a_n \end{pmatrix}$$

이렇게 주어진 점들을 지나는 다항식을 구하는 것을 **다항식보간법(polynomial interpolation)**이라 한다. x좌표가 모두 다른 $n+1$개의 점이 주어지면 이 점들을 지나는 n차 이하의 함수가 유일하게 존재한다.

보기 6 다음 점들을 지나는 3차 함수를 구하시오.

$$(0,\ 2),\ (1,\ 2),\ (-1,\ -4),\ (2,\ 8)$$

Solution 구하는 3차 함수를

$$y = a_0 + a_1x + a_2x^2 + a_3x^3$$

이라 하자. 그러면 주어진 점에서 얻어지는 선형계의 첨가행렬은

$$\left(\begin{array}{cccc|c} 1 & 0 & 0 & 0 & 2 \\ 1 & 1 & 1 & 1 & 2 \\ 1 & -1 & 1 & -1 & -4 \\ 1 & 2 & 4 & 8 & 8 \end{array}\right)$$

이다. 행연산을 하여 기약행사다리꼴로 바꾸면

$$\left(\begin{array}{cccc|c} 1 & 0 & 0 & 0 & 2 \\ 0 & 1 & 0 & 0 & 1 \\ 0 & 0 & 1 & 0 & -3 \\ 0 & 0 & 0 & 1 & 2 \end{array}\right)$$

을 얻는다. 즉,

$$a_0 = 2,\ a_1 = 1,\ a_2 = -3,\ a_3 = 2$$

이므로 구하는 3차 식은 다음과 같다.

$$y = 2 + x - 3x^2 + 2x^3 \qquad \square$$

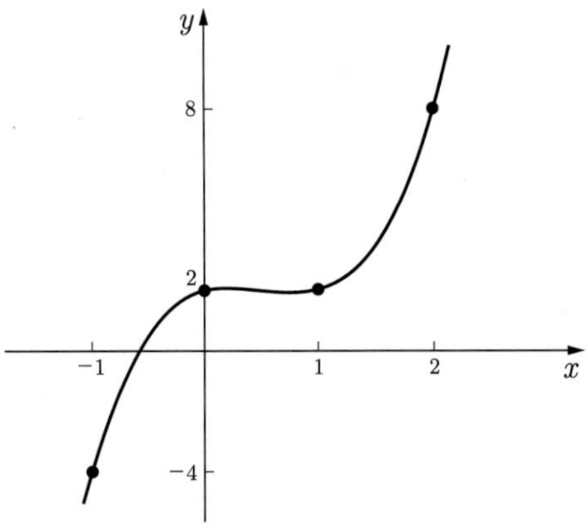

4.4.4 연습문제

1. 다음 연립방정식을 $A\mathbf{x} = \mathbf{b}$로 고쳐 쓰시오.

(a) $\begin{cases} 2x - 3y + z = 2 \\ x + 2y - 2z = 5 \end{cases}$

(b) $\begin{cases} x + 3y - 5z = 12 \\ x - y = 0 \\ 2x - y + z = 0 \end{cases}$

(c) $\begin{cases} -x + 2y + 4z = 8 \\ x - y + z = 2 \\ y + z = 2 \\ 3x + 2y = 0 \end{cases}$

2. 주어진 행렬 A와 벡터 $\mathbf{b}$에 대하여 $A\mathbf{x} = \mathbf{b}$가 나타내는 x, y, z의 연립방정식을 구하시오.

(a) $A = \begin{pmatrix} 3 & 2 & 1 \\ 1 & 0 & -1 \end{pmatrix}$, $\mathbf{b} = \begin{pmatrix} 2 \\ 0 \end{pmatrix}$

(b) $A = \begin{pmatrix} 1 & 2 & 3 \\ 3 & 1 & 2 \\ 2 & 3 & 1 \end{pmatrix}$, $\mathbf{b} = \begin{pmatrix} -2 \\ 1 \\ 1 \end{pmatrix}$

(c) $A = \begin{pmatrix} 1 & 2 \\ 2 & -1 \\ 0 & 3 \end{pmatrix}$, $\mathbf{b} = \begin{pmatrix} 0 \\ 1 \\ 3 \end{pmatrix}$

3. 다음 선형방정식계에 대하여 질문에 답하시오.

$$\begin{array}{rcrcrcrcr} 2x & + & & & & & w & = & 7 \\ 3x & + & 2y & + & 3z & & & = & -2 \\ 2x & + & 3y & - & 4z & & & = & 3 \\ x & + & & & 3z & & & = & 5 \end{array}$$

(a) 주어진 선형계를 행렬방정식으로 나타내시오.

(b) 주어진 선형계의 첨가행렬을 구하시오.

4. 다음 선형계에서

$$\begin{array}{rcrcrcr} x & - & y & + & z & = & 2 \\ & & 2y & - & 3z & = & -5 \\ -3x & + & 4y & - & 5z & = & -10 \end{array}$$

(a) 첨가행렬을 구하시오.

(b) 첨가행렬의 기약행사다리꼴을 구하시오.

(c) 주어진 선형계의 해를 구하시오.

5. 다음 행렬이 기약행사다리꼴이 아닌 이유를 설명하고 기약행사다리꼴이 되기 위해 필요한 행연산을 구하시오.

(a) $A = \begin{pmatrix} 1 & 0 & 0 & 6 & 0 \\ 0 & 0 & 1 & 5 & 0 \\ 0 & 1 & 0 & 2 & 0 \\ 0 & 0 & 0 & 0 & 1 \end{pmatrix}$ (b) $B = \begin{pmatrix} 1 & 2 & 0 & 6 & 8 \\ 0 & 0 & 1 & 5 & 4 \\ 0 & 0 & 0 & 1 & 2 \\ 0 & 0 & 0 & 0 & 0 \end{pmatrix}$

6. 다음 행렬 중에서 기약행사다리꼴을 찾고 행렬의 기약행사다리꼴을 구하시오.

(a) $\begin{pmatrix} 1 & 0 & 0 \\ 0 & 1 & 0 \\ 0 & 0 & 2 \end{pmatrix}$ (d) $\begin{pmatrix} 1 & 0 & 1 \\ 0 & 1 & 0 \\ 0 & 0 & 0 \end{pmatrix}$ (g) $\begin{pmatrix} 1 & 2 & 3 \\ 0 & 1 & 2 \\ 0 & 0 & 1 \end{pmatrix}$

(b) $\begin{pmatrix} 1 & 0 & 0 \\ 0 & 1 & 2 \\ 0 & 0 & 0 \end{pmatrix}$ (e) $\begin{pmatrix} 1 & 0 & 0 \\ 0 & 0 & 2 \\ 0 & 1 & 0 \end{pmatrix}$ (h) $\begin{pmatrix} 1 & 1 & 0 \\ 0 & 0 & 1 \\ 0 & 1 & 2 \end{pmatrix}$

(c) $\begin{pmatrix} 1 & 1 & 0 \\ 0 & 1 & 0 \\ 0 & 0 & 0 \end{pmatrix}$ (f) $\begin{pmatrix} 1 & 0 & 0 \\ 0 & 1 & 0 \\ 0 & 2 & 0 \end{pmatrix}$

7. 행렬 $A = \begin{pmatrix} a_1 & b_1 & c_1 \\ a_2 & b_2 & c_2 \\ a_3 & b_3 & c_3 \end{pmatrix}$와 다음 기본행렬에 대하여 E_iA를 구하시오.

(a) $E_1 = \begin{pmatrix} 0 & 1 & 0 \\ 1 & 0 & 0 \\ 0 & 0 & 1 \end{pmatrix}$ (b) $E_2 = \begin{pmatrix} 1 & 0 & 0 \\ 0 & 1 & 0 \\ -2 & 0 & 1 \end{pmatrix}$ (c) $E_3 = \begin{pmatrix} 1 & 0 & 0 \\ 0 & 3 & 0 \\ 0 & 0 & 1 \end{pmatrix}$

8. 변수 x, y, z, w의 선형계의 첨가행렬이 다음과 같을 때 자유변수를 말하고 일반해를 자유변수를 이용하여 나타내시오.

(a) $\left(\begin{array}{cccc|c} 1 & 0 & 2 & 0 & 3 \\ 0 & 1 & -2 & 0 & 1 \\ 0 & 0 & 0 & 1 & 3 \\ 0 & 0 & 0 & 0 & 0 \end{array}\right)$

(b) $\left(\begin{array}{cccc|c} 1 & -2 & 2 & 0 & 3 \\ 0 & 0 & 0 & 1 & 1 \\ 0 & 0 & 0 & 0 & 0 \\ 0 & 0 & 0 & 0 & 0 \end{array}\right)$

9. 첨가행렬이 다음과 같은 선형계를 푸시오.

(a) $\left(\begin{array}{ccc|c} 1 & 1 & 1 & 0 \\ 1 & 1 & 0 & 3 \\ 0 & 1 & 1 & 1 \end{array}\right)$

(b) $\left(\begin{array}{ccc|c} 1 & 2 & -3 & 9 \\ 2 & -1 & 1 & 0 \\ 4 & -1 & 1 & 4 \end{array}\right)$

(c) $\left(\begin{array}{ccc|c} 1 & -3 & -2 & 0 \\ -1 & 2 & 1 & 0 \\ 1 & 2 & 3 & 0 \end{array}\right)$

(d) $\left(\begin{array}{cccc|c} 1 & 1 & 2 & 1 & 1 \\ 1 & -1 & -1 & 1 & 0 \\ 0 & 1 & 1 & 0 & -1 \\ 1 & 1 & 0 & 1 & 2 \end{array}\right)$

10. 가우스소거법으로 다음 선형계를 푸시오.

(a) $\begin{cases} x - 2y = -6 \\ -2x + 3y = 7 \end{cases}$

(b) $\begin{cases} x + y = 1 \\ 2x - y = 5 \\ 3x - 4y = 2 \end{cases}$

(c) $\begin{cases} 2x - 2y + 4z = -6 \\ -4x + 4y - 8z = 7 \end{cases}$

(d) $\begin{cases} x - 2y - z = -3 \\ 2x - 4y + 2z = 2 \end{cases}$

(e) $\begin{cases} x - y + z = 0 \\ -2x + y = -4 \\ 4x - 2y + z = 5 \end{cases}$

(f) $\begin{cases} 3x + 2y + z = 2 \\ 4x + 2y + 2z = 8 \\ x - y + z = 4 \end{cases}$

11. 다음 선형계가 유일한 해를 갖는지 판단하시오.

(a) $\begin{cases} 2x - 2y + 4z = 0 \\ -4x + 4y - 8z = 0 \end{cases}$

(b) $\begin{cases} x - y + z = 0 \\ -2x + y = 0 \\ 4x - 2y + z = 0 \end{cases}$

(c) $\begin{cases} x_2 + 3x_3 - 2x_4 = 0 \\ 4x_1 - x_2 + 2x_3 - 5x_4 = 0 \\ x_1 + x_2 + 3x_3 - 2x_4 = 0 \end{cases}$

(d) $\begin{cases} x + 2y + z - w = 0 \\ x + 2y + 3z - w = 0 \\ 2x + y + 5z + 2w = 0 \\ -x + 2y - 3z - 3w = 0 \end{cases}$

12. $\mathbf{v}_1$, $\mathbf{v}_2$가 $A\mathbf{x} = \mathbf{0}$의 해이면 $a\mathbf{v}_1 + b\mathbf{v}_2$는 $A\mathbf{x} = \mathbf{0}$의 해가 됨을 보이시오.

13. $\mathbf{v}_1$, $\mathbf{v}_2$가 $A\mathbf{x} = \mathbf{b}$ $(\mathbf{b} \neq \mathbf{0})$의 해이면 $\mathbf{v}_1 + \mathbf{v}_2$는 $A\mathbf{x} = \mathbf{b}$의 해가 아님을 보이시오.

14. $\mathbf{x}_0$은 $A\mathbf{x} = \mathbf{b}$ $(\mathbf{b} \neq \mathbf{0})$의 해이고

    (a) $\mathbf{v}$가 $A\mathbf{x} = \mathbf{0}$의 해이면 $\mathbf{x}_0 + \mathbf{v}$는 $A\mathbf{x} = \mathbf{b}$의 해가 됨을 보이시오.

    (b) $\mathbf{x}_1$이 $A\mathbf{x} = \mathbf{b}$의 해이면 $\mathbf{x}_1 - \mathbf{x}_0$는 $A\mathbf{x} = \mathbf{0}$의 해임을 보이시오.

15. 비만조절 프로그램에서 세 종류의 음식만 섭취하는 다이어트를 실시한다고 하자. 각 음식 100g에는 3대 영양소가 다음과 같이 들어 있다.

	음식 1	음식 2	음식 3
탄수화물	8	16	32
단백질	8	4	4
지방	0	4	1

한 끼에 필요한 영양소의 양은 탄수화물 48, 단백질 32, 지방 3(단위 : g)이라 할 때 세 종류의 음식을 어떻게 제공해야 하는지 구하시오.

16. 실험실에서 배양하고 있는 세 종류의 박테리아는 한 시간에 다음 표와 같이 영양분을 소모한다.

	박테리아 1	박테리아 2	박테리아 3
영양분 A	1	2	1
영양분 B	2	1	1
영양분 C	1	1	2

한 시간 동안 소모된 영양분을 측정하였더니 영양분 A는 400, 영양분 B는 500, 영양분 C는 600이 소모되었다. 한 시간 동안 박테리아의 수는 변화가 없다고 할 때 박테리아의 수를 구하시오.

17. 다음은 신도시 지하의 수도관의 흐름을 그린 것이다.

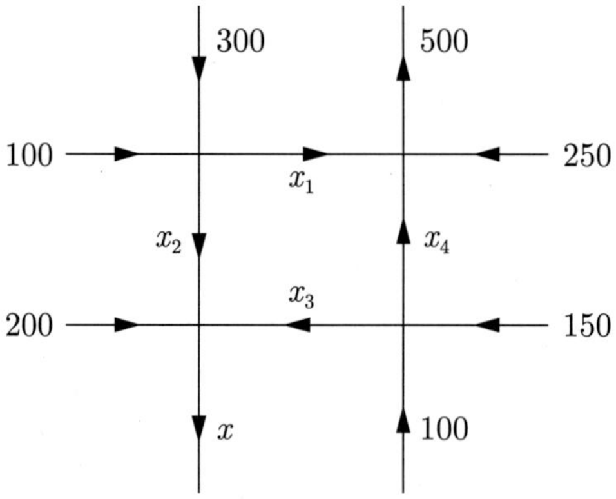

(a) 이 수도망의 흐름을 선형계를 이용하여 나타내시오.

(b) 이 수도망이 원활하게 흐를 때 x를 구하시오.

(c) 이 수도망이 원활하게 흐를 때 x_2의 최댓값과 최솟값을 구하시오.

18. 다음 세 점을 지나는 이차함수를 구하시오.

(a) $(1,\ 3),\ (2,\ 4),\ (3,\ 7)$ (b) $(1,\ 2),\ (3,\ 3),\ (5,\ 8)$

19. 다음 네 점을 지나는 삼차함수를 구하시오.

(a) $(-1,\ -1),\ (1,\ 3),\ (2,\ 5),\ (3,\ 15)$ (b) $(0,\ 5),\ (1,\ 4),\ (2,\ 9),\ (3,\ 32)$

20. 다음 그림은 기계 내부의 연결망을 그린 것이다.

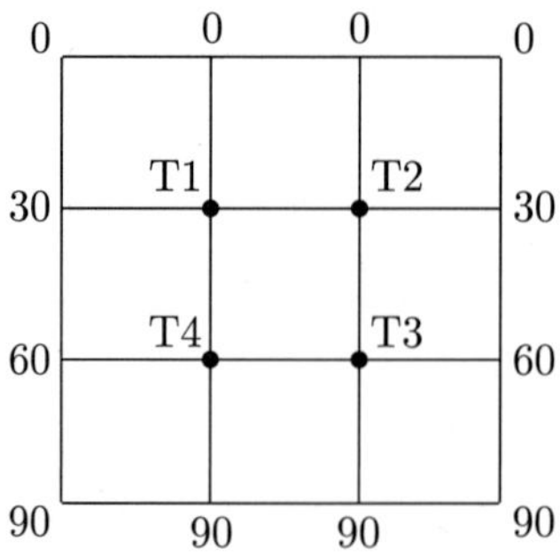

외부에 있는 연결점의 온도는 변화가 없고 내부의 점의 온도는 이웃하고 있는 점들의 온도의 평균이다. 예를 들어

$$T1 = \frac{0 + 30 + T2 + T4}{4}$$

이다. 내부의 연결점 $T1$, $T2$, $T3$, $T4$의 값을 구하시오.

노트

4.5 역행렬

4.5.1 역행렬 : 정의와 성질

행렬의 곱셈에 대한 항등원은 I_n이다. 다시 말해서, $n \times n$ 행렬 A에 대하여

$$AI_n = I_nA = A$$

이 성립한다. 행렬 A에 대하여 곱셈에 대한 역원 B가 존재할 때 즉,

$$AB = BA = I_n \tag{4.12}$$

이 성립하는 B가 존재하면 A는 **가역(invertible)**이라 하고 B를 A의 **역행렬(inverse matrix)**이라 한다. 식 (4.12)가 성립하려면 A, B는 같은 크기의 정사각행렬이어야 한다. 지금부터 특별한 언급이 없으면 이 절에서 다루는 모든 행렬은 정사각행렬임을 가정한다.

실수의 경우와는 달리 영행렬이 아닌 모든 행렬에 대하여 역행렬이 존재하는 것은 아니다. 예를 들어 $A = \begin{pmatrix} 1 & 1 \\ 0 & 0 \end{pmatrix}$이면 임의의 $B = \begin{pmatrix} x & y \\ z & w \end{pmatrix}$에 대하여

$$AB = \begin{pmatrix} x+z & y+w \\ 0 & 0 \end{pmatrix} \neq \begin{pmatrix} 1 & 0 \\ 0 & 1 \end{pmatrix}$$

이다. 그러므로 A는 영행렬이 아니지만 가역이 아니다.

2×2 행렬 $A = \begin{pmatrix} a & b \\ c & d \end{pmatrix}$에 대하여 다음 결과가 성립한다.[8]

$A = \begin{pmatrix} a & b \\ c & d \end{pmatrix}$의 역행렬

- $ad - bc \neq 0$이면 A의 역행렬이 존재하고 다음과 같다.

$$A^{-1} = \frac{1}{ad-bc}\begin{pmatrix} d & -b \\ -c & a \end{pmatrix}$$

- $ad - bc = 0$이면 A의 역행렬이 존재하지 않는다.

[8] $\begin{pmatrix} a & b \\ c & d \end{pmatrix}\begin{pmatrix} x & y \\ z & w \end{pmatrix} = \begin{pmatrix} 1 & 0 \\ 0 & 1 \end{pmatrix}$이 성립하는 x, y, z, w를 구하면 된다.

B, C가 A의 역행렬이라 하자. 즉,

$$AB = BA = I_n, \quad AC = CA = I_n$$

이라 하면

$$\begin{aligned} C &= CI_n = C(AB) \\ &= (CA)B = I_nB = B \end{aligned}$$

이다. 다시 말해서 A가 가역행렬이면 **A의 역행렬은 유일하다.**

보기 1 $n \times n$ 행렬 A에 대하여

$$A^2 - 2A + I_n = O$$

이 성립한다고 하자.

$$2A - A^2 = I_n \quad \Rightarrow \quad A(2I_n - A) = (2I_n - A)A = I_n$$

이므로 A는 가역이고 역행렬은 다음과 같다.

$$A^{-1} = 2I_n - A$$

□

역행렬을 정의하는 식 (4.12)에서 A는 B의 역행렬, B는 A의 역행렬이다. 그러므로

$$A = B^{-1} = (A^{-1})^{-1}$$

이다. 가역행렬 A, B에 대하여 행렬곱에 대한 결합법칙을 사용하면

$$\begin{aligned} (AB)(B^{-1}A^{-1}) &= A(BB^{-1})A^{-1} \\ &= AI_nA^{-1} = AA^{-1} = I_n \\ (B^{-1}A^{-1})(AB) &= B^{-1}(A^{-1}A)B \\ &= B^{-1}I_nB = B^{-1}B = I_n \end{aligned}$$

이므로 AB는 가역이다. 역행렬은 유일하므로

$$(AB)^{-1} = B^{-1}A^{-1}$$

이다.

역행렬의 성질

- A가 가역이면 A^{-1}도 가역이고 그 역행렬은 다음과 같다.

$$(A^{-1})^{-1} = A$$

- A, B가 모두 가역이면 AB도 가역이고 다음 식이 성립한다.

$$(AB)^{-1} = B^{-1}A^{-1}$$

Note 두번째 결과의 대우를 생각하면

"AB가 가역이 아니면 A 또는 B가 가역이 아니다."

Note $A_1, \dots A_k$가 가역일 때, 두번째 성질을 반복하여 사용하면

$$(A_1 \cdots A_k)^{-1} = A_k^{-1} \cdots A_1^{-1}$$

이 성립한다. 특히 $A_1 = A_2 = \cdots = A_k = A$이면 다음 식이 성립한다.

$$(A^n)^{-1} = (A^{-1})^n$$

기본행연산과 기본행렬

행연산을 하는 것을 행렬의 곱으로 나타낼 수도 있다. 단위행렬에 행연산을 한 번 해 준 것을 **기본행렬(elementary matrix)**이라 한다. 어떤 행렬에 기본행렬을 곱하면 대응하는 행연산을 해 준 것과 같은 결과를 얻는다.

보기 2 기본행연산

$$\mathbf{r}_1 \leftrightarrow \mathbf{r}_3, \quad 2\mathbf{r}_2 \to \mathbf{r}_2, \quad 3\mathbf{r}_1 + \mathbf{r}_3 \to \mathbf{r}_3$$

에 대한 기본행렬은 각각 다음과 같다.

$$E_1 = \begin{pmatrix} 0 & 0 & 1 \\ 0 & 1 & 0 \\ 1 & 0 & 0 \end{pmatrix} \quad E_2 = \begin{pmatrix} 1 & 0 & 0 \\ 0 & 2 & 0 \\ 0 & 0 & 1 \end{pmatrix} \quad E_3 = \begin{pmatrix} 1 & 0 & 0 \\ 0 & 1 & 0 \\ 3 & 0 & 1 \end{pmatrix}$$

행렬 A 앞에 E_1을 곱하면 A의 첫 행과 세번째 행을 바꾼 행렬이 된다. 행렬 A 앞에 E_2를 곱하면 A의 두번째 행에 2를 곱한 행렬이 된다. 마지막으로 행렬 A 앞에 E_3을 곱하면 A의

첫째 항에 3을 곱해 세번째 항에 더한 행렬이 된다.

$$E_1A = \begin{pmatrix} 0 & 0 & 1 \\ 0 & 1 & 0 \\ 1 & 0 & 0 \end{pmatrix}\begin{pmatrix} a_{11} & a_{12} & a_{13} \\ a_{21} & a_{22} & a_{23} \\ a_{31} & a_{32} & a_{33} \end{pmatrix} = \begin{pmatrix} a_{31} & a_{32} & a_{33} \\ a_{21} & a_{22} & a_{23} \\ a_{11} & a_{12} & a_{13} \end{pmatrix}$$

$$E_2A = \begin{pmatrix} 1 & 0 & 0 \\ 0 & 2 & 0 \\ 0 & 0 & 1 \end{pmatrix}\begin{pmatrix} a_{11} & a_{12} & a_{13} \\ a_{21} & a_{22} & a_{23} \\ a_{31} & a_{32} & a_{33} \end{pmatrix} = \begin{pmatrix} a_{11} & a_{12} & a_{13} \\ 2a_{21} & 2a_{22} & 2a_{23} \\ a_{31} & a_{32} & a_{33} \end{pmatrix}$$

$$E_3A = \begin{pmatrix} 1 & 0 & 0 \\ 0 & 1 & 0 \\ 3 & 0 & 1 \end{pmatrix}\begin{pmatrix} a_{11} & a_{12} & a_{13} \\ a_{21} & a_{22} & a_{23} \\ a_{31} & a_{32} & a_{33} \end{pmatrix} = \begin{pmatrix} a_{11} & a_{12} & a_{13} \\ a_{21} & a_{22} & a_{23} \\ 3a_{11}+a_{31} & 3a_{12}+a_{32} & 3a_{13}+a_{33} \end{pmatrix}$$

각 기본행연산은 가역이다. 다시 말해서,

- 두 행의 위치를 바꾸었다면 다시 두 행의 위치를 바꾸면 원래의 상태가 된다.
- 한 행에 상수 $c(\neq 0)$를 곱했다면 그 행에 상수 $1/c$를 곱하면 원래의 상태가 된다.
- 마지막으로 한 행에 c배를 해서 다른 행에 더했다면 다시 $-c$배 해서 빼주면 처음의 선형계가 된다.

따라서 보기 2의 기본행렬에 대하여

$$E_1^{-1} = E_1, \quad E_2^{-1} = \begin{pmatrix} 1 & 0 & 0 \\ 0 & 1/2 & 0 \\ 0 & 0 & 1 \end{pmatrix}, \quad E_3^{-1} = \begin{pmatrix} 1 & 0 & 0 \\ 0 & 1 & 0 \\ -3 & 0 & 1 \end{pmatrix}$$

이다. □

보기 3 $n \times n$ 행렬 A의 기약행사다리꼴이 I_n이면 A는 가역임을 보이시오.

Solution 행렬 A가 k번의 행연산에 의해 기약행사다리꼴 I_n이 된다고 하자. 각 행연산에 대응하는 기본행렬을 E_1, E_2, $\ldots$, E_k이라 하면

$$E_k \cdots E_2E_1A = I_n$$

이다. 모든 기본행렬은 가역이므로 양변에 $E_1^{-1}\cdots E_k^{-1}$을 곱하면

$$A = E_1^{-1}\cdots E_k^{-1}$$

이다. E_i^{-1}은 가역이고 가역행렬의 곱은 가역이므로 A는 가역이다. □

4.5.2 선형계와 역행렬

행렬방정식 $A\mathbf{x} = \mathbf{b}$에서 A가 가역이면 양변에 A^{-1}을 곱하여

$$A^{-1}(A\mathbf{x}) = A^{-1}\mathbf{b} \quad \Rightarrow \quad (A^{-1}A)\mathbf{x} = I_n\mathbf{x} = \mathbf{x} = A^{-1}\mathbf{b}$$

와 같이 유일한 해를 구할 수 있다. 또한 $CA = I_n$인 행렬 C가 존재하면 임의의 n벡터 $\mathbf{b}$에 대하여

$$A\mathbf{x} = \mathbf{b} \quad \Rightarrow \quad C(A\mathbf{x}) = C\mathbf{b}$$

이고 $C(A\mathbf{x}) = (CA)\mathbf{x} = \mathbf{x}$이므로 유일한 해가 존재한다. 따라서 4절의 결과와 보기 3의 결과를 더하여 다음 결과가 성립한다.

가역성의 필요충분조건

$n \times n$ 행렬 A에 대하여 다음 명제들은 동치이다.

- A는 가역이다.
- 임의의 n벡터 $\mathbf{b}$에 대하여 선형계 $A\mathbf{x} = \mathbf{b}$는 유일한 해를 갖는다.
- $A\mathbf{x} = \mathbf{0}$ 유일한 해 $\mathbf{x} = \mathbf{0}$를 갖는다($A\mathbf{x} = \mathbf{0} \ \Rightarrow \ \mathbf{x} = \mathbf{0}$).
- A의 기약행사다리꼴은 I_n이다.
- $CA = I_n$인 행렬 C가 존재한다.

보기 4 A가 가역이면

(a) $AB = O$이면 $B = O$임을 보이시오.

(b) $AB = AC$이면 $B = C$임을 보이시오.

Solution

(a) 양변에 A^{-1}을 곱하면

$$\text{좌변} = A^{-1}(AB) = (A^{-1}A)B = B, \quad \text{우변} = A^{-1}O = O$$

따라서 $B = O$이다.

(b) $AB = AC$이면

$$AB - AC = A(B - C) = O$$

이므로 (a)의 결과로부터 $B - C = O$, 다시 말해서 $B = C$이다. □

역행렬 구하기

A가 가역일 때

$$A\mathbf{x} = \mathbf{e}_j$$

의 유일한 해를 $\mathbf{b}_j$라고 하자.

$$B = \begin{pmatrix} \mathbf{b}_1 & \cdots & \mathbf{b}_n \end{pmatrix}$$

으로 놓으면

$$AB = \begin{pmatrix} A\mathbf{b}_1 & \cdots & A\mathbf{b}_n \end{pmatrix} = \begin{pmatrix} \mathbf{e}_1 & \cdots & \mathbf{e}_n \end{pmatrix} = I_n$$

이다. A가 가역이므로 $CA = I_n$이 되는 행렬 C가 존재하고

$$\begin{aligned} C &= CI_n = C(AB) \\ &= (CA)B = I_nB = B \end{aligned}$$

이므로

$$A^{-1} = B$$

이다. 따라서 역행렬을 구하는 문제는 n개의 선형계

$$A\mathbf{x}_j = \mathbf{e}_j, \quad j = 1,\ 2,\ \ldots,\ n \tag{4.13}$$

의 유일한 해를 구하는 문제가 된다. 선형계의 첨가행렬 $\left(A \mid \mathbf{e}_j \right)$의 계수행렬이 모두 A임에 착안하여 n개의 첨가행렬을 다음과 같이 하나의 행렬로 나타내자.

$$\left(A \mid \mathbf{e}_1 \ \cdots \ \mathbf{e}_n \right) = \left(A \mid I_n \right)$$

이 행렬에서 행연산을 통하여 기약행사다리꼴이 $\left(I_n \mid B \right)$이면

$$B = A^{-1}$$

이 된다.

역행렬 구하기

$n \times n$ 행렬 A에 대하여 $n \times 2n$ 행렬 $(A \mid I_n)$의 기약행사다리꼴이 $(R \mid B)$일 때

- $R = I_n$이면 A는 가역이고 $B = A^{-1}$이다.
- $R \neq I_n$이면 A는 가역이 아니다.

보기 5 다음 행렬의 역행렬이 존재하면 역행렬을 구하시오.

(a) $A = \begin{pmatrix} 1 & 0 & -2 \\ 1 & 1 & 0 \\ 2 & 1 & -4 \end{pmatrix}$ (b) $A = \begin{pmatrix} 1 & 0 & -2 \\ 1 & 1 & 0 \\ 2 & 1 & -2 \end{pmatrix}$

Solution

(a) 3×6 행렬 $\left(\begin{array}{c|c} A & I_n \end{array} \right)$는 다음과 같다.

$$\left(\begin{array}{c|c} A & I_n \end{array} \right) = \left(\begin{array}{ccc|ccc} 1 & 0 & -2 & 1 & 0 & 0 \\ 1 & 1 & 0 & 0 & 1 & 0 \\ 2 & 1 & -4 & 0 & 0 & 1 \end{array} \right)$$

기약행사다리꼴을 다음과 같은 행연산으로 구한다.

$$\left(\begin{array}{ccc|ccc} 1 & 0 & -2 & 1 & 0 & 0 \\ 1 & 1 & 0 & 0 & 1 & 0 \\ 2 & 1 & -4 & 0 & 0 & 1 \end{array} \right) \overset{\substack{\mathbf{r}_2 - \mathbf{r}_1 \to \mathbf{r}_2 \\ \mathbf{r}_3 - 2\mathbf{r}_1 \to \mathbf{r}_3}}{\longrightarrow} \left(\begin{array}{ccc|ccc} 1 & 0 & -2 & 1 & 0 & 0 \\ 0 & 1 & 2 & -1 & 1 & 0 \\ 0 & 1 & 0 & -2 & 0 & 1 \end{array} \right)$$

$$\overset{\mathbf{r}_2 \leftrightarrow \mathbf{r}_3}{\longrightarrow} \left(\begin{array}{ccc|ccc} 1 & 0 & -2 & 1 & 0 & 0 \\ 0 & 1 & 0 & -2 & 0 & 1 \\ 0 & 1 & 2 & -1 & 1 & 0 \end{array} \right) \overset{\mathbf{r}_3 - \mathbf{r}_2 \to \mathbf{r}_3}{\longrightarrow} \left(\begin{array}{ccc|ccc} 1 & 0 & -2 & 1 & 0 & 0 \\ 0 & 1 & 0 & -2 & 0 & 1 \\ 0 & 0 & 2 & 1 & 1 & -1 \end{array} \right)$$

$$\overset{\mathbf{r}_3 + \mathbf{r}_1 \to \mathbf{r}_1}{\longrightarrow} \left(\begin{array}{ccc|ccc} 1 & 0 & 0 & 2 & 1 & -1 \\ 0 & 1 & 0 & -2 & 0 & 1 \\ 0 & 0 & 2 & 1 & 1 & -1 \end{array} \right) \overset{\mathbf{r}_3/2 \to \mathbf{r}_3}{\longrightarrow} \left(\begin{array}{ccc|ccc} 1 & 0 & 0 & 2 & 1 & -1 \\ 0 & 1 & 0 & -2 & 0 & 1 \\ 0 & 0 & 1 & 0.5 & 0.5 & -0.5 \end{array} \right)$$

따라서 다음 결과를 얻는다.

$$A^{-1} = \begin{pmatrix} 2 & 1 & -1 \\ -2 & 0 & 1 \\ 0.5 & 0.5 & -0.5 \end{pmatrix}$$

(b) 기약행사다리꼴을 다음과 같은 행연산으로 구한다.

$$\left(\begin{array}{ccc|ccc} 1 & 0 & -2 & 1 & 0 & 0 \\ 1 & 1 & 0 & 0 & 1 & 0 \\ 2 & 1 & -2 & 0 & 0 & 1 \end{array}\right) \overset{\substack{\mathbf{r}_2 - \mathbf{r}_1 \to \mathbf{r}_2 \\ \mathbf{r}_3 - 2\mathbf{r}_1 \to \mathbf{r}_3}}{\to} \left(\begin{array}{ccc|ccc} 1 & 0 & -2 & 1 & 0 & 0 \\ 0 & 1 & 2 & -1 & 1 & 0 \\ 0 & 1 & 2 & -2 & 0 & 1 \end{array}\right)$$

$$\overset{\mathbf{r}_3 - \mathbf{r}_2 \to \mathbf{r}_3}{\to} \left(\begin{array}{ccc|ccc} 1 & 0 & -2 & 1 & 0 & 0 \\ 0 & 1 & 2 & -1 & 1 & 0 \\ 0 & 0 & 0 & -1 & -1 & 1 \end{array}\right)$$

이다. A의 기약행사다리꼴이 단위행렬이 아니므로 A는 가역이 아니다. 다시 말해서 역행렬이 존재하지 않는다. □

정사각행렬 A가 가역이면 $A\mathbf{x} = \mathbf{b}$가 유일한 해를 갖는다. 따라서

$$A = \begin{pmatrix} \mathbf{v}_1 & \mathbf{v}_2 & \dots & \mathbf{v}_n \end{pmatrix}$$

이 가역이면 임의의 n벡터 $\mathbf{b}$에 대하여

$$A\mathbf{x} = \mathbf{b}$$

의 유일한 해 $\mathbf{c} = A^{-1}\mathbf{b} = \begin{pmatrix} c_1 \\ c_2 \\ \vdots \\ c_n \end{pmatrix}$가 존재하며 다음 식이 성립한다.

$$A\mathbf{c} = c_1\mathbf{v}_1 + c_2\mathbf{v}_2 + \cdots + c_n\mathbf{v}_n = \mathbf{b}$$

이때 $c_1\mathbf{v}_1 + \cdots + c_n\mathbf{v}_n$ 꼴의 벡터를 $\mathbf{v}_1, \dots, \mathbf{v}_n$의 **일차결합(linear combination)**이라 한다.

가역인 행렬의 열벡터

$n \times n$ 행렬 $A = \begin{pmatrix} \mathbf{v}_1 & \mathbf{v}_2 & \dots & \mathbf{v}_n \end{pmatrix}$가 가역이면 임의의 n벡터 $\mathbf{b}$를 $\mathbf{v}_1, \mathbf{v}_2, \dots, \mathbf{v}_n$의 일차결합으로 나타낼 수 있다.

$$\mathbf{b} = c_1\mathbf{v}_1 + c_2\mathbf{v}_2 + \cdots + c_n\mathbf{v}_n$$

보기 6 벡터 $\mathbf{b} = \begin{pmatrix} 1 \\ 2 \\ 4 \end{pmatrix}$을 $\begin{pmatrix} 1 \\ 0 \\ 1 \end{pmatrix}, \begin{pmatrix} 1 \\ 1 \\ 0 \end{pmatrix}, \begin{pmatrix} 0 \\ 1 \\ 1 \end{pmatrix}$의 일차결합으로 나타내시오.

Solution 다음 식을 만족하는 x, y, z를 구하면 된다.

$$\begin{pmatrix} 1 \\ 2 \\ 4 \end{pmatrix} = x\begin{pmatrix} 1 \\ 0 \\ 1 \end{pmatrix} + y\begin{pmatrix} 1 \\ 1 \\ 0 \end{pmatrix} + z\begin{pmatrix} 0 \\ 1 \\ 1 \end{pmatrix} = \begin{pmatrix} 1 & 1 & 0 \\ 0 & 1 & 1 \\ 1 & 0 & 1 \end{pmatrix}\begin{pmatrix} x \\ y \\ z \end{pmatrix}$$

$A^{-1} = \begin{pmatrix} 0.5 & -0.5 & 0.5 \\ 0.5 & 0.5 & -0.5 \\ -0.5 & 0.5 & 0.5 \end{pmatrix}$이므로

$$\begin{pmatrix} x \\ y \\ z \end{pmatrix} = \begin{pmatrix} 0.5 & -0.5 & 0.5 \\ 0.5 & 0.5 & -0.5 \\ -0.5 & 0.5 & 0.5 \end{pmatrix}\begin{pmatrix} 1 \\ 2 \\ 4 \end{pmatrix} = \begin{pmatrix} 1.5 \\ -0.5 \\ 2.5 \end{pmatrix}$$

이고 다음과 같이 나타낼 수 있다.

$$\mathbf{b} = \begin{pmatrix} 1 \\ 2 \\ 4 \end{pmatrix} = 1.5\begin{pmatrix} 1 \\ 0 \\ 1 \end{pmatrix} - 0.5\begin{pmatrix} 1 \\ 1 \\ 0 \end{pmatrix} + 2.5\begin{pmatrix} 0 \\ 1 \\ 1 \end{pmatrix} \qquad \square$$

4.5.3 투입산출모형

행렬이론은 가격과 수요, 공급 등의 관계를 분석하는 경제 시스템에서 아주 유용한 방법론을 제공하여 왔다. 20세기 중반 **레온티에프(Leontief)**[9]에 의하여 소개된 **투입산출 모형(input−output model)**은 행렬을 이용한 가장 간단한 경제 모형을 제공한다. 이 모형은 국제경제, 또는 지역경제에서 여러 분야가 어떻게 상호영향을 미치는지를 분석한다.

우선 경제를 여러 분야의 **섹터(sector)**로 이루어졌다고 하자. 일반적으로 언급하는 섹터로는 **산업섹터(manufacturing sector)**, **설비섹터(utilities sector)**, **농업섹터(agricultural sector)** 등이 있다. 구체적으로 두 섹터(석유 섹터(산업섹터, 섹터 1)와 전기섹터(설비섹터, 섹터 2))로 이루어진 산업을 살펴 보자. 석유 섹터는 석유를 생산하고 전기 섹터는 전기를 생산한다. 각 생산품을 한 단위 생산하는 데에는 다음과 같은 비용이 든다고 하자. 여기서 모든 생산품의

[9]Leontief, Wassily, 하버드 대학 경제학과 교수로 1973년 이 연구로 노벨상을 수여받았다.

기본단위는 만 원의 가치를 갖도록 책정하였다고 가정한다.[10]

- 한 단위의 석유를 생산하는 데에는 0.1단위의 석유와 0.2단위의 전기가 필요하다.
- 한 단위의 전기를 생산하는 데에는 0.4단위의 석유와 0.3단위의 전기가 필요하다.

이 정보를 표를 이용하여 다음과 같이 나타낼 수 있다.

		Output	
		석유	전기
Input	석유	0.1	0.4
	전기	0.2	0.3

단위기간(예를 들어, 한 달 또는 일년)에 외부의 수요는 석유가 600, 전기가 900이고 단위기간에 생산해야 하는 석유의 양을 x, 전기의 양을 y라고 하자. 수요량과 공급량이 같아지도록 하려면 $x,\ y$는 다음과 같은 관계식을 만족해야 한다.

$$\begin{aligned} x &= 0.1x + 0.4y + 600 \\ y &= 0.2x + 0.3y + 900 \end{aligned}$$

이 연립방정식을 행렬을 이용하여 나타내면 다음과 같다.

$$\begin{pmatrix} x \\ y \end{pmatrix} = \begin{pmatrix} 0.1 & 0.4 \\ 0.2 & 0.3 \end{pmatrix} \begin{pmatrix} x \\ y \end{pmatrix} + \begin{pmatrix} 600 \\ 900 \end{pmatrix}$$

또는 간단히

$$\mathbf{x} = A\mathbf{x} + \mathbf{d} \tag{4.14}$$

로 쓸 수 있다. 여기서 $x \geq 0,\ y \geq 0$이고

$$\mathbf{x} = \begin{pmatrix} x \\ y \end{pmatrix}$$

을 **생산벡터(production vector)**,

$$\mathbf{d} = \begin{pmatrix} 600 \\ 900 \end{pmatrix}$$

[10] 예를 들어, 석유 1리터에 1000원, 전기 1Kw에 100원이라면 석유의 기본단위는 10리터, 전기의 기본단위는 100Kw로 정한다. 따라서 석유 0.1단위는 0.1만 원, 즉, 원을의미한다.

을 **외부수요벡터(external demand vector)**라고 한다. 행렬

$$A = \begin{pmatrix} 0.1 & 0.4 \\ 0.2 & 0.3 \end{pmatrix}$$

을 **소비행렬(consumption matrix)**이라 하는데 $A = (a_{ij})$에서 a_{ij}의 의미는 다음과 같다.

$$\begin{aligned} a_{11} &= \text{석유 한 단위 생산하는데 필요한 석유의 양} \\ a_{12} &= \text{전기 한 단위 생산하는데 필요한 석유의 양} \\ a_{21} &= \text{석유 한 단위 생산하는데 필요한 전기의 양} \\ a_{22} &= \text{전기 한 단위 생산하는데 필요한 전기의 양} \end{aligned}$$

식(4.14)를 다시 다음과 같이 고쳐 쓰자.

$$\mathbf{x} - A\mathbf{x} = \mathbf{d} \quad \Rightarrow \quad (I - A)\mathbf{x} = \mathbf{d}$$

여기서 $(I - A)$를 **레온티에프 행렬(Leontief matrix)**이라 하고 이 방정식을 **레온티에프 방정식(Leontief equation)**이라 한다. $(I - A)$가 가역행렬이면 생산량은

$$\mathbf{x} = (I - A)^{-1}\mathbf{d}$$

에서 구할 수 있다. 위의 경우

$$(I - A)^{-1} = \begin{pmatrix} 0.9 & -0.4 \\ -0.2 & 0.7 \end{pmatrix}^{-1} = \frac{1}{0.55}\begin{pmatrix} 0.7 & 0.4 \\ 0.2 & 0.9 \end{pmatrix}$$

이므로

$$\mathbf{x} = \frac{1}{0.55}\begin{pmatrix} 0.7 & 0.4 \\ 0.2 & 0.9 \end{pmatrix}\begin{pmatrix} 600 \\ 900 \end{pmatrix} = \frac{1}{11}\begin{pmatrix} 15600 \\ 18600 \end{pmatrix}$$

다시 말해서, 수요와 공급이 평형을 이루려면 석유는 $15600/11 \approx 1418$, 전기는 $18600/11 \approx 1691$ 단위를 생산하여야 한다.

보기 7 공장, 농장, 서비스로 구성된 단순화된 경제구조를 생각하자. 공장에서 1 단위의 공산품을 생산하는 데에는 0.5 단위의 공산품과 0.2 단위의 농산품, 0.1 단위의 서비스가 필요하다. 농장에서 1단위의 농산품을 생산하는 데에는 0.1 단위의 공산품과 0.5 단위의 농산품, 그리고 0.3 단위의 서비스가 필요하다. 서비스를 1 단위 생산하기 위해서는 0.1 단위의 공산품과 0.3 단위의 농산품, 그리고 0.2 단위의 서비스가 필요하다.

(a) 외부수요가 공산품 400, 농산품 300, 서비스 500단위라고 할 때 수요와 공급이 평형을 이루도록 생산량을 책정하시오.

(b) 공산품의 수요가 한 단위 증가하면 생산량에는 어떤 변화가 생기는지 설명하시오.

Solution

(a) 주어진 정보를 표로 나타내면 다음과 같다.

		Output		
		공산품	농산품	서비스
	공산품	0.5	0.1	0.1
Input	농산품	0.2	0.5	0.3
	서비스	0.1	0.3	0.2

따라서 소비행렬과 수요벡터는 각각 다음과 같다.

$$A = \begin{pmatrix} 0.5 & 0.1 & 0.1 \\ 0.2 & 0.5 & 0.3 \\ 0.1 & 0.3 & 0.2 \end{pmatrix}, \quad \mathbf{d} = \begin{pmatrix} 400 \\ 300 \\ 500 \end{pmatrix}$$

따라서

$$(I - A)\mathbf{x} = \mathbf{d}$$

또는

$$\begin{pmatrix} 0.5 & -0.1 & -0.1 \\ -0.2 & 0.5 & -0.7 \\ -0.1 & -0.3 & 0.8 \end{pmatrix} \begin{pmatrix} x \\ y \\ z \end{pmatrix} = \begin{pmatrix} 400 \\ 300 \\ 500 \end{pmatrix}$$

을 만족하는 $\mathbf{x}$를 구하면 된다.

$$(I - A)^{-1} = \frac{1}{25} \begin{pmatrix} 62 & 22 & 16 \\ 38 & 78 & 34 \\ 22 & 32 & 46 \end{pmatrix}$$

이므로

$$\begin{aligned} \mathbf{x} &= \begin{pmatrix} x \\ y \\ z \end{pmatrix} = \frac{1}{25} \begin{pmatrix} 62 & 22 & 16 \\ 38 & 78 & 34 \\ 22 & 32 & 46 \end{pmatrix} \begin{pmatrix} 400 \\ 300 \\ 500 \end{pmatrix} \\ &= \begin{pmatrix} 1576 \\ 2224 \\ 1656 \end{pmatrix} \end{aligned}$$

이다. 다시 말해서 공산품은 1576 단위, 농산품은 2224 단위, 서비스는 1656 단위를 생산하면 과부족 없이 수요를 만족할 수 있다.

(b) 수요벡터가 $\mathbf{d}$일 때 공산품의 수요가 한 단위 증가하면 수요벡터는 $\mathbf{d}+\mathbf{e}_1$이 된다. 따라서 생산벡터는 $(I-A)^{-1}\mathbf{e}_1$ 만큼 증가한다.

$$(I-A)^{-1}\mathbf{e}_1 = \frac{1}{25}\begin{pmatrix} 62 & 22 & 16 \\ 38 & 78 & 34 \\ 22 & 32 & 46 \end{pmatrix}\begin{pmatrix} 1 \\ 0 \\ 0 \end{pmatrix} = \frac{1}{25}\begin{pmatrix} 62 \\ 38 \\ 22 \end{pmatrix}$$

이므로 공산품은 $62/25$, 농산품은 $38/25$, 서비스는 $22/25$ 단위를 더 생산해야 한다. □

4.5.4 연습문제

1. 다음 행렬이 기본행렬인지 판단하고 기본행렬이면 대응하는 행연산을 구하시오.

(a) $\begin{pmatrix} 1 & -1 & 0 \\ 0 & 1 & 0 \\ 0 & 0 & 1 \end{pmatrix}$ (b) $\begin{pmatrix} 1 & 0 & 2 \\ 0 & 1 & 0 \\ 0 & 0 & 2 \end{pmatrix}$ (c) $\begin{pmatrix} 1 & 0 & 0 & 0 \\ 0 & 1 & 0 & 0 \\ 0 & 0 & 1 & 4 \\ 0 & 0 & 0 & 1 \end{pmatrix}$ (d) $\begin{pmatrix} 1 & 0 & 0 & 0 \\ 0 & 0 & 0 & 1 \\ 0 & 0 & 1 & 0 \\ 0 & 1 & 0 & 0 \end{pmatrix}$

2. 다음 기본행렬의 역행렬을 구하시오.

(a) $E_1 = \begin{pmatrix} 1 & 0 & 0 \\ 0 & 0 & 1 \\ 0 & 1 & 0 \end{pmatrix}$ (c) $E_3 = \begin{pmatrix} 1 & 0 & 0 \\ 0 & 1 & 1 \\ 0 & 0 & 1 \end{pmatrix}$ (e) $E_5 = \begin{pmatrix} 1 & 0 & 0 \\ 0 & -1 & 0 \\ 0 & 0 & 1 \end{pmatrix}$

(b) $E_2 = \begin{pmatrix} 0 & 0 & 1 \\ 0 & 1 & 0 \\ 1 & 0 & 0 \end{pmatrix}$ (d) $E_4 = \begin{pmatrix} 1 & 0 & 0 \\ 0 & 1 & 0 \\ 2 & 0 & 1 \end{pmatrix}$ (f) $E_6 = \begin{pmatrix} 0.5 & 0 & 0 \\ 0 & 1 & 0 \\ 0 & 0 & 1 \end{pmatrix}$

3. A, B, C가 모두 가역인 $n \times n$ 행렬일 때, 다음 식을 만족하는 행렬 X를 구하시오.

$$C(A+X)B = I_n$$

4. 다음 행렬의 역행렬이 존재하면 구하시오.

(a) $\begin{pmatrix} 1 & 3 \\ 2 & 4 \end{pmatrix}$ (b) $\begin{pmatrix} 1 & 1 & 2 \\ 1 & 2 & 3 \\ 0 & 1 & 2 \end{pmatrix}$ (c) $\begin{pmatrix} 1 & 1 & 1 & 1 \\ 0 & 1 & 1 & 1 \\ 0 & 0 & 1 & 1 \\ 0 & 0 & 0 & 1 \end{pmatrix}$

5. 다음 행렬의 역행렬이 존재하면 역행렬을 구하시오.

(a) $\begin{pmatrix} 1 & 0 & 0 \\ a & 1 & 0 \\ 0 & a & 1 \end{pmatrix}$ (b) $\begin{pmatrix} a & 0 & 0 \\ 1 & a & 0 \\ 0 & 1 & a \end{pmatrix}$, $a \neq 0$

6. $n \times n$ 행렬 A에 대하여 $A^2 = A$이면 A는 **멱등(idempotent)**이라 한다.

(a) A가 멱등이면 $I - A$도 멱등임을 보이시오.

(b) A가 멱등이면 $(2I - A)(I + A) = 2I$임을 보이시오. $(2I - A)^{-1}$을 구하시오.

(c) A가 멱등일 때, $3I - A$는 가역임을 보이고 $(3I - A)^{-1}$을 구하시오.
(Hint. $(3I - A)(aI + bA) = I$가 되는 a, b를 구한다.)

(d) 멱등인 가역인 $n \times n$ 행렬은 I_n 뿐임을 보이시오.

7. 3×3 행렬 A가 다음 식을 만족할 때 A를 구하시오.

$$A \begin{pmatrix} -1 \\ 2 \\ 0 \end{pmatrix} = \begin{pmatrix} 1 \\ 2 \\ 4 \end{pmatrix}, \quad A \begin{pmatrix} 0 \\ -2 \\ 1 \end{pmatrix} = \begin{pmatrix} -1 \\ 1 \\ 0 \end{pmatrix}, \quad A \begin{pmatrix} 2 \\ 1 \\ 0 \end{pmatrix} = \begin{pmatrix} 0 \\ -2 \\ 1 \end{pmatrix}$$

8. 3×3 행렬 A가 다음 식을 만족할 때 A를 구하시오.

$$(-1,\ 2,\ 0)A = (1,\ 2,\ 4), \quad (0,\ -2,\ 1)A = (-1,\ 1,\ 0), \quad (2,\ 1,\ 0)A = (0,\ -2,\ 1)$$

9. 가역행렬 A에 대하여

(a) $(A^t)^{-1} = (A^{-1})^t$임을 보이시오.

(b) A가 대칭이면 A^{-1}도 대칭임을 보이시오.

10. $n \times n (n \geq 2)$ 행렬 A, B에 대하여 다음 명제가 참이면 T, 거짓이면 F를 표시하시오.

(a) $BA = I_n$인 $n \times n$ 행렬 B가 존재하면 A는 가역이다.

(b) $AC = I_n$인 $n \times n$ 행렬 C가 존재하면 $C = A^{-1}$이다.

(c) A, B가 가역이면 $A + B$도 가역이다.

(d) AB가 가역이 아니면 A 또는 B가 가역이 아니다.

11. $n \times n (n \geq 2)$ 행렬 A, B에 대하여 다음 명제가 참이면 T, 거짓이면 F를 표시하시오.

(a) $A^2 - 2A + I_n = O$이면 A는 가역이다.

(b) $A^2 - 2A + I_n = O$이면 $A - I$는 가역이다.

(c) $A^2 - 2A - 3I_n = O$이면 A는 가역이다.

(d) $A^2 - 2A - 3I_n = O$이면 $A - I$는 가역이다.

(e) $A^2 - 2A = O$이면 $A - I$는 가역이다.

(f) $A^2 - 2A = O$이면 A는 가역이다.

12. $A^4 = O$인 정사각행렬 A에 대하여 $I - A$는 가역이고

$$(I - A)^{-1} = A^3 + A^2 + A + I$$

임을 보이시오.

13. n차 다항식

$$p_n(x) = a_0 + a_1 x + \cdots + a_n x^n$$

에 대하여 $a_0 \neq 0$이고 $p_n(A) = O$이라 하자. 그러면 A는 가역임을 보이시오. 단,

$$p_n(A) = a_0 I + a_1 A + \cdots + a_n A^n$$

14. 대각행렬 $D = D(d_1,\ d_2,\ \ldots,\ d_n)$에 대하여 $d_1 d_2 \cdots d_n \neq 0$이면 D는 가역임을 보이고 D^{-1}을 구하시오.

15. 왼쪽에 주어진 벡터를 오른쪽에 주어진 행렬의 열벡터들의 일차결합으로 나타내시오.

(a) $\begin{pmatrix} 1 \\ 4 \end{pmatrix}, \quad \begin{pmatrix} 1 & 3 \\ 2 & 4 \end{pmatrix}$

(b) $\begin{pmatrix} 2 \\ 1 \\ 3 \end{pmatrix}, \quad \begin{pmatrix} 1 & 1 & 2 \\ 1 & 2 & 3 \\ 0 & 1 & 2 \end{pmatrix}$

(c) $\begin{pmatrix} 1 \\ 2 \\ 3 \\ 4 \end{pmatrix}, \quad \begin{pmatrix} 1 & 1 & 1 & 1 \\ 0 & 1 & 1 & 1 \\ 0 & 0 & 1 & 1 \\ 0 & 0 & 0 & 1 \end{pmatrix}$

16. 왼쪽에 주어진 벡터를 오른쪽에 주어진 벡터들의 일차결합으로 나타내시오.

(a) $\begin{pmatrix} 3 \\ -1 \end{pmatrix}, \quad \left\{ \begin{pmatrix} 5 \\ 5 \end{pmatrix}, \begin{pmatrix} 2 \\ 1 \end{pmatrix} \right\}$

(b) $\begin{pmatrix} 5 \\ -3 \\ 5 \end{pmatrix}, \quad \left\{ \begin{pmatrix} -1 \\ 1 \\ 1 \end{pmatrix}, \begin{pmatrix} 2 \\ -1 \\ 1 \end{pmatrix}, \begin{pmatrix} 0 \\ 0 \\ 1 \end{pmatrix} \right\}$

(c) $\begin{pmatrix} 1 \\ 1 \\ 4 \end{pmatrix}, \quad \left\{ \begin{pmatrix} 1 \\ 1 \\ 2 \end{pmatrix}, \begin{pmatrix} 0 \\ 1 \\ 1 \end{pmatrix}, \begin{pmatrix} -2 \\ 0 \\ -4 \end{pmatrix} \right\}$

17. 시리얼 한 컵에는 20g의 탄수화물과 8g의 단백질이 들어 있고 한 컵의 무지방 우유에는 5g의 탄수화물과 10g의 단백질이 들어 있다. 시리얼과 우유로 아침을 먹을 때 탄수화물 40g과 단백질 32g을 섭취하려면 어떻게 해야 하는가?

18. 제과점에서 카스테라, 파운드케익, 와플을 만드는데 계란, 설탕, 버터가 다음 표와 같이 필요하다.

	계란	설탕	버터
카스테라	1	1	0
파운드케익	1	1	1
와플	1	0.2	0.4

하루에 계란 200개, 설탕 160컵, 버터 100컵을 모두 사용하려면 카스테라, 파운드케익, 와플을 각각 어떻게 만들어야 하는가?

19. 삼식이는 총 180만 원을 세 종류의 주식에 나누어 투자하였다. 세 주식의 주당 가격과 수익률은 다음 표와 같다.

주식	가격(천 원)	수익률(%)
A	20	4
B	15	2
C	12	3

주식은 모두 120주이고 수익금이 5만 4천 원이었을 때 갖고 있는 각 주식의 수를 구하시오.

20. 소비행렬 A에 대하여

$$(I-A)^{-1} = \begin{pmatrix} 1.2 & 0.4 & 0.2 \\ 0.4 & 1.3 & 0.2 \\ 0.3 & 0.2 & 1.5 \end{pmatrix}$$

이다. 섹터 1의 외부수요가 하나 늘면 생산량에는 어떤 변화가 있는가?

21. 소비행렬 $A = \begin{pmatrix} 0.2 & 0.4 \\ 0.4 & 0.3 \end{pmatrix}$에 대하여

(a) 외부수요벡터가 $\mathbf{d} = \begin{pmatrix} 100 \\ 150 \end{pmatrix}$일 때 생산벡터 $\mathbf{x}$를 구하시오.

(b) 첫번째 섹터의 외부수요가 하나 많아지면 생산벡터에는 어떤 변화가 생기는가?

(c) 두번째 섹터의 외부수요가 하나 많아지면 생산벡터에는 어떤 변화가 생기는가?

22. 소비행렬

$$A = \begin{pmatrix} 0.2 & 0.4 & 0.4 \\ 0.4 & 0.2 & 0.2 \\ 0.4 & 0.2 & 0.2 \end{pmatrix}$$

에 대하여

(a) 외부수요벡터가 $\mathbf{d} = \begin{pmatrix} 80 \\ 120 \\ 100 \end{pmatrix}$ 일 때 생산벡터 $\mathbf{x}$를 구하시오.

(b) 첫번째 섹터의 외부수요가 하나 많아지면 생산벡터에는 어떤 변화가 생기는가?

(c) 세번째 섹터의 외부수요가 하나 많아지면 생산벡터에는 어떤 변화가 생기는가?

노트

4.6 행렬식

4.6.1 2×2 행렬의 행렬식

2×2 행렬 $A = \begin{pmatrix} a & b \\ c & d \end{pmatrix}$에 대하여 $D = ad - bc \neq 0$이면 역행렬이 존재하고 $D = 0$이면 A는 가역이 아니다. 따라서 2×2 행렬의 경우 $D = ad - bc$의 값을 알면 A가 가역인지 아닌지를 알 수 있다. 이때

$$D = ad - bc$$

를 A의 **행렬식(determinant)**이라 부르고 $\det(A)$ 또는 $|A|$로 나타낸다. 사전적인 의미처럼 정사각행렬의 행렬식은 행렬의 가역성[11]을 결정하는(determine) 수이다.

> **행렬식과 가역성**
>
> 2×2 행렬 A에 대하여
>
> - $\det(A) \neq 0$이면 A는 가역이다.
> - $\det(A) = 0$이면 A는 가역이 아니다.

Note 행렬 $A = \begin{pmatrix} a & b \\ c & d \end{pmatrix}$에 대하여 전치행렬은 $A^t = \begin{pmatrix} a & c \\ b & d \end{pmatrix}$이고

$$\det(A^t) = ad - cb = \det(A)$$

이다.

4.6.2 행렬식의 성질

행연산과 행렬식의 관계를 알아 보자. 2×2 행렬 $A = \begin{pmatrix} a & b \\ c & d \end{pmatrix}$에 대하여 두 행을 바꾼 행렬을

$$B = \begin{pmatrix} c & d \\ a & b \end{pmatrix}$$

[11] 행렬식에 의하여 알 수 있는 것은 가역성 이외에도 여러가지가 있는데 관심있는 학생들은 선형대수 교재를 참고하기 바란다.

라 하면

$$\det(B) = cb - ad = -(ad - bd) = -\det(A)$$

이다. A의 한 행에 다른 행의 상수배한 것을 더한 행렬을

$$B = \begin{pmatrix} a & b \\ c + ra & d + rb \end{pmatrix}$$

라 하면

$$\det(B) = a(d + rb) - b(c + ra) = ad - bc = \det(A)$$

이다. 마지막으로 A의 한 행에 r을 곱한 행렬을

$$B = \begin{pmatrix} ra & rb \\ c & d \end{pmatrix}$$

라 하면

$$\det(B) = rad - rbc = r(ad - bc) = r\det(A)$$

이다.

행연산과 행렬식

2×2 행렬 A에 대하여 다음 성질이 성립한다.

- A의 두 행을 바꾼 행렬을 B라 하면 다음 식이 성립한다.

$$\det(B) = -\det(A)$$

- A의 한 행에 다른 행의 상수배한 것을 더한 행렬을 B라 하면 다음 식이 성립한다.

$$\det(B) = \det(A)$$

- A의 한 행에 r을 곱한 행렬을 B라 하면 다음 식이 성립한다.

$$\det(B) = r\det(A)$$

두 행렬 $A = \begin{pmatrix} a & b \\ c & d \end{pmatrix}$, $B = \begin{pmatrix} x & y \\ z & w \end{pmatrix}$에 대하여

$$AB = \begin{pmatrix} ax + bz & ay + bw \\ cx + dz & cy + dw \end{pmatrix}$$

이므로

$$\begin{aligned}\det(AB) &= (ax+bz)(cy+dw)-(ay+bw)(cx+dz)\\ &= bcyz+adxw-bcxw-adyz\\ &= (ad-bc)xw-(ad-bc)yz\\ &= (ad-bc)(xw-yz)\\ &= \det(A)\det(B)\end{aligned}$$

가 성립한다.

행렬곱의 행렬식

2×2 행렬 A, B에 대하여 다음 식이 항상 성립한다.

$$\det(AB) = \det(A)\det(B)$$

Note 행렬의 이 성질에 의하면 A가 가역행렬이면

$$1 = \det(I_2) = \det(AA^{-1}) = \det(A)\det(A^{-1})$$

이므로 다음 식이 성립한다.

$$\det(A^{-1}) = \frac{1}{\det(A)}$$

Note 위의 성질을 반복하여 적용하면 자연수 n에 대하여 다음 식이 성립한다.

$$\det(A^n) = (\det(A))^n$$

4.6.3 $n \times n$ 행렬의 행렬식*

2×2 행렬에서와 마찬가지로 일반적인 $n \times n$ $(n > 2)$ 행렬 $A = (a_{ij})$에 대해서도 가역성을 결정하는 수가 존재한다. 이 수도 역시 행렬식이라 부르며 다음과 같이 귀납적으로 정의한다.

행렬 A에서 i 번째 행과 j 번째 열을 제외한 $(n-1) \times (n-1)$ 행렬을 A_{ij}라 하자. 예를 들어

$$A = \begin{pmatrix} 1 & 2 & 3 \\ 0 & 1 & 2 \\ 3 & 2 & 1 \end{pmatrix} \tag{4.15}$$

이면

$$A_{11} = \begin{pmatrix} 1 & 2 \\ 2 & 1 \end{pmatrix}, \quad A_{12} = \begin{pmatrix} 0 & 2 \\ 3 & 1 \end{pmatrix}, \quad A_{13} = \begin{pmatrix} 0 & 1 \\ 3 & 2 \end{pmatrix}$$

이다. 행렬 A의 $(i,\ j)$ **여인수(cofactor)**는 C_{ij}로 나타내고 다음과 같이 정의한다.

$$C_{ij} = (-1)^{i+j}\det(A_{ij})$$

(4.15)의 행렬 A의 경우 다음과 같다.

$$\begin{aligned} C_{11} &= (-1)^2(1-4) = -3 \\ C_{12} &= (-1)^3(0-6) = 6 \\ C_{13} &= (-1)^4(0-3) = -3 \end{aligned}$$

$n \times n$ 행렬의 행렬식은 여인수를 이용하여

$$\begin{aligned} \det(A) &= a_{11}\det(A_{11}) - a_{12}\det(A_{12}) + \cdots + (-1)^{1+n}a_{1n}\det(A_{1n}) \\ &= \sum_{j=1}^{n} a_{1j}C_{1j} \end{aligned}$$

로 정의한다. 정의에 따라 계산하면 (4.15)의 행렬 A의 행렬식은

$$\det(A) = 1(-3) + 2(6) + 3(-3) = 0$$

이다.

행렬식

$n \times n$ 행렬 $A = (a_{ij})$의 **행렬식(determinant)**은 다음과 같이 정의된다.

$$\det(A) = a_{11}C_{11} + a_{12}C_{12} + \cdots + a_{1n}C_{1n}$$

위와 같이 행렬식을 구한 것을 **첫 번째 행에 대하여 전개**한다고 한다. $i = 2,\ 3,\ \ldots,\ n$에 대하여 i 번째 행에 대하여 전개한 행렬식은 다음과 같이 정의된다.

$$\sum_{j=1}^{n} a_{ij}C_{ij} = a_{i1}C_{i1} + a_{i2}C_{i2} + \cdots + a_{in}C_{in}$$

마찬가지로 $j = 1,\ 2, \ldots,\ n$ 번째 열에 대하여 전개한 행렬식은 다음과 같이 정의된다.

$$\sum_{i=1}^{n} a_{ij}C_{ij} = a_{1j}C_{1j} + a_{2j}C_{2j} + \cdots + a_{nj}C_{nj}$$

어떤 방법으로 행렬식을 구하여도 그 값은 항상 같다는 것이 알려져 있다. 따라서 A의 전치행렬 A^t의 행렬식은 A의 행렬식과 같다.

$$\det(A^t) = \det(A)$$

보기 1 (4.15)의 행렬 A에 대하여 행렬식을 다음과 같이 구하시오.

(a) 두번째 행에 대하여 전개하여 구하시오.

(b) 첫번째 열에 대하여 전개하여 구하시오.

Solution

(a) 두번째 행에 대하여 전개하면 다음과 같다.

$$\begin{aligned}\det(A) &= -0\cdot\det\begin{pmatrix} 2 & 3 \\ 2 & 1 \end{pmatrix} + 1\det\begin{pmatrix} 1 & 3 \\ 3 & 1 \end{pmatrix} - 2\det\begin{pmatrix} 1 & 2 \\ 3 & 2 \end{pmatrix} \\ &= 0(2-6) + 1(1-9) - 2(2-6) \\ &= 0\end{aligned}$$

(b) 첫번째 열에 대하여 전개한 행렬식은

$$\begin{aligned}\det(A) &= 1\det\begin{pmatrix} 1 & 2 \\ 2 & 1 \end{pmatrix} - 0\det\begin{pmatrix} 2 & 3 \\ 2 & 1 \end{pmatrix} + 3\det\begin{pmatrix} 2 & 3 \\ 1 & 2 \end{pmatrix} \\ &= 1(1-4) - 0(2-6) + 3(4-3) \\ &= 0\end{aligned}$$

이다. □

정사각행렬 A의 대각항 아래의 값이 모두 0이거나 대각항 아래의 값이 모두 0이면 **삼각행렬(triangle matrix)**이라 부른다. 이때 U는 **상삼각행렬(upper triangle matrix)**이라 하고 L은 **하삼각행렬(lower triangle matrix)**이라 한다.

$$U = \begin{pmatrix} a_{11} & a_{12} & \cdots & a_{1n} \\ 0 & a_{22} & \cdots & a_{2n} \\ \vdots & \vdots & \ddots & \vdots \\ 0 & 0 & \cdots & a_{nn} \end{pmatrix}, \qquad L = \begin{pmatrix} a_{11} & 0 & \cdots & 0 \\ a_{21} & a_{22} & \cdots & 0 \\ \vdots & \vdots & \ddots & \vdots \\ a_{n1} & a_{n2} & \cdots & a_{nn} \end{pmatrix}$$

예를 들어 기약행사다리꼴은 모두 상삼각행렬이고 대각행렬은 상삼각행렬이면서 하삼각행렬이다.

보기 2 삼각행렬의 행렬식은 대각항을 모두 곱한 것이다. 예를 들어 하삼각행렬 L의 행렬식은 첫행 $(a_{11},\ 0,\ \ldots,\ 0)$에 대하여 전개하면

$$\det(L) = a_{11} \det \begin{pmatrix} a_{22} & 0 & \cdots & 0 \\ \vdots & \vdots & \ddots & \vdots \\ a_{n2} & a_{n3} & \cdots & a_{nn} \end{pmatrix}$$

이고 같은 방법으로 반복하면 다음 결과를 얻는다.

$$\det(L) = a_{11}a_{22}\cdots a_{nn}$$

특히 대각행렬 $D = D(d_1,\ \cdots,\ d_n)$에 대하여

$$\det(D) = d_1 \cdots d_n$$

이다. □

행렬식의 정의로부터 행연산과 행렬식에 대한 결과도 성립한다는 것을(귀납적으로) 알 수 있다.

- B가 A의 두 행을 바꾼 행렬 : $\det(B) = -\det(A)$
- B가 A의 한 행에 다른 행의 상수배한 것을 더한 행렬 : $\det(B) = \det(A)$
- B가 A의 한 행에 r을 곱한 행렬 : $\det(B) = r\det(A)$

첫번째 성질로부터 두 행(두 열)이 같은 행렬의 행렬식은 0임을 알 수 있다. 세번째 성질로부터는 다음 식이 성립함을 알 수 있다.

$$\det(cA) = c^n \det(A)$$

보기 3 행렬 $A = \begin{pmatrix} 1 & 1 & 1 & 1 \\ 1 & 2 & 3 & 4 \\ 1 & 4 & 9 & 16 \\ 1 & 8 & 27 & 64 \end{pmatrix}$의 행렬식을 구하시오.

Solution 행연산을 이용해 상삼각행렬로 변환하면

$$A = \begin{pmatrix} 1 & 1 & 1 & 1 \\ 1 & 2 & 3 & 4 \\ 1 & 4 & 9 & 16 \\ 1 & 8 & 27 & 64 \end{pmatrix} \overset{\substack{-\mathbf{r}_1+\mathbf{r}_2\to\mathbf{r}_2 \\ -\mathbf{r}_1+\mathbf{r}_3\to\mathbf{r}_3 \\ -\mathbf{r}_1+\mathbf{r}_4\to\mathbf{r}_4}}{\to} \begin{pmatrix} 1 & 1 & 1 & 1 \\ 0 & 1 & 2 & 3 \\ 0 & 3 & 8 & 15 \\ 0 & 7 & 26 & 63 \end{pmatrix}$$

$$\overset{\substack{-3\mathbf{r}_2+\mathbf{r}_3\to\mathbf{r}_3 \\ -7\mathbf{r}_2+\mathbf{r}_4\to\mathbf{r}_4}}{\to} \begin{pmatrix} 1 & 1 & 1 & 1 \\ 0 & 1 & 2 & 3 \\ 0 & 0 & 2 & 6 \\ 0 & 0 & 12 & 42 \end{pmatrix} \overset{-6\mathbf{r}_3+\mathbf{r}_4\to\mathbf{r}_4}{\to} \begin{pmatrix} 1 & 1 & 1 & 1 \\ 0 & 1 & 2 & 3 \\ 0 & 0 & 2 & 6 \\ 0 & 0 & 0 & 6 \end{pmatrix} = B$$

이므로

$$\det(A) = \det(B) = 1 \cdot 1 \cdot 2 \cdot 6 = 12 \qquad \square$$

2×2 행렬에서와 마찬가지로 $n \times n$ 행렬에 대해서도 다음 관계식이 성립한다.[12]

$$\det(AB) = \det(A)\det(B) \tag{4.16}$$

정사각행렬 A의 기약행사다리꼴이 B이면

$$CA = B$$

인 기본행렬의 곱 C가 존재한다. A가 가역이면 $B = I_n$이고

$$\det(CA) = \det(C)\det(A) = \det(I_n) = 1$$

이므로 $\det(A) \neq 0$이다. 역으로 $\det(A) \neq 0$이면 기본행렬의 곱 C에 대해 $\det(C) \neq 0$이므로 $\det(B) \neq 0$이다.

가역성과 행렬식

$n \times n$ 행렬 A에 대하여

- $\det(A) \neq 0$이면 A는 가역이다.
- $\det(A) = 0$이면 A는 가역이 아니다.

Note 식 (4.16)에 의하면 AB가 가역이면 A, B 모두 가역이고 AB가 가역이 아니면 A 또는

[12]증명은 이 교재의 수준을 벗어나므로 생략한다. 관심있는 학생들은 선형대수학 교재를 참고하기 바란다.

B가 가역이 아니다.

보기 4 $a,\ b,\ c$가 모두 다른 값을 가질 때 행렬 $A = \begin{pmatrix} 1 & a & a^2 \\ 1 & b & b^2 \\ 1 & c & c^2 \end{pmatrix}$는 가역임을 보이시오.

Solution 두번째 행과 세번째 행에서 첫번째 행를 빼면

$$A = \begin{pmatrix} 1 & a & a^2 \\ 1 & b & b^2 \\ 1 & c & c^2 \end{pmatrix} \xrightarrow[\substack{-\mathbf{r}_1 + \mathbf{r}_2 \to \mathbf{r}_2 \\ -\mathbf{r}_1 + \mathbf{r}_3 \to \mathbf{r}_3}]{} \begin{pmatrix} 1 & a & a^2 \\ 0 & b-a & b^2-a^2 \\ 0 & c-a & c^2-a^2 \end{pmatrix} = B$$

이므로

$$\begin{aligned} \det(A) = \det(B) &= \det \begin{pmatrix} b-a & b^2-a^2 \\ c-a & c^2-a^2 \end{pmatrix} \\ &= (b-a)(c^2-a^2) - (c-a)(b^2-a^2) \\ &= (a-b)(b-c)(c-a) \end{aligned}$$

이다. $a,\ b,\ c$가 모두 다른 값을 가지므로 $\det(A) \neq 0$이고 A는 가역이다. □

4.6.4 연습문제

1. 행렬 $A = \begin{pmatrix} a & b \\ c & d \end{pmatrix}$의 행렬식이 $\det(A) = 6$일 때 다음 행렬의 행렬식을 구하시오.

   (a) $\begin{pmatrix} a & b \\ 3c & 3d \end{pmatrix}$

   (b) $\begin{pmatrix} a & b \\ 2a+c & 2b+d \end{pmatrix}$

   (c) $\begin{pmatrix} c & d \\ a & b \end{pmatrix}$

   (d) $\begin{pmatrix} a & c-a \\ b & d-b \end{pmatrix}$

2. $A,\ B$가 $n \times n$ 행렬이고 $\det(A) = 2,\ \det(B) = -3$일 때, 다음 행렬식을 구하시오.

   (a) $\det(AB)$

   (b) $\det(B^2)$

   (c) $\det(2A)$

   (d) $\det(AA^t)$

   (e) $\det(A^{-1}B)$

   (f) $\det(B^{-1}AB)$

3. 다음 행렬의 행렬식을 여인수전개로 구하시오.

(a) $\begin{pmatrix} 1 & 0 & 3 \\ 5 & 1 & 1 \\ 0 & 1 & 2 \end{pmatrix}$

(b) $\begin{pmatrix} 1 & -1 & 0 \\ -1 & 0 & 1 \\ 0 & 1 & -1 \end{pmatrix}$

(c) $\begin{pmatrix} 1 & 2 & 3 \\ 2 & 3 & 1 \\ 3 & 1 & 2 \end{pmatrix}$

(d) $\begin{pmatrix} 3 & 5 & -8 & 4 \\ 0 & -2 & 3 & -7 \\ 0 & 0 & 1 & 5 \\ 0 & 0 & 0 & 2 \end{pmatrix}$

4. 2×2 가역행렬 A의 모든 항이 정수라고 하자.

(a) A^{-1}의 모든 항이 정수이면 $\det(A) = 1$, 또는, $\det(A) = -1$임을 보이시오.

(b) 역으로 $\det(A) = 1$, 또는, $\det(A) = -1$이면 A^{-1}의 모든 항은 정수임을 보이시오.

5. A가 멱등행렬일 때, 즉, $A^2 = A$일 때 $\det(A)$의 값은 얼마인가?

6. 영행렬이 아닌 정사각행렬 A가 자연수 $m > 1$에 대하여 $A^m = O$이라 하자. $\det(A)$의 값은 얼마인가?

7. $U^tU = I_n$인 정사각행렬 U에 대하여 $\det(U) = 1$, 또는 $\det(U) = -1$임을 보이시오.

8. 정사각행렬 A, B에 대하여 $P^{-1}AP = B$인 가역행렬 P가 존재하면 $\det(A) = \det(B)$임을 보이시오.

9. 다음 행렬의 행렬식을 여인수전개로 구하시오.

(a) $\begin{pmatrix} a & b & 0 \\ 0 & a & b \\ a & 0 & b \end{pmatrix}$

(b) $\begin{pmatrix} 1 & -1 & 0 & 3 \\ 2 & 5 & 2 & 6 \\ 0 & 1 & 0 & 0 \\ 1 & 4 & 2 & 1 \end{pmatrix}$

(c) $\begin{pmatrix} 6 & 0 & 0 & 5 \\ 1 & 7 & 2 & -5 \\ 2 & 0 & 0 & 0 \\ 8 & 3 & 1 & 8 \end{pmatrix}$

(d) $\begin{pmatrix} 0 & 0 & 0 & 2 \\ 0 & 0 & -3 & 3 \\ 0 & -1 & 2 & -5 \\ 7 & 11 & 17 & 19 \end{pmatrix}$

10. 행렬 $A = \begin{pmatrix} 1 & 1 & 1 & 1 & 1 \\ 1 & 2 & 2 & 2 & 2 \\ 1 & 1 & 3 & 3 & 3 \\ 1 & 1 & 1 & 4 & 4 \\ 1 & 1 & 1 & 1 & 5 \end{pmatrix}$의 행렬식을 구하시오.

11. $n \times n(n \geq 2)$ 행렬 A, B에 대하여 다음 명제가 참이면 T, 거짓이면 F를 표시하시오.

(a) $\det(cA) = c\det(A)$

(b) $A^2 = A$이면 $\det(A) = 1$이다.

(c) $A^t A = I_n$이면 $\det(A) = 1$이다.

(d) $\det(A^t A) = 1$이면 $\det(A) = 1$이다.

12. 행렬 A, B, C가 다음과 같을 때

$$A = \begin{pmatrix} a+\alpha & b+\beta & c+\gamma \\ d & e & f \\ g & h & i \end{pmatrix}, \quad B = \begin{pmatrix} a & b & c \\ d & e & f \\ g & h & i \end{pmatrix}, \quad C = \begin{pmatrix} \alpha & \beta & \gamma \\ d & e & f \\ g & h & i \end{pmatrix}$$

$$\det(A) = \det(B) + \det(C)$$

임을 보이시오.

13. 다음과 같이 주어졌을 때

$$\det\begin{pmatrix} a & b & 1 \\ c & d & 1 \\ e & f & 1 \end{pmatrix} = 5, \quad \det\begin{pmatrix} a & 1 & b \\ c & 2 & d \\ e & 3 & f \end{pmatrix} = 11$$

주어진 행렬식을 구하시오.

(a) $\det\begin{pmatrix} a+b & 1 & b \\ c+b & 1 & d \\ e+b & 1 & f \end{pmatrix}$

(b) $\det\begin{pmatrix} a & c & e \\ 3 & 6 & 9 \\ b & d & f \end{pmatrix}$

(c) $\det\begin{pmatrix} a & b & 2 \\ c & d & 3 \\ e & f & 4 \end{pmatrix}$

(d) $\det\begin{pmatrix} a & 3 & b \\ c & 5 & d \\ e & 7 & f \end{pmatrix}$

14. 평면의 평행이 아닌 두 벡터 $\mathbf{a} = (a_1,\ a_2)$, $\mathbf{b} = (b_1,\ b_2)$에 의해 결정된 평행사변형의 넓이를 행렬 $A = \begin{pmatrix} a_1 & a_2 \\ b_1 & b_2 \end{pmatrix}$의 행렬식을 이용하여 나타내시오.

15. 평면의 세 점 $A(1,\ 1)$, $B(3,\ 2)$, $C(2,\ 4)$로 만들어지는 삼각형의 넓이를 구하시오.

16. x_1, x_2, x_3가 서로 다른 실수일 때 세 점 $(x_1,\ y_1)$, $(x_2,\ y_2)$, $(x_3,\ y_3)$을 지나는 이차(이하)함수 $y = a + bx + cx^2$는 유일함을 보이시오.

4.7 특성치와 특성벡터

4.7.1 점화계와 행렬

여러 개의 점화식이 모여 있는 것을 **점화계(system of recursion equation)**라 한다. 다음과 같이

$$\begin{aligned} x_{n+1} &= ax_n + by_n \\ y_{n+1} &= cx_n + dy_n \end{aligned} \tag{4.17}$$

각 점화식이 선형이면 점화계는 정사각행렬을 이용한 행렬방정식으로 쓸 수 있다.

$$\begin{pmatrix} x_{n+1} \\ y_{n+1} \end{pmatrix} = \begin{pmatrix} a & b \\ c & d \end{pmatrix} \begin{pmatrix} x_n \\ y_n \end{pmatrix}$$

보기 1 최대수명이 두 살인 생물이 다음과 같이 번식한다. 한 살짜리 개체 중에서 50%가 두 살까지 살아 남고 한 살짜리 개체는 일년동안 평균적으로 하나의 자손을 낳는 반면 두 살짜리의 개체는 일년동안 평균 넷을 낳는다고 하자.

(a) 이 모형을 나타내는 점화계를 행렬을 이용하여 나타내시오.

(b) 현재 한 살짜리 개체 6마리가 있을 때 3년 후 이 생물의 개체 수를 구하시오.

(c) 현재 한 살짜리 4마리, 두 살짜리가 한 마리 있을 때 5년 후의 개체 수를 구하시오.

Solution

(a) x_n을 n년 후 한 살짜리 개체의 수, y_n을 n년 후 두 살짜리 개체의 수라 하자. 그러면

$$\begin{aligned} x_{n+1} &= x_n + 4y_n \\ y_{n+1} &= 0.5x_n \end{aligned}$$

이므로 $\mathbf{x}_n = \begin{pmatrix} x_n \\ y_n \end{pmatrix}$이라 하면 점화계는 다음과 같이 주어진다.

$$\mathbf{x}_{n+1} = \begin{pmatrix} x_{n+1} \\ y_{n+1} \end{pmatrix} = \begin{pmatrix} 1 & 4 \\ 0.5 & 0 \end{pmatrix} \begin{pmatrix} x_n \\ y_n \end{pmatrix} = A\mathbf{x}_n \tag{4.18}$$

(b) $\mathbf{x}_0 = \begin{pmatrix} 6 \\ 0 \end{pmatrix}$, $\mathbf{x}_1 = A\mathbf{x}_0 = \begin{pmatrix} 1 & 4 \\ 0.5 & 0 \end{pmatrix}\begin{pmatrix} 6 \\ 0 \end{pmatrix} = \begin{pmatrix} 6 \\ 3 \end{pmatrix}$

$$\begin{aligned} \mathbf{x}_2 &= A\mathbf{x}_1 = \begin{pmatrix} 1 & 4 \\ 0.5 & 0 \end{pmatrix}\begin{pmatrix} 6 \\ 3 \end{pmatrix} = \begin{pmatrix} 18 \\ 3 \end{pmatrix} \\ \mathbf{x}_3 &= A\mathbf{x}_2 = \begin{pmatrix} 1 & 4 \\ 0.5 & 0 \end{pmatrix}\begin{pmatrix} 18 \\ 3 \end{pmatrix} = \begin{pmatrix} 30 \\ 9 \end{pmatrix} \end{aligned}$$

(c) $\mathbf{x}_0 = \begin{pmatrix} 4 \\ 1 \end{pmatrix}$이라 하면

$$\mathbf{x}_1 = A\mathbf{x}_0 = \begin{pmatrix} 1 & 4 \\ 0.5 & 0 \end{pmatrix}\begin{pmatrix} 4 \\ 1 \end{pmatrix} = \begin{pmatrix} 8 \\ 2 \end{pmatrix} = 2\begin{pmatrix} 4 \\ 1 \end{pmatrix}$$

이다. $\mathbf{x}_1 = 2\mathbf{x}_0$이므로

$$\mathbf{x}_2 = A\mathbf{x}_1 = 2A\mathbf{x}_0 = 2^2\mathbf{x}_0$$

이다. 같은 계산을 반복하면 5년 후의 인구는 다음과 같이 나타낼 수 있다.

$$\mathbf{x}_5 = 2^5\mathbf{x}_0 = \begin{pmatrix} 2^7 \\ 2^5 \end{pmatrix} = \begin{pmatrix} 128 \\ 32 \end{pmatrix}$$ □

일반적으로 $n \times n$ 행렬 A에 의하여 정의되는 점화계

$$\mathbf{x}_{n+1} = A\mathbf{x}_n$$

에서 일반항은 다음과 같이 구할 수 있다.

$$\mathbf{x}_n = A^n\mathbf{x}_0 \tag{4.19}$$

4.7.2 특성치와 특성벡터

점화계의 일반항 (4.19)는 등비수열과 같은 꼴로 쓰여지지만 상수의 거듭제곱이 아닌 행렬의 거듭제곱을 구해야 한다. 보기 1(c)의 경우처럼 정사각행렬 A에 대하여

$$A\mathbf{x} = r\mathbf{x}$$

을 만족하는 상수 r과 영벡터가 아닌 벡터 $\mathbf{x}$가 존재할 때 상수 r을 행렬 A의 **특성치(characteristic value**, 또는 eigenvalue)라 한다. 이때, 벡터 $\mathbf{x}$를 r에 대응하는 **특성벡터(characteristic vector**, 또는 eigenvector)라 한다. 보기 1(c)에서 2는 A에 대한 특성치이고 벡터 $\begin{pmatrix} 4 \\ 1 \end{pmatrix}$은

특성치 2에 대응하는 특성벡터이다.

> **특성치와 특성벡터**
>
> 정사각행렬 A에 대하여
>
> $$A\mathbf{x} = r\mathbf{x}$$
>
> 을 만족하는 상수 r과 영벡터가 아닌 벡터 $\mathbf{x}$가 존재할 때 상수 r을 행렬 A의 특성치라 하고, 벡터 $\mathbf{x}$를 r에 대응하는 특성벡터라 한다.

Note 1. $\mathbf{x}$가 상수 r에 대한 특성벡터이면 임의의 상수 $c \neq 0$에 대하여

$$A(c\mathbf{x}) = c(A\mathbf{x}) = c(r\mathbf{x}) = r(c\mathbf{x})$$

이 성립한다. 따라서 $c\mathbf{x}$도 상수 r에 대한 특성벡터이다.

Note 2. A가 가역이 아니면 $A\mathbf{x} = \mathbf{0} = 0\mathbf{x}$인 $\mathbf{x} \neq \mathbf{0}$가 존재하므로 0은 특성치이다. 역으로 0이 A의 특성치이면 $A\mathbf{x} = \mathbf{0}$의 해가 유일하지 않으므로 A는 가역이 아니다.

보기 2 $\mathbf{x} = \begin{pmatrix} 1 \\ 2 \end{pmatrix}$는 행렬 $A = \begin{pmatrix} 1 & 1 \\ -2 & 4 \end{pmatrix}$의 특성벡터가 됨을 보이고 이에 대응하는 특성치를 구하시오.

Solution

$$A\mathbf{x} = \begin{pmatrix} 1 & 1 \\ -2 & 4 \end{pmatrix}\begin{pmatrix} 1 \\ 2 \end{pmatrix} = \begin{pmatrix} 3 \\ 6 \end{pmatrix} = 3\begin{pmatrix} 1 \\ 2 \end{pmatrix}$$

이므로 $\mathbf{x}$에 대응하는 특성치는 3이다. □

보기 3 행렬 $B = \begin{pmatrix} 1 & 2 \\ 4 & 3 \end{pmatrix}$에 대하여 -1이 특성치가 됨을 보이고 이 특성치에 대응하는 특성벡터를 구하시오.

Solution -1이 B에 대한 특성치임을 보이려면

$$B\mathbf{x} = -\mathbf{x}$$

인 영벡터가 아닌 벡터 $\mathbf{x}$가 존재함을 보여야 한다. 이 식은

$$(B+I)\mathbf{x}=\mathbf{0}$$

으로 쓸 수 있고

$$B+I=\begin{pmatrix}1&2\\4&3\end{pmatrix}+\begin{pmatrix}1&0\\0&1\end{pmatrix}=\begin{pmatrix}2&2\\4&4\end{pmatrix}$$

이므로 첨가행렬을 이용하여 나타내면

$$\left(\begin{array}{c|c}B+I&\mathbf{0}\end{array}\right)=\left(\begin{array}{cc|c}2&2&0\\4&4&0\end{array}\right)\to\left(\begin{array}{cc|c}1&1&0\\0&0&0\end{array}\right)$$

이고 따라서 $\mathbf{x}=\begin{pmatrix}1\\-1\end{pmatrix}$이면

$$(B+I)\mathbf{x}=\mathbf{0}$$

이다. 따라서 -1은 특성치이고 $\mathbf{x}=\begin{pmatrix}1\\-1\end{pmatrix}$은 -1에 대응하는 특성벡터이다. □

특성방정식

상수 r이 행렬 A의 특성치이면 행렬방정식

$$(A-rI)\mathbf{x}=\mathbf{0}$$

을 만족하는 영벡터가 아닌 해 $\mathbf{x}$가 존재한다. 4.5.1절의 결과에 의하면 $A-rI$가 가역이 아닐 때 이러한 해가 존재한다. 그러므로 특성치를 구하는 문제는 행렬 $A-rI$가 가역이 아닌 r의 값을 구하는 문제가 된다.

2×2 행렬 $A=\begin{pmatrix}a&b\\c&d\end{pmatrix}$의 경우 $ad-bc=0$이면 가역이 아님을 알고 있다.

보기 4 다음 A에 대하여 $A-cI_2$가 가역이 아닐 때 c의 값을 구하시오.

$$A=\begin{pmatrix}1&-2\\1&4\end{pmatrix}$$

Solution $A-cI_2=\begin{pmatrix}1-c&-2\\1&4-c\end{pmatrix}$이므로

$$\begin{aligned}\det(A - cI_2) &= (1-c)(4-c)+2 \\ &= c^2 - 5c + 6 \\ &= (c-2)(c-3)\end{aligned}$$

이다. 따라서 원하는 값은

$$c = 2 \quad \text{또는} \quad c = 3$$

이다. 즉, $A - 2I_2$와 $A - 3I_2$는 가역이 아니다. □

이제 2×2 행렬 A의 특성치는 행렬식을 이용하여 구할 수 있다. 다시 말해서 r이 A의 특성치라면

$$A - rI = \begin{pmatrix} a-r & b \\ c & d-r \end{pmatrix}$$

이 비가역이어야 하므로

$$\det(A - rI) = 0$$

이 성립한다. 즉, 다음 이차방정식의 해가 A의 특성치가 된다.

$$r^2 - (a+d)r + (ad-bc) = 0 \tag{4.20}$$

여기서 (4.20)을 A의 **특성방정식(characteristic equation)**이라 부른다.

보기 5 다음 행렬의 특성치를 구하고 대응하는 특성벡터를 구하시오.

$$A = \begin{pmatrix} 1 & -2 \\ 1 & 4 \end{pmatrix}$$

Solution 보기 4에서 A의 특성치 $r = 2,\ 3$을 구하였다. $r = 2$에 대응하는 특성벡터는

$$\begin{aligned}(A - 2I)\mathbf{x} &= \begin{pmatrix} 1-2 & -2 \\ 1 & 4-2 \end{pmatrix}\begin{pmatrix} x \\ y \end{pmatrix} = \begin{pmatrix} -1 & -2 \\ 1 & 2 \end{pmatrix}\begin{pmatrix} x \\ y \end{pmatrix} \\ &= \begin{pmatrix} -x-2y \\ x+2y \end{pmatrix} = \begin{pmatrix} 0 \\ 0 \end{pmatrix}\end{aligned}$$

을 만족하므로

$$x = -2y$$

이어야 한다. 따라서 벡터 $\mathbf{v}_1 = \begin{pmatrix} -2 \\ 1 \end{pmatrix}$은 특성치 $r = 2$에 대한 특성벡터이다. $r = 3$일 때,

$$\begin{aligned}(A - 3I)\mathbf{x} &= \begin{pmatrix} 1-3 & -2 \\ 1 & 4-3 \end{pmatrix}\begin{pmatrix} x \\ y \end{pmatrix} = \begin{pmatrix} -2 & -2 \\ 1 & 1 \end{pmatrix}\begin{pmatrix} x \\ y \end{pmatrix} \\ &= \begin{pmatrix} -2x - 2y \\ x + y \end{pmatrix} = \begin{pmatrix} 0 \\ 0 \end{pmatrix}\end{aligned}$$

이므로 특성벡터 $\mathbf{x} = \begin{pmatrix} x \\ y \end{pmatrix}$에 대하여

$$x = -y$$

이어야 한다. 따라서 벡터 $\mathbf{v}_2 = \begin{pmatrix} 1 \\ -1 \end{pmatrix}$은 특성치 $r = 3$에 대한 특성벡터이다. □

4.7.3 점화계의 일반해

2×2 행렬 A에 의하여 정의되는 점화계

$$\mathbf{x}_{m+1} = A\mathbf{x}_m$$

를 생각하자. $\mathbf{v}_1,\ \mathbf{v}_2$를 서로 다른 두 특성치 $r_1,\ r_2$에 대응하는 특성벡터라 하자.

$$\mathbf{x}_0 = c_1\mathbf{v}_1 + c_2\mathbf{v}_2$$

이면

$$\begin{aligned}\mathbf{x}_1 &= A\mathbf{x}_0 = c_1A\mathbf{v}_1 + c_2A\mathbf{v}_2 = c_1r_1\mathbf{v}_1 + c_2r_2\mathbf{v}_2 \\ \mathbf{x}_2 &= A\mathbf{x}_1 = c_1r_1A\mathbf{v}_1 + c_2r_2A\mathbf{v}_2 = c_1r_1^2\mathbf{v}_1 + c_2r_2^2\mathbf{v}_2\end{aligned}$$

이다. 같은 방법으로 임의의 자연수 n에 대하여

$$\mathbf{x}_n = A^n\mathbf{x}_0 = c_1r_1^n\mathbf{v}_1 + c_2r_2^n\mathbf{v}_2$$

임을 알 수 있다.

보기 6 $\mathbf{x}_0 = \begin{pmatrix} 1 \\ 2 \end{pmatrix}$일 때 보기 5의 행렬 A에 대하여 $A^m\mathbf{x}$를 구하시오.

Solution 특성치 $r = 2$에 대응하는 특성벡터 $\mathbf{v}_1 = \begin{pmatrix} -2 \\ 1 \end{pmatrix}$과 $r = 3$에 대응하는 특성벡터

$\mathbf{v}_2 = \begin{pmatrix} 1 \\ -1 \end{pmatrix}$에 대하여 $\mathbf{x}_0 = c_1\mathbf{v}_1 + c_2\mathbf{v}_2 = \begin{pmatrix} \mathbf{v}_1 & \mathbf{v}_2 \end{pmatrix}\begin{pmatrix} c_1 \\ c_2 \end{pmatrix}$인 c_1, c_2를 구해 보자.

$$P = \begin{pmatrix} \mathbf{v}_1 & \mathbf{v}_2 \end{pmatrix} = \begin{pmatrix} -2 & 1 \\ 1 & -1 \end{pmatrix}$$

라 하면

$$\det(P) = (-2)\cdot(-1) - 1\cdot 1 = 1 \neq 0$$

이므로 P는 가역이고

$$P^{-1} = \begin{pmatrix} -2 & 1 \\ 1 & -1 \end{pmatrix}^{-1} = \begin{pmatrix} -1 & -1 \\ -1 & -2 \end{pmatrix}$$

이므로

$$\begin{pmatrix} c_1 \\ c_2 \end{pmatrix} = \begin{pmatrix} -1 & -1 \\ -1 & -2 \end{pmatrix}\begin{pmatrix} 1 \\ 2 \end{pmatrix} = \begin{pmatrix} -3 \\ -5 \end{pmatrix}$$

이다. 즉,

$$\begin{pmatrix} 1 \\ 2 \end{pmatrix} = -3\begin{pmatrix} -2 \\ 1 \end{pmatrix} - 5\begin{pmatrix} 1 \\ -1 \end{pmatrix}$$

으로 쓸 수 있다. 따라서

$$\begin{aligned} A^m\begin{pmatrix} 1 \\ 2 \end{pmatrix} &= -3A^m\begin{pmatrix} -2 \\ 1 \end{pmatrix} - 5A^m\begin{pmatrix} 1 \\ -1 \end{pmatrix} \\ &= -3\cdot 2^m\begin{pmatrix} -2 \\ 1 \end{pmatrix} - 5\cdot 3^m\begin{pmatrix} 1 \\ -1 \end{pmatrix} \end{aligned}$$

이다. □

보기 6의 특성벡터들처럼 두 특성벡터 $\mathbf{v}_1$, $\mathbf{v}_2$로 만들어진 행렬

$$P = \begin{pmatrix} \mathbf{v}_1 & \mathbf{v}_2 \end{pmatrix}$$

가 가역이면 임의의 2벡터는 항상 특성벡터들의 일차결합으로 나타낼 수 있다. 그렇다면 P는 항상 가역인가? 이 질문에 대한 답은 다음 보기에서 찾을 수 있다.

보기 7 2×2 행렬 A가 서로 다른 두 특성치 r_1, r_2를 갖는다고 하자. 두 특성치에 대응하는

특성벡터를 각각 $\mathbf{v}_1$, $\mathbf{v}_2$라 하면

$$P = \begin{pmatrix} \mathbf{v}_1 & \mathbf{v}_2 \end{pmatrix}$$

는 가역임을 보이시오.

Solution $P = \begin{pmatrix} \mathbf{v}_1 & \mathbf{v}_2 \end{pmatrix}$가 가역이 아니라 가정하자. 그러면

$$\begin{pmatrix} \mathbf{v}_1 & \mathbf{v}_2 \end{pmatrix}\begin{pmatrix} a \\ b \end{pmatrix} = \mathbf{0}, \quad \text{즉,} \quad a\mathbf{v}_1 + b\mathbf{v}_2 = \mathbf{0}$$

인 상수 a, b ($a \neq 0$, 또는 $b \neq 0$)가 존재한다. $a \neq 0$이면

$$\mathbf{v}_1 = -\frac{b}{a}\mathbf{v}_2 = c\mathbf{v}_2$$

라 쓸 수 있고

$$\begin{aligned} r_1\mathbf{v}_1 &= A\mathbf{v}_1 = A(c\mathbf{v}_2) \\ &= cA\mathbf{v}_2 = cr_2\mathbf{v}_2 = r_2\mathbf{v}_1 \end{aligned}$$

이므로 $r_1 = r_2$가 된다. $r_1 \neq r_2$라는 가정에 모순이므로 P는 가역이다. $b \neq 0$인 경우도 같은 결과가 성립한다. □

2×2 행렬 A로 정의되는 점화계

$$\mathbf{x}_{n+1} = A\mathbf{x}_n$$

에서 A가 서로 다른 특성치 r_1, r_2와 이에 대응하는 특성벡터 $\mathbf{v}_1$, $\mathbf{v}_2$를 갖는다고 하자. 그러면 임의의 초기조건 $\mathbf{x}_0$에 대하여

$$\mathbf{x}_0 = c_1\mathbf{v}_1 + c_2\mathbf{v}_2 = \begin{pmatrix} \mathbf{v}_1 & \mathbf{v}_2 \end{pmatrix}\begin{pmatrix} c_1 \\ c_2 \end{pmatrix}$$

인 상수 c_1, c_2가 존재하고 일반해는 다음과 같다.

점화계의 일반해

2×2 행렬 A로 정의되는 점화계 $\mathbf{x}_{n+1} = A\mathbf{x}_n$에서 A가 서로 다른 특성치 r_1, r_2와 이에 대응하는 특성벡터 $\mathbf{v}_1$, $\mathbf{v}_2$를 가지면 임의의 초기조건 $\mathbf{x}_0$에 대하여 다음 식이 성립한다.

$$\mathbf{x}_n = A^n\mathbf{x}_0 = c_1r_1^n\mathbf{v}_1 + c_2r_2^n\mathbf{v}_2$$

보기 8 보기 1에서 지금 한 살짜리 개체가 6개 있을 때 10년 후의 인구를 구하시오.

Solution $A = \begin{pmatrix} 1 & 4 \\ 0.5 & 0 \end{pmatrix}$ 의 특성방정식은

$$r^2 - r - 2 = (r-2)(r+1) = 0$$

이므로 두 개의 특성치 $r = 2,\ -1$가 존재한다. $r = 2$와 $r = -1$에 대응하는 특성벡터는 각각

$$\mathbf{v}_1 = \begin{pmatrix} 4 \\ 1 \end{pmatrix}, \qquad \mathbf{v}_2 = \begin{pmatrix} -2 \\ 1 \end{pmatrix}$$

이다. $\begin{pmatrix} 6 \\ 0 \end{pmatrix} = \begin{pmatrix} 4 \\ 1 \end{pmatrix} - \begin{pmatrix} -2 \\ 1 \end{pmatrix}$이므로

$$\begin{aligned} \mathbf{x}_{10} &= A^{10}\mathbf{x}_0 = 2^{10}\begin{pmatrix} 4 \\ 1 \end{pmatrix} - (-1)^{10}\begin{pmatrix} -2 \\ 1 \end{pmatrix} \\ &= \begin{pmatrix} 2^{12}+2 \\ 2^{10}-1 \end{pmatrix} = \begin{pmatrix} 4098 \\ 1023 \end{pmatrix} \end{aligned}$$

이다. 따라서, 10년 후에는 한 살짜리 개체는 4098개, 두 살짜리 개체는 1023개 존재한다. □

4.7.4 우세한 특성치*

위의 결과에서 우리는 시간이 많이 흐르면 점화계에 어떤 현상이 일어나는지를 추론할 수 있다. 예를 들어 모든 특성치의 절대값이 1보다 작으면, 즉,

$$|r_i| < 1, \quad i = 1,\ 2$$

이면

$$r_i^k \to 0$$

이 되고 따라서 $\mathbf{x}_k$는 시간이 지나면 $\mathbf{0}$으로 수렴한다. 한편 적어도 하나의 i에 대하여 $r_i > 1$이면($c_i \neq 0$) $\mathbf{x}_k$의 항들은 적어도 하나는 절대값이 무한히 커진다. 또한 절대값이 가장 큰 특성치가 음의 값을 가지면 진동하는 양상을 보인다.

점화계에서 이러한 움직임에 가장 큰 영향을 미치는 값은 절대값이 가장 큰 특성치이다. 절대값이 가장 큰 특성치를 **우세한 특성치(a dominant eigenvalue)**, 또는, **최대특성치(maximum eigenvalue)**라 한다. 우세한 특성치에 대응하는 특성벡터를 **우세한 특성벡터(dominant**

eigenvector)라 한다. 예를 들어, 보기 8에서 $r=2$는 우세한 특성치이고 $\mathbf{v}_1 = \begin{pmatrix} 4 \\ 1 \end{pmatrix}$은 우세한 특성벡터이다. 우세한 특성치가 항상 유일한 것은 아니다. 예를 들어 특성치가 $2,\ -2$이면 우세한 특성치는 2와 -2이다. 우세한 특성치가 유일하면 **순우세 특성치(strictly dominant eigenvalue)**라 부르기로 한다.

r_1이 우세한 특성치일 때

$$\mathbf{x}_k = r_1^k\Big(c_1\mathbf{v}_1 + c_2\Big(\frac{r_2}{r_1}\Big)^k \mathbf{v}_2\Big) \tag{4.21}$$

으로 쓸 수 있다. 여기서 $c_1 \neq 0$이라 가정한다. r_1이 순우세하다면, 다시 말해서

$$|r_1| > |r_2|$$

이면 $k \to \infty$일 때 위의 괄호 안의 두번째 항은 지수적으로 감소하여 $\mathbf{0}$으로 수렴한다. 따라서 k가 충분히 클 때 근사적으로

$$\mathbf{x}_k \approx r_1^k c_1 \mathbf{v}_1$$

이 성립한다.[13] 다시 말해서 $\mathbf{x}_k$는 근사적으로 지수성장을 한다. 또한 식 (4.21)의 양변을 r_1^k로 나누면

$$\frac{1}{r_1^k}\mathbf{x}_k = c_1\mathbf{v}_1 + c_2\Big(\frac{r_2}{r_1}\Big)^k \mathbf{v}_2 \to c_1\mathbf{v}_1, \quad k \to \infty$$

을 얻는다. 즉, 시간이 지나면 벡터의 항들의 비율은 근사적으로 우세한 특성벡터의 항들의 비율과 같아진다.

<u>점화계의 극한</u>

점화계

$$\mathbf{x}_{m+1} = A\mathbf{x}_m$$

을 정의하는 행렬 A에 대하여 순우세한 특성치 r_1이 존재한다고 하자. r_1에 대응하는 특성벡터가 $\mathbf{v}_1$이면 어떤 상수 c_1에 대하여 다음 식이 성립한다.

$$\lim_{k\to\infty} \frac{\mathbf{x}_k}{r_1^k} = c_1\mathbf{v}_1$$

[13]벡터에 대하여 $\mathbf{x}_n \approx \mathbf{y}_n$은 각 항에 대하여 $x_n(i) \approx y_n(i)$이 성립함을 의미한다.

4.7.5 연습문제

1. 다음에 주어진 벡터 $\mathbf{v}$는 행렬 A의 특성벡터임을 보이고 대응하는 특성치를 구하시오.

   (a) $A = \begin{pmatrix} 0 & 2 \\ 2 & 0 \end{pmatrix}, \quad \mathbf{v} = \begin{pmatrix} 1 \\ 1 \end{pmatrix}$

   (b) $A = \begin{pmatrix} 1 & 2 \\ 2 & 1 \end{pmatrix}, \quad \mathbf{v} = \begin{pmatrix} 1 \\ -1 \end{pmatrix}$

   (c) $A = \begin{pmatrix} -1 & 1 \\ 6 & 0 \end{pmatrix}, \quad \mathbf{v} = \begin{pmatrix} 1 \\ -2 \end{pmatrix}$

   (d) $A = \begin{pmatrix} 3 & 0 & 0 \\ 0 & 1 & -2 \\ 1 & 0 & 1 \end{pmatrix}, \quad \mathbf{v} = \begin{pmatrix} 2 \\ -1 \\ 1 \end{pmatrix}$

   (e) $A = \begin{pmatrix} 3 & 7 & 9 \\ -4 & -5 & 1 \\ 2 & 4 & 4 \end{pmatrix}, \quad \mathbf{v} = \begin{pmatrix} 4 \\ -3 \\ 1 \end{pmatrix}$

2. 다음에 주어진 r은 행렬 A의 특성치가 됨을 보이고 대응하는 특성벡터를 구하시오.

   (a) $A = \begin{pmatrix} 2 & 2 \\ 2 & -1 \end{pmatrix}, \quad r = 3$

   (b) $A = \begin{pmatrix} 0 & 4 \\ -1 & 5 \end{pmatrix}, \quad r = 1$

   (c) $A = \begin{pmatrix} 1 & 0 & 2 \\ -1 & 1 & 1 \\ 2 & 0 & 1 \end{pmatrix}, \quad r = -1$

3. 행렬 $A = \begin{pmatrix} 1 & k \\ 1 & 1 \end{pmatrix}$가 서로 다른 두 개의 실수 특성치를 가질 때 k의 값의 범위를 구하시오.

4. 행렬 A가 다음과 같을 때 특성치를 모두 구하시오.

   (a) $A = \begin{pmatrix} a & b \\ b & -a \end{pmatrix}$

   (b) $A = \begin{pmatrix} a & b \\ b & a \end{pmatrix}$

5. 2×2 행렬 A의 특성치를 $r_1, \ r_2$라고 하면

   (a) $\mathrm{tr}(A)$는 행렬 A의 대각합이라 할 때

   $$\mathrm{tr}(A) = r_1 + r_2, \quad \det(A) = r_1 r_2$$

   임을 보이시오.

(b) $\mathrm{tr}(A) = 5, \quad \det(A) = 6$일 때, A의 특성치를 구하시오.

(c) $2\det(A) = \mathrm{tr}(A)^2 - \mathrm{tr}(A^2)$임을 보이시오.

6. 다음 행렬의 특성치를 구하고 그에 대응하는 특성벡터를 구하시오.

(a) $A_1 = \begin{pmatrix} 1 & 2 \\ 0 & 3 \end{pmatrix}$

(b) $A_2 = \begin{pmatrix} 0.5 & 0.25 \\ 0.5 & 0.75 \end{pmatrix}$

(c) $A_3 = \begin{pmatrix} 0 & 2 \\ 3 & 1 \end{pmatrix}$

(d) $A_4 = \begin{pmatrix} 6 & 3 \\ 2 & 7 \end{pmatrix}$

7. 문제 6의 행렬에 대하여 $A_i^9 \begin{pmatrix} 3 \\ 1 \end{pmatrix}$, $i = 1,\ 3$을 구하시오.

8. 2×2 행렬 $A = \begin{pmatrix} a & b \\ b & c \end{pmatrix}$에 대하여

(a) A의 특성치는 항상 실수임을 보이시오.

(b) A가 중복도가 2인 특성치를 가질 때, 즉 특성방정식이 중근을 가질 때 A는 어떤 모양인지 구하시오.

9. $n \times n$ 행렬 A와 A^t는 같은 특성치를 가짐을 보이시오.

10. $\mathbf{v}$가 $n \times n$ 행렬 A의 특성벡터이고, 이때 특성치가 r이라 하자. 그러면 $\mathbf{v}$가 $A^2 - 3A - 5I$의 특성벡터가 됨을 보이시오. 이때 특성치는 무엇인가?

11. 행렬 $A = \begin{pmatrix} -1 & 2 \\ 3 & 0 \end{pmatrix}$에 대하여

(a) A의 특성치와 그에 대응하는 특성벡터를 구하시오.

(b) A^2의 특성치와 그에 대응하는 특성벡터를 구하시오.

(c) A^{-1}의 특성치와 그에 대응하는 특성벡터를 구하시오.

12. r이 행렬 A의 특성치이고 $\mathbf{v}$가 r에 대응하는 특성벡터일 때

(a) r^2은 A^2의 특성치임을 보이시오.

(b) A가 가역일 때 $\frac{1}{r}$은 A^{-1}의 특성치임을 보이시오.

13. 다음과 같이 점화식으로 정의된 수열을 생각해 보자.

$$x_{n+2} = a_1 x_{n+1} + a_0 x_n$$

$y_n = x_{n+1}$, $\mathbf{x}_n = \begin{pmatrix} x_n \\ y_n \end{pmatrix}$라고 하자.

(a) 다음 식을 만족하는 2×2 행렬 A를 구하시오.

$$\mathbf{x}_{n+1} = A\mathbf{x}_n$$

(b) A의 특성방정식을 구하시오.

14. 위의 문제를 이용하여 다음 점화식의 일반항을 다음과 같이 구하시오.

$$x_{n+2} = -2x_{n+1} + 3x_n, \quad x_0 = 1,\ x_1 = 2$$

(a) 다음 식을 만족하는 2×2 행렬 A를 구하시오.

$$\mathbf{x}_{n+1} = A\mathbf{x}_n$$

(b) A의 특성치와 이에 대응하는 특성벡터를 구하시오.

(c) $\mathbf{x}_0 = \begin{pmatrix} 1 \\ 2 \end{pmatrix}$를 특성벡터의 일차결합으로 나타내시오.

(d) $\mathbf{x}_n$을 구하시오.

(e) x_n을 구하시오.

15. $n \times n (n \geq 2)$ 행렬 $A,\ B$에 대하여 다음 명제가 참이면 T, 거짓이면 F를 표시하시오.

(a) 1이 가역행렬 A의 특성치이면 -1은 A^{-1}의 특성치이다.

(b) 2가 가역행렬 A의 특성치이면 -2는 A^{-1}의 특성치이다.

(c) 2가 행렬 A의 특성치이면 2는 행렬 $A^2 - A$의 특성치이다.

(d) 1이 행렬 A의 특성치이면 $A^2 - A$는 가역이 아니다.

16. $0 < a,\ b < 1,\ a + b \neq 1$일 때 행렬 $M = \begin{pmatrix} a & 1-a \\ 1-b & b \end{pmatrix}$에 대하여

(a) M은 가역임을 보이시오

(b) M의 특성치를 모두 구하시오.

(c) M의 우세특성치와 우세특성벡터를 구하시오.

(d) $\mathbf{x}_0 = \begin{pmatrix} 1 \\ 2 \end{pmatrix}$, $\mathbf{x}_{n+1} = M\mathbf{x}_n$이고 $a = 0.5,\ b = 0.25$일 때 $\lim_{n\to\infty} \mathbf{x}_n$을 구하시오.

5 CHAPTER 이변수함수와 최적화

5.1 다변수함수

고등학교에서 배운 함수는 정의역과 변역이 모두 실수의 부분집합인 경우이다. 한변의 길이가 x인 정사각형의 넓이를 $f(x)$라 하면

$$f(x) = x^2$$

이고 가로와 세로의 길이가 각각 $x,\ y$인 직사각형의 넓이를 $f(x,\ y)$라 하면 $x,\ y$는 독립변수이고

$$f(x,\ y) = xy$$

로 쓸 수 있다. 가로와 세로의 길이가 각각 $x,\ y$이고 높이가 z인 직사각형의 부피를 $f(x,\ y,\ z)$라 하면 $x,\ y,\ z$는 독립변수이고

$$f(x,\ y,\ z) = xyz$$

로 나타낼 수 있다. n개의 수 $x_1,\ \ldots,\ x_n$의 평균을 $f(x_1,\ \ldots,\ x_n)$이라 하면 $x_1,\ \ldots,\ x_n$은 독립변수이고

$$f(x_1,\ \ldots,\ x_n) = \frac{1}{n}(x_1 + \cdots + x_n)$$

으로 쓸 수 있다. 이때 독립변수의 개수가 n이면 n변수함수라 하고 독립변수가 2개 이상인 경우 **다변수함수(multivariable function)**라 부른다. 이 장에서는 이변수함수에 대한 결과를 다루지만 대부분의 결과는 자연스러운 방식으로 n변수함수로 확장이 가능하다.

5.1.1 이변수함수

좌표평면 $\mathbb{R}^2$의 부분집합 D에서 정의된 함수 f는 D의 임의의 순서쌍 $(x,\ y)$에 실수

$$z = f(x,\ y)$$

를 지정하는 규칙이다. 이때, f를 **이변수함수**라고 부르며, $x,\ y$를 독립변수, z를 종속변수라고 부른다.

함수 f가 수식으로 주어지고 **정의역(domain)**이 명시되지 않은 경우, 정의역 D는 함수로 주어진 식이 잘 정의된 최대집합으로 정의된다. f가 취하는 값의 집합

$$f(D) = \{f(x,\ y) : (x,\ y) \in D\} \subset \mathbb{R}$$

을 f의 **치역(range)**이라 한다.

보기 1 이변수함수의 정의역과 치역

함수	정의역	치역
$z=\sqrt{x^2+y^2}$	$\mathbb{R}^2$	$[0,\ \infty)$
$z=\sqrt{9-x^2-y^2}$	$\{(x,\ y)\|x^2+y^2\le 9\}$	$[0,\ 3]$
$z=1/(x-y)$	$\{(x,\ y)\|x\ne y\}$	$(-\infty,\ 0)\cup(0,\ \infty)$
$z=e^x\ln y$	$\{(x,\ y)\|y>0\}$	$\mathbb{R}$
$z=\dfrac{2xy}{x^2+y^2}$	$\mathbb{R}-\{(0,\ 0)\}$	$[0, 1]$

이변수함수를 살펴보는 가장 직관적인 방법은 그래프를 살펴 보는 것이다. $z=f(x,\ y)$가 정의역이 $D\subset\mathbb{R}^2$인 이변수함수일 때 f의 그래프는 공간의 점

$$(x,\ y,\ f(x,\ y)),\quad (x,\ y)\in D$$

들의 집합이다.

공학용 계산기나 수학용 소프트웨어에는 이변수함수의 그래프를 그리는 기능이 있다. 이런 도구를 이용하면 여러 방향에서 그래프를 살펴볼 수 있으므로 그래프의 모습을 쉽게 파악할 수 있다. 다음 두 그림은

$$f(x,\ y)=x^2+y^2,\quad g(x,\ y)=\sqrt{x^2+y^2}$$

의 그래프를 $-3\le x\le 3,\ -3\le y\le 3$에서 각각 그린 것이다.

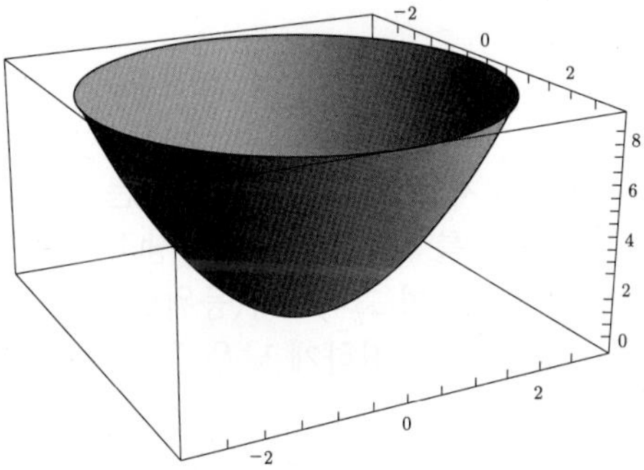

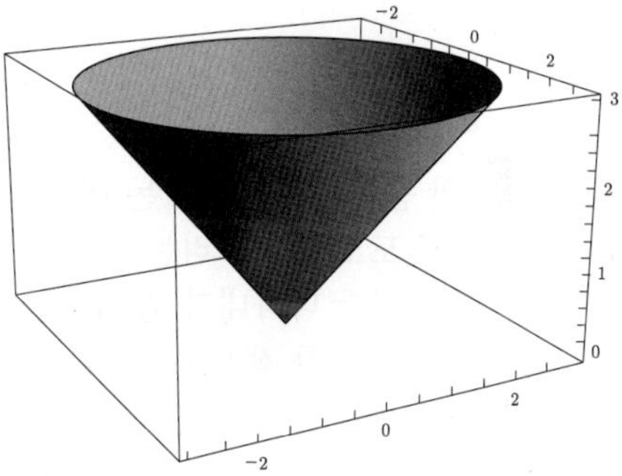

이변수함수의 연속성

한 점에서 이변수함수의 연속성은 그 점 근방에서 함수가 어떻게 움직이느냐에 달려있다. 이변수함수 $f(x,\ y)$의 정의역이 D라고 하자. $(x,\ y)\in D$가 $(x_0,\ y_0)$에 가까워질 때 $f(x,\ y)$의 값이 L에 가까워지면 f는 **점** $(x_0,\ y_0)$**에서 극한값** L**을 갖는다**고 하고 다음과 같이 표시한다.

$$\lim_{(x,\ y)\to(x_0,\ y_0)} f(x,\ y)=L$$

이변수함수의 경우 한 점에 다가가는 경로는 무수히 많은데 극한값이 존재한다면 어떤 경로로 그 점에 다가가도 그 극한값이 동일해야 한다. 따라서 서로 다른 값에 가까워지는 두 개의 경로가 존재한다면 극한값 $\lim_{(x,\ y)\to(x_0,\ y_0)} f(x,\ y)$는 존재하지 않는다.

점 $(x_0,\ y_0)$에서 이변수함수 f의 극한값이 존재하고 그 극한값이 함숫값 $f(x_0,\ y_0)$와 일치하면 f는 $(x_0,\ y_0)$에서 **연속(continuous)**이라고 한다. 예를 들어 상수함수는 모든 점에서 연속이다. 또한 다음 이변수함수

$$f_1(x,\ y) = x, \quad f_2(x,\ y) = y$$

는 모든 점에서 연속이다. 두 연속함수의 합, 차, 곱, 몫은 연속함수이다. 또한 두 연속함수의 합성도 연속함수이다. 이러한 사실들을 이용하여 다음 함수들은 정의역에서 연속함수임을 알 수 있다.

$$f(x,\ y) = ax + by + c \qquad j(x,\ y) = x^3y^2 - 3xy$$

$$g(x,\ y) = e^{xy} \qquad l(x,\ y) = \sqrt{1 - x^2 - y^2}$$

$$h(x,\ y) = \ln(x^2 + y^2) \qquad k(x,\ y) = \frac{x^2}{x^2 + y^2}$$

Note 함수의 연속성은 미적분학에서 아주 중요한 주제이지만 엄밀하게 다루기는 어렵기도 하고 많은 시간이 걸리는 주제이다. 이 교재에서는 함수의 연속성을 판단하기보다는 연속인 함수의 성질에 대해 다루기로 한다.

5.1.2 등위도면과 절단면

이변수함수의 움직임을 살펴보는 데에 유용한 하나의 방법은 지도 제작에 많이 쓰이는 등위선을 그리거나 밀도도면을 그리는 것이다. 일반적으로 평면지도를 제작할 때에 그 장소의 위치뿐만 아니라 높이를 나타내기 위하여 높이가 같은 지점을 연결하여 그리거나(등위선), 높이가 비슷한 지역은 비슷한 색으로 칠하는 방법(밀도도면 : 높은 곳은 진하게 낮은 곳은 흐리게) 등을 사용한다.

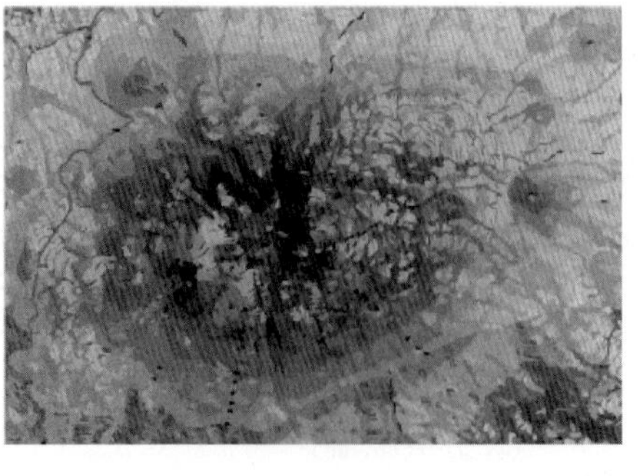

일반적으로 함수 $z = f(x,\ y)$에 대하여 같은 높이, 즉, 상수 k에 대하여 $z = k$인 점 $(x,\ y)$의 집합을 k**등위선(contour line,** or level curve)이라고 한다. 등위선은 함수 $z = f(x,\ y)$의 그래프와 xy평면과 평행한 평면 $z = k$와의 교집합이다. 즉,

$$f(x,\ y) = k$$

을 만족하는 점들의 집합이다. 이때 k를 등위선의 높이 또는 등위선의 값이라고 부르기로 한다. 정의역에 등위선을 그려놓은 것을 **등위도면(contour plot)**이라고 한다. 일반적으로 등위도면에 그리는 등위선의 값 k는 일정한 간격을 갖도록 그려준다. 또한 같은 정의역에서 같은 범위의 높이를 갖는 영역을 같은 색으로 표시해 놓은 것을 **밀도도면(density plot)**이라고 한다.

보기 2 다음 함수들의 등위선의 방정식을 구하고 등위도면을 그려 보시오.

(a) $f(x,\ y) = x^2 + y^2$ (b) $g(x,\ y) = \sqrt{x^2 + y^2}$ (c) $h(x,\ y) = x^2 - y^2$

Solution

(a) 높이가 k인 등위선은

$$f(x,\ y) = x^2 + y^2 = k$$

을 만족하므로 $k \geq 0$인 경우만 등위선이 존재한다. $k = 0$이면 $0-$등위선은 원점이다. $k > 0$이면 등위선은 반지름이 $\sqrt{k}$인 원이다. 따라서 높이가 $k = 1,\ 2,\ 3,\ 4,\ \ldots$인 등위선은 반지름이 각각 $1,\ \sqrt{2},\ \sqrt{3},\ 2,\ \ldots$이고 원점이 중심인 원이다. f의 값은 원점에서 멀어질수록 가파르게 증가한다. 이러한 사실은 등위도면에서 원점에서 멀어질수록 등위선의 간격이 좁아지는 것으로 표현된다.

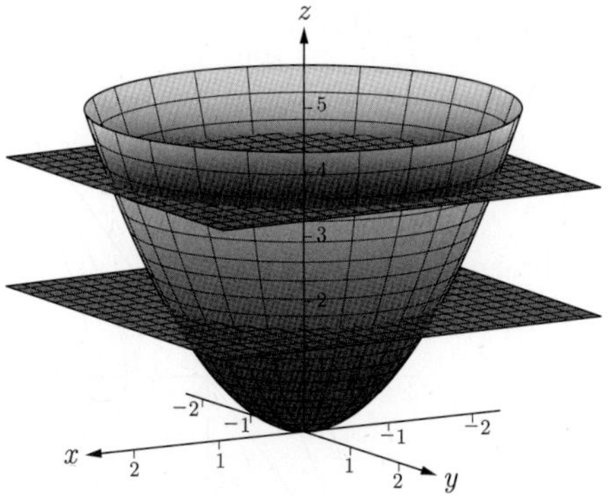

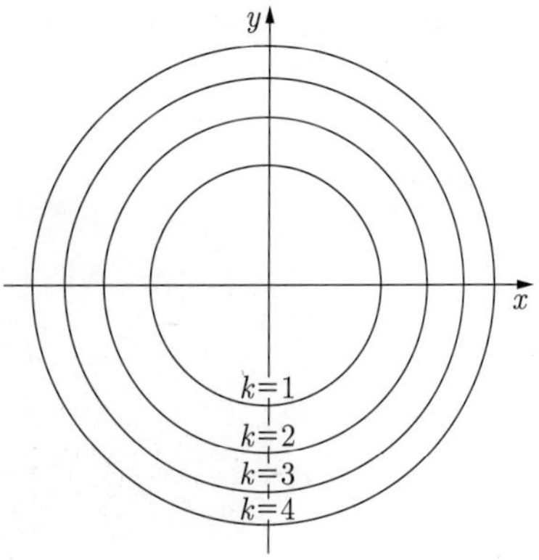

(b) 높이가 k인 등위선은

$$g(x,\ y) = \sqrt{x^2 + y^2} = k$$

을 만족하므로 $k \geq 0$인 경우만 등위선이 존재한다. $k = 0$이면 $0-$등위선은 원점이다. $k > 0$이면 등위선은 반지름이 k인 원이다. 따라서 높이가 $k = 1,\ 2,\ 3,\ 4,\ \ldots$인 등위선은 반지름이 각각 $1,\ 2,\ 3,\ 4,\ \ldots$이고 원점이 중심인 원이다. 앞의 보기와는 달리 등위선의 간격은 일정하게 유지되며 g의 그래프는 원점에서 멀어져도 기울기에 변화가 없다. 이런 그래프를 **원뿔(cone)**이라고 부른다.

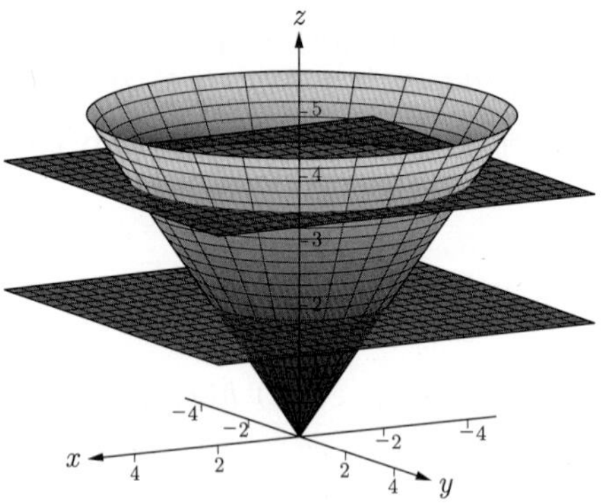

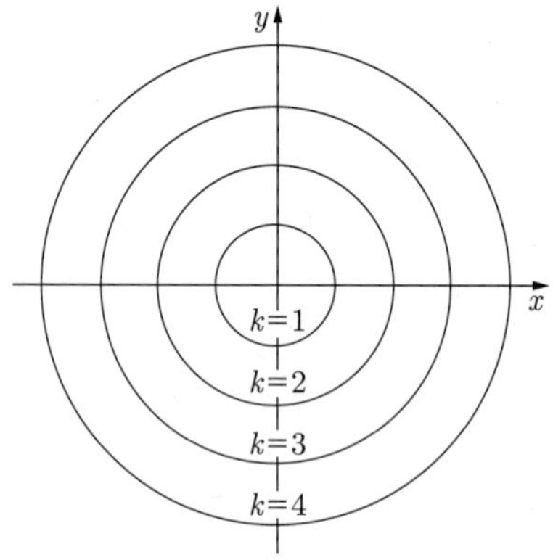

(c) 높이가 k인 등위선은

$$h(x,\ y) = x^2 - y^2 = k$$

을 만족한다. $k = 0$이면 $x^2 - y^2 = 0$이므로 이 경우의 등위선은 다음과 같은 두 직선이다.

$$y = x, \quad y = -x$$

$k > 0$이면 등위선은 꼭짓점이 $(\sqrt{k},\ 0),\ (-\sqrt{k},\ 0)$인 쌍곡선이다. 반면 $k < 0$이면 등위선은 꼭짓점이 $(0,\ \sqrt{-k}),\ (0,\ -\sqrt{-k})$인 쌍곡선이다. □

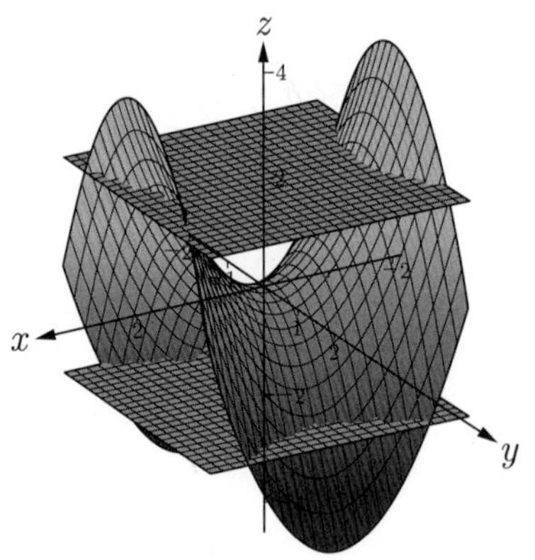

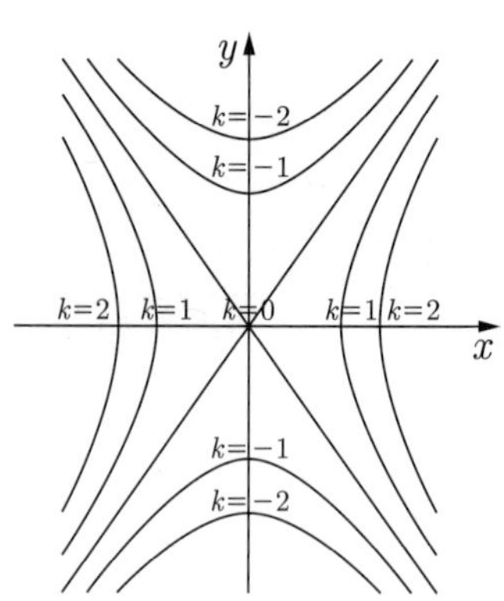

절단면

이변수함수 $z = f(x,\ y)$의 그래프와 평면 $x = x_0$와의 교집합을 $x = x_0$에서 f의 **절단면(cross section)**이라고 정의한다. 이는 x를 x_0로 고정시키고 y 만을 변화시킬 때 얻어지는 함수의 그래프, 즉, $z = f(x_0,\ y)$의 그래프이다. 예를 들어, $x = 1$일 때 $f(x,\ y) = x^2 + y^2$의 절단면은

$$z = f(1,\ y) = y^2 + 1$$

의 그래프로 아래로 볼록인 포물선이다. $y = y_0$에서 f의 절단면도 같은 방법으로 정의한다. 위의 경우, $y = y_0$일 때의 절단면도 아래로 볼록인 포물선을 나타낸다.

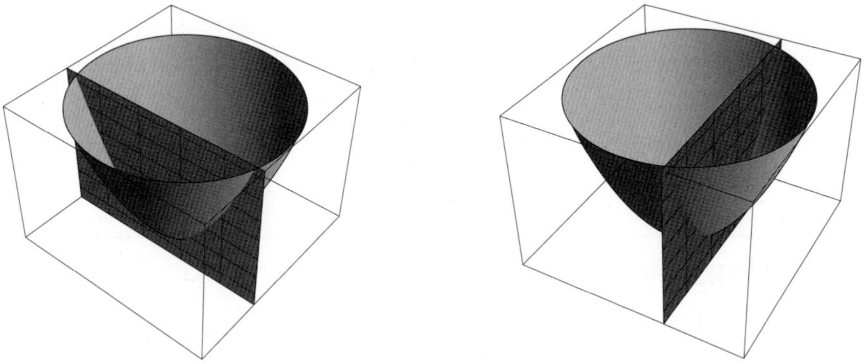

보기 3 함수 $g(x,\ y) = x^2 - y^2$의 그래프를 $x = x_0$일 때의 절단면과, $y = y_0$일 때의 절단면을 살펴보고 어떤 모습인지 설명하시오.

Solution $x = x_0$일 때 절단면은

$$z = f(x_0,\ y) = x_0^2 - y^2$$

이다. 따라서 절단면은 $y = 0$에서 최댓값 x_0^2을 갖는 위로 볼록한 포물선이다.
$y = y_0$일 때의 절단면은

$$z = f(x,\ y_0) = x^2 - y_0^2$$

이므로 $x = 0$에서 최솟값 $-y_0^2$을 갖는 아래로 볼록한 포물선이다. 따라서 그래프는 x축 방향으로는 아래로 볼록한 포물선이고 y축 방향으로는 위로 볼록한 포물선 모양이다. 이러한 곡면을 **안장(saddle)**모양이라고 한다.

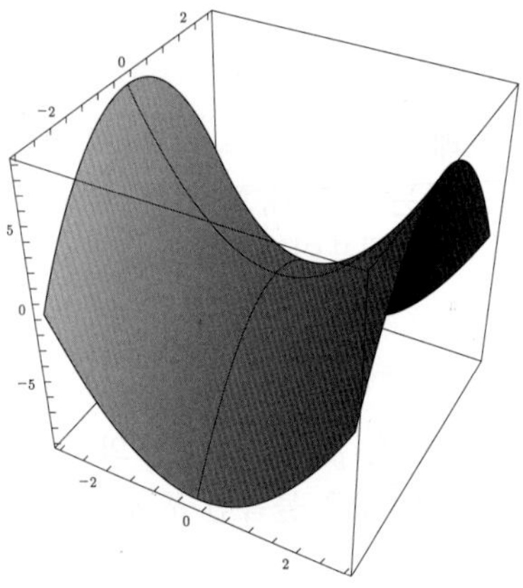

보기 2에서 (a)와 같이 등위선이 타원이고 절단면이 포물선으로 나타나는 곡면을 **타원포물면(elliptic paraboloid)**, (c)와 같이 등위선은 쌍곡선이고 절단면은 포물선인 곡면을 **쌍곡포물면(hyperbolic paraboloid)**이라 부른다. 일반적인 이차식에 대해서는 다음과 같은 결과가 성립한다.

타원포물면과 쌍곡포물면

이변수함수 $f(x,\ y) = ax^2 + by^2 + c$의 그래프는

- $ab > 0$이면 타원포물면이다.
- $ab < 0$이면 쌍곡포물면이다.

5.1.3 선형함수

이변수함수

$$f(x,\ y) = ax + by + c$$

꼴로 쓸 수 있는 함수를 **선형함수(linear function)**라고 한다. 선형함수의 그래프는 공간에서 평면으로 나타난다.

일반적인 선형함수 $f(x,\ y) = ax + by + c$의 등위선은 상수 k에 대하여

$$ax + by + c = k$$

가 되는 xy 평면의 점들의 집합이다. 따라서 $b \neq 0$이면 등위선은

$$기울기 = m = -\frac{a}{b}, \quad y \text{ 절편} = \frac{k-c}{b}$$

인 직선이다. 등위선의 값의 차이가 일정하도록 그리면, 선형함수의 등위선은 일정한 간격의 평행한 직선들이다.

보기 4 다음 선형함수들에 대하여 그래프 높이(z)의 간격이 1인 등위도면을 그려 보자.

(a) $z = x + y$　　　(b) $z = 2x + 2y$

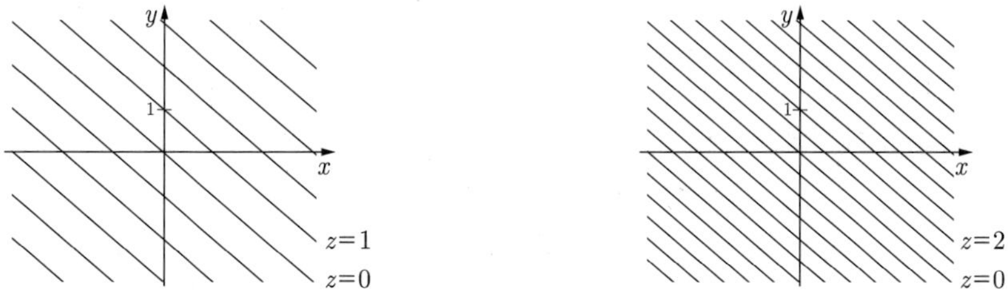

(b)의 그래프는 x 방향과 y 방향의 기울기가 모두 두 배가 되었다. 이때, 등위선의 기울기는 변화가 없지만 x축과 y축을 따라 생기는 등위선의 간격은 모두 반으로 줄어들었음을 볼 수 있다. 이는 x 방향과 y 방향의 속도가 모두 두 배가 되었음을 의미한다. 일반적으로 등위선의 간격이 좁을수록 함수는 가파르게 증가하거나 감소한다. □

선형함수

$$f(x,\ y) = ax + by + c$$

의 $x = x_0$에서의 절단면과 $y = y_0$에서의 절단면은 각각

$$f(x_0,\ y) = ax_0 + by + c, \quad f(x,\ y_0) = ax + by_0 + c$$

이므로 기울기가 b인 직선과 기울기가 a인 직선이다.. **y 방향의 기울기**는 b, **x 방향의 기울기**는 a라고 한다.

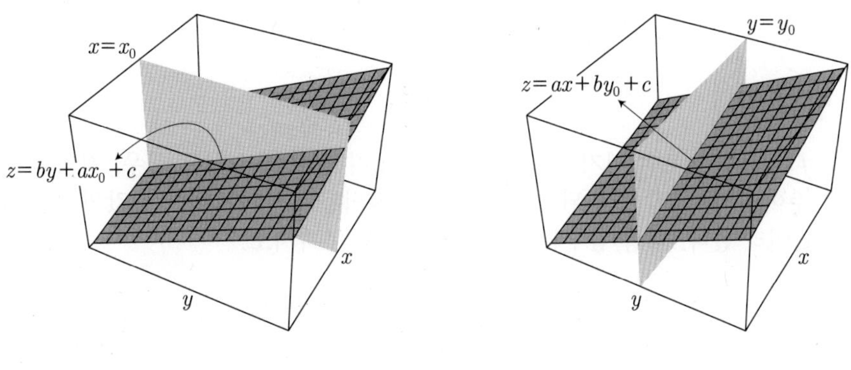

일반적으로 (x_0, y_0, z_0)을 지나고 x 방향의 기울기가 a이고 y 방향의 기울기가 b인 평면의 방정식은 다음과 같이 주어진다.

$$z = z_0 + a(x - x_0) + b(y - y_0)$$

평면에서 두 점을 지나는 직선의 방정식이 유일하게 결정되듯이 공간에서(일직선 상에 있지 않은) 세 점이 주어지면 평면의 방정식은 유일하게 결정된다.

보기 5 세 점 $(1, 0, 1)$, $(1, 1, 0)$, $(0, 1, 2)$을 지나는 평면에 대하여

(a) x 방향의 기울기 a와 y 방향의 기울기 b를 구하시오.

(b) 평면의 방정식을 구하시오.

Solution

(a) 처음 두 점은 같은 x좌표를 가지므로 y 방향의 기울기 b를 구할 수 있다.

$$b = \frac{\Delta z}{\Delta y} = \frac{0-1}{1-0} = -1$$

두 번째 점과 세 번째 점은 같은 y좌표를 가지므로 x 방향의 기울기 a를 구할 수 있다.

$$a = \frac{\Delta z}{\Delta x} = \frac{0-2}{1-0} = -2$$

(b) 이 평면은 $(1, 0, 1)$을 지나므로 평면의 방정식은 다음과 같다.

$$\begin{aligned} z &= -2(x-1) - (y-0) + 1 \\ &= -2x - y + 3 \end{aligned}$$

□

Note 위의 보기에서 다음 연립방정식을 풀어 평면 $z = ax + by + c$의 방정식을 구할 수도 있다.

$$1 = a + c, \quad 0 = a + b + c, \quad 2 = b + c$$

5.1.4 연습문제

1. 함수 f가 수식으로 주어지고 **정의역(domain)**이 명시되지 않은 경우, 정의역 D는 함수로 주어진 식이 잘 정의된 최대집합으로 정의된다. f가 취하는 값의 집합을 **치역(range)**이라 한다. 다음 함수의 정의역과 치역을 구하시오.

(a) $z = \sqrt{x^2 + y^2}$

(b) $z = \sqrt{9 - x^2 - y^2}$

(c) $z = 1/(x - y)$

(d) $z = e^x \ln y$

(e) $z = \dfrac{2xy}{x^2 + y^2}$

(f) $z = e^{-x^2-y^2}$

2. 다음은 선형함수 $z = f(x,\ y) = ax + by + c$의 등위도면이다. 선형함수의 방정식을 구하시오.

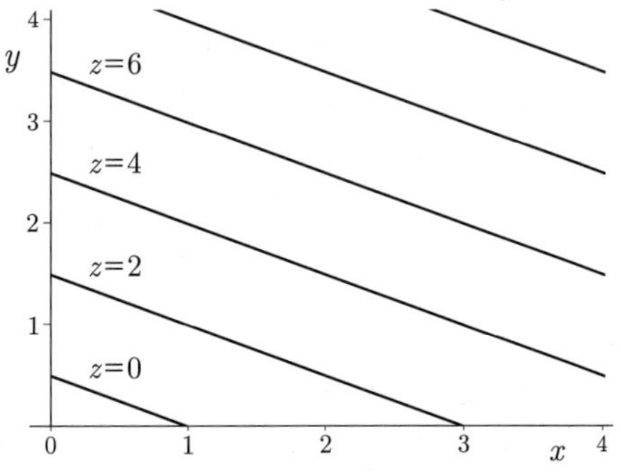

3. 다음 조건을 만족하는 선형함수의 방정식을 구하시오.

(a) 세 점 $(0,\ 0,\ 0)$, $(0,\ 2,\ -4)$, $(3,\ 0,\ 2)$을 지난다.

(b) 평면 $x = 2$로 절단한 면의 그래프는 직선 $z = y - 1$이고 평면 $y = 1$로 절단한 면의 그래프는 직선 $z = -x + 2$이다.

4. 주어진 선형함수들에 대하여 기울기벡터를 구하고 그래프 높이의 간격이 1인 등위도면과 기울기벡터를 그리시오.

(a) $z = y - x + 2$ (b) $z = x - y - 1$ (c) $z = 2y - 2x + 2$

5. 다음 선형함수에 대하여 기울기벡터를 구하고 등위선의 기울기를 구하시오.

(a) $z = 2x - 2y - 1$ (b) $z = 2x - y + 3$ (c) $z = x + y + 2$

6. 문제 5의 선형함수에 대하여 z가 가장 빨리 증가하는 방향을 구하고 이때, 최대증가율을 구하시오.

(a) $(2, -2),\ 2\sqrt{2}$ (b) $(2,\ -1),\ \sqrt{5}$ (c) $(1,\ 1),\ \sqrt{2}$

5.2 편미분과 기울기벡터

5.2.1 편도함수

이변수함수 $z = f(x,\ y)$에서 변수 y를 상수로 간주하고 함수 f를 변수 x에 대해 미분하는 것을 변수 x에 대한 함수 f의 **편미분(partial differentiation)**이라 하고

$$\frac{\partial f}{\partial x},\quad D_1 f,\quad f_x$$

등으로 나타낸다. 그 결과도 이변수함수인데 이를 x에 대한 **편도함수(partial derivative)**라고

$$\frac{\partial f}{\partial x}(x,\ y),\quad D_1 f(x,\ y),\quad f_x(x,\ y)$$

등으로 나타낸다. y에 대한 편미분도 같은 방식으로 정의한다.

$$\begin{aligned} \frac{\partial f}{\partial x}(x,\ y) &= \lim_{h\to 0}\frac{f(x+h,\ y)-f(x,\ y)}{h} &= D_1 f(x,\ y) \\ \frac{\partial f}{\partial y}(x,\ y) &= \lim_{h\to 0}\frac{f(x,\ y+h)-f(x,\ u)}{h} &= D_2 f(x,\ y) \end{aligned}$$

편도함수의 값 $D_1 f(x_0,\ y_0)$를 점 $(x_0,\ y_0)$에서 f의 x에 대한 **편미분계수(partial differential coefficient)**, $D_2 f(x_0,\ y_0)$를 점 $(x_0,\ y_0)$에서 f의 y에 대한 편미분계수라고 한다.

보기 1 $f(x,\ y) = 16 - x^2 - 4y^2$일 때 $\dfrac{\partial f}{\partial x}(1,\ 1)$과 $\dfrac{\partial f}{\partial y}(1,\ 1)$을 구하시오.

Solution $\frac{\partial f}{\partial x}(x,\ y) = -2x,\ \frac{\partial f}{\partial y}(x,\ y) = -8y$이므로

$$\frac{\partial f}{\partial x}(1,\ 1) = -2,\quad \frac{\partial f}{\partial y}(1,\ 1) = -8$$

이다. □

보기 1에서 $y = 1$에서의 절단면

$$g(x) := f(x,\ 1) = 12 - x^2$$

의 그래프는 포물선이다. 이 포물선 위의 점 $(1,\ 1,\ 11)$에서 이 포물선에 대한 접선의 기울기가 편미분계수가

$$\frac{\partial f}{\partial x}(1,\ 1) = -2$$

이다.

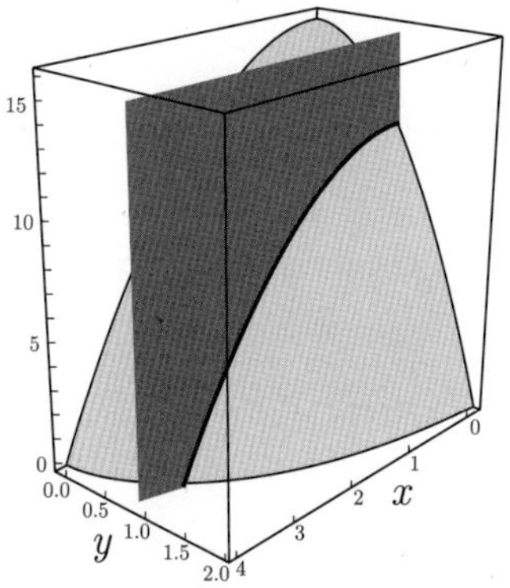

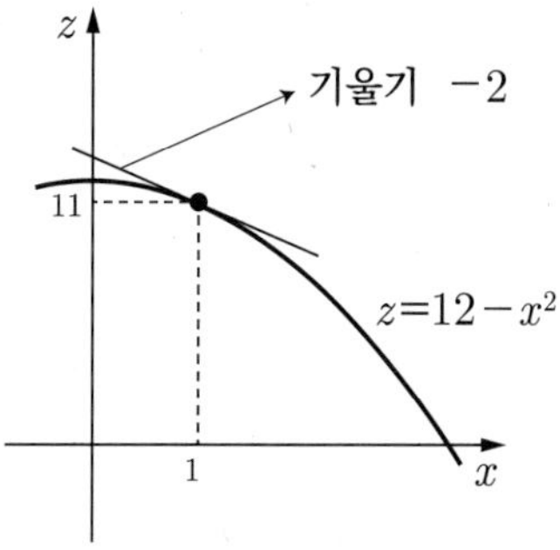

마찬가지로 $x=1$에서의 절단면 $h(y):=f(1,\ y)=15-4y^2$도 포물선이고 이 포물선 위의 점 $(1,\ 1,\ 11)$에서 이 포물선에 대한 접선의 기울기가 $\frac{\partial f}{\partial y}(1,\ 1)=-8$이다.

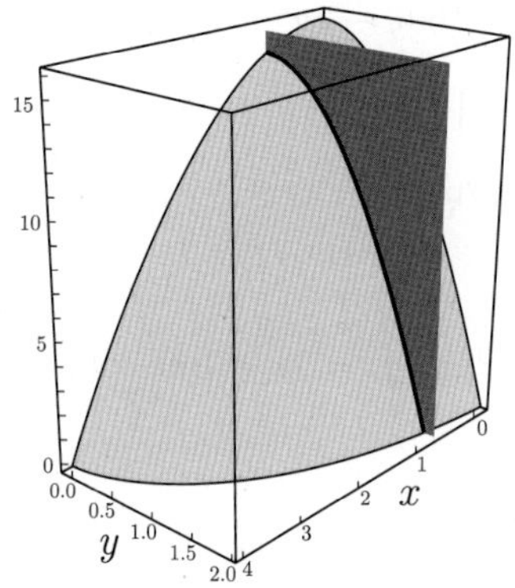

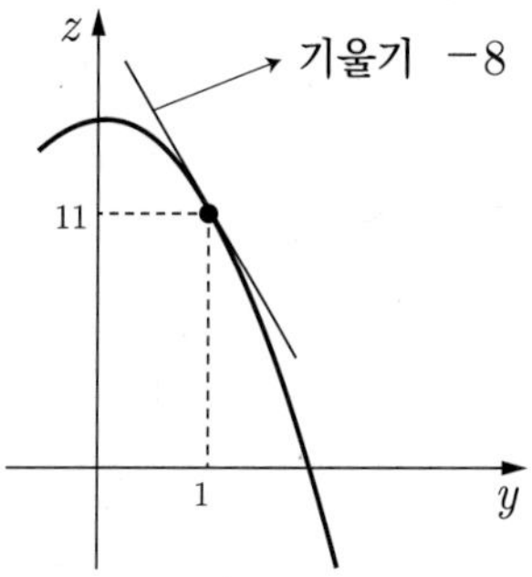

한계함수

두 종류의 제품을 생산하는데 제품 1을 x개, 제품 2를 y개 만드는 데 드는 비용을 $C(x,\ y)$, 총수입함수를 $R(x,\ y)$라 하면 총이윤함수는

$$P(x,\ y)=R(x,\ y)-C(x,\ y)$$

로 정의된다. 이때

$$\frac{\partial P}{\partial x}(a,\ b)\approx P(a+1,\ b)-P(a,\ b),\qquad \frac{\partial P}{\partial y}(a,\ b)\approx P(a,\ b+1)-P(a,\ b)$$

은 각각 제품 1과 제품 2의 한계이윤함수로 이해할 수 있다. 다른 함수들에 대해서도 같은 해석이 가능하다.

보기 2 핸드폰 회사에서 하루에 보급형을 x대, 고급형을 y대 만드는 데 고정비용이 200만 원, 보급형 한 개에 20만 원, 고급형 한 개에 40만 원 든다고 한다. 보급형 핸드폰의 가격 p와

고급형 핸드폰의 가격 q가

$$p = 100 - 3x + y, \quad q = 200 + x - 2y$$

일 때 총이윤함수를 구하시오. 두 제품을 각각 20개, 30개 만들 때 총이윤을 구하고, 각 제품을 한 개 추가 생산할 때 이윤의 변화를 설명하시오. 단, 생산된 제품은 모두 판매되는 것으로 가정한다.

Solution 비용함수와 수입함수는

$$\begin{aligned} C(x,\ y) &= 200 + 20x + 40y \\ R(x,\ y) &= px + qy = 100x - 3x^2 + 2xy + 200y - 2y^2 \end{aligned}$$

이므로 이윤함수는

$$P(x,\ y) = 80x - 3x^2 + 2xy + 160y - 2y^2 - 200$$

이다. 따라서 두 제품을 각각 20개, 30개 만들 때 총이윤은

$$P(20,\ 30) = 4400\ (\text{만 원})$$

이다.

$$\frac{\partial}{\partial x}P(x,\ y) = 80 - 6x + 2y, \quad \frac{\partial}{\partial y}P(x,\ y) = 2x + 160 - 4y$$

에서

$$\frac{\partial}{\partial x}P(20,\ 30) = 20, \quad \frac{\partial}{\partial y}P(20,\ 30) = 80$$

이므로 제품 1을 한 개 추가 생산할 때는 20만 원, 제품 2를 하나 추가 생산할 때는 80만 원의 이윤이 증가한다. □

제품의 양 Q가 자본의 양이 x, 노동의 양이 y일 때 $f(x,\ y)$로 주어지면

$$Q = f(x,\ y)$$

를 그 제품의 **생산함수(production function)**라 한다. f의 x에 대한 편미분

$$\frac{\partial}{\partial x}f(x,\ y)$$

은 자본에 대한 생산량의 변화율을 의미하며 **자본의 한계생산(marginal production of capital)**이라 한다. f의 y에 대한 편미분

$$\frac{\partial}{\partial y}f(x,\ y)$$

은 노동에 대한 생산량의 변화율을 의미하며 **노동의 한계생산(marginal production of labour)**이라 한다.

보기 3 어느 회사의 생산함수가 다음과 같이 주어졌다.

$$Q = 100x^{0.75}y^{0.25}$$

자본 $x = 5000$, 노동 $y = 2500$일 때 자본의 한계생산은

$$\frac{\partial}{\partial x}f(x,\ y) = 75x^{-0.25}y^{0.25} = 75\left(\frac{y}{x}\right)^{1/4}$$

에서

$$\frac{\partial}{\partial x}f(5000,\ 2500) = 75\left(\frac{2500}{5000}\right)^{1/4} \approx 63.07$$

이고 노동의 한계생산은

$$\frac{\partial}{\partial y}f(x,\ y) = 25x^{0.75}y^{-0.75} = 25\left(\frac{x}{y}\right)^{3/4}$$

에서

$$\frac{\partial}{\partial y}f(5000,\ 2500) = 25\left(\frac{5000}{2500}\right)^{3/4} \approx 42.03$$

이므로 자본이 5000, 노동이 2500일 때 증가량이 같다면 자본을 증가시키는 것이 회사의 생산성을 높이는 데 더 유리하다고 판단할 수 있다. 만약 자본이 10000, 노동이 2500이면

$$\begin{aligned}\frac{\partial}{\partial x}f(10000,\ 2500) &= 75\left(\frac{2500}{10000}\right)^{1/4} = \frac{75}{4^{1/4}} \approx 53.03 \\ \frac{\partial}{\partial y}f(10000,\ 2500) &= 25\left(\frac{10000}{2500}\right)^{3/4} = 254^{3/4} \approx 70.71\end{aligned}$$

이므로 노동을 증가시키는 것이 생산성을 더 높인다. □

5.2.2 접평면과 기울기벡터

일변수함수의 경우 국소적 선형성은 곡선의 그래프를 확대하여 보았을 때 근사적으로 직선처럼 보이는 현상을 의미한다. 이변수함수의 경우도 국소적 선형성은 곡면을 확대하여 보았을 때 근사적으로 평면처럼 보이는 현상을 의미한다. 다음 그림은 $z = 10 - x^2 - y^2$의 그래프를 점 $(0,\ 0,\ 0)$ 근방에서 확대해서 그린 것이다.

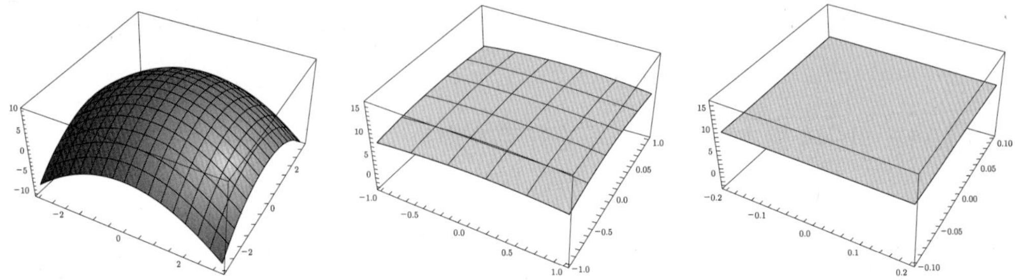

곡면 위의 한 점 근방을 확대하였을 때 평면처럼 보이는 경우 이 함수는 그 점에서 **국소적으로 선형(locally linear)**이라 하고 이때의 평면을 **접평면(tangent plane)**이라고 부른다.

물론 모든 함수가 국소적으로 선형인 것은 아니다. 예를 들어, 원뿔함수

$$z = f(x,\ y) = \sqrt{x^2 + y^2}$$

의 경우 원점에서 아무리 크게 확대하여 보아도 그래프는 평면처럼 보이지 않는다.

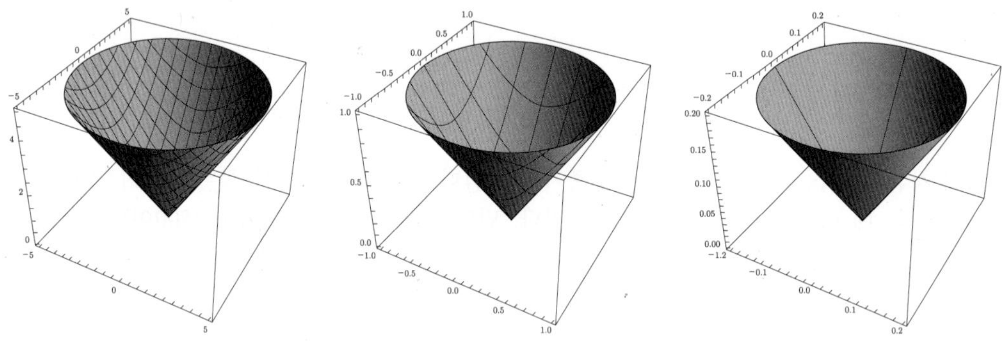

이변수함수

$$z = f(x,\ y)$$

가 $(x_0,\ y_0)$에서 국소적으로 선형이면, 즉, 국소적으로 평면처럼 보이면 f는 $(x_0,\ y_0)$에서 **미분가능(differentiable)**하다고 한다. 따라서 원뿔함수 $z = f(x,\ y) = \sqrt{x^2 + y^2}$의 경우는 $(0,\ 0)$에서 미분가능하지 않다.

어떤 점에서 편미분계수가 모두 존재한다고 해서 미분가능한 것은 아니다. 예를 들어 다음과 같이 정의된 함수가 원점에서 국소적으로 선형이 아님은 자명하다.

$$f(x,\ y) = \begin{cases} 0, & xy = 0 \\ 1, & xy \neq 0 \end{cases}$$

그러나 $f(x,\ 0)=0,\ f(0,\ y)=0$이므로 원점에서의 편미분계수는 다음과 같이 존재한다.

$$D_1f(0,\ 0)=0, \quad D_2f(0,\ 0)=0$$

이변수함수의 미분가능성에 대해서는 다음과 같은 결과가 알려져 있다.

이변수함수의 미분가능성

이변수함수 $z=f(x,\ y)$의 편도함수 D_1f와 D_2f가 각각 $(x_0,\ y_0)$ 근방에서 존재하고 $(x_0,\ y_0)$에서 연속이면 f는 $(x_0,\ y_0)$에서 미분가능하다.

이변수함수 $z=f(x,\ y)$가 점 $(x_0,\ y_0)$에서 미분가능하다면 $z=f(x,\ y)$의 그래프는 x 방향의 기울기[1]가 $D_1f(x_0,\ y_0)$이고 y 방향의 기울기는 $D_2f(x_0,\ y_0)$이다. 다시 말해서 $D_1f(x_0,\ y_0)$와 $D_2f(x_0,\ y_0)$가 각각 x 방향과 y 방향에서 접선의 기울기이고 접평면은 이 두 접선을 포함한다. 따라서 접평면의 방정식은 다음과 같이 주어진다.

$$L(x,\ y)=f(x_0,\ y_0)+D_1f(x_0,\ y_0)(x-x_0)+D_2f(x_0,\ y_0)(y-y_0)$$

곡면

$$z=f(x,\ y)$$

위의 점에서 x 방향의 기울기와 y 방향의 기울기를 성분으로 갖는 벡터를 곡면의 기울기벡터로 정의하고 ∇f, 또는 grad$f$로 나타낸다.

기울기벡터

점 $P=(x_0,\ y_0)$에서 $z=f(x,\ y)$의 기울기벡터는 다음과 같이 정의한다.

$$\nabla f(x_0,\ y_0)=\text{grad}\ f(x_0,\ y_0)=(D_1f(x_0,\ y_0),\ D_2f(x_0,\ y_0))$$

보기 4 $X=(x,\ y),\ P=(x_0,\ y_0)$일 때 다음 함수의 기울기벡터를 구하시오.

(a) $f(X)=|X-P|^2=(x-x_0)^2+(y-y_0)^2$

(b) $g(X)=|X-P|=\sqrt{(x-x_0)^2+(y-y_0)^2}$

[1] 엄밀하게 말하자면 접평면의 x 방향의 기울기

Solution

(a) $D_1f(x,\ y) = 2(x - x_0),\ D_2f(x,\ y) = 2(y - y_0)$이므로

$$\nabla f(x,\ y) = 2(x - x_0,\ y - y_0) = 2(X - P)$$

(b) $D_1(x,\ y) = \frac{x - x_0}{\sqrt{(x-x_0)^2+(y-y_0)^2}},\ D_2f(x,\ y) = \frac{y-y_0}{\sqrt{(x-x_0)^2+(y-y_0)^2}}$이므로

$$\nabla g(x,\ y) = \frac{1}{\sqrt{(x-x_0)^2+(y-y_0)^2}}(x-x_0,\ y-y_0) = \frac{X-P}{|X-P|}$$ □

선형근사식

표현의 편의상 $\nabla f(P) = f'(P)$로 나타내고 **일계미분계수벡터**라 부르기로 한다. 이 표현에 따르면 접평면의 방정식은 다음과 같이 쓸 수 있다.

$$L(X) = f(P) + f'(P)\cdot(X - P)$$

$(x_0,\ y_0)$ 근방에서 곡면과 접평면은 아주 비슷하므로 접평면을 이용하여 이변수함수의 근삿값을 구할 수 있다. 이 접평면의 방정식을 $(x_0,\ y_0)$에서의 f의 **선형근사식(linear approximation)**이라 한다.

> **접평면과 선형근사**
>
> $z = f(x,\ y)$가 점 $P = (x_0,\ y_0)$에서 미분가능하면 $(x_0,\ y_0)$ 근방에서 $f(X) = f(x,\ y)$의 값은 다음과 같이 근사적으로 구할 수 있다.
>
> $$\begin{aligned} f(X) - f(P) &\approx f'(P)\cdot(X-P) \\ &= D_1f(x_0,\ y_0)(x-x_0) + D_2f(x_0,\ y_0)(y-y_0) \end{aligned}$$

Note $\mathbf{v} = X - P$로 놓으면 위의 근사식은 다음과 같이 쓸 수 있다.

$$f(P+\mathbf{v}) - f(P) \approx f'(P)\cdot\mathbf{v}$$

보기 5 곡면 $z = 5 - x^2 - 2y^2$ 위의 점 $(1,\ 1,\ 2)$에서 접평면의 방정식을 구하고 $f(1.1,\ 0.9)$의 근삿값을 선형근사를 이용하여 구하시오.

Solution $f(x,\ y) = 5 - x^2 - 2y^2$이라고 하자. 그러면

$$D_1f(x,\ y) = -2x \quad \Rightarrow \quad D_1f(1,\ 1) = -2$$
$$D_2f(x,\ y) = -4y \quad \Rightarrow \quad D_2f(1,\ 1) = -4$$

이므로 접평면의 방정식은 다음과 같다.

$$\begin{aligned} z &= f(1,\ 1) + D_1f(1,\ 1)(x-1) + D_2f(1,\ 1)(y-1) \\ &= -2x - 4y + 8 \end{aligned}$$

$(1,\ 1)$에서의 선형근사식 $L(x,\ y) = -2x - 4y + 8$을 이용하면

$$f(1.1,\ 0.9) \approx L(1.1,\ 0.9) = -2(1.1) - 4(0.9) + 8 = 2.2$$

이다. 이 값은 실제의 값

$$f(1.1,\ 0.9) = 5 - (1.1)^2 - 2(0.9)^2 = 2.17$$

과 아주 근사한 결과를 보여준다. □

각 변수의 증분을

$$\Delta z = z - z_0 = f(x,\ y) - f(x_0,\ y_0), \quad \Delta x = x - x_0, \quad \Delta y = y - y_0$$

으로 표시하면

$$\Delta z \approx D_1f(x_0,\ y_0)\Delta x + D_2f(x_0,\ y_0)\Delta y \tag{5.1}$$

으로 나타낼 수 있다. 선형근사식은 이변수함수의 변화량을 x의 변화에 따른 변화량과 y의 변화에 따른 변화량의 합으로 근사시킬 수 있음을 의미하기도 한다.

보기 6 밑면은 한 변의 길이가 1m인 정사각형이고 높이가 2m인 직육면체에서 밑면의 길이를 1cm, 높이를 2cm 늘렸을 때 부피가 얼마나 증가하는지 선형근사를 이용하여 구하시오.

Solution 밑면의 한 변의 길이가 xm, 높이가 ym일 때 부피는

$$V = x^2y$$

이고

$$D_1V = 2xy,\ D_2V = x^2 \quad \Rightarrow \quad \nabla V(1,\ 2) = (4,\ 1)$$

이다. $\Delta x = 0.01,\ \Delta y = 0.02$이므로 부피의 증가량은

$$V(1.01,\ 2.02) - V(1,\ 2) \approx \nabla V(1,\ 2)\cdot(\Delta x,\ \Delta y) = 0.06\ (\mathrm{m}^3)$$

이다. □

보기 7 콥–더글라스 모형에서 생산함수 Q가 다음과 같이 정의되었다.

$$Q(x,\ y) = 100x^{0.25}y^{0.75}$$

이때 x는 1년동안 투입된 자본량, y는 1년 동안 투입된 노동량이고 Q는 1년 동안 생산된 제품의 양이다. 작년 자본량은 625단위, 노동량은 10000단위였고 이에 따른 생산량은 500000이었다. 올해 자본을 16단위, 노동량을 4단위 추가로 더 투입한다면 생산량은 얼마나 증가하는가? 선형근사를 이용하여 구하시오.

Solution $x = 625,\ y = 10000$일 때

$$\frac{\partial Q}{\partial x} = 25\left(\frac{y}{x}\right)^{0.75} = 200, \quad \frac{\partial Q}{\partial y} = 75\left(\frac{x}{y}\right)^{0.25} = 37.5$$

이므로 $\Delta x = 16,\ \Delta y = 4$일 때

$$\begin{aligned}\Delta Q &= Q(641,\ 10004) - Q(625,\ 10000) \\ &\approx \frac{\partial Q}{\partial x}(625,\ 10000)\Delta x + \frac{\partial Q}{\partial y}(625,\ 10000)\Delta y \\ &= 200 \cdot 16 + 37.5 \cdot 4 = 3350\end{aligned}$$

이다. 다시 말해서 자본을 16단위, 노동량을 4단위 추가로 더 투입한다면 생산량은 3350단위가 늘어난 503350단위이다. □

5.2.3 방향미분계수

만약 $x,\ y$가 t의 함수이면, 즉,

$$x = g(t), \quad y = h(t)$$

로 주어지면 $z = f(x,\ y) = f(g(t),\ h(t))$는 t의 함수이다. 식 (5.1)의 양변을 Δt로 나누면

$$\frac{\Delta z}{\Delta t} \approx D_1 f(x_0,\ y_0)\frac{\Delta x}{\Delta t} + D_2 f(x_0,\ y_0)\frac{\Delta y}{\Delta t}$$

이고 $x = g(t),\ y = h(t)$가 미분가능하면

$$\lim_{\Delta t \to 0} \frac{\Delta x}{\Delta t} = \frac{dx}{dt}, \quad \lim_{\Delta t \to 0} \frac{\Delta y}{\Delta t} = \frac{dy}{dt}$$

이므로 다음과 같은 연쇄법칙을 얻는다.

연쇄법칙

$z=f(x,\ y)$가 미분가능한 $x,\ y$의 함수이고 $x=g(t),\ y=h(t)$가 미분가능한 t의 함수이면 z는 미분가능한 t의 함수이고

$$\frac{dz}{dt}=\frac{\partial f}{\partial x}\frac{dx}{dt}+\frac{\partial f}{\partial y}\frac{dy}{dt}$$

Note $X(t)=(x,\ y)=(g(t),\ h(t)),\ X'(t)=(g'(t),\ h'(t))$로 놓으면

$$z=f(X(t))$$

에 대하여 위 결과는 다음과 같이 나타낼 수 있다.

$$\frac{dz}{dt}=(\nabla f(P))\cdot X'(t)=f'(P)\cdot X'(t)$$

음함수 미분법

이변수함수 $z=f(x,\ y)$가 다음과 같은 음함수 꼴로 정의되었다고 하자.

$$F(x,\ y,\ z)=c$$

이는 f의 정의역에서 다음 식이 성립함을 의미한다.

$$F(x,\ y,\ f(x,\ y))=c$$

이때 주의하여야 할 것은 일변수함수의 음함수 꼴에서는 y가 x의 함수이지만 이변수함수의 음함수 꼴에서 y는 x와 독립이므로 x에 대하여 편미분할 때 상수로 간주한다. 마찬가지로 x도 y에 대해서 편미분할 때 상수로 간주한다. 따라서

$$\frac{\partial y}{\partial x}=\frac{\partial x}{\partial y}=0$$

이다. 따라서 $F(x,\ y,\ z)=0$에서 $X(x)=(x,\ y,\ f(x,\ y))$라 하고 양변을 x에 대하여 미분하면 연쇄법칙에 의하여

$$f'(X(x))\cdot X'(x)=D_1F\frac{\partial x}{\partial x}+D_2F\frac{\partial y}{\partial x}+D_3F\frac{\partial z}{\partial x}=0$$

이고 $D_3F(x,\ y,\ z)\neq 0$이면

$$\frac{\partial z}{\partial x}=-\frac{D_1F}{D_3F}$$

같은 방법으로 $\frac{\partial z}{\partial y}$도 구할 수 있다.

$$\frac{\partial z}{\partial y} = -\frac{D_2 F}{D_3 F}$$

음함수미분법

이변수함수 $z = f(x,\ y)$가 $F(x,\ y,\ z) = 0$ 꼴로 정의되면 $z = f(x,\ y)$의 편도함수는 다음과 같다.

$$\frac{\partial z}{\partial x} = -\frac{D_1 F}{D_3 F}, \quad \frac{\partial z}{\partial y} = -\frac{D_2 F}{D_3 F}$$

보기 8 z가 다음과 같이 음함수 꼴로 정의되었을 때 편도함수 $\frac{\partial z}{\partial x}$, $\frac{\partial z}{\partial y}$를 구하시오.

$$x^2 + y^2 + z^2 = 2xyz + 1$$

Solution $F(x,\ y,\ z) = x^2 + y^2 + z^2 - 2xyz - 1$이라 하면

$$D_1 F(x,\ y,\ z) = 2x - 2yz, \quad D_2 F(x,\ y,\ z) = 2y - 2xz, \quad D_3 F(x,\ y,\ z) = 2z - 2xy$$

이므로

$$\frac{\partial z}{\partial x} = -\frac{x - yz}{z - xy}, \quad \frac{\partial z}{\partial y} = -\frac{y - zx}{z - xy}$$

이다. □

함수 $w = F(x,\ y,\ z)$의 $c-$등위면의 방정식은

$$F(x,\ y,\ z) = c$$

이다. 등위면 위의 점 $P = (x_0,\ y_0,\ z_0)$을 지나는 접평면의 방정식은 다음과 같이 주어진다.

$$\begin{aligned} z - z_0 &= \frac{\partial z}{\partial x}(x - x_0) + \frac{\partial z}{\partial y}(y - y_0) \\ &= -\frac{D_1 F(P)}{D_3 F(P)}(x - x_0) - \frac{D_2 F(P)}{D_3 F(P)}(y - y_0) \end{aligned}$$

양변에 $D_3 F(P)$를 곱한 후 정리하면 다음 식을 얻는다.

$$D_1 F(P)(x - x_0) + D_2 F(P)(y - y_0) + D_3 F(P)(z - z_0) = 0$$

따라서 기울기벡터 $\nabla F(P)$는 곡면 $F(x,\ y,\ z) = F(P)$와 수직이다.

기울기벡터와 등위면

등위면 위의 점 P에서 $\nabla F(P)$는 등위면 $F(X) = F(P)$와 수직이고 접평면의 방정식은 다음과 같다.

$$\nabla F(P) \cdot (X - P) = 0$$

보기 9 타원면[2]

$$\frac{x^2}{12} + \frac{y^2}{4} + \frac{z^2}{6} = 1$$

위의 점 $(1,\ 1,\ 2)$에서 접평면의 방정식을 구하시오.

Solution $F(x,\ y,\ z) = \frac{x^2}{12} + \frac{y^2}{4} + \frac{z^2}{6}$이라 하면

$$\nabla F(1,\ 1,\ 2) = \left(\frac{1}{6},\ \frac{1}{2},\ \frac{2}{3}\right)$$

이므로 접평면의 방정식은 다음과 같다.

$$\frac{1}{6}(x-1) + \frac{1}{2}(y-1) + \frac{2}{3}(z-2) = 0 \quad \Rightarrow \quad x + 3y + 4z = 12 \qquad \square$$

방향미분계수

점 $P = (x_0,\ y_0)$에서 벡터 $\mathbf{v} = (a,\ b)$에 대하여 극한값

$$\lim_{h \to 0} \frac{f(P + h\mathbf{v}) - f(P)}{h}$$

이 존재하면 이 값을 점 $P = (x_0,\ y_0)$에서 f의 $\mathbf{v}-$**방향미분계수(directional derivative)**라고 부르고 $D_{\mathbf{v}} f(P)$로 나타낸다.

$$D_{\mathbf{v}} f(P) = \lim_{h \to 0} \frac{f(P + h\mathbf{v}) - f(P)}{h}$$

[2]다음 식을 만족하는 점들의 집합을 **타원면(ellipsoid)**이라 한다. 타원면의 등위선, 절단면은 모두 타원이다.

$$\frac{x^2}{a^2} + \frac{y^2}{b^2} + \frac{z^2}{c^2} = 1$$

$\mathbf{v}$가 단위벡터이면 이 값은 함수 f를 직선 $P+t\mathbf{v}$ 위에서만 보았을 때 생기는 곡선의 기울기[3]이다. 다시 말해서 xy평면에서 직선 $P+t\mathbf{v}$와 수직으로 자른 절단면의 기울기이다.

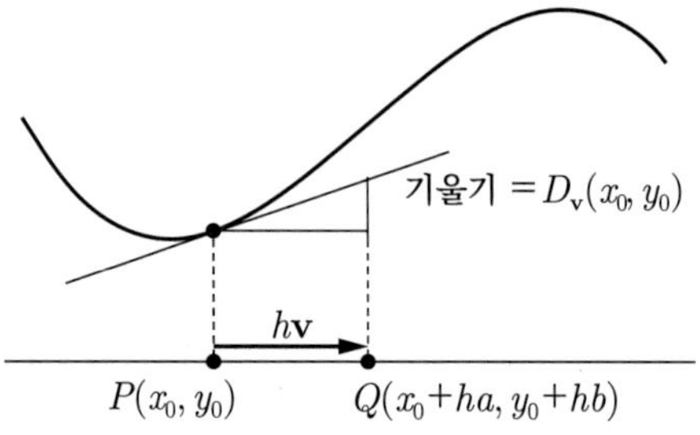

$g(t)=f(P+t\mathbf{v})$에 연쇄법칙을 적용하면 다음 결과를 얻는다.

기울기벡터와 방향미분

점 $P=(x_0,\ y_0)$와 벡터 $\mathbf{v}$에 대하여 f의 $\mathbf{v}-$방향미분계수는 다음과 같다.

$$D_{\mathbf{v}}f(P)=\mathbf{v}\cdot\nabla f(P)$$

$z=f(x,\ y)$가 어느 방향으로 가장 빨리 증가하는지, 또는 감소하는지를 판단하기 위해 단위벡터 $\mathbf{v}$에 대하여 $\mathbf{v}-$방향미분계수를 살펴 보자. $\nabla f(x,\ y)$와 단위벡터 $\mathbf{v}$ 사이의 각을 θ라고 하자. $\|\mathbf{v}\|=1$이므로 위 관계식은 다음과 같이 쓸 수 있다.

$$D_{\mathbf{v}}f(x,\ y)\quad=\quad\|\nabla f(x,\ y)\|\cos\theta$$

임의의 θ에 대하여 $-1\le\cos\theta\le 1$이므로

$$-\|\nabla f(x,\ y)\|\le D_{\mathbf{v}}f(x,\ y)\le\|\nabla f(x,\ y)\|$$

이다. 특히, $\theta=0$일 때, 오른쪽 등식이 성립하고 $\theta=\pi$이면 왼쪽 등식이 성립한다. 따라서 함수 $z=f(x,\ y)$는

- $\nabla f(x,\ y)$ 방향으로 가장 빨리 증가하고
- $-\nabla f(x,\ y)$ 방향에서 가장 빨리 감소한다.

[3]접선의 기울기

기울기벡터와 등위선은 수직이므로 이는 등위선과 수직으로 움직일 때 변화가 가장 크게 나타남을 의미한다. $\mathbf{v}$가 기울기벡터 $\nabla f(x,\ y)$와 수직일 때, 다시 말해서 등위선과 평행하게 움직일 때, 방향미분계수는 0이므로 변화가 일어나지 않는다.

보기 10 함수 $f(x,\ y) = x^2 - xy - y^2$에 대하여

(a) 점 $(1,\ 1)$에서 기울기벡터를 구하시오.

(b) 점 $(1,\ 1)$에서 가장 변화가 빠르게 증가하는 방향과 변화가 일어나지 않는 방향의 단위벡터를 구하시오.

Solution

(a) $D_1 f(x,\ y) = 2x - y,\ D_2 f(x,\ y) = -x - 2y$이므로 점 $(1,\ 1)$에서의 기울기벡터는

$$\nabla f(1,\ 1) = (1,\ -3)$$

이다.

(b) 함수는 기울기벡터 $(1,\ -3)$ 방향으로 가장 빠르게 증가하고 기울기벡터와 수직인 $\pm(3,\ 1)$ 방향으로는 변화가 없다. 따라서 변화가 가장 빠르게 일어나는 방향과 변화가 없는 방향의 단위벡터는 각각

$$\frac{1}{\sqrt{10}}(1,\ -3), \qquad \pm\frac{1}{\sqrt{10}}(3,\ 1)$$

이다. □

5.2.4 연습문제

1. 다음 이변수함수들의 편도함수 $\dfrac{\partial f}{\partial x},\ \dfrac{\partial f}{\partial y}$를 구하라.

(a) $f(x,\ y) = 3x^5 - 2xy - y^3$

(b) $f(x,\ y) = \dfrac{3x - 4y}{x + y}$

(c) $f(x,\ y) = \sqrt{x^2 + y^2}$

(d) $f(x,\ y) = x^y$

2. $\partial z/\partial x,\ \partial z/\partial y$를 구하시오. f는 일변수함수이다.

(a) $z = f(x) + f(y)$

(b) $z = f(x)f(y)$

(c) $z = f(x + y)$

(d) $z = f(xy)$

3. 다음 함수들의 일계편도함수를 모두 구하시오.

(a) $w = xy^2z^3$

(b) $u = \dfrac{xyz}{x+y^2}$

(c) $u = te^{rs/t}$

(d) $w = x^{y/z}$

(e) $z = \sqrt{x_1^2 + x_2^2 + \cdots + x_n^2}$

(f) $y = \ln(x_1 + 2x_2 + \cdots + nx_n)$

4. 음함수미분법을 이용하여 $\partial z/\partial x,\ \partial z/\partial y$를 구하시오.

(a) $x + 2y + 3z = \ln(x^2 + y^2 + z^2) + 3$

(b) $x + y^2 + z^3 + 2 = 6xyz$

(c) $xyz = \ln(x + y + z)$

(d) $e^{xy+z} = x^2 + y^2 + z^2 + 1$

5. 어느 회사의 생산함수가

$$f(x,\ y) = 10x^{0.5}y^{0.5}$$

이라 하자. 노동자 수가 $x = 100$, 자본량이 $y = 64$일 때

(a) 노동의 한계생산량과 자본의 한계생산량을 구하시오.

(b) 생산량을 높이려면 무엇을 증가시키는 것이 유리한가?

6. 전기자전거 회사에서 보급형 x대, 고급형 y대 만드는 데 고정비용이 200만 원, 보급형 한 대에 20만 원, 고급형 한 대에 30만 원 든다고 한다. 보급형 가격 p와 고급형 가격 q가 각각 다음과 같다.

$$p = 120 - 2x + 2y, \quad q = 180 - x - 2y$$

(a) 총이윤함수를 구하고 보급형 25대와 고급형 25대를 생산하였을 때 총이윤을 구하시오.

(b) 각 제품을 한 대씩 추가생산할 때 이윤의 변화를 근사적으로 구하시오.

7. 콥–더글러스 생산함수 $Q = Ax^{\alpha}y^{\beta}$에 대하여 다음 식이 성립함을 보이시오.

$$x\frac{\partial Q}{\partial x} + y\frac{\partial Q}{\partial y} = (\alpha + \beta)Q$$

8. **(탄력성)** 생산함수 $Q = f(x,\ y)$에 대해 자본량 x와 노동량 y에 대한 탄력성을 각각 다음과 같이 정의한다.

$$E_x = \frac{x}{Q}\frac{\partial Q}{\partial x}, \quad E_y = \frac{y}{Q}\frac{\partial Q}{\partial y}$$

(a) 탄력성은 다음과 같이 로그함수를 이용하여 나타낼 수 있음을 설명하시오.

$$E_x = x\frac{\partial}{\partial x}\ln f(x,\ y), \quad E_y = y\frac{\partial}{\partial y}\ln f(x,\ y)$$

(b) 콥–더글러스 생산함수

$$Q = Ax^{\alpha}y^{\beta},\ A,\ \alpha,\ \beta\text{는 양의 실수}$$

에 대하여 노동의 탄력성은 α, 자본의 탄력성은 상수 β임을 보이시오.

9. $f(x,\ y) = x^2e^{xy}$에 대하여

(a) $(1,\ 0)$에서 접평면의 방정식을 구하시오.

(b) 선형근사를 이용하여 $f(0.99,\ -0.1)$의 근삿값을 반올림하여 소숫점 이하 네 자리까지 구하시오.

10. 다음과 같이 주어진 함수들의 각각 지정된 점에서의 선형근사식을 구하시오.

(a) $f(x,\ y) = y/x, \quad (x_0,\ y_0) = (2,\ 4)$

(b) $f(x,\ y) = x^3y^2 + 2xy, \quad (x_0,\ y_0) = (1,\ 2)$

(c) $f(x,\ y) = \sqrt{x^2 + y^2}, \quad (x_0,\ y_0) = (4, 3)$

11. 이변수함수의 선형근사를 이용하여 다음 주어진 값들의 근삿값을 소수점 이하 네 자리까지 구하시오. (문제 10에 나온 함수를 사용해도 좋다.)

(a) $3.98/2.01$

(b) $(1.01)^3(1.98)^2 + (2.02)(1.98)$

(c) $\sqrt{(3.99)^2 + (2.97)^2}$

12. 반지름이 20cm, 높이가 10cm인 직원기둥 모양의 물통이 있다. 고온으로 인한 팽창으로 반지름과 높이가 각각 0.3cm, 0.2cm만큼 늘어났다고 한다. 선형근사를 이용하여 팽창된 물통의 부피를 구하라.

13. 통계자료에 의하면 유아의 피부면적 A (단위 : cm^2)는 근사적으로 다음과 같이 구할 수 있다고 한다.

$$A(w,\ h) = 100w^{\frac{1}{2}}h^{\frac{2}{3}}$$

여기서 w는 몸무게, h는 키를 나타낸다. 백일이 지난 동혁이는 몸무게가 9kg, 키가 64cm이다. $(9,\ 64)$에서 피부면적의 선형근사식을 구하시오. 한 달 후 몸무게가 9.9kg, 키가 65.5cm로 커졌다면 피부면적은 얼마일지 선형근사식을 이용하여 추정하시오.

14. 주어진 점 P에서의 함수의 기울기벡터를 구하시오.

(a) $f(x,\ y) = x^2y + 7xy^3, \quad P = (1,\ 2)$

(b) $f(x,\ y) = 2xy + x^2, \quad P = (2,\ 3)$

(c) $f(x,\ y) = \sin(x^2) + \cos y, \quad P = (\dfrac{\sqrt{\pi}}{2}, 0)$

(d) $f(x,\ y) = \dfrac{1}{x^2 + y^2}, \quad (-1,\ 3)$

(e) $f(x,\ y) = y \ln x, \quad P = (1,\ -3)$

(f) $f(x,\ y) = xe^{2y}, \quad P = (3,\ 0)$

15. 주어진 점 P에서 곡면의 접평면을 구하시오.

(a) $xy + yz + zx = 3, \quad P = (1,\ 1,\ 1)$ (b) $xyz = 6, \quad P = (1,\ 2,\ 3)$

16. 주어진 점 P에서 $\mathbf{v}-$방향미분계수를 구하시오.

(a) $f(x,\ y) = 1 + 2x\sqrt{y}, \quad P = (3,\ 4), \quad \mathbf{v} = (4,\ -3)$

(b) $f(x,\ y) = \ln(x^2 + y^2), \quad P = (2,\ 1), \quad \mathbf{v} = (-1,\ 2)$

(c) $f(x,\ y) = x^2e^y, \quad P = (2,\ 0), \quad \mathbf{v} = (1,\ 1)$

(d) $f(x,\ y) = \sqrt{x^2 + y^2}, \quad P = (1,\ 2), \quad \mathbf{v} = (2,\ 1)$

(e) $f(x,\ y) = \dfrac{x}{y}, \quad P = (4,\ 1), \quad \mathbf{v} = (1,\ 1)$

(f) $f(x,\ y) = \sin(2x - y), \quad P = (1,\ 2),\ \mathbf{v} = (\frac{3}{5},\ -\frac{4}{5})$

17. 함수 $f(x,\ y) = x^2 - xy + y^2 - y$에 대하여 다음 조건을 만족하는 단위벡터 $\mathbf{v}$를 구하시오.

(a) $D_{\mathbf{v}}f(1,\ -1)$이 최대

(b) $D_{\mathbf{v}}f(1,\ -1)$이 최소

(c) $D_{\mathbf{v}}f(1,\ -1) = 0$

(d) $D_{\mathbf{v}}f(1,\ -1) = 4$

(e) $D_{\mathbf{v}}f(1,\ -1) = -3$

18. 함수 $f(x,\ y) = x^2y^3$에 대해서, 다음의 질문에 답하시오.

(a) 점 $(1,\ 2)$에서, 함수가 가장 빨리 증가하는 방향의 단위벡터를 구하시오. 이때의 변화율은 얼마인가?

(b) 점 $(1,\ 2)$에서, 함수가 가장 빨리 감소하는 방향의 단위벡터를 구하시오. 이때의 변화율은 얼마인가?

(c) 점 $(1,\ 2)$에서, 함수의 변화가 일어나지 않는 두 방향의 단위벡터를 구하시오.

19. 원점이 가열되고 있는 단위원판($x^2 + y^2 \leq 1$)의 현재 온도분포가 함수

$$T(x,\ y) = \frac{300}{x^2 + y^2 + 1}$$

로 주어져 있다고 하자.

(a) 등위선은 어떤 모양을 이루는가?

(b) 점 $(1,\ 1)$에서 가장 빨리 뜨거워지는 방향의 단위벡터를 구하시오. 그 때의 순간 온도변화율은 얼마인가?

(c) 점 $(1,\ 1)$에서 가장 빨리 온도가 내려가는 방향은 어디인가? 그 때의 순간 온도변화율을 구하시오.

(d) 점 $(1,\ 1)$에서 온도의 변화가 일어나지 않는 방향의 단위벡터를 구하시오.

20. 평면에서 위치 $(x,\ y)$에 대해 높이가 $h(x,\ y) = 1000 - 0.01x^2 - 0.02y^2$으로 주어진 산을 오르고 있다고 가정하자. 그리고 현재의 위치가 $(100,\ 50)$이라고 하자.

(a) 만약 남쪽(y좌표가 감소하는 쪽)으로 단위벡터만큼 움직인다면, 높이는 증가하는가 감소하는가? 그리고 이때의 높이 증가율은 얼마인가?

(b) 북서쪽으로 움직일 때, 방향미분계수를 구하시오.

(c) 가장 경사가 가파른 방향의 단위벡터를 구하시오. 이때, 높이의 증가율은 얼마인가?

21. 타원면 $\frac{x^2}{a^2} + \frac{y^2}{b^2} + \frac{z^2}{c^2} = 1$ 위의 점 $P = (x_0,\ y_0,\ z_0)$에서 접평면의 방정식은

$$\frac{x_0 x}{a^2} + \frac{y_0 y}{b^2} + \frac{z_0 z}{c^2} = 1$$

임을 보이시오.

22. 타원포물면 $z = \frac{x^2}{a^2} + \frac{y^2}{b^2}$ 위의 점 $(x_0,\ y_0,\ z_0)$에서 접평면의 방정식은

$$z + z_0 = \frac{2x_0 x}{a^2} + \frac{2y_0 y}{b^2}$$

임을 보이시오.

23. 주어진 자연수 k에 대하여 함수 f가 다음 관계식을 만족한다고 하자.[4]

$$f(tx,\ ty) = t^k f(x,\ y)$$

[4] k차 동차함수라 한다.

f가 미분가능한 함수일 때 다음 식이 성립함을 보이시오.[5]

$$xD_1f(tx,\ ty) + yD_2f(tx,\ ty) = kf(x,\ y)$$

24. 미분가능한 이변수함수 $f,\ g$에 대하여 다음 식이 성립함을 보이시오 $(k = 1,\ 2)$.

(a) $D_k(f+g) = D_kf + D_kg$

(b) $D_k(cf) = cD_kf$

(c) $D_k(fg) = gD_kf + fD_kg$

(d) $D_k\left(\dfrac{f}{g}\right) = \dfrac{gD_kf - fD_kg}{g^2}$

(e) $D_k(f^n) = nf^{n-1}D_kf$

25. 미분가능한 이변수함수 $f,\ g$에 대하여 다음 식이 성립함을 보이시오.

(a) $\nabla(f+g) = \nabla f + \nabla g$

(b) $\nabla(cf) = c\nabla f$

(c) $\nabla(fg) = g\nabla f + f\nabla g$

(d) $\nabla\left(\dfrac{f}{g}\right) = \dfrac{g\nabla f - f\nabla g}{g^2}$

(e) $\nabla(f^n) = nf^{n-1}\nabla f$

26. 미분가능한 이변수함수 $f,\ g$에 대하여 다음 식이 성립함을 보이시오.

(a) $D_{\mathbf{v}}(f+g) = D_{\mathbf{v}}f + D_{\mathbf{v}}g$

(b) $D_{\mathbf{v}}(cf) = cD_{\mathbf{v}}f$

(c) $D_{\mathbf{v}}(fg) = gD_{\mathbf{v}}f + fD_{\mathbf{v}}g$

(d) $D_{\mathbf{v}}\left(\dfrac{f}{g}\right) = \dfrac{gD_{\mathbf{v}}f - fD_{\mathbf{v}}g}{g^2}$

(e) $D_{\mathbf{v}}(f^n) = nf^{n-1}D_{\mathbf{v}}f$

노트

[5] 오일러 공식이라 한다.

5.3 이차곡면과 극값

5.3.1 극댓값과 극솟값

이변수함수에 대해서도 일변수함수처럼 **극값(local extrema)**을 정의할 수 있다. 정의역의 한 점 $(x_0,\ y_0)$에서 함수 $z = f(x,\ y)$가 $(x_0,\ y_0)$의 어떤 **근방(neighborhood)**[6]의 모든 점들보다 큰 함숫값을 가지면 $(x_0,\ y_0)$를 **극대점**이라 하고 $f(x_0,\ y_0)$을 **극댓값(local maximum)**이라 한다. 마찬가지로 함수 $z = f(x,\ y)$가 $(x_0,\ y_0)$의 어떤 근방의 모든 점들보다 작은 함숫값을 가지면 $(x_0,\ y_0)$를 **극소점**이라 하고 $f(x_0,\ y_0)$를 **극솟값(local minimum)**이라 한다.

<u>극댓값과 극솟값</u>

$P = (x_0,\ y_0)$의 어떤 근방의 모든 점 $X = (x,\ y)$에 대하여

- $f(P) \geq f(X)$이면 이변수함수 $z = f(X)$는 P에서 극댓값 $f(P)$를 갖는다고 한다.
- $f(P) \leq f(X)$이면 이변수함수 $z = f(X)$는 P에서 극솟값 $f(P)$를 갖는다고 한다.

다음 왼쪽 그림에서의 극값들은 모두 국소적으로 선형인 점에서 일어난다. 그러나 오른쪽 원뿔면 그림에서는 국소적으로 선형이 아닌 점에서 일어난다.

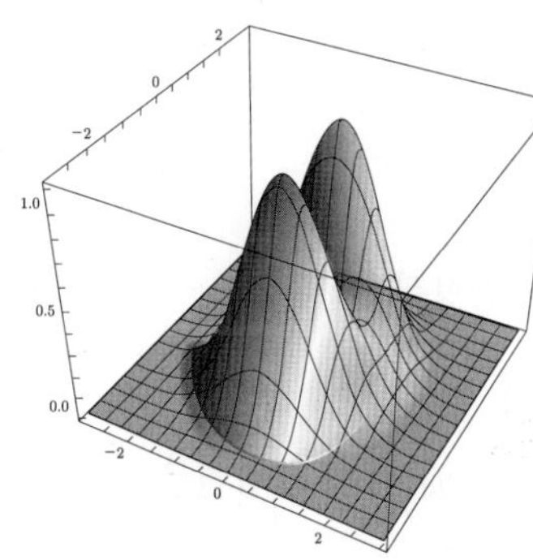

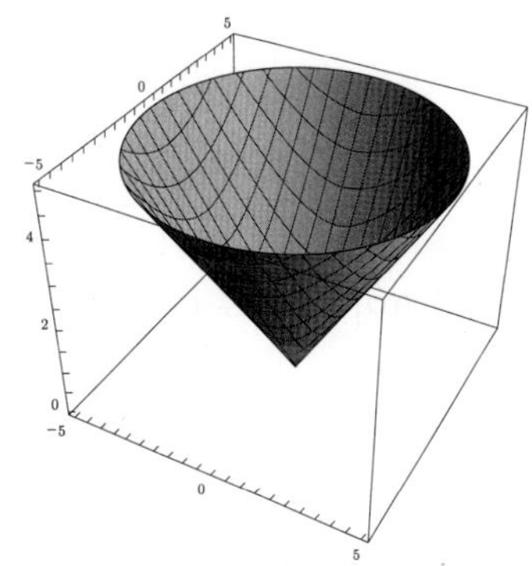

<u>임계점</u>

미분가능한 이변수함수 $z = f(x,\ y)$에 대해 $\nabla f(x_0,\ y_0) = \mathbf{0}$이거나 $\nabla(x_0,\ y_0)$가 존재하지 않는 점 $(x_0,\ y_0)$을 f의 **임계점(critical point)**이라고 한다. 이제 이변수함수의 극값을 어떻게

---

[6] $(x_0,\ y_0)$을 중심으로 갖는 열린 원반을 의미한다. 이때 원반의 크기는 아무리 작아도 상관없다.

구하는지 알아 보기로 하자. 미분가능한 이변수함수 $z = f(x,\ y)$가 $(x_0,\ y_0)$에서 극댓값을 갖는다면 $g(x) = f(x,\ y_0)$은 $x = x_0$에서 극댓값을 갖는다. 따라서

$$g'(x_0) = D_1 f(x_0,\ y_0) = 0$$

이다. 마찬가지로 $h(y) = f(x_0,\ y)$은 $y = y_0$에서 극댓값을 가지며

$$h'(y_0) = D_2 f(x_0,\ y_0) = 0$$

이다. f가 $(x_0,\ y_0)$에서 극솟값을 가질 때에도 같은 결과가 성립한다. 이 사실을 기울기벡터를 이용하여 다음과 같이 쓸 수 있다.

극값과 기울기벡터

미분가능한 이변수함수 $z = f(x,\ y)$가 $(x_0,\ y_0)$에서 극값을 가지면 기울기벡터는 영벡터이다.

$$\nabla f(x_0,\ y_0) = \mathbf{0}$$

Note 위 결과의 역은 참이 아니다. 다시 말해서,

$$\nabla f(x_0,\ y_0) = \mathbf{0}$$

이라고 해서 f가 $(x_0,\ y_0)$에서 항상 극값을 갖는 것은 아니다. 예를 들어

$$f(x,\ y) = x^2 - y^2$$

의 유일한 임계점은 원점이고 원점은 극대점도 극소점도 아니다.

$\nabla f(x_0,\ y_0) = \mathbf{0}$이면, $P = (x_0,\ y_0)$에서 접평면의 방정식은

$$z = f(P) + \nabla f(P) \cdot (X - P)$$

이다. 즉, $z = f(x,\ y)$가 $(x_0,\ y_0)$에서 극값을 가지면 $(x_0,\ y_0)$에서 접평면은 $(0,\ 0,\ f(x_0,\ y_0))$을 지나고 xy평면과 평행한 평면이다.

원뿔면처럼 국소적으로 선형이 아닌 점에서도 극값을 가질 수 있으므로 일반적인 함수에 대해 다음과 같은 결과를 얻는다.

임계점정리

이변수함수 $z = f(x,\ y)$가 $P = (x_0,\ y_0)$에서 극값을 가지면

$$\nabla f(P) = \nabla f(x_0,\ y_0) = \mathbf{0}$$

이거나 $\nabla f(P)$가 존재하지 않는다. 즉, P는 임계점이다.

임계점정리의 대우는

"점 $(x_0,\ y_0)$가 임계점이 아니면 이변수함수 $z = f(x,\ y)$는
$(x_0,\ y_0)$에서 극값을 가지지 않는다."

이므로 이변수함수의 극값을 구하기 위해서는 임계점에서만 함수의 움직임을 살펴 보면 된다.

보기 1 $f(x,\ y) = ax^2 + 2bxy + cy^2$의 임계점을 구하시오. 단, $ac \neq 0$이다.

Solution $D_1 f(x,\ y) = 2ax + 2by,\ D_2 f(x,\ y) = 2bx + 2cy$이므로 $D = ac - b^2$의 값에 따라 결과가 달라진다.

- $D \neq 0$이면 $(0,\ 0)$은 f의 유일한 임계점이다.
- $D = 0$ 즉, $b^2 = -ac \neq 0$이면 직선 $y = -\dfrac{a}{b}x$ 위의 점은 모두 임계점이다. □

다음 등식은 주어진 식을 완전제곱꼴로 쓴 것이다.

$$ax^2 + 2bxy + cy^2 = a\left(\left(x + \frac{b}{a}y\right)^2 + \left(\frac{ac - b^2}{a^2}\right)y^2\right)$$

이 등식과 보기 1(a)의 결과를 정리하면 다음 결과를 얻는다.

이차동차함수의 임계점

$D = ac - b^2 \neq 0$이면 $f(x,\ y) = ax^2 + 2bxy + cy^2$은 유일한 임계점 $(0,\ 0)$을 가진다.

- $D > 0$일 때
  (a) $a > 0$이면 $(0,\ 0)$은 극소점이다.
  (b) $a < 0$이면 $(0,\ 0)$은 극대점이다.
- $D < 0$이면 $(0,\ 0)$은 안장점이다.

Note 임계점이 유일하고 극소점(극대점)이면 임계점은 최소점(최대점)이다.

5.3.2 이차근사와 극값

이변수함수 $z = f(x,\ y)$의 편도함수 $D_1 f$와 $D_2 f$도 역시 이변수함수이므로 $D_1 f$와 $D_2 f$의 편도함수를 정의할 수 있다. 이 편도함수들을 f의 **이계편도함수(second−order partial derivative)**라고 하고 다음과 같이 나타낸다.

$$\begin{aligned}
D_2(D_1 f) &= D_1^2 f = \frac{\partial}{\partial x}\left(\frac{\partial f}{\partial x}\right) = \frac{\partial^2 f}{\partial x^2} = f_{xx} \\
D_2(D_1 f) &= D_2 D_1 f = \frac{\partial}{\partial y}\left(\frac{\partial f}{\partial x}\right) = \frac{\partial^2 f}{\partial y \partial x} = f_{xy} \\
D_1(D_2 f) &= D_1 D_2 f = \frac{\partial}{\partial x}\left(\frac{\partial f}{\partial y}\right) = \frac{\partial^2 f}{\partial x \partial y} = f_{yx} \\
D_2(D_2 f) &= D_2^2 f = \frac{\partial}{\partial y}\left(\frac{\partial f}{\partial y}\right) = \frac{\partial^2 f}{\partial y^2} = f_{yy}
\end{aligned}$$

$n \geq 2$에 대하여 n계편도함수를 편미분한 것을 $(n+1)$계 편도함수라고 한다. $D_1 f$와 $D_2 f$는 **일계편도함수(first order partial derivative)**라고 부르기도 한다.

보기 2 다음 이변수함수의 이계편도함수를 모두 구하시오.

$$f(x,\ y) = x^2 - ye^x$$

Solution 일계편도함수는

$$D_1 f(x,\ y) = 2x - ye^x, \qquad D_2 f(x,\ y) = -e^x$$

이다. 그러므로 이계편도함수는 다음과 같다.

$$\begin{array}{rclrcl} D_1^2 f(x,\ y) & = & 2 - ye^x, & D_2 D_1 f(x,\ y) & = & -e^x \\ D_1 D_2 f(x,\ y) & = & -e^x, & D_2^2 f(x,\ y) & = & 0 \end{array} \qquad \square$$

보기 2에서

$$D_2 D_1 f(x,\ y) = D_1 D_2 f(x,\ y)$$

이다. 일반적으로 $D_2 D_1 f,\ D_1 D_2 f$가 연속이면 이 관계식이 성립하는데 이를 **편미분 교환법칙**이라 한다.[7]

> **편미분 교환법칙**
>
> 이변수함수 f에 대하여 $D_2 D_1 f$와 $D_1 D_2 f$가 $(x_0,\ y_0)$에서 모두 연속이면 다음 등식이 성립한다.
>
> $$D_2 D_1 f(x_0,\ y_0) = D_1 D_2 f(x_0,\ y_0)$$

헤세행렬

헤세 행렬(Hessian matrix)은 함수의 이계편도함수를 행렬로 표현한 것이다. 헤세[8] 행렬은 표현의 편의상 **이계미분계수 행렬**이라 부르기로 하자. 함수 $z = f(x,\ y)$의 헤세행렬은 H_f 또는 $f''(P)$로 나타내며 다음과 같이 정의한다.

$$f''(P) = H_f = (D_i D_j f) = \begin{pmatrix} D_1^2 f & D_1 D_2 f \\ D_2 D_1 f & D_2^2 f \end{pmatrix}$$

일반적인 다변수함수 $z = f(x_1,\ \ldots,\ x_n)$에 대해서도 같은 방식으로 정의한다. 함수 f의 이계도함수가 연속이라면 다음 식이 성립한다.

$$D_i D_j f = D_j D_i f$$

따라서 헤세행렬은 대칭행렬이다.

보기 3 점 $(1,\ 1)$에서 다음 함수의 헤세행렬을 구하시오.

---

[7] 이 교재에서는 이러한 성질을 갖는 함수들만 다루기로 한다.

[8] Ludwig Otto Hesse(1811−1874), 독일의 수학자

(a) $f(x,\ y) = ax^2 + 2bxy + cy^2$ (b) $f(x,\ y) = x^3 + y^3 - 6xy$

Solution

(a) $D_1 f(x,\ y) = 2ax + 2by,\ D_2 f(x,\ y) = 2bx + 2cy$ 이므로

$$H_f(x,\ y) = \begin{pmatrix} 2a & 2b \\ 2b & 2c \end{pmatrix} = 2\begin{pmatrix} a & b \\ b & c \end{pmatrix}$$

이다.

(b) $D_1 f(x,\ y) = 3x^2 - 6y,\ D_2 f(x,\ y) = 3y^2 - 6x$ 이므로

$$H_f(x,\ y) = \begin{pmatrix} 6x & -6 \\ -6 & 6y \end{pmatrix}$$

이고

$$H_f(1,\ 1) = \begin{pmatrix} 6 & -6 \\ -6 & 6 \end{pmatrix}$$

이다. □

$f(x,\ y)$가 $P = (x_0,\ y_0)$에서 미분가능하다면 f의 선형근사식은 다음과 같았다.

$$\begin{aligned} f(x,\ y) &\approx L(x,\ y) = f(x_0,\ y_0) + D_1 f(x_0,\ y_0)(x - x_0) + D_2 f(x_0,\ y_0)(y - y_0) \\ &= f(P) + f'(P) \cdot (X - P) \end{aligned}$$

여기서 f와 L은 같은 일계미분계수벡터 $f'(P) = \nabla f(P)$를 가진다. 만약 선형함수 대신 이차식을 이용하여 근사를 하면 더 좋은 근사식을 얻을 수 있다. 점 $P = (x_0,\ y_0)$에서의 이차근사식 $Q(x,\ y)$는 이차식 중에서 함수 f와 가장 유사한 이차함수를 의미하며 일계미분계수 벡터와 이계미분계수 행렬 $f''(P)$가 f와 일치하는 함수로 정의하며 다음과 같이 주어진다.

$$f(X) \approx f(P) + f'(P) \cdot (X - P) + \frac{1}{2!}(X - P) f''(P)(X - P)^t$$

다시 말해서 f의 이차근사식 $Q(x,\ y)$는 다음과 같이 쓸 수 있다.

$$\begin{aligned} Q(x,\ y) &= f(x_0,\ y_0) + D_1 f(x_0,\ y_0)(x - x_0) + D_2 f(x_0,\ y_0)(y - y_0) \\ &+ \frac{D_1^2 f(x_0,\ y_0)}{2}(x - x_0)^2 + D_2 D_1 f(x_0,\ y_0)(x - x_0)(y - y_0) \\ &+ \frac{D_2^2 f(x_0,\ y_0)}{2}(y - y_0)^2 \end{aligned}$$

f를 Q로 근사시키는 것을 즉,

$$f(x,\ y) \approx Q(x,\ y)$$

을 **이차근사(quadratic approximation)**라고 한다.

미분가능한 함수 f의 기울기벡터가 영벡터이면 이차근사식은 다음과 같이 간단한 형태로 쓸 수 있다.

임계점에서의 이차근사식

$P=(x_0,\ y_0)$가 두 번 미분가능한 함수 $z=f(x,\ y)$의 임계점이면 이차근사식은 다음과 같다.

$$f(x,\ y)-f(x_0,\ y_0)\approx\frac{1}{2!}(X-P)f''(P)(X-P)^t$$
$$=\frac{D_1^2f(x_0,\ y_0)}{2}(x-x_0)^2+D_2D_1f(x_0,\ y_0)(x-x_0)(y-y_0)+\frac{D_2^2f(x_0,\ y_0)}{2}(y-y_0)^2$$

보기 4 원점 $(0,\ 0)$에서 다음 이변수함수의 선형근사식과 이차근사식을 구하시오.

$$f(x,\ y)=x^3+xy-2y^2$$

Solution $D_1f(x,\ y)=3x^2+y,\ D_2f(x,\ y)=x-4y$이므로 $(0,\ 0)$은 임계점이다. 따라서 선형근사식은 다음과 같다.

$$L(x,\ y)=f(0,\ 0)=0$$

이계편도함수는

$$D_1^2f(x,\ y)=6x,\quad D_2D_1f(x,\ y)=1,\quad D_2^2f=-4$$

이므로 $(0,\ 0)$에서 이차근사식은

$$\begin{aligned}Q(x,\ y)&=\frac{D_1^2f(0,\ 0)}{2}x^2+D_2D_1f(0,\ 0)xy+\frac{D_2^2f(0,\ 0)}{2}y^2\\&=xy-2y^2\end{aligned}$$

이다. 다음 왼쪽 그림은 f의 그래프와 선형근사식의 그래프를, 오른쪽 그림은 f의 그래프와 이차근사식의 그래프를 같은 범위에서 그린 것이다.

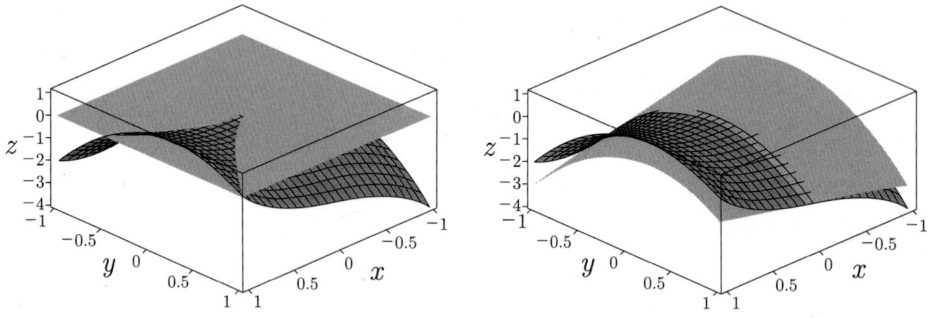

원점 근방에서 이차근사식이 선형근사식보다 훨씬 좋은 근사가 됨을 볼 수 있다. □

이차근사식 $Q(x,\ y)-f(x_0,\ y_0)$은 국소적으로 $z=f(x,\ y)-f(x_0,\ y_0)$와 아주 유사하므로 다음 결과를 얻는다.

이계도함수 판정법

$P=(x_0,\ y_0)$는 두 번 미분가능한 함수 $z=f(x,\ y)$의 임계점이라고 하자.

$$D=\det(f''(P))=D_1^2f(P)D_2^2f(P)-(D_2D_1f(P))^2$$

라고 할 때

- $D>0$이고
  (a) $D_1^2f(P)>0$이면 P는 극소점이다.
  (b) $D_1^2f(P)<0$이면 P는 극대점이다.
- $D<0$이면 P는 안장점이다.

Note 이계도함수 판정법에서 D는 헤세행렬 $f''(P)$의 행렬식이므로 위 결과를 **헤세판정법**이라고도 한다.

보기 5 함수 $f(x,\ y)=4xy-x^4-y^4$의 임계점을 구하고 임계점의 성질을 말하시오.

Solution 우선 임계점을 구해 보자.

$$D_1f(x,\ y)=4y-4x^3=0,\quad D_2f(x,\ y)=4x-4y^3=0$$

이고 두번째 식에서 $x = y^3$ 이므로 이 식을 첫번째 식에 대입하면

$$4y - 4y^9 = -4y(y-1)(y+1)(y^2+1)(y^4+1) = 0$$

을 얻는다. 따라서 $y = 0,\ 1,\ -1$ 이고 세 개의 임계점

$$(0,\ 0), \quad (1,\ 1), \quad (-1,\ -1)$$

이 존재한다.

$$D_1^2 f(x,\ y) = -12x^2, \quad D_2 D_1 f(x,\ y) = 4, \quad D_2^2 f(x,\ y) = -12y^2$$

이므로

$$D = D(x,\ y) = 144x^2y^2 - 16$$

이다. 이계도함수 판정법에 의해 $D(0,\ 0) = -16 < 0$ 이므로 $(0,\ 0)$ 은 안장점이다. 또한

$$D_1^2 f(1,\ 1) = D_1^2 f(-1,\ -1) = -12 < 0$$

이고

$$D(1,\ 1) = D(-1,\ -1) = 144 - 16 > 0$$

이므로 $(1,\ 1)$ 과 $(-1,\ -1)$ 은 모두 극대점이다. □

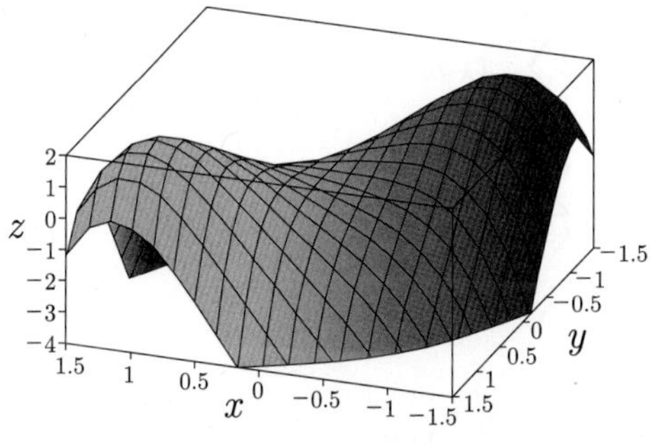

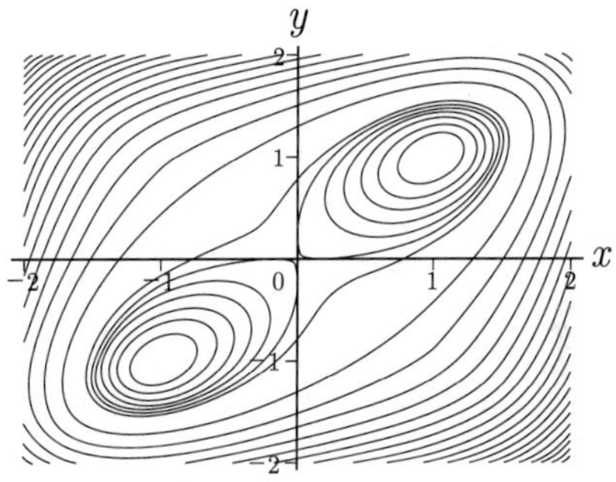

Note $D = 0$ 인 경우 이계도함수 판정법으로 내릴 수 있는 결론은 없다. $D = 0$ 인 경우 임계점은 극소점이 될 수도, 극대점이 될 수도, 또는 안장점이 될 수도 있다.

보기 6 다음 함수들은 모두 유일한 임계점 $(0,\ 0)$ 을 갖는다.

$$f(x,\ y) = x^4 - y^4, \quad g(x,\ y) = x^4 + y^4, \quad h(x,\ y) = -x^4 - y^4$$

또한 세 함수 모두 $D(0,\ 0) = 0$ 이다. 그러나 $(0,\ 0)$ 은 각각 f 에 대하여는 안장점, g 에 대하여는 극소점, h 에 대하여는 극대점이 됨을 알 수 있다. □

5.3.3 회귀직선

연구자가 실험 결과 실험을 통해 다음과 같은 자료값을 구했다고 하자.

$$(x_1,\ y_1),\ (x_2,\ y_2),\ \ldots,\ (x_n,\ y_n)$$

$n \geq 3$이면 일반적으로 이 점들을 모두 지나는 직선은 존재하지 않는다. 이 자료를 가장 잘 표현하는 일차식을 **선형회귀식(linear regression)**이라 한다. 이때 자료를 가장 잘 표현하는 일차식이란, 원래 자료와의 오차(error)를 최소화하는 식이다. 여기서는 **최소제곱법(method of least squares)**으로 선형회귀식을 구하는 방법을 알아보기로 한다.

실제 자료값 y_i와 선형회귀식 $y = mx + b$에 의한 예측값 $\hat{y}_i = mx_i + b$의 차

$$\varepsilon_i = y_i - \hat{y}_i = y_i - (mx_i + b)$$

를 **오차(error)**, 또는 **잔차(residual)**라 한다. 최소제곱법은 **오차의 제곱합(RSS, residual sum of squares)**

$$R(m,\ b) = \sum_{k=1}^{n} \varepsilon_k^2 = \sum_{k=1}^{n} (y_k - mx_k - b)^2 \tag{5.2}$$

을 최소화하는 $m,\ b$를 찾는 것이다. 이때 구해진 $m,\ b$를 **회귀계수(regression coefficient)**라 한다. R의 편도함수는 다음과 같다.

$$\begin{aligned}
\frac{\partial R}{\partial m} &= 2\sum_{k=1}^{n}(y_k - mx_k - b)(-x_k) = -2\sum_{k=1}^{n} x_k y_k + 2m\sum_{k=1}^{n} x_k^2 + 2b\sum_{k=1}^{n} x_k \\
\frac{\partial R}{\partial b} &= 2\sum_{k=1}^{n}(y_k - mx_k - b)(-1) = -2\sum_{k=1}^{n} y_k + 2m\sum_{k=1}^{n} x_k + 2nb
\end{aligned}$$

$\dfrac{\partial R}{\partial m} = 0,\ \dfrac{\partial R}{\partial b} = 0$이면

$$\begin{aligned}
m\sum_{k=1}^{n} x_k^2 + b\sum_{k=1}^{n} x_k &= \sum_{k=1}^{n} x_k y_k \\
m\sum_{k=1}^{n} x_k + nb &= \sum_{k=1}^{n} y_k
\end{aligned}$$

이므로 다음과 같이 행렬을 이용하여 나타낼 수 있다.

$$\begin{pmatrix} \displaystyle\sum_{k=1}^{n} x_k^2 & \displaystyle\sum_{k=1}^{n} x_k \\ \displaystyle\sum_{k=1}^{n} x_k & n \end{pmatrix} \begin{pmatrix} m \\ b \end{pmatrix} = \begin{pmatrix} \displaystyle\sum_{k=1}^{n} x_k y_k \\ \displaystyle\sum_{k=1}^{n} y_k \end{pmatrix} \tag{5.3}$$

$x_1 = x_2 = \cdots = x_n$이 아니면 $n\sum_{k=1}^{n} x_k^2 - (\sum_{k=1}^{n} x_k)^2 > 0$이므로 (5.3)의 행렬은 가역이고 다음과 같이 유일한 임계점을 가진다.

$$\begin{pmatrix} m \\ b \end{pmatrix} = \begin{pmatrix} \sum_{k=1}^{n} x_k^2 & \sum_{k=1}^{n} x_k \\ \sum_{k=1}^{n} x_k & n \end{pmatrix}^{-1} \begin{pmatrix} \sum_{k=1}^{n} x_k y_k \\ \sum_{k=1}^{n} y_k \end{pmatrix}$$

따라서 구하는 직선의 기울기와 y절편의 값은 다음과 같다.

$$m = \frac{n\sum_{k=1}^{n} x_k y_k - \sum_{k=1}^{n} x_k \sum_{k=1}^{n} y_k}{n\sum_{k=1}^{n} x_k^2 - (\sum_{k=1}^{n} x_k)^2}, \qquad b = \bar{y} - m\bar{x} \tag{5.4}$$

이때 $\bar{x}$, $\bar{y}$는 각각 $x_1, \ldots, x_n$와 $y_1, \ldots, y_n$의 평균이다.

$$\bar{x} = \frac{1}{n}\sum_{k=1}^{n} x_k, \quad \bar{y} = \frac{1}{n}\sum_{k=1}^{n} y_k$$

R의 이계편도함수를 구하면

$$\frac{\partial^2 R}{\partial m^2} = 2\sum_{k=1}^{n} x_k^2, \qquad \frac{\partial^2 R}{\partial m \partial b} = 2\sum_{k=1}^{n} x_k, \qquad \frac{\partial^2 R}{\partial b^2} = 2n$$

이므로 헤세행렬의 행렬식은 다음과 같다.

$$D = 4n\sum_{k=1}^{n} x_k^2 - 4\left(\sum_{k=1}^{n} x_k\right)^2$$

$x_1 = x_2 = \cdots = x_n$이 아니므로 $D > 0$이고 $\frac{\partial^2 R}{\partial m^2} = 2\sum_{k=1}^{n} x_k^2 > 0$이므로 (5.4)의 임계점은 극소점이다.

보기 7 데이터가 다음과 같이 주어졌을 때 선형회귀식을 구하시오.

$$(0,\ 0), \quad (1,\ 1), \quad (2,\ 4), \quad (3,\ 4), \quad (4,\ 6)$$

Solution $\sum_{k=1}^{5} x_k = 10$, $\sum_{k=1}^{5} y_k = 15$, $\sum_{k=1}^{5} x_k^2 = 30$, $\sum_{k=1}^{5} x_k y_k = 45$이므로

$$
\begin{aligned}
m &= \frac{n\sum_{k=1}^{n} x_k y_k - \sum_{k=1}^{n} x_k \sum_{k=1}^{n} y_k}{n\sum_{k=1}^{n} x_k^2 - (\sum_{k=1}^{n} x_k)^2} = \frac{5\cdot 45 - 10\cdot 15}{5\cdot 30 - 10^2} = 1.5 \\
b &= 3 - 2\cdot 1.5 = 0
\end{aligned}
$$

이다. 따라서 선형회귀직선은 $y = 1.5x$ 이다. □

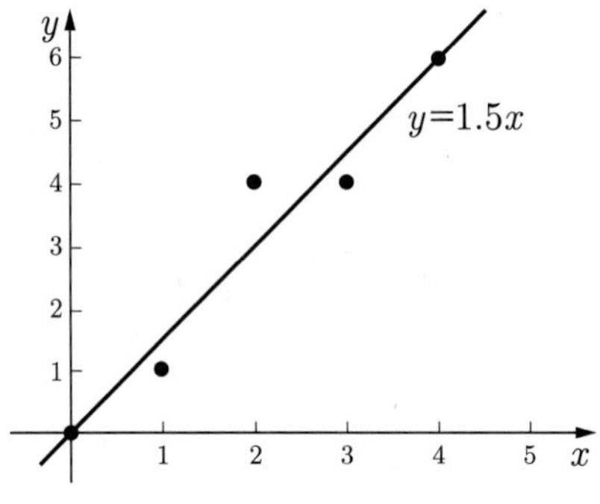

5.3.4 연습문제

1. 다음 함수들의 이계편도함수를 모두 구하시오.

   (a) $f(x,\ y) = x^2y - xy^2$
   (b) $f(x,\ y) = \dfrac{x}{y}$
   (c) $f(s,\ t) = e^{-2s}\sin 2t$
   (d) $f(u,\ v) = \sqrt{u+v^2}$

2. 지정된 편도함수를 구하시오.

   (a) $f(x,\ y) = xy^2 + x^2y^2,\ D_2D_1^2f,\ D_2^2D_1f,\ D_1^3f,\ D_2^3f$
   (b) $f(x,\ y) = e^{xy},\ D_2D_1^2f,\ D_2^2D_1f,\ D_1^3f,\ D_2^3f$
   (c) $f(x,\ y,\ z) = \ln(x+2y+3z),\ D_1^3f,\ D_3D_2D_1f,\ D_3^2D_2f$

3. 다음 식[9]을 만족하는 함수를 조화함수(**harmonic function**)라 부른다.

$$(D_1^2 + D_2^2)u = \frac{\partial^2 u}{\partial x^2} + \frac{\partial^2 u}{\partial y^2} = 0$$

[9]라플라스방정식(Laplace's equation)이라 부른다.

다음 함수들이 조화함수이면 Y, 아니면 N으로 표시하시오.

(a) $f(x,\ y) = x^2 - y^2$

(b) $u = x^3 - 3xy^2$

(c) $u = \ln(x^2 + y^2)$

(d) $u = e^{-x}\cos y$

4. 상수 a에 대하여 다음 편미분방정식을 **파동방정식(wave equation)**이라 한다.

$$\frac{\partial^2 u}{(\partial y)^2} = a^2 \frac{\partial^2 u}{(\partial x)^2}$$

다음 함수가 파동방정식의 해이면 Y, 아니면 N으로 표시하시오.

(a) $u = \sin x \cos(ay)$

(b) $u = e^{2x-y}$

(c) $u = e^x \sin ay$

(d) $u = \ln(x + ay)$

5. 다음 이차동차함수 $z = f(x,\ y)$에 대응하는 2×2 행렬을 구하고 원점이 최소점, 최대점, 또는 안장점인지 판정하시오.

(a) $f(x,\ y) = x^2 + 4xy + 2y^2$

(b) $f(x,\ y) = -x^2 - 4xy - 3y^2$

(c) $f(x,\ y) = 2x^2 - 6xy + 5y^2$

(d) $f(x,\ y) = -x^2 + 6xy - 10y^2$

6. 다음 함수들의 임계점은 최소점인지 최대점인지, 안장점인지 판단하시오.

(a) $f(x,\ y) = 2x^2 + 3xy - 4y^2 + 4x - 3y + 4$

(b) $f(x,\ y) = x^2 - 3xy + 4y^2 - 7x + 5y + 8$

(c) $f(x,\ y) = xy - 4y^2 + 2x - 5y + 14$

(d) $f(x,\ y) = -2x^2 + 4xy - 3y^2 + 4x - 3y - 2$

7. 다음 함수들의 임계점을 모두 구하시오. 그리고 이계도함수 판정법을 이용해서, 각각의 임계점이 극댓점인지 극솟점인지 안장점인지를 판별하시오.

(a) $f(x,\ y) = 9 - 2x + 4y - x^2 - 4y^2$

(b) $f(x,\ y) = x^4 + y^4 - 4xy + 2$

(c) $f(x,\ y) = (1 + xy)(x + y)$

(d) $f(x,\ y) = x \sin y$

8. 평면 $x + y - z = 1$과, 점 $(2,\ 1,\ -1)$ 사이의 거리를 구하시오.

9. $f(x,\ y) = x^2 + y^2 + kxy$라 하자. 원점이 k 값에 무관하게 항상 임계점이 됨을 확인하시오. 그리고, 원점이 안장점, 극댓점, 극솟점이 되는 k 값의 범위를 구하시오.

10. 두 종류의 물품의 생산량을 각각 $x,\ y$라 할 때 수익함수가

$$P(x,\ y) = 3000 - x^2 + 24x - y^2 + 40y - \frac{1}{3}x^3$$

일 때 각각의 물품을 몇 개씩 생산해야 수익이 최대가 되는가?

11. 회귀계수를 구할 때 식 $y_1 = mx_1 + b,\ \ldots,\ y_n = mx_n + b$은

$$\mathbf{y} = A\mathbf{b}$$

로 쓸 수 있다. 이때 행렬 A와 벡터 $\mathbf{y},\ \mathbf{b}$는 다음과 같다.

$$A = \begin{pmatrix} x_1 & 1 \\ \vdots & \vdots \\ x_n & 1 \end{pmatrix}, \qquad \mathbf{y} = \begin{pmatrix} y_1 \\ \vdots \\ y_n \end{pmatrix}, \qquad \mathbf{b} = \begin{pmatrix} m \\ b \end{pmatrix}$$

(a) $A^tA,\ A^t\mathbf{y}$를 구하시오.

(b) $\mathbf{b}$를 $A,\ \mathbf{y}$를 이용하여 나타내시오.

12. 홍보용 팜플렛를 제작하는 데 50부에는 10만 원, 100부에는 16만 원, 200부에는 25만 원의 비용이 든다고 한다.

(a) 선형회귀식을 구하시오.

(b) 350부의 팜플렛을 제작하는 데 드는 비용을 추정하시오.

노트

5.4 최적값 구하기

5.4.1 최적화

제조자의 입장에서는 정해진 물량을 최소의 비용으로 생산하기를 바랄 것이고, 소비자의 입장에서는 정해진 가격에 가능한 한 많은 양의 물건을 사고자 할 것이다. 물류를 운영하는 사람이라면 정해진 지점들을 가장 빠르게 모두 방문할 수 있는 경로를 찾고 싶어 한다. 경영자의 경우라면 비용은 최소화하고 이윤은 최대화하기를 원할 것이다.

이렇게 주어진 조건에서 최상의 선택을 찾는 것을 **최적화(optimization)**라고 한다. 최상의 선택이란 주어진 상황에 따라 최댓값을 찾는 것일 수도 있고 아니면 최솟값을 찾는 것이 될 수도 있다.

일변수함수의 최대·최소 정리에 의하면 닫힌구간 $[a,\ b]$에서 정의된 연속인 일변수함수 $y = f(x)$는 항상 최댓값과 최솟값을 갖는다. 일변수함수의 경우 최댓값과 최솟값을 찾는 것은 다음 순서에 따른다.

1. f의 임계점을 구한다.
2. f의 임계점에서의 함숫값과 구간의 양끝값에서의 함숫값을 구한다.
3. 앞 단계에서 구한 값 중에서 가장 큰 것이 최댓값, 가장 작은 것이 최솟값이다.

이변수함수의 경우도 최적화 문제는 비슷한 과정을 거쳐 해결할 수 있다.

유계인 닫힌집합

실수 집합 $\mathbb{R}$에서 닫힌구간은 경계점(끝점)을 포함하는 구간을 의미한다. 마찬가지로 $\mathbb{R}^2$의 부분집합 D가 **닫혀 있다(closed)**는 것은 D의 경계점이 모두 D에 포함된다는 것을 의미한다. D가 D의 경계를 하나도 포함하지 않는 경우 D는 **열려 있다(open)**고 한다.

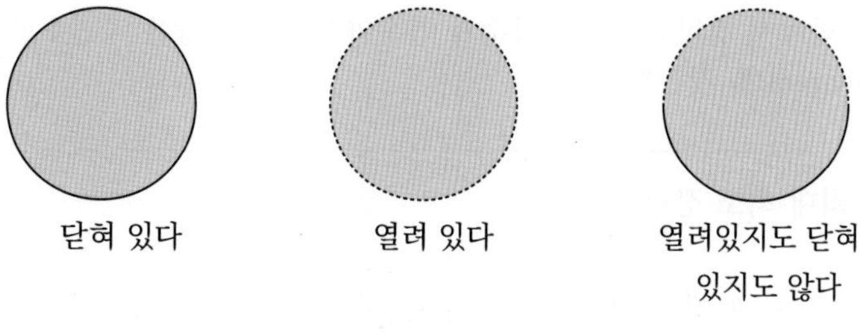

닫혀 있다 열려 있다 열려있지도 닫혀 있지도 않다

연속인 함수 f에 대하여 집합

$$\{(x,\ y) \in \mathbb{R}^2 : f(x,\ y) = c\}$$

는 닫혀 있음이 알려져 있다. 또한 연속인 함수 f에 대하여 다음 집합들의 경계점들의 집합은 모두 $\{(x,\ y) \in \mathbb{R}^2 : f(x,\ y) = c\}$ 임이 알려져 있다.

$$D_1 = \{(x,\ y) \in \mathbb{R}^2 : f(x,\ y) \leq c\}, \qquad D_2 = \{(x,\ y) \in \mathbb{R}^2 : f(x,\ y) \geq c\}$$
$$D_3 = \{(x,\ y) \in \mathbb{R}^2 : f(x,\ y) < c\}, \qquad D_4 = \{(x,\ y) \in \mathbb{R}^2 : f(x,\ y) > c\}$$

따라서 $D_1,\ D_2$는 닫힌집합이고 $D_3,\ D_4$는 열린집합이다. 예를 들어 반지름이 r인 **원판(disk)**

$$B_1 = \{(x,\ y) \in \mathbb{R}^2 : x^2 + y^2 \leq r^2\}$$

의 경계는 반지름이 r인 원

$$C_1 = \{(x,\ y) \in \mathbb{R}^2 : x^2 + y^2 = r^2\}$$

이고 B_1은 닫혀 있다. 이때, B_1을 **닫힌 원판(closed disk)**이라고 부른다. 반지름이 r인 원판 $B_2 = \{(x,\ y) \in \mathbb{R}^2 : x^2 + y^2 < r^2\}$는 열린 집합이고 **열린 원판(open disk)**이라고 부른다.

평면 $\mathbb{R}^2$의 부분집합 D가 원점을 중심으로 하는 원판에 포함되면 D를 **유계(bounded)**라고 한다. 닫힌 원판과 열린 원판은 모두 유계이다.

보기 1

(a) 1사분면 $D = \{(x,\ y) \in \mathbb{R}^2 : x \geq 0,\ y \geq 0\}$은 닫혀 있지만 유계는 아니다.

(b) $D = \{(x,\ y) \in \mathbb{R}^2 : x + y \leq 1,\ x \geq 0,\ y \geq 0\}$은 닫혀 있고 유계이다.

(c) $D = \{(x,\ y) \in \mathbb{R}^2 : x + y \geq 1,\ x \geq 0,\ y \geq 0\}$은 닫혀 있고 유계가 아니다. □

최대·최소 정리

유계인 닫힌집합에서 정의된 이변수함수가 연속이면 다음과 같은 이변수함수의 **최대·최소 정리(minmax theorem)**를 갖는다.

> **이변수함수의 최대·최소 정리**
>
> 이변수함수 $z = f(x,\ y)$의 정의역 $D \subset \mathbb{R}^2$가 유계이고 닫혀 있다고 하자. f가 연속이면 D에서 f의 최댓값과 최솟값이 존재한다.

임계점정리에 의해 D의 내부에서의 극점은 항상 임계점이므로 최댓값, 또는 최솟값은 임계점이나 경계점에서만 일어난다. 따라서 임계점에서의 함숫값과 경계에서의 함숫값을 모두 구해 그 중 가장 큰 것이 최댓값, 가장 작은 것이 최솟값이다.

제한조건이 $x+y=1$처럼 등식으로 주어지는 경우 $y=1-x$이어야 하므로 제한조건을 만족하는 점들에 대해 y라는 변수를 소거할 수 있다. 따라서 제한조건 $x+y=1$에서 이변수 함수 $z=f(x,\ y)$의 최댓값, 최솟값을 구하는 것은 결국 일변수함수

$$g(x)=f(x,\ 1-x)$$

의 최댓값, 최솟값을 구하는 문제가 된다.

보기 2 제한조건이 $x^2+y^2=4$일 때, $z=f(x,\ y)=x+y$의 최댓값과 최솟값을 구하시오.

Solution 제한조건은 반지름이 2인 원이다. $f(x,\ y)=x+y=k$라고 하면 k는 직선 $y=k-x$의 y절편값이고, k의 최댓값과 최솟값은 직선 $y=-x+k$와 원이 접할 때 얻어진다.

$$x^2+(-x+k)^2=4 \quad\Rightarrow\quad 2x^2-2kx+k^2-4=0$$

이고 판별식은 0이어야 하므로

$$D=k^2-2(k^2-4)=0 \quad\Rightarrow\quad k=\pm 2\sqrt{2}$$

이다. 따라서 최대값은 $2\sqrt{2}$, 최솟값은 $-2\sqrt{2}$이다. □

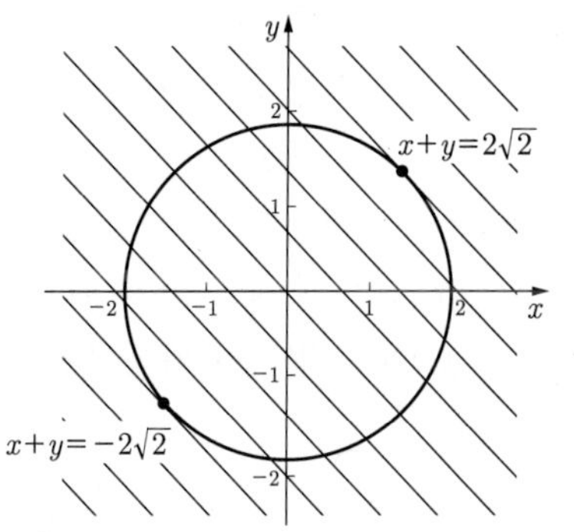

5.4.2 라그랑주 승수법

보기 2에서 $f(x,\ y)=k$의 그래프는, 다시 말해서 $z=f(x,\ y)$의 등위선은 기울기가 -1이고 y 절편이 k인 직선이다. 따라서 최댓값과 최솟값은 함수의 등위선과 제한조건의 곡선(원)

이 접할 때 얻어진다. 이때 제한조건의 기울기벡터 $(2x,\ 2y)$와 함수의 기울기벡터 $(1,\ 1)$이 평행하므로 다음 식이 성립하는 실수 λ가 존재한다.

$$(1,\ 1) = \lambda(2x,\ 2y)$$

일반적으로 제한조건이 $g(x,\ y) = k$일 때

$$z = f(x,\ y)$$

의 최적화문제는 $g(x,\ y) = k$를 만족하는 $(x,\ y)$ 중에서 $f(x,\ y)$의 값이 가장 크거나 가장 작은 점을 찾는 것이다. 다음 그림은 이런 상황의 예를 그린 것이다.

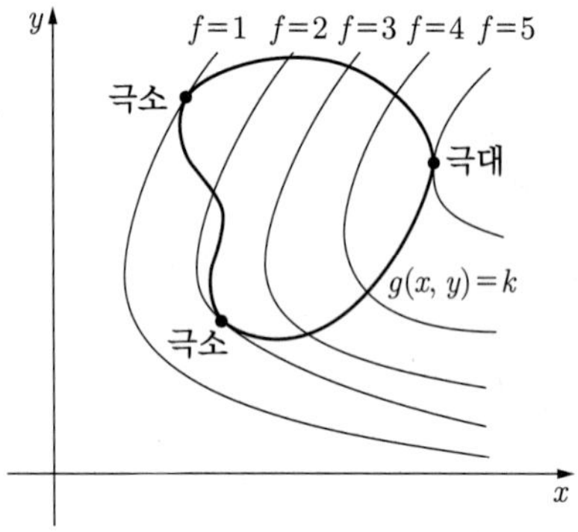

제한조건 $g(x,\ y) = k$(진한 부분)는

$$z = g(x,\ y)$$

의 k등위선으로 간주할 수 있다. 따라서 $z = f(x,\ y)$가 $(x_0,\ y_0)$에서 극댓값, 또는 극솟값 c를 가질 때, 두 등위선

$$g(x,\ y) = k, \quad f(x,\ y) = c$$

는 접해야만 하므로 두 등위선은 접점 $(x_0,\ y_0)$에서 같은 접선을 갖는다. 등위선과 기울기벡터는 수직이므로 두 등위선은 $(x_0,\ y_0)$에서 평행한 기울기벡터를 갖는다. 따라서 다음 식이 성립하는 실수 λ가 존재한다.

$$\nabla f(x_0,\ y_0) = \lambda\ \nabla g(x_0,\ y_0)$$

이러한 논의는 n변수함수에 대해서도 가능하다. 제한조건 $g(x_1,\ \ldots,\ x_n) = k$을 만족하는 점 P가 n변수함수 $u = f(x_1,\ \ldots,\ x_n)$의 극점일 때 다음 관계식이 성립하는 실수 λ가 존재한다.

$$\nabla f(P) = \lambda\ \nabla g(P)$$

이때 실수 λ를 **라그랑주 승수(Lagrange multiplier)**라고 한다.

라그랑주 승수

열린 집합 $U \subset \mathbb{R}^n$에서 정의된 미분가능한 함수 $f,\ g$에 대하여 제한조건

$$\{X \in U : g(X) = k\}$$

에서 제한조건을 만족하는 점 P가 함수 f의 극점이라고 하자. $\nabla g(P) \neq \mathbf{0}$이면 다음 식을 만족하는 상수 λ가 존재한다.

$$\nabla f(P) = \lambda\, \nabla g(P) \tag{5.5}$$

Note 제한조건의 집합이 유계이고 닫혀 있으면 최댓값과 최솟값이 항상 존재한다(최대·최소 정리). 최댓값과 최솟값은 제한조건의 끝점과 극점에서의 함숫값을 구한 후 비교하여 구한다.

보기 3 어떤 물건을 만드는 데 노동력과 설비가 필요하다고 한다. 노동력의 양이 x 단위, 설비의 양이 y 단위 만큼 투입될 때 만들어지는 제품의 생산함수는

$$f(x,\ y) = 6x^{\frac{2}{3}}y^{\frac{1}{3}}$$

라고 한다. 노동과 설비의 비용은 단위당 각각 2만 원과 3만 원이라고 한다. 45만 원의 비용으로 만들 수 있는 제품의 최대량을 구하시오.

Solution 노동력 비용 $2x$와 설비비용 $3y$를 합한 것이 45만 원이어야 하므로 제한조건은 다음과 같다.

$$g(x,\ y) = 2x + 3y = 45, \quad x \geq 0,\ y \geq 0$$

제한조건의 집합은 유계이고 닫혀 있으므로 최댓값과 최솟값이 존재한다. 제한조건의 양 끝점 $(0,\ 15)$, $(22.5,\ 0)$에서 생산함수의 값은 모두 0이고 이 값이 최솟값임은 자명하다. 한편 생산함수의 편도함수는

$$\begin{aligned} D_1 f(x,\ y) &= 4x^{-1/3}y^{1/3} \\ D_2 f(x,\ y) &= 2x^{2/3}y^{-2/3} \end{aligned}$$

이므로 관계식 $\nabla f(x,\ y) = \lambda \nabla g(x,\ y)$은 다음과 같이 쓸 수 있다.

$$4x^{-1/3}y^{1/3} = 2\lambda, \quad 2x^{2/3}y^{-2/3} = 3\lambda$$

따라서 $x,\ y$는 다음 관계식을 만족한다.

$$2x^{-1/3}y^{1/3} = \frac{2}{3}x^{2/3}y^{-2/3} \quad \Rightarrow \quad x = 3y$$

제한조건에 대입하면

$$2x + 3y = 45 \quad \Rightarrow \quad y = 5,\ x = 15$$

이므로

$$f(15,\ 5) = 6(15^{2/3})(5^{1/3}) = 30(3^{2/3}) \approx 62.4$$

이다. 따라서 $x = 15,\ y = 5$일 때 생산함수의 최댓값은 약 62.4이다. □

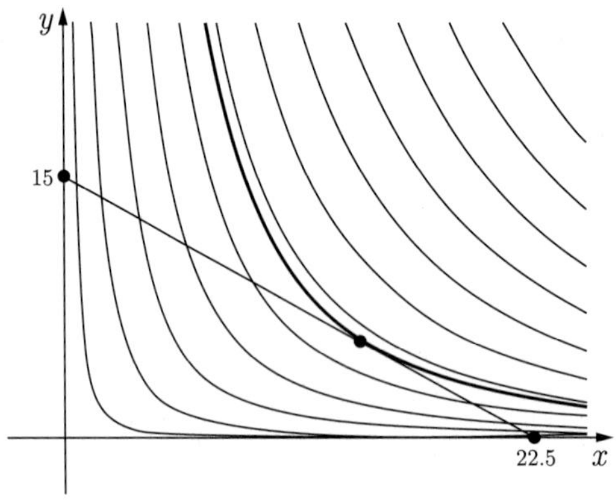

보기 4 반지름이 1인 구에 내접하는 직육면체 중에서 그 표면적이 최대가 되는 것을 구하시오.[10]

Solution 직육면체의 가로, 세로, 높이를 각각 $2x,\ 2y,\ 2z$라고 하자. 그러면 표면적은

$$f(x,\ y,\ z) = 8(xy + yz + zx)$$

이고 $(x,\ y,\ z)$는 반지름이 1인 구 위의 점이다. 따라서 제한조건

$$g(x,\ y,\ z) = x^2 + y^2 + z^2 - 1 = 0, \quad x \geq 0,\ y \geq 0,\ z \geq 0$$

에서

$$f(x,\ y,\ z) = 8(xy + yz + zx)$$

의 최댓값을 구해야 한다. 제한조건의 집합은 유계이고 닫혀 있으므로 최댓값과 최솟값이 존재한다. $f(0,\ 0,\ 1) = 0$이므로 최솟값은 0임을 알 수 있다. 최대점을 $X = (x,\ y,\ z)$라 하면

[10]신체의 많은 기관들은 이런 방법으로 만들어져 있다. 즉, 좁은 신체 내부에서 가장 넓은 단면적을 갖도록 만들어져 있는데, 호흡기관인 폐의 폐포가 그렇고, 소화 기관인 작은 창자도 표면적이 가능한 한 넓도록 만들어져 있다.

$$\nabla f = 8(y+z,\ z+x,\ x+y), \quad \nabla g = 2(x,\ y,\ z)$$

이므로

$$\begin{aligned} 4(y+z) &= \lambda x \\ 4(z+x) &= \lambda y \\ 4(x+y) &= \lambda z \end{aligned}$$

이다. 각 변을 모두 더하면

$$8(x+y+z) = \lambda(x+y+z)$$

이고 $x+y+z \neq 0$이므로 $\lambda = 8$이다. 따라서

$$x = y = z = \frac{1}{\sqrt{3}}$$

이고 구하는 직육면체는 정육면체이며 이때 표면적의 최대넓이는 8이다. □

점과 곡면 사이의 거리

좌표공간의 한 점 $P_1 = (x_1,\ y_1,\ z_1)$에서 곡면

$$C : g(X) = k, \quad X = (x,\ y,\ z)$$

까지의 거리를 구하여 보자. 한 점과 곡면 사이의 거리는 그 점과 곡면 위의 가장 가까운 점 사이의 거리로 정의한다. 곡면 위의 점 $X = (x,\ y,\ z)$와 $P = (x_1, y_1,\ z_1)$ 사이의 거리는

$$|XP| = \sqrt{(x-x_1)^2 + (y-y_1)^2 + (z-z_1)^2}$$

이므로 제한조건 $g(x,\ y,\ z) = k$에서 $|XP|$를 최소화하는 점 $X = (x,\ y,\ z)$를 찾아야 한다. 그러나 $|XP|$와 $|XP|^2$은 같은 최소점을 가지므로 $g(x,\ y,\ z) = k$에서

$$f(X) = |XP|^2 = |X-P|^2 = (x-x_1)^2 + (y-y_1)^2 + (z-z_1)^2$$

을 최소화하면 된다. 이때 거리는 $\sqrt{f}$로 주어진다.

보기 5 라그랑주 승수법을 이용하여 공간의 점 $P = (x_1,\ y_1,\ z_1)$과 평면 $ax+by+cz+d = 0$ 사이의 거리를 구하시오.

Solution $A = (a,\ b,\ c),\ X = (x,\ y,\ z)$에 대하여 제한조건은

$$g(X) = ax + by + cz + d = A \cdot X + d = 0$$

이다. 제한조건을 만족하는 점 X에서 함수 $f(X) = |X - P|^2$가 극값을 갖는다면

$$\nabla f(X) = \lambda \nabla g(X) \quad \Rightarrow \quad X - P = \lambda A$$

를 만족하는 실수 λ가 존재한다. 양변에 A를 곱하면(내적을 해주면)

$$A \cdot (X - P) = \lambda |A|^2$$

이고 X는 제한조건을 만족하므로 $A \cdot X = -d$이고

$$\lambda = -\frac{A \cdot P + d}{|A|^2}$$

이다. 따라서 구하는 점 X는

$$X - P = -\frac{A \cdot P + d}{|A|^2} A$$

이고 이때 거리는

$$|XP| = |X - P| = \frac{|A \cdot P + d|}{|A|^2}|A| = \frac{|A \cdot P + d|}{|A|}$$

이다. □

좌표를 이용하여 보기의 결과를 다시 적으면 다음과 같다.

공간의 한 점에서 평면까지의 거리

공간의 한 점 $P = (x_1,\ y_1,\ z_1)$에서 평면 $ax + by + cz + d = 0$까지의 거리는 다음과 같이 주어진다.

$$\frac{|A \cdot P + d|}{|A|} = \frac{|ax_1 + by_1 + cz_1 + d|}{\sqrt{a^2 + b^2 + c^2}}$$

5.4.3 여러 가지 평균

이 절에서는 라그랑주 승수법으로 여러 평균(산술평균, 기하평균, 이차평균 등) 사이의 대소 관계를 알아보기로 한다.

보기 6 제한조건

$$g(x_1,\ \ldots,\ x_n) = x_1 + \cdots + x_n = 1, \quad x_1 \geq 0,\ \ldots,\ x_n \geq 0$$

에서 함수 $f(x_1, \ldots, x_n) = x_1 \cdots x_n$의 최댓값을 구하시오.

Solution 제한조건의 영역은 유계이고 닫혀 있으므로 최대· 최소 정리에 의해 f는 최댓값과 최솟값을 가진다.

$$f(x_1, \ldots, x_n) \geq 0, \quad f(0, \ldots, 0) = 0$$

이므로 최솟값은 0이다. $X = (x_1, \ldots, x_n)$에서 최댓값을 가진다면 모든 k에 대하여 $x_k \neq 0$이고

$$\nabla f(X) = \lambda g(X)$$

인, 다시 말해서

$$(x_2 \cdots x_n, \ldots, x_1 \cdots x_{n-1}) = \lambda(1, \ldots, 1)$$

인 λ가 존재한다. 따라서 모든 x_k는 같고 제한조건으로부터

$$x_1 = \cdots = x_n = \frac{1}{n}$$

이고 최댓값은 $1/n^n$이다.

$$f(x_1, \ldots, x_n) = x_1 \cdots x_n \leq \frac{1}{n^n}$$ □

$a_1 \geq 0, \ldots, a_n \geq 0$이 적어도 하나는 양수일 때

$$S = a_1 + \cdots + a_n, \quad x_k = a_k/S$$

이라 하면 $x_1 + \cdots + x_n = 1$이므로 다음 식이 성립한다.

$$x_1 \cdots x_n = \frac{a_1 \cdots a_n}{S^n} \leq \frac{1}{n^n} \quad \Rightarrow \quad a_1 \cdots a_n \leq \left(\frac{a_1 + \cdots + a_n}{n}\right)^n$$

따라서 다음 부등식을 얻는다.

$$(a_1 \cdots a_n)^{1/n} \leq \frac{a_1 + \cdots + a_n}{n} \tag{5.6}$$

이때 등식은 $a_1 = \cdots = a_n$일 때만 성립한다.

부등식 (5.6)은 우변의 **산술평균(arithmetic mean)**이 좌변의 **기하평균(geometric mean)**보다 크거나 작다는 것을 의미한다.

일상생활에서 '평균'은 산술평균을 의미한다. 예를 들어 일인당 연소득은 각 개인의 연소득을 모두 더한 후 개인의 수로 나누어 구한다. 평균성장률과 같이 곱셈으로 구하는 값에서의

평균은 산술평균이 아닌 기하평균을 사용한다. 예를 들어 어느 신제품의 첫 해 매출이 A, 두번째 해의 매출은 2배로 증가하고 그 다음 해는 절반으로 줄었다면 기하평균은

$$\sqrt{2 \cdot \frac{1}{2}} = 1$$

로 평균성장률은 0이다. 이때 산술평균은

$$\frac{2 + 0.5}{2} = 1.25$$

로 평균성장률로 사용하기에 적합하지 않다.

보기 7 제한조건

$$g(x_1, \ldots, x_n) = x_1^2 + \cdots + x_n^2 - 1 = 0$$

에서 함수

$$f(x_1, \ldots, x_n) = x_1 + \cdots + x_n$$

의 최댓값, 최솟값을 구하시오.

Solution 제한조건의 영역은 유계이고 닫혀있으므로 최대·최소 정리에 의해 f는 최댓값과 최솟값을 가진다. $X = (x_1, \ldots, x_n)$에서 최댓값을 가진다면 모든 k에 대하여 $x_k \neq 0$이고

$$\nabla f(X) = \lambda g(X)$$

인, 다시 말해서

$$(1, \ldots, 1) = \lambda(2x_1, \ldots, 2x_n)$$

인 λ가 존재한다. 따라서 모든 x_k는 같고 제한조건으로부터

$$x_1 = \cdots = x_n = \pm\frac{1}{\sqrt{n}}, \quad \text{(복호동순)}$$

이고 최댓값은 $n/\sqrt{n} = \sqrt{n}$, 최솟값은 $-\sqrt{n}$이다.

$$-\sqrt{n} \leq f(x_1, \ldots, x_n) = x_1 + \cdots + x_n \leq \sqrt{n}$$

□

모두 0은 아닌 $a_1, \ldots, a_n$에 대하여

$$S = (a_1^2 + \cdots + a_n^2)^{1/2}, \quad x_k = a_k/S$$

이라 하면 $x_1^2 + \cdots + x_n^2 = 1$이므로 다음 식이 성립한다.

$$-\sqrt{n} \le x_1 + \cdots + x_n = \frac{a_1 + \cdots + a_n}{S} \le \sqrt{n} \quad \Rightarrow \quad (a_1 + \cdots + a_n)^2 \le n(a_1^2 + \cdots + a_n^2)$$

따라서 다음 부등식을 얻는다.

$$\left(\frac{a_1 + \cdots + a_n}{n}\right)^2 \le \frac{a_1^2 + \cdots + a_n^2}{n}$$

이때 등식은 $a_1 = \cdots = a_n$ 일 때만 성립한다. 이 부등식은 우변의 제곱의 평균이 좌변의 평균의 제곱보다 크거나 같다는 것을 보여 준다. 또한 다음 등식에서 우변의 값을 **이차평균**이라 정의하면 이차평균은 산술평균(일차평균)보다 크거나 작다는 것을 의미한다.

$$\frac{a_1 + \cdots + a_n}{n} \le \left(\frac{a_1^2 + \cdots + a_n^2}{n}\right)^{1/2}$$

기하평균, 산술평균, 이차평균

$$(a_1 \cdots a_n)^{1/n} \le \frac{a_1 + \cdots + a_n}{n} \le \left(\frac{a_1^2 + \cdots + a_n^2}{n}\right)^{1/2}$$

등호는 $a_1 = \cdots = a_n$ 일 때만 성립한다.

5.4.4 연습문제

1. 다음 함수가 최댓값과 최솟값을 가지는지 확인하시오. 그리고 최댓값 또는 최솟값을 가지지 않는 경우, 왜 최대최소정리와 모순되지 않는지 설명하시오.

   (a) $f(x,\ y) = x^2y^2,\ D =$ **평면 전체**

   (b) $f(x,\ y) = \dfrac{1}{x^2 + y^2},\ D = \{(x,\ y) \mid 0 < x^2 + y^2 \le 1\}$

   (c) $f(x,\ y) = x^2 + 6x\cos y,\ D = \{x^2 + y^2 \le 1\}$

   (d) $f(x,\ y) = \begin{cases} x^2 + y^2 & (x,\ y) \ne 0 \\ 1 & (x,\ y) = 0 \end{cases},\ D = \{x^2 + y^2 \le 1\}$

2. 주어진 함수 f의 영역 D 위에서의 최댓값과 최솟값을 구하시오.

   (a) $f(x,\ y) = 1 + 4x - 5y,\ D = (0,\ 0),\ (2,\ 0),\ (0,\ 3)$를 잇는 삼각형

   (b) $f(x,\ y) = x^2 + y^2 + x^2y + 4,\ D = \{(x,\ y) \mid |x| \le 1,\ |y| \le 1\}$

   (c) $f(x,\ y) = x^4 + y^4 - 4xy + 2,\ D = \{(x,\ y) \mid 0 \le x \le 3,\ 0 \le y \le 2\}$

   (d) $f(x,\ y) = 2x^3 + y^4,\ D = \{(x,\ y) \mid x^2 + y^2 \le 1\}$

   (e) $f(x,\ y) = xy^2,\ D = \{(x,\ y) \mid x \ge 0,\ y \ge 0,\ x^2 + y^2 \le 3\}$

3. 곡면 $z^2 = xy + x - y + 7$ 위의 점 중 원점과 가장 가까운 점을 모두 구하시오.

4. 합이 100이 되고, 그 곱이 최대가 되는 세 양수를 구하시오.

5. 다음의 타원면 안에 들어가는 직육면체 중 부피가 가장 큰 것의 부피를 구하시오.

$$4x^2 + y^2 + z^2 = 4$$

6. 평면의 세 점 $A = (2,\ 3),\ B = (4,\ -1),\ C = (-3,\ 1)$에 대하여

$$f(X) = |X - A|^2 + |X - B|^2 + |X - C|^2$$

   의 값을 최소화하는 점 X를 구하시오.

7. 평면에 주어진 점 $P_1,\ \ldots,\ P_k$에 대하여

$$f(X) = |X - P_1|^2 + \cdots + |X - P_k|^2$$

   의 값을 최소화하는 점 X를 구하시오.

8. 제품의 판매량은 일반적으로 제품의 가격에 의해 결정되는 함수다. 두 제품 $a,\ b$에 대해, 각각의 판매량을 $q_1,\ q_2$, 각각의 가격을 $p_1,\ p_2$로 나타낼 때 판매량이 다음의 함수로 주어진다고 하자.

$$q_1 = 150 - 2p_1 - p_2$$
$$q_2 = 200 - p_1 - 3p_2$$

   (a) $p_1,\ p_2$의 계수가 음수라는 것이 어떤 의미를 가지는가? 이러한 관계를 가지는 두 상품의 예를 들어보시오.

   (b) 만약 한 생산자가 이 제품을 모두 판매한다면, 판매액이 최대가 되도록 하려면 두 제품의 가격을 어떻게 책정해야 하겠는가? 그리고 이때의 최대판매액은 얼마인가?

9. 뚜껑이 있는 직육면체 모양 상자의 부피가 64cm^3라고 하자. 이때 겉넓이가 최솟값이 되는 직육면체를 구하시오.

10. 앞 절의 내용과 라그랑주 승수법을 이용해서, 다음의 주어진 영역에서의 함수의 최대, 최솟값을 구하시오.

(a) $f(x,\ y) = x^2 + 2y^2, \quad x^2 + y^2 \le 4$
(b) $f(x,\ y) = xy, \quad x^2 + 2y^2 \le 1$
(c) $f(x,\ y) = x^3 + y, \quad x + y \ge 1$
(d) $f(x,\ y) = e^{-xy}, \quad x^2 + 4y^2 \le 1$

11. 라그랑주 승수법을 이용해서, 다음 주어진 함수의 주어진 영역에서의 최대, 최솟값을 구하시오.

(a) $f(x,\ y) = x + y, \quad x^2 + y^2 = 1$
(b) $f(x,\ y) = xy, \quad 4x^2 + y^2 = 8$
(c) $f(x,\ y) = x^2 y, \quad x^2 + 2y^2 = 6$
(d) $f(x,\ y,\ z) = x + 2y + 3z, \quad x^2 + 2y^2 + 3z^2 = 6$
(e) $f(x,\ y,\ z) = x^2 - 2y^2 + 2z^2, \quad x^2 + y^2 + z^2 = 1$
(f) $f(x,\ y,\ z) = x^2 + y^2 + z^2, \quad x^4 + y^4 + z^4 = 1$

12. 원료를 가공해서 만들어지는 제품의 양은 일반적으로 원료의 양에 대한 함수이다. 두 가지 원료로 만들어지는 제품에 대한 원료의 양과 제품의 양에 대한 이론적 모델으로 다음과 같은 Cobb–Douglas 함수가 있다.

$$Q = cx^a y^b, \quad (a,\ b,\ c\text{는 양의 상수},\ a + b = 1)$$

이때 x는 원료 1의 양, y는 원료 2의 양, Q는 제품의 생산량이다. 원료 1은 단위당 P_1 원이라 하고, 원료 2는 단위당 P_2 원이라 하자. 원료의 총 가격이 T 원 이하가 되게 하고 싶을 때, 제품의 생산량의 최댓값을 구하시오.

13. 위 문제의 상황에서, 독립변수를 원료의 양에서 노동자의 수와 생산 설비의 양으로 바꾸어 생각할 수도 있다. 예를 들어 다음과 같은 생산함수를 얻을 수 있다.

$$Q = 6W^{3/4} I^{1/4}$$

이때, W는 노동자의 수, I는 설비의 양이다. 노동자 1인당 임금이 10이고, 설비 1개당 유지비가 20이라 하자.

(a) 3000의 자금이 있을 때 최적화된(즉, 가장 생산량이 큰) 노동자의 수와 설비의 양은 얼마인가?

(b) 생산량 Q가 고정되어 있을 때 비용함수

$$C(W,\ I) = 10W + 20I$$

를 최소화하는 W와 I의 관계식을 구하시오.

14. 라그랑주 승수법을 이용해서 원점과 평면 $x - y + 2z = 3$ 사이의 거리를 구하시오.

15. 타원

$$\frac{x^2}{4} + y^2 = 1$$

에서 함수 $f(x,\ y) = xy$의 최댓값과 최솟값을 구하시오.

16. 단위원 $x^2 + y^2 = 1$ 위에서 이차함수 $f(x,\ y) = 4x^2 - 4xy + y^2$의 최댓값을 라그랑주 승수를 이용하여 구하시오.

17. 라그랑주 승수법을 이용해서 둘레의 길이가 일정한 직사각형 중 넓이가 가장 큰 것은 정사각형임을 보이시오.

18. 라그랑주 승수법을 이용해서 표면적의 넓이가 일정한 직육면체 중에서 부피가 가장 큰 것은 정육면체임을 보이시오.

노트

부록

≪ 그리스 문자 ≫

대문자	소문자	명칭
A	α	alpha
B	β	beta
Γ	γ	gamma
Δ	δ	delta
E	ϵ, ε	epsilon
Z	ζ	zeta
H	η	eta
Θ	θ, ϑ	theta
I	ι	iota
K	κ	kappa
Λ	λ	lambda
M	μ	mu
N	ν	nu
Ξ	ξ	xi
O	o	omicron
Π	π, ϖ	pi
P	ρ	rho
Σ	σ, ς	sigma
T	τ	tau
Υ	υ	upsilon
Φ	ϕ, φ	phi
X	χ	chi
Ψ	ψ	psi
Ω	ω	omega

≪ 기호 모음 ≫

- $\mathbb{N}$, 자연수 집합
- $\mathbb{R}$, 실수 집합
- $\mathbb{R}^+ = [0,\ \infty)$, 음이 아닌 실수 집합

- $e = \lim\limits_{n\to\infty}\left(1+\dfrac{1}{n}\right)^n$, 자연상수
- $\exp = e$, 자연 지수함수
- $\log_a$, 밑이 a인 로그함수
- $\ln$, 자연 로그함수

- $\tan x = \dfrac{\sin x}{\cos x}, \quad \sec x = \dfrac{1}{\cos x}$

- $\cosh x = \dfrac{e^x + e^{-x}}{2}$, 하이퍼코사인 함수, 쌍곡코사인 함수
- $\sinh x = \dfrac{e^x - e^{-x}}{2}$, 하이퍼사인 함수, 쌍곡사인 함수
- $\tanh x = \dfrac{e^x - e^{-x}}{e^x + e^{-x}} = \dfrac{\sinh x}{\cosh x}$, 하이퍼탄젠트 함수, 쌍곡탄젠트 함수

- $\lim\limits_{n\to\infty} a_n$ 수열 (a_n)의 극한값

- $\sum\limits_{n=0}^{\infty} a_n$, 무한급수, 무한급수의 합
- $T_n f(x)$, f의 n차 테일러 다항식
- $R_n f(x) = f(x) - T_n f(x)$, f의 n차 테일러 나머지항

- $\sum_{n=0}^{\infty} c_n x^n = c_0 + c_1 x + c_2 x^2 + \cdots$, $x = 0$에서의 거듭제곱급수

- $\int f(x)dx$, f의 부정적분
- $\int_a^b f(x)dx$, 구간 $[a,\ b]$에서 f의 정적분

- $\overrightarrow{AB}$, 시점이 A이고 종점이 B인 벡터
- $\|\overrightarrow{AB}\|$, $\|\mathbf{v}\|$, 벡터 $\overrightarrow{AB}$, $\mathbf{v}$의 크기
- $\mathbf{e}_1,\ \cdots,\ \mathbf{e}_n$, $\mathbb{R}^n$의 표준단위벡터
- $\mathbf{a}//\mathbf{b}$, $\mathbf{a}$와 $\mathbf{b}$는 평행
- $\mathbf{a}\perp\mathbf{b}$, $\mathbf{a}$와 $\mathbf{b}$는 수직
- $\mathbf{a}\cdot\mathbf{b}$, $\mathbf{a}$와 $\mathbf{b}$의 내적

- $A = (a_{ij})_{m\times n}$: 행이 m개, 열이 n개이고 $(i,\ j)$항이 a_{ij}인 행렬
- $\mathbf{r}_i(A)$, 행렬 A의 i 번째 행벡터
- $\mathbf{c}_j(A)$, 행렬 A의 j 번째 열벡터
- $D(d_1,\ d_2,\ \ldots,\ d_n)$, 대각항이 $d_1,\ d_2,\ \ldots,\ d_n$인 대각행렬
- I_n, n차 단위행렬
- O, 영행렬
- A^n, 행렬 A의 거듭제곱
- A^t, 전치행렬

- A^{-1}, 역행렬
- A_{ij}, 행렬 A의 i 행과 j 열을 제외한 행렬
- $C_{ij} = (-1)^{i+j}\det(A_{ij})$, 행렬 A의 $(i,\ j)$ 여인수

- $\det A$, 행렬식
- $\operatorname{tr} A$, 대각합

이변수함수 $z = f(x,\ y)$에 대하여

- $\dfrac{\partial f}{\partial x} = D_1 f$, 함수 f의 x에 대한 편도함수
- $\dfrac{\partial f}{\partial y} = D_2 f$, 함수 f의 y에 대한 편도함수
- $\nabla f(P) = \operatorname{grad} f = (D_1 f(P),\ D_2 f(P)),\ f$의 기울기벡터
- $f'(P) = \nabla f(P),\ f$의 일계미분계수벡터

- $D_{\mathbf{v}} f(P) = \mathbf{v} \cdot \nabla f(P),\ f$의 $\mathbf{v}-$방향미분계수
- $f''(P) = \begin{pmatrix} D_1^2 f(P) & D_2 D_1 f(P) \\ D_1 D_2 f(P) & D_2^2 f(P) \end{pmatrix}$, 헤세 행렬 또는 이계미분계수행렬

노트

연습문제 정답

연습문제 1.1

1. (a) $x > 0$ (b) $x \geq 2$ (c) $x \neq 2$ (d) $-2 \leq x \leq 2$ (e) $-2 < x < 2$ (f) $x \neq \pm 1$

2. (a) 반례 : $f(x) = x,\ g(x) = -x$
   (b) 반례 : $f(x) = x,\ g(x) = x$
   (c) 반례 : $f(x) = x,\ g(x) = x$

3. (a) 둘 다 아님 (b) 짝함수 (c) 홀함수 (d) 홀함수 (e) 짝함수 (f) 짝함수 (g) 짝함수 (h) 홀함수

4. $f_1(-x) = \dfrac{f(-x) + f(x)}{2} = f_1(x)$이므로 f_1은 짝함수이다.
   $f_2(-x) = \dfrac{f(-x) - f(x)}{2} = -f_2(x)$이므로 f_2는 홀함수이다.

5. (a) 참. $x < y$이면 $f(x) < f(y),\ g(x) < g(y)$이므로 $(f+g)(x) = f(x) + g(x) < f(y) + g(y) = (f+g)(y)$이므로 $f+g$는 순증가함수이다.
   (b) 거짓. 반례 $f(x) = g(x) = x$
   (c) 거짓. 반례 $f(x) = x$
   (d) 참. $x < y$이면 f가 순증가함수이므로 $f(x) < f(y)$이고 g도 순증가함수이므로 $g(f(x)) < g(f(y))$

6. (a) $f(g(x)) = 2(3x+1)^2 + 3$
   (b) $f(g(x)) = (x^2+1)^3$
   (c) $f(g(x)) = (\sqrt{x} + 1)^{-2}$
   (d) $f(g(x)) = \sqrt{x^3 + x^2 - x}$

7. (a) $f(u) = u^5,\ g(x) = 1 - 2x$
   (b) $f(u) = u^{-2},\ g(x) = (x^2 + 4)$
   (c) $f(u) = u^3,\ g(x) = x + \frac{1}{x}$
   (d) $f(u) = \sqrt{u},\ g(x) = \frac{1-x}{1+x}$
   (e) $f(u) = u^3,\ g(x) = \frac{3x+2}{x-2}$
   (f) $f(u) = u^3,\ g(x) = x + \sqrt{x^2+1}$

8. (a) $(f \circ f)(x) = (x^2+1)^2+1$
(b) $(g \circ f)(x) = (x^2+1)^3$
(c) $(f \circ g)(x) = x^6+1$
(d) $(k \circ f)(x) = \sqrt{x^2+2}$
(e) $(f \circ k)(x) = x+2,\ x \geq -1$
(f) $(h \circ f)(x) = \dfrac{1}{x^2}$
(g) $((h \circ f) \circ k)(x) = \dfrac{1}{x+1},\ x > -1$
(h) $(h \circ (f \circ k))(x) = \dfrac{1}{x+1},\ x > -1$
(i) $(g \circ (k \circ f))(x) = (\sqrt{x^2+2})^3$
(j) $((f \circ k) \circ h)(x) = \dfrac{2x-1}{x-1}$
(k) $(k \circ (g \circ f))(x) = \sqrt{(x^2+1)^3+1}$
(l) $(g \circ (h \circ f))(x) = \dfrac{1}{x^6}$

9. (a) $f^{-1}(x) = \dfrac{x+2}{x-1}$
(b) $f^{-1}(x) = (x-1)^{1/3}$
(c) $f^{-1}(x) = \dfrac{x^2+3}{2},\ x \geq 0$

10. (a) $f^{-1}(x) = 1+\sqrt{1+x}$
(b) $f^{-1}(x) = \sqrt{x^2-4},\ x \geq 2$
(c) $f^{-1}(x) = -\sqrt{\frac{1}{x}-1},\ 0 < x \leq 1$

11. (a) 4.6 (b) 3.4 (c) 1.35 (d) 2 (e) $\frac{5}{6}$ (f) −7.1

12. (a) $\frac{\ln 2}{\ln 5}$
(b) $\frac{\ln 6}{\ln 3}$
(c) $2\ln 3$
(d) $0,\ 1/2$
(e) $\frac{\ln 3}{\ln 3 - \ln 2}$
(f) $\ln 2$

13. (a) $\frac{-1}{\ln 2 - 1} \approx 3.2589$
(b) $\frac{2}{3}\ln 2 \approx 0.4621$
(c) $\ln(2) \pm \sqrt{(\ln 2)^2 + \ln 2},\ -0.3902,\ 1.7765$

14. (a) $-\ln 2/\ln(0.99988) \approx 5776$년
(b) $-\ln 424/\ln(0.99988) \approx 5$만 년
(c) $0.11(0.99988)^{-40000} \approx 13.37$g

15. 1491년

16. $P(t) = 100 \cdot 2^{t/3},\ 6553600$

17. (a) $\frac{75\sqrt{2}}{2} \approx 53$ mg
(b) $2\frac{\ln 6}{\ln 2} \approx 5.17$ (시간)

18. (a) $0.12\sqrt{\frac{4}{5}} \approx 0.11$ 시간
(b) $\frac{\ln 4}{\ln 5 - \ln 4} \approx 6.21$ 시간

19. (a) 75, 110, 140(dB) (b) 헤드폰과 비행기 (d) $10^{0.1} \approx 1.26$배

연습문제 1.2

1. (a) 0 (b) -128 (c) $-\frac{1}{2}$ (d) 0 (e) -2 (f) 0

2. (a) 4 (b) 2 (c) $\frac{1}{4}$ (d) 24 (e) $-\frac{1}{12}$ (f) -1 (g) 1 (h) 2

3. (a) -5 (b) ND (c) $\frac{1}{6}$ (d) 0 (e) 12 (f) 4 (g) 4 (h) $-\frac{1}{4}$ (i) 4 (j) $\frac{\sqrt{2}}{4}$ (k) $-\frac{1}{4}$ (l) $\frac{8}{3}$ (m) 16 (n) $-\frac{3}{2}$ (o) 1 (p) 0

4. (a) $-\frac{2}{3}$ (b) $-\frac{2}{3}$ (c) ∞ (d) 1 (e) 0 (f) $-\infty$ (g) 1 (h) 0 (i) $\frac{1}{2}$ (j) $-\frac{1}{2}$

5. (a) 0 (b) 0 (c) $\frac{1}{2}$ (d) $-\frac{1}{2}$ (e) 1 (f) -1

6. (a) $a = 2,\ b = -8$ (b) $a = 8,\ b = 4$ (c) $a = \frac{1}{2},\ b = 0$ (d) $a = 4,\ b = -4$ (e) $a = -5,\ b = \frac{5}{2}$

7. 0

8. 2

9. $0,\ 0$

10. (a) $y = \frac{1}{2}$ (b) $y = 0$ (c) $y = -\frac{1}{2}$ (d) $y = 0$

11. (a) $\frac{5}{2}$ (b) $-\frac{1}{3}$

12. (a) 0

    (b) $x = 0$에서 연속이면 $\lim_{h\to 0} f(h) = f(0)$이므로 $\lim_{h\to 0} f(x+h) = \lim_{h\to 0}(f(x)+f(h)) = f(x) + \lim_{h\to 0} f(h) = f(x)$이다. 따라서 f는 모든 x에서 연속이다.

13. (a) 0 또는 1

    (b) $f(0) = 0$이면 $f(x) = f(x+0) = f(x)f(0) = 0$

    (c) $f(0) = 0$이면 f는 상수함수이므로 모든 점에서 연속이다. $f(0) = 1$이면 $\lim_{h\to 0} f(h) = f(0) = 1$이므로 $\lim_{h\to 0} f(x+h) = \lim_{h\to 0}(f(x)f(h)) = f(x)\lim_{h\to 0} f(h) = f(x)$이므로 f는 모든 x에서 연속이다.

14. $g(x) = 2\sin x - x$라 하자. $g(0) = 0$이다. $g(-\pi) = \pi > 0,\ g(-\frac{\pi}{2}) = -2 + \frac{\pi}{2} < 0$이므로 사잇값정리에 의해 구간 $[-\pi,\ -\frac{\pi}{2}]$ 에 적어도 하나의 실근이 존재한다. 또한 $g(\pi) = -\pi < 0,\ g(\frac{\pi}{2}) = 2 - \frac{\pi}{2} > 0$이므로 구간 $[\frac{\pi}{2},\ \pi]$에 적어도 하나의 실근이 존재한다.

15. (b) $g(x) = \sqrt{x+3} - 2\cos x$라 하면 g는 연속함수이고 $g(0) = \sqrt{3} - 2 < 0$, $g(1) = 2 - 2\cos 1 > 0$이다. 사잇값정리에 의해 $g(c) = 0$, 즉 $\sqrt{c+3} = 2\cos c$인 $c \in (0,\ 1)$가 존재한다.

16. $g(x) = f(x) - x$라 하자. g는 구간 $[0,\ 1]$에서 연속이고 $g(0) = f(0) > 0$, $g(1) = f(1) - 1 < 0$이므로 사잇값정리에 의해 $g(c) = 0$인 $c \in [0,\ 1]$가 존재한다.

17. (a) $f(x) = x^{19},\ a = 1$ (b) $f(x) = 2^x,\ a = 4$ (c) $f(x) = \sqrt{x+4},\ a = 0$

18. (a) $2,\ y = 2x + 5$ (b) $\frac{1}{2},\ y = \frac{1}{2}x + 1$ (c) $1,\ y = x$ (d) $-\frac{1}{4},\ y = -\frac{1}{4}x + \frac{5}{4}$ (e) $-1,\ y = -x + 4$ (f) $\frac{1}{6},\ y = \frac{x}{6} + \frac{13}{6}$

19. $a = -\frac{1}{2},\ b = 2$

20. 25

21. -5

22. (a) 국소적으로 선형이 아님 (b) $f'(0) = 0$

23. (a) $b = 2,\ c = -1$ (b) $b = \frac{1}{4},\ c = 1$ (c) $b = -\frac{1}{4},\ c = 1$

24. (a) 2 (b) 3 (c) 0 (d) 4

25. $f(0) = 0$이고 $f(x+h) - f(x) = f(h)$이므로 f가 $x = 0$에서 미분가능하면

$$\lim_{h\to 0} \frac{f(x+h) - f(x)}{h} = \lim_{h\to 0} \frac{f(h) - f(0)}{h} = f'(0)$$

이다. 따라서 f는 모든 x에서 미분가능하다.

26. $f(0) = 1,\ f'(x) = 3f(x)$

27. $f(0) = 0,\ f'(a) = 3 + a$

28. (a) 1.036 (b) 1.04 (c) 0.1003 (d) 10.01

29. 한 변의 길이를 $12 + h$라 하면$(-0.5 \le h < 0.5)$ 부피는 $f(h) = (12+h)^3$이고 $f(0) = 12^3$, $f'(0) = 36$이므로 f의 선형근사식은 $f(h) \approx 12^3 + 36h = 1728 + 36h$이다. 따라서 선형근사를 이용한 정육면체의 부피의 범위는 다음과 같다.

$$1710 = 1728 - 18 \le f(h) < 1728 + 18 = 1746$$

30. 10.01cm

31. $x \neq 0$이면 $f'(x) = 2x \sin \frac{1}{x} + x^2 \cos \frac{1}{x}(-\frac{1}{x^2}) = 2x \sin \frac{1}{x} - \cos \frac{1}{x}$, $f'(0) = \lim_{x \to 0} \frac{x^2 \sin \frac{1}{x} - 0}{x} = \lim_{x \to 0} x \sin \frac{1}{x} = 0$이므로 f는 모든 점에서 미분가능. 하지만 $\lim_{x \to 0} f'(x)$가 존재하지 않으므로 f'은 $x = 0$에서 연속이 아니다.

연습문제 1.3

1. (a) $f'(x) = 0$
   (b) $f'(x) = 0$
   (c) $f'(x) = 3$
   (d) $f'(x) = 8x^3$
   (e) $f'(x) = 1 + 2x$
   (f) $f'(t) = t^3$
   (g) $f'(x) = 3x^2 + 3$
   (h) $g'(x) = 24x^7 - 40x^4$
   (i) $h'(x) = 2030x^{2029} + 3060x^{1019}$

2. (a) $y' = 1 - \frac{1}{x^2}$
   (b) $y' = -\frac{1}{t^2} + \frac{2}{t^3}$
   (c) $y' = 1 - \frac{1}{s^2} - \frac{2}{s^3}$
   (d) $y' = \frac{1}{2\sqrt{x}} - \frac{1}{2x\sqrt{x}}$
   (e) $y' = \frac{-2}{(2x+1)^2}$
   (f) $y' = \frac{-(2x+1)}{(x^2+x)^2}$
   (g) $y' = \frac{2t-t^2}{(1-t)^2}$
   (h) $y' = \frac{2u^2-2}{(u^2+u+1)^2}$
   (i) $y' = \frac{1}{\sqrt{p}(\sqrt{p}+1)^2}$

3. (a) $3x^2 + 2x + 1$
   (b) $\frac{1}{y^2} + 1$
   (c) $-\frac{1}{x^4}$
   (d) $1 - \frac{1}{u^2}$
   (e) $\frac{-2}{(1+x)^2}$
   (f) $\frac{a}{(1+ax)^2}$
   (g) $\frac{-4x}{(1+x^2)^2}$

4. (a) $y' = \frac{3}{2}\sqrt{x}$
   (b) $y' = -\frac{3}{2}x^{-\frac{5}{2}}$
   (c) $y' = x^2(x^3 + 1)^{-\frac{2}{3}}$
   (d) $y' = 3x(x^2 + 1)^{\frac{1}{2}}$

5. $y = (x + 1)/2$

6. (a) $y' = -7(1 - x)^6$
   (b) $y' = 6(2x + 3)^2$
   (c) $y' = 20x(2x^2 + 1)^4$
   (d) $y' = 3(2x + 1)(x^2 + x + 1)^2$
   (e) $y' = -\frac{3}{x^2}(1 + \frac{1}{x})^2$
   (f) $y' = \frac{2}{\sqrt{4x+1}}$
   (g) $y' = -2(4x + 1)^{-\frac{3}{2}}$
   (h) $y' = -\frac{x}{\sqrt{1-x^2}}$
   (i) $y' = -18(2x + 1)^{-4}$
   (j) $y' = -36x(2x^2 + 1)^{-4}$

7. (a) $\frac{dy}{dx} = -10(1-2x)^4$ (b) $\frac{dy}{dx} = -4x(x^2+4)^{-3}$ (c) $\frac{dy}{dx} = 3(x+\frac{1}{x})^2(1-\frac{1}{x^2})$ (d) $\frac{dy}{dx} = -(1+x)^{-3/2}(1-x)^{-1/2}$ (e) $\frac{dy}{dx} = \frac{3(x+\sqrt{x^2+1})^3}{\sqrt{x^2+1}}$

8. (a) -2 (b) -3

9. (a) 7 (b) 13 (c) -17 (d) $\frac{17}{9}$

10. (a) -14 (b) $-\frac{7}{4}$ (c) -14 (d) -14 (e) $\frac{7}{2}$ (f) $\frac{\sqrt{2}}{4}$ (g) $\frac{29}{\sqrt{5}}$ (h) 36

11. (a) $y = -\frac{1}{2}x + 1$ (b) $y = \frac{1}{2}x + \frac{3}{2}$

12. (a) $y'' = \frac{2}{x^3}$ (b) $r'' = 2\theta^{-3} + 6\theta^{-4}$ (c) $y'' = 80(1-2x)^3$ (d) $y'' = \frac{6(x^6+x^2+2)}{x^5}$

13. (a) $f'(x) = 1 + 2x + 3x^2,\ f'(0) = 1,\ f''(x) = 2 + 6x,\ f''(0) = 2,\ f^{(3)}(x) = 6,\ f^{(3)}(0) = 6$
(b) $f'(x) = \cos x,\ f'(0) = 1,\ f''(x) = -\sin x,\ f''(0) = 0,\ f^{(3)}(x) = -\cos x,\ f^{(3)}(0) = -1$

14. (a) $f(x) = 2x^2 + 3x + 2$ (b) $f(x) = 2x^2 - 9x + 11$

15. (a) $-\frac{x^2}{y^2}$ (b) $-\frac{y\,(2\,x+y)}{x\,(x+2\,y)}$ (c) $\frac{1}{y(x+1)^2}$ (d) $-\frac{3x^2+2xy-1}{x^2+1}$

16. (a) $\frac{dy}{dx} = -\frac{x}{4y},\ \frac{d^2y}{dx^2} = -\frac{1}{4y^3}$ (b) $\frac{dy}{dx} = \frac{x}{y},\ \frac{d^2y}{dx^2} = -\frac{1}{y^3}$

17. $-\frac{4}{9}$

18. $\frac{2x}{a^2} + \frac{2y}{b^2}y' = 0$이므로 타원 위의 점 $(x_0,\ y_0)$에서 접선의 기울기는 $y' = -\frac{b^2}{a^2}\frac{x_0}{y_0}$이다. 따라서 접선의 방정식은 $y - y_0 = -\frac{b^2}{a^2}\frac{x_0}{y_0}(x - x_0)$이다. 양변에 $\frac{y_0}{b^2}$을 곱하여 정리하면

$$\frac{x_0x}{a^2} + \frac{y_0y}{b^2} = \frac{x_0^2}{a^2} + \frac{y_0^2}{b^2} = 1$$

20. (a) $-\frac{1}{2}$ (b) 1 (c) $-\frac{1}{3}$ (d) -1

21. (a) $y=-x-1$ (b) $y=5x-7$ (c) $y=-2x+4$ (d) $y=x-2$

22. k의 값에 상관없이 두 점에서 만난다. 만나는 점을 $(x_1,\ y_1)$이라 하면 이 점에서 타원의 기울기와 포물선의 기울기는 각각 $m_1=-\frac{2x_1}{y_1}$, $m_2=\frac{1}{2y_1}$이고 $x_1=y_1^2$이므로

$$m_1\cdot m_2=-\frac{2x_1}{2y_1^2}=-1$$

이고 따라서 두 곡선은 직교한다.

23. (a) $f'(x)=3x^2-6x+4=3(x-1)^2+1>0$이므로 순증가하고 따라서 역함수 존재, $g'(-3)=\frac{1}{f'(1)}=1$
    (b) $f'(x)=-\frac{3x^2+1}{(x^3+x+2)^2}<0$이므로 순감소하고 따라서 역함수 존재, $g'(\frac{1}{2})=\frac{1}{f'(0)}=-4$

24. (a) $1/(2\pi)$cm/sec (b) 20cm^2/sec

25. (a) $\frac{16\sqrt{17}}{17}$m/sec (b) 3.2m/sec

연습문제 1.4

1. (a) 10000 (b) 2

2. (a) 0
    (b) 1
    (c) 좌극한과 우극한이 다르므로 극한값은 존재하지 않는다.

3. (a) $\lim_{x\to 0+} f(x)=0,\ \lim_{x\to 0-} f(x)=\infty$, 연속이 되도록 $f(0)$의 값을 정할 수 없음.
    (b) $\lim_{x\to 0+} f(x)=0,\ \lim_{x\to 0-} f(x)=0,\ f(0)=0$

4. (a) $f(x)=2^{-x}-x$라 하면 f는 구간 $[0,\ 1]$에서 연속이고 $f(0)=1>0,\ f(1)=\frac{1}{2}-1<0$이므로 사잇값정리에 의해 $f(c)=0$인 $c\in(0,\ 1)$가 존재한다.

5. (a) -1 (b) 0 (c) 0 (d) -1 (e) 0 (f) 0 (g) $\ln 3-\ln 2$ (h) 0 (i) 1

6. (a) $y'=2^x\ln 2$
    (b) $y'=4^x\ln 4$
    (c) $y'=2e^{2x}$
    (d) $y'=-e^{-x}$
    (e) $y'=\frac{1}{2}e^{\frac{1}{2}x}$
    (f) $y'=-3^{-x}\ln 3$
    (g) $y'=-xe^{-\frac{x^2}{2}}$
    (h) $y'=(2x-x^2)e^{-x}$
    (i) $y'=-\frac{(x+2)e^{-x}}{(x+1)^2}$

7. (a) $y' = \frac{1}{x\ln 2}$ (c) $y' = \frac{1}{2x\ln 2}$ (e) $y' = \frac{2x+1}{x^2+x}$ (g) $y' = \frac{x^2-1}{x(x^2+1)}$
   (b) $y' = -\frac{1}{x\ln 2}$ (d) $y' = \frac{2}{2x+1}$ (f) $y' = \ln x + 1$ (h) $y' = \frac{1-\ln x}{x^2}$

8. (a) $y' = 4e^{2x}$
   (b) $y' = 2x\cdot 3^{x^2}\ln 3$
   (c) $y' = (1-x)e^{-x}$
   (d) $y' = 2xe^{x^2}$
   (e) $y' = \frac{e^{\sqrt{x}}}{2\sqrt{x}}$
   (f) $y' = e^x e^{e^x}$
   (g) $y' = \frac{-2e^x}{(1+e^x)^2}$
   (h) $y' = \frac{e^x(x-1)^2}{(1+x^2)^2}$
   (i) $y' = \frac{1}{x}$
   (j) $y' = -\frac{3}{x}$
   (k) $y' = \frac{2x}{x^2+1}$
   (l) $y' = \frac{2\ln x}{x}$
   (m) $y' = \frac{1}{x\ln x}$
   (n) $y' = \frac{\ln x-1}{(\ln x)^2}$
   (o) $y' = \frac{2}{x^2-1}$
   (p) $y' = \frac{x+2}{x+1}$
   (q) $y' = \frac{2e^x}{1+e^x}\ln(1+e^x)$
   (r) $y' = \frac{1}{\sqrt{x^2-1}}$
   (s) $y' = \frac{\log_2 x}{x\ln 2}$
   (t) $y' = \frac{e^x}{(1+e^x)\ln 2}$

9. (a) $y' = \frac{1-\ln x}{x^2}y$
   (b) $y' = \frac{2\ln x}{x}y$
   (c) $y' = \left(\ln(\ln x) + \frac{1}{\ln x}\right)y$
   (d) $y' = \left(\frac{x}{x^2-1} - \frac{x}{x^2+1}\right)y$
   (e) $y' = \frac{1}{2}\left(\frac{1}{x} + \frac{1}{x+1}\right)y$
   (f) $y' = \left(\frac{1}{x} + \frac{1}{2(x-1)} - \frac{3x}{x^2+1}\right)y$
   (g) $y' = \left(\frac{1}{x} + 2x + \frac{x}{x^2+1}\right)y$

10. (a) $1000\sqrt{10} \approx 3162$ (b) $\frac{7000}{3} \approx 2333$ (c) $\frac{10000\sqrt{11}}{9+\sqrt{11}} \approx 2693$

11. (a) $y' = \frac{2x-ye^{xy}}{xe^{xy}-1}$ (b) $y' = \frac{2x}{x^2+y^2-2y}$ (c) $y' = \frac{\ln y-\frac{y}{x}}{\ln x-\frac{x}{y}}$

12. $a<-1$: 2개, $a=-1$: 1개, $a>-1$: 0개

연습문제 1.5

1. (a) 임계점 $x=-\frac{3}{4}$, $x=-\frac{3}{4}$일 때 극솟값 $-\frac{9}{4}$
   (b) 임계점 $x=3,\ -1$, $x=3$일 때 극솟값 -27, $x=-1$일 때 극댓값 5
   (c) 임계점 $x=0,\ \pm\sqrt{2}$, $x=0$에서 극댓값 2, $x=\pm\sqrt{2}$에서 극솟값 -2
   (d) 임계점 $x=0,\ \pm 1$, $x=0$에서 극댓값 1, $x=\pm 1$에서 극솟값 0
   (e) 임계점 $x=0$, $x=0$에서 극솟값 1
   (f) 임계점 $x=0,\ \pm 1$, $x=0$에서 극솟값 0, $x=\pm 1$에서 극댓값 $\frac{1}{2}$

2. (a) $a=-\frac{4}{9},\ b=-\frac{2}{3},\ c=\frac{8}{3},\ d=\frac{4}{9}$ (b) $a=\frac{3}{16},\ b=0,\ c=-\frac{9}{4},\ d=1$

3. (a) $x=-1$에서 극솟값 $-\frac{1}{e}$

   (b) $x=0$에서 극솟값 0, $x=-2$에서 극댓값 $\frac{4}{e^2}$

   (c) $x=0$에서 극솟값 0, $x=2$ 에서 극댓값 $\frac{4}{e^2}$

   (d) $x=-\frac{1}{\sqrt{2}}$에서 극솟값 $-\frac{1}{\sqrt{2e}}$, $x=\frac{1}{\sqrt{2}}$에서 극댓값 $\frac{1}{\sqrt{2e}}$

   (e) $x=-\ln 2$에서 극솟값 3

   (f) $x=\frac{1}{e}$에서 극솟값 $-\frac{1}{e}$

   (g) $x=1$에서 극솟값 1

   (h) $x=e$에서 극댓값 $\frac{1}{e}$

   (i) $x=0$에서 극솟값 0

4. $h(x)=f(x)-g(x)$라 하자. h는 미분가능한 함수이고 모든 x에 대하여 $h'(x)=0$이므로 $h(x)=C$이다. 따라서 모든 x에 대하여 $f(x)=g(x)+C$이다.

5. $f(x)=\alpha x^2+\beta x+\gamma$라 하자. $f'(c)=2\alpha c+\beta$, $\frac{f(b)-f(a)}{b-a}=\alpha(a+b)+\beta$이므로 $c=\frac{a+b}{2}$이면 $f'(c)=\frac{f(b)-f(a)}{b-a}$이다.

6. (a) 2
   (b) 4

7. $f(c_1)=c_1$, $f(c_2)=c_2$인 c_1, c_2 $(c_1<c_2)$가 존재한다면 평균값 정리에 의해 $\frac{f(c_2)-f(c_1)}{c_2-c_1}=f'(c)$인 c가 구간 $[c_1,\ c_2]$에 존재한다. 따라서 $f(c_2)-f(c_1)=f'(c)(c_2-c_1)<c_2-c_1$이다. 그러나 $f(c_2)-f(c_1)=c_2-c_1$이므로 모순이다.

8. (a) $f(2)\le 7$
   (b) $f(2)\ge -1$

9. $h(x)=(f(b)-f(a))g(x)-(g(b)-g(a))f(x)$라 하면 h는 닫힌구간 $[a,\ b]$에서 연속이고 열린구간 $(a,\ b)$에서 미분가능하다. $h(a)=f(b)g(a)-f(a)g(b)=h(b)$이므로 롤의 정리에 의해 $h'(c)=0$인 $c\in(a,\ b)$가 존재한다. 따라서 $f'(c)(g(b)-g(a))=g'(c)(f(b)-f(a))$인 c가 존재한다.

10. $x\in(-1,\ 1)$이라 하자. $\frac{f(1)-f(x)}{1-x}=\frac{1-f(x)}{1-x}=f'(c)\le 1$인 c가 x와 1 사이에 존재한다. $1-x>0$, $f(1)=1$이므로 $1-f(x)\le 1-x$, 즉 $f(x)\ge x$이다. 마찬가지로 $\frac{f(x)-f(-1)}{x-(-1)}=\frac{f(x)+1}{x+1}=f'(c)\le 1$인 c가 x와 -1 사이에 존재한다. $1+x>0$이므로 $f(x)+1\le x+1$, 즉 $f(x)\le x$이다. 따라서 $[-1,\ 1]$에서 $f(x)=x$이다.

11. (a) f, g모두 증가함수이면 f', $g'\ge 0$이다. $((f\circ g)(x))'=f'(g(x))g'(x)\ge 0$이므로 $f\circ g$도 증가함수이다.

    (b) $f'\ge 0$, $g'\le 0$이므로 $((f\circ g)(x))'=f'(g(x))g'(x)\le 0$이고 $f\circ g$는 감소함수이다.

    (c) $f'\le 0$, $g'\le 0$이므로 $((f\circ g)(x))'=f'(g(x))g'(x)\ge 0$이고 $f\circ g$ 는 증가함수이다.

12. (a) $f(x) = e^x - 1 - x - \frac{x^2}{2}$라고 하자. $f'(x) = e^x - 1 - x,\quad f''(x) = e^x - 1$이므로 $x > 0$일 때 $f''(x) > 0$이다. 따라서 f'은 순증가하고 $f'(x) > f'(0) = 0$이다. 이는 $x > 0$에서 f가 순증가함을 의미하므로 $f(x) > f(0) = 0$이다. 따라서 부등식이 성립한다.

13. (a) $x = y$이면 등식이 성립한다. $f(x) = e^x$라 할 때, $x \neq y$이면 $\frac{e^x - e^y}{x-y} = f'(c) = e^c$을 만족하는 $c > 0$가 x와 y 사이에 존재한다. 따라서 $|\frac{e^x - e^y}{x-y}| = |f'(c)| = e^c \geq 1$이므로 $|e^x - e^y| \geq |x - y|$이다.

14. (a) $k > 324,\ k < -176$ (b) $k = 324,\ -176$ (c) $-176 < k < 324$

15. (a) 3 (b) 2 (c) 3

연습문제 1.6

1. (a) 최댓값 28, 최솟값 $-\frac{9}{4}$ (c) 최댓값 2, 최솟값 -2 (e) 최댓값 $\sqrt{5}$, 최솟값 1
   (b) 최댓값 5, 최솟값 -22 (d) 최댓값 3, 최솟값 0 (f) 최댓값 $\frac{1}{2}$, 최솟값 0

2. (a) 최댓값 $2e^2$, 최솟값 $-e^{-1}$
   (b) 최댓값 $4e^2$, 최솟값 0
   (c) 최댓값 $4e^2$, 최솟값 0
   (d) 최댓값 $\frac{1}{\sqrt{2e}}$, 최솟값 $-\frac{1}{\sqrt{2e}}$
   (e) 최댓값 $4e^4 + e^{-2}$, 최솟값 3
   (f) 최댓값 $2\ln 2$, 최솟값 $-\frac{\ln 2}{2}$
   (g) 최댓값 $2 - \ln 2$, 최솟값 1
   (h) 최댓값 $\frac{\ln 2}{2}$, 최솟값 $-2\ln 2$
   (i) 최댓값 $\ln 5$, 최솟값 0

3. N = 1

4. (a) $10,\ 10$ (b) $-10,\ 10$ (c) $2\sqrt{5},\ 2\sqrt{5}$

5. (a) 가로 x, 세로 y인 직사각형에서 둘레를 $2x + 2y = 4c$라 하자. 넓이는 $A = xy = x(2c - x)$이고 $A' = 2c - 2x$이므로 $x = c$는 유일한 임계점이다. 이때 A'의 부호가 $+$에서 $-$로 바뀌므로 넓이 A가 최대이고 $x = y = c$이므로 정사각형이다.

6. 가로 : $a\sqrt{2}$, 세로 : $b\sqrt{2}$

7. (a) $C'(x) = 3 + 2x - x^2,\ AC(x) = \frac{200}{x} + 3 + x - \frac{1}{3}x^2$
   (b) $C'(x) = \frac{1}{\sqrt{x}} + 3 - 2x,\ AC(x) = \frac{170}{x} + \frac{2}{\sqrt{x}} + 3 - x$
   (c) $C'(x) = 2 - \frac{1}{(1+x)^2},\ AC(x) = \frac{100}{x} + 2 + \frac{1}{x(1+x)}$

8. (a) $C(x) = 1.5x^2 + 8x + 2,\ C'(x) = 3x + 8$
   (b) $C(x) = \frac{x}{1+x^2} + x^2 + 2x,\ C'(x) = \frac{1-x^2}{(1+x^2)^2} + 2x + 2$
   (c) $C(x) = 3x\sqrt{x} + 3x + \frac{1}{1+x},\ C'(x) = \frac{9}{2}\sqrt{x} + 3 - \frac{1}{(1+x)^2}$

9. (a) $p = 100$
   (b) $p = 1$

10. (a) $P(x) = -20 + 2.2x - 0.002x^2,\ P'(x) = 2.2 - 0.004x$
    (b) $P'(500) = 0.2$(만 원)
    (c) 550개

11. 45만 원, 4백 대

12. (a) 0.5 (b) 1 (c) 2

13. (a) 양 변을 p에 대하여 미분하면 $q + p\frac{dq}{dp} = 0 \rightarrow \frac{dq}{dp} = -\frac{q}{p}$ 이므로 $E = -\frac{p}{q}\frac{dq}{dp} = 1$ 이다.
    (b) 변화가 없다.

14. $5\ln 3 \approx 5.49$년

연습문제 2.1

1. (a) $\frac{2}{3}x^{3/2} + 2\sqrt{x} + C$
   (b) $\frac{x^2}{2} + 3\ln|x| - \frac{4}{x} + C$
   (c) $\frac{1}{3}x^3 - x + C$
   (d) $3x + 2\sin x + 2\cos x + C$

2. 오른쪽 함수를 미분하면 왼쪽 부정적분의 피적분함수가 됨을 보인다.

3. (a) $-\frac{1}{2}\cos 2x + C$
   (b) $\frac{1}{2}\sin(x^2) + C$
   (c) $-2\,(3x-2)^{-2} + C$
   (d) $\frac{2}{3}(x^3+1)^3 + C$
   (e) $-\frac{2}{7}\sqrt{2-7t} + C$
   (f) $-\frac{2}{9}\sqrt{1-9t^3} + C$
   (g) $\frac{2}{3}e^{\sqrt{t^3}} + C$
   (h) $\frac{2}{3}(1+\sqrt{x})^3 + C$
   (i) $-\tan\frac{1}{x} + C$
   (j) $e^{-\frac{1}{x}} + C$
   (k) $\frac{1}{3}(\ln x)^3 + C$

4. (a) $-\frac{1}{k}\cos kx + C$
   (b) $\frac{1}{2}e^{2x} + C$
   (c) $8\sin\frac{x}{2} + C$
   (d) $\frac{1}{2}e^{2x} - e^{-x} + C$
   (e) $2e^{\frac{1}{2}x} + C$
   (f) $\frac{2^{2x}}{2\ln 2} + C$

5. (a) $\frac{2(x-2)^{3/2}(4+3x)}{15}+C$ (c) $-2\cos\sqrt{x}+C$ (e) $2\sqrt{1+3x+x^2}+C$
(b) $\frac{2}{9}(x^3+2)^{3/2}+C$ (d) $2\sqrt{\ln x}+C$ (f) $\ln(e^x+1)+C$

6. (a) $\frac{1}{3}\ln|x^3+1|+C$ (b) $-\frac{1}{2}\ln(2e^{-t}+1)+C$ (c) $\ln(e^t+1)+C$

7. (a) $f(x)=\frac{2}{3}x^{3/2}-x^3+\frac{22}{3}$ (d) $f(x)=x^3+\frac{3}{5}x^5+2x+3$
(b) $f(x)=\sin x-\cos x+3$ (e) $f(x)=\frac{1}{3}x^3+4\ln|x|-2x+\frac{11}{3}$
(c) $f(x)=x^3+\ln x+2$ (f) $f(x)=-\cos x-\sin x+5x+3$

8. (a) $f(x)=4x^2-6$ (c) $f(x)=2(e^x-e^{-x})$
(b) $f(x)=2x^2+\sqrt{x},\ x>0$ (d) $f(x)=2x^2-\frac{1}{x},\ x>0$

9. 모든 x에 대하여 $f'(x)=(xf(x))'\Rightarrow f(x)=f(x)+xf'(x)$이므로 $x\neq 0$이면 $f'(x)=0$이다. $y=f(x)$는 연속함수이므로 f는 상수함수이다.

10. $f(x)=6x-\frac{4}{3}x^3+3$

11. (a) $\frac{1}{2}y^2=\frac{1}{3}t^3+C$ (d) $y=C\frac{1+t}{1-t}$ (f) $y=\frac{1}{2}\ln\left(2e^t+C\right)$
(b) $y=Ct^4$
(c) $y=Ce^{-\cos t}$ (e) $y=-\ln(C-2e^{\sqrt{t}})$ (g) $y=Ce^{t+\frac{1}{2}t^2}-1$

12. (a) $y=2e^{e^t}$ (c) $y=\ln(3e^{2t}+2)$ (e) $y=-\sqrt{t^2+\sin t+25}$
(b) $y=\sqrt{1+\sqrt{t^2-16}}$ (d) $y=-\sqrt{-2t^2+2t+4}$ (f) $y=\frac{1}{1-2t}$

13. (a) $0\le P\le 5600$ (b) $P\ge 5600$ (c) $P=2800$

14. (a) $100\cdot 2^{-t/30}$mg (b) $100\cdot 2^{-12/3}=6.25$mg (c) $\frac{30\ln 100}{\ln 2}\approx 199.32$년

15. (a) $\frac{\ln 2}{1.4}\approx 0.50$m (c) $\frac{\ln 100}{1.4}\approx 3.29$m
(b) $e^{-14}\approx(8.32\times 10^{-7})$배

16. $\frac{\ln 2}{\ln 4-\ln 3}\approx 2.41$분

17. (a) $y(t)=t$시간 후의 혈중알콜농도. $y'=-ky,\ y(0)=0.12\to y(t)=0.12e^{-kt}$
$y(1)=0.12e^{-k}=0.09\to e^{-k}=\frac{3}{4}\Rightarrow y=0.12\left(\frac{3}{4}\right)^t$
2시간 후의 혈중알콜농도는 $y(2)=0.12\left(\frac{3}{4}\right)^2=0.0675$(mg/L)
(b) $y(t)=0.12\left(\frac{3}{4}\right)^t=0.03\to t\ln\frac{3}{4}=\ln\frac{1}{4}\Rightarrow t=\frac{-2\ln 2}{\ln 3-2\ln 2}\approx 4.82$
4.82시간, 즉, 4시간 49분이 지나면 혈중알콜농도는 0.03mg/L 이하가 된다.

18. $z = y - A$로 놓으면 $z(0) = y_0 - A,\ \frac{dz}{dt} = -kz \ \Rightarrow\ z = z(0)e^{-kt}$이므로
$y(t) - A = (y_0 - A)e^{-kt}$ 즉, $y(t) = A + (y_0 - A)e^{-kt}$

19. $y(t)$: t분 후 도자기의 온도, $y' = -k(y-20),\ y(10) = 170,\ y(20) = 80 \Rightarrow y = 20 + Ce^{-kt}$
조건 $y(10) = 20 + Ce^{-10k} = 170,\ y(20) = 20 + Ce^{-20k} = 80 \Rightarrow e^{-10k} = \frac{2}{5},\ C = 375$
처음 도자기의 온도 : $y(0) = 20 + 375 = 395°\mathrm{C}$

20. $y(t)$: t분 후 음료수의 온도, $y' = k(y-20) \Rightarrow y = 20 + Ce^{kt}$
$y(10) = 20 + Ce^{10k} = 8,\ y(20) = 20 + Ce^{20k} = 12 \Rightarrow e^{10k} = \frac{2}{3},\ C = -18$
냉장고의 내부 온도 $y(0) = 20 - 18 = 2°\mathrm{C}$

21. (a) 8°C (b) 3분 후

22. (a) $\frac{dA}{dt} = rA + Q,\ A(0) = A_0$ (b) 1,011,882 원

23. (a) $\dfrac{dy}{dt} = \dfrac{1}{15} - \dfrac{1}{600}y,\ y = 24e^{-t/600} + 40$
(b) 600 ln(4/3) 약 173일 후
(c) $\lim_{t\to\infty} y(t) = 40$

연습문제 2.2

1. $\int_0^1 \dfrac{1}{\sqrt{1+x}}dx = 2(\sqrt{2} - 1)$

2. (a) 반지름이 2인 반원, 2π
(b) 밑변이 2, 높이가 4인 직각삼각형, 4
(c) 왼쪽 변과 오른쪽 변이 각각 2, 4이고 밑변의 길이가 1인 직각사다리꼴, 3

3. (a) $\int_0^1 (1+x)dx$ (b) $\int_0^1 (1+2x)^2 dx$

4. (a) $\int_0^1 x^3\,dx$ (c) $\int_0^1 (1+x)^3\,dx$
(b) $\int_0^1 (1+x^3)\,dx$ (d) $\int_0^1 (1+8x^3)\,dx$

5. (a) $0 < A < b$ (b) $b - A$

6. (a) $\sqrt{2} - 1$ (c) $\frac{\pi}{2} - 1$ (e) $\frac{\ln 2}{2}$ (g) 1
(b) $\frac{1}{10}$ (d) $2e^2 - 2e$ (f) $e^2 - 1$ (h) e

7. (a) 8 (c) $\frac{2}{\ln 2}$ (e) $1/\pi$ (g) $211/15$ (i) $\pi/8$
(b) $\frac{e^2}{2} - \frac{1}{e} + \frac{1}{2}$ (d) 0 (f) $13/3$ (h) $a^3/3$ (j) 0

8. $x = 0,\ 2$에서 극솟값 0, $x = 1$에서 극댓값 5

9. (a) $f'(2) = \dfrac{1}{\sqrt{17}}$

(b) $f'(x) = \dfrac{1}{\sqrt{1 + x^4}} > 0$이므로 f는 순증가, 따라서 f^{-1}이 존재한다.

(c) $(f^{-1})'(0) = \dfrac{1}{f'(2)} = \sqrt{17}$

10. (a) $u = x + c$로 놓으면 $du = dx$이고 $x = a,\ b$일 때 $u = a + c,\ b + c$이므로
$$\int_a^b f(x + c)\,dx = \int_{a+c}^{b+c} f(u)\,du = \int_{a+c}^{b+c} f(x)\,dx$$

(b) $u = c - x$로 놓으면 $du = -dx$이고 $x = 0,\ c$일 때 $u = c,\ 0$이므로
$$\int_0^c f(x)\,dx = \int_c^0 f(c - u)(-du) = \int_0^c f(c - x)\,dx$$

11. (a) $u = \dfrac{\pi}{2} - x$로 놓으면 $\sin x = \cos u$이고, $du = -dx$, $x = 0,\ \dfrac{\pi}{2}$일 때 $u = \dfrac{\pi}{2},\ 0$ 이므로 $\displaystyle\int_0^{\frac{\pi}{2}} f(\sin x)\,dx = \int_{\frac{\pi}{2}}^0 f(\cos u)\,(-du) = \int_0^{\frac{\pi}{2}} f(\cos x)\,dx$

12. 9π

13. (a) 2 (b) $2(\ln 3 - \ln 2)$ (c) $11/6$

14. (a) i. 1 iii. 1.5
ii. -0.5 iv. 2

(b) $x = -2,\ 1$에서 극댓값, $x = -1,\ 2$에서 극솟값

(c) $x = 3$에서 최댓값 3, $x = -3$에서 최솟값 0

15. (a) $\frac{40}{3}$ (b) $\sqrt{2}-1$ (c) $e-2-\frac{1}{e}$ (d) $\frac{1}{2}$

16. 두 곡선이 만나는 x좌표 : $x^2 = 4x - x^2 \to x = 0,\ 2,\ 0 \le x \le 2$이면 $x^2 \le 4x - x^2$
구하는 넓이는 $\displaystyle\int_0^2 (4x - x^2 - x^2)\,dx = \int_0^2 (4x - 2x^2)\,dx = \frac{8}{3}$

17. (a) $\frac{19}{3}$ (b) $-6e + e^2 + 13$ (c) $2\sqrt{2}$

18. (a) $\frac{32}{3}$ (b) $\frac{4}{3}$ (c) 18 (d) 18 (e) $\frac{32}{3}$ (f) $\frac{3}{4}$

19. (a) 1 (b) $\frac{\pi}{4}-\frac{1}{3}$ (c) $\frac{5}{6}$ (d) $\frac{5}{6}$

20. $f'(x) = 3x^2 - 2x + 1 = 3(x - \frac{1}{3})^2 + \frac{2}{3} > 0$이므로 역함수 존재, 넓이 $= \frac{1}{6}$

21. (a) $\frac{1}{2}$ (b) $\frac{4}{3}$ (c) $\frac{1}{2}(e-\frac{1}{e})$ (d) $\frac{2}{\pi}$

22. (a) $F(x) = \displaystyle\int_a^x f(t)\,dt$라고 하면 F는 미분가능한 함수이고 $f'(x) = f(x)$이다. 따라서 평균값 정리에 의하면 $\dfrac{F(b)-F(a)}{b-a} = f'(c) = f(c)$인 c가 a와 b 사이에 존재한다.
(b) (a)의 결과에서 좌변은 함수 f의 구간 $[a,\ b]$에서의 평균 $\overline{f}$이다.

23. $\pi/2$

연습문제 2.3

1. (a) 1 (b) 2 (c) $\frac{1}{2}$ (d) 1

2. (a) $\frac{3}{2}$ (b) 0 (c) 발산 (d) 발산 (e) 2 (f) 발산

3. (a) $\frac{1}{2}$ (b) D (c) $\ln 3$ (d) D (e) D (f) D

4. (a) C (b) C (c) C (d) D (e) C (f) C

5. (a) C (b) D (c) C (d) C

6. (a) D (b) C (c) C (d) D

7. $p > 1,\ 1/(p-1)$

8. (a) $\sqrt{\pi}/2$ (b) $\sqrt{\pi}/4$

9. (a) $(-\frac{1}{k}x^n e^{-kx})' = -\frac{n}{k}x^{n-1}e^{-kx} + x^n e^{-kx}$ 이므로 관계식이 성립한다.
   (b) $\lim_{x\to\infty} \frac{x^n}{e^{kx}} = 0$ 이므로 $-\frac{1}{k}x^n e^{-kx}\Big|_0^\infty = 0$
   (c) $n!/k^{n+1}$

10. (a) 2 (b) 2 (c) 4/9

11. (a) f는 확률밀도함수이므로 $\int_{-\infty}^{\infty} f(x)\,dx = 1$ 이다.

$$1 \;=\; \int_{-\infty}^{\infty} f(x)\,dx = c\int_0^{\infty} e^{-\lambda x}\,dx = \left[\frac{c}{-\lambda}e^{-\lambda x}\right]_0^{\infty} \;=\; -\frac{c}{-\lambda}$$

   이므로 $c = \lambda$
   (b) $\mathcal{P}(X \geq t) = \int_t^{\infty} \lambda e^{-\lambda x}\,dx = \frac{\lambda}{-\lambda}e^{-\lambda x}|_t^{\infty} = e^{-\lambda t}$
   (c) $P(X > t+s) = e^{-\lambda(t+s)} = e^{-\lambda t}e^{-\lambda s} = P(X > t)P(X > s)$
   (d) 문제 9(b)의 결과에 따르면 $E(X) = \lambda\int_0^{\infty} xe^{-\lambda x}dx = \frac{\lambda}{\lambda}\int_0^{\infty} e^{-\lambda x}dx = \frac{1}{\lambda}$
   $E(x^2) = \lambda\int_0^{\infty} x^2e^{-\lambda x}dx = \frac{\lambda}{\lambda}\int_0^{\infty} 2xe^{-\lambda x}dx = \frac{1}{\lambda}\int_0^{\infty} 2e^{-\lambda x}dx = \frac{2}{\lambda^2}$ 이므로
   $\text{Var}(X) = E(x^2) - (E(X))^2 = \frac{1}{\lambda^2}$

12. (a) 4 (b) 1

연습문제 3.1

1. (a) 수렴, 0 (e) 수렴, $-\frac{1}{2}$ (i) 수렴, 2 (m) 수렴, 1/2
   (b) 수렴, 1 (f) 발산 (j) 수렴, 0 (n) 수렴, 4
   (c) 수렴, $\frac{2}{3}$ (g) 수렴, 1 (k) 수렴, 0 (o) 수렴, 0
   (d) 수렴, 1 (h) 수렴, 2 (l) 수렴, 0

2. 2

3. (a) 감소수열 (c) 둘 다 아님 (e) 증가수열
   (b) 증가수열 (d) 감소수열 (f) 감소수열

4. $2a_{n+1}^2 + a_{n+1}a_n - a_n^2 = (2a_{n+1} - a_n)(a_{n+1} + a_n) < 0 \to 2a_{n+1} - a_n < 0 \to 0 < \frac{a_{n+1}}{a_n} < \frac{1}{2}$ 따라서 $\lim_{n\to\infty} a_n \le \lim_{n\to\infty} a_0\left(\frac{1}{2}\right)^n = 0$이고 샌드위치 정리에 의해 $\lim_{n\to\infty} a_n = 0$

5. $\frac{1}{3} + \frac{1}{4} \ge \frac{1}{4} + \frac{1}{4} = \frac{1}{2}$, $\frac{1}{5} + \frac{1}{6} + \frac{1}{7} + \frac{1}{8} \ge \frac{1}{8} + \frac{1}{8} + \frac{1}{8} + \frac{1}{8} = \frac{1}{2}$이므로

$$s_2 \ge 1 + \frac{1}{2}, \quad s_{2^2} \ge s_2 + \frac{1}{2}, \quad s_8 \ge s_4 + \frac{1}{2}$$

같은 방법으로 $s_{2^n} \ge s_{2^{n-1}} + \frac{1}{2}$이므로 $\lim_{n\to\infty} s_{2^n} = \infty$이다.

6. (a) $11/18$ (b) $1/3$ (c) 1 (d) $1/2$

7. (a) 발산 (b) 발산 (c) 발산 (d) 발산 (e) 발산 (f) 수렴, $\frac{11}{2}$ (g) 발산 (h) 수렴, $-\frac{1}{3}$ (i) 수렴, $\cos 1 - 1$ (j) 수렴, $\frac{3}{4}$ (k) 수렴, 1 (l) 발산

8. (a) $\frac{2}{9}$ (b) $\frac{11}{90}$ (c) $\frac{232}{99}$ (d) $\frac{4514}{495}$

9. 불입금 A, 불입회수 n, 주기별이율 r, 만기적금금액을 S라 하면 $S = \frac{A(1+r)}{r}((1+r)^n - 1)$

(a) $A = 100,\ n = 120,\ r = 0.0025,\ S = 14009$만 원

(b) $A = 50,\ n = 240,\ r = 0.0025,\ S = 16456$만 원

(c) $A = 100,\ n = 120,\ r = 0.005,\ S = 16470$만 원

(d) $A = 50,\ n = 240,\ r = 0.005,\ S = 23218$만 원

(e) $A = 300,\ n = 40,\ r = 0.0075,\ S = 14038$만 원

(f) $A = 300,\ n = 40,\ r = 0.015,\ S = 16525$만 원

10. 불입금을 A, 불입회수를 n, 주기별 이율을 r이라 하면 $A = \frac{1000r}{(1+r)((1+r)^n - 1)}$

(a) $n = 36,\ r = 0.0025,\ A = 26.5$만 원 (b) $n = 36,\ r = 0.005,\ A = 25.3$만 원 (c) $n = 72,\ r = 0.0025,\ A = 12.7$만 원 (d) $n = 12,\ r = 0.015,\ A = 75.5$만 원

11. 지급액을 A, 지급회수를 n, 주기별 이율을 r, 현재가치를 S라 하면 $S = A\frac{((1+r)^n - 1)}{r(1+r)^{n-1}}$

(a) $S = 18076$만 원 (b) $S = 14028$만 원 (c) $S = 20764$만 원 (d) $S = 18104$만 원 (e) $S = 18133$만 원 (f) $S = 14131$만 원

12. 연금현재가치를 S, 지급액을 A, 지급회수를 n, 주기별 이율을 r이라 하면 $A = S\frac{r(1+r)^n}{((1+r)^n-1)}$

(a) $A = 554598$ (b) $A = 716431$ (c) $A = 965607$ (d) $A = 1110205$ (e) $A = 1666821$ (f) $A = 2154832$

13. 상환액 A, 상환회수 n, 주기별 이율 r, 대출금액 S라 하면 $A = S\frac{r(1+r)^n}{((1+r)^n-1)}$

(a) $A = 1796869$ (b) $A = 1933280$ (c) $A = 965607$ (d) $A = 1110205$

14. $\dfrac{600,000(1.06)^9}{(1.06)^5 - 1} \approx 2,997,075$ 원

15. (a) $\frac{2}{3}$ (b) 4배 (c) 2^{n-1}배

16. (a) $\frac{3}{5}$ (b) $\frac{1}{2}$

17. 1

18. (a) 우변을 통분하면 $\dfrac{f_{n+2} - f_n}{f_n f_{n+1} f_{n+2}} = \dfrac{f_{n+1}}{f_n f_{n+1} f_{n+2}} = \dfrac{1}{f_n f_{n+2}}$

(b) (a)와 $\lim_{n\to\infty} f_n = \infty$를 이용하면 $s_N = \displaystyle\sum_{n=0}^{N} \frac{1}{f_n f_{n+2}} = \frac{1}{f_0 f_1} - \frac{1}{f_{n+1} f_{N+2}} \to 1$

(c) $\dfrac{f_{n+1}}{f_n f_{n+2}} = \dfrac{f_{n+2} - f_n}{f_n f_{n+2}} = \dfrac{1}{f_n} - \dfrac{1}{f_{n+2}}$이므로 $\displaystyle\sum_{n=0}^{\infty} \frac{f_{n+1}}{f_n f_{n+2}} = \frac{1}{f_0} + \frac{1}{f_1} = 2$

연습문제 3.2

1. (a) $\frac{1}{2}$ (b) 2 (c) 1 (d) ∞ (e) $\frac{3}{2}$ (f) 1 (g) ∞ (h) ∞ (i) $\sqrt{2}$

2. (a) $\displaystyle\sum_{n=0}^{\infty} \frac{1}{2}\Big(-\frac{x}{2}\Big)^n$, 2 (b) $\displaystyle\sum_{n=0}^{\infty} (2x)^n$, $\dfrac{1}{2}$ (c) $\displaystyle\sum_{n=0}^{\infty} x^{n+2}$, 1 (d) $\displaystyle\sum_{n=0}^{\infty} (-x)^{3n}$, 1 (e) $\displaystyle\sum_{n=0}^{\infty} \frac{(-1)^n}{4^{n+1}} x^{2n+1}$, 2 (f) $1 + 2\displaystyle\sum_{n=1}^{\infty} x^{2n}$, 1

3. f가 짝함수이면 $0 = f(x) - f(-x) = \displaystyle\sum_{n=0}^{\infty} a_n x^n - \sum_{n=0}^{\infty} a_n (-1)^n x^n = \sum_{n=0}^{\infty} (1-(-1)^n) a_n x^n$ 이다. n이 짝수이면 $1-(-1)^n = 0$, n이 홀수이면, $1-(-1)^n = 2$이므로 n이 홀수이면 $a_n = 0$, 다시 말해서 $a_{2n+1} = 0$, $n = 0, 1, 2, \cdots$ 이다.

4. (a) $\sum_{n=1}^{\infty} n(-x)^{n-1},\ 1$ (c) $\sum_{n=1}^{\infty}(-1)^{n+1}2nx^{2n-1},\ 1$

(b) $\frac{1}{2}\sum_{n=2}^{\infty}(-1)^n n(n-1)x^{n-2},\ 1$ (d) $-\sum_{n=1}^{\infty}\frac{x^{2n}}{n}$

5. (a) $\frac{3}{4}$ (b) $\frac{3}{4}$ (c) $\frac{3}{2}$ (d) $-\frac{3}{16}$ (e) $\frac{3}{32}$ (f) $-\frac{3}{32}$

6. (a) e^3-1 (b) e^{-2} (c) $1-e^{-2}$ (d) $\frac{1}{2}$ (e) $\frac{3}{4}$ (f) $\frac{5}{4}$

7. $g(x)=f(x)/e^x$로 놓으면 $g'(x)=0,\ g(0)=1 \to g(x)=1 \Rightarrow f(x)=e^x$

8. $\cosh(-x)=\dfrac{e^{-x}x+e^x}{2}=\cosh x,\ \sinh(-x)=\dfrac{e^{-x}-e^x}{2}=-\dfrac{e^x-e^{-x}}{2}=-\sinh x$

9. $(\dfrac{e^x+e^{-x}}{2})^2-(\dfrac{e^x-e^{-x}}{2})^2=\dfrac{e^{2x}+2+e^{-2x}}{4}-\dfrac{e^{2x}-2+e^{-2x}}{4}=1$

10. (a) $(\dfrac{e^x-e^{-x}}{2})'=\dfrac{e^x+e^{-x}}{2}\geq 1$이므로 순증가하고 역함수 존재

(b) $y=\sinh^{-1}x$라 하면 $\sinh y=x$이고 양변을 미분하면 $(\cosh y)y'=1 \Leftrightarrow y'=\dfrac{1}{\cosh y}$. $\cosh^2 y-\sinh^2 y=1$에서 $\cosh^2 y=1+\sinh^2 y=1+x^2$이고 $\cosh y>0$이므로 $\dfrac{d}{dx}\sinh^{-1}x=\dfrac{1}{\cosh y}=\dfrac{1}{\sqrt{x^2+1}}$

연습문제 3.3

1. (a) $T_2f(x)=x+x^2,\ T_3f(x)=x+x^2+x^3$

(b) $T_2f(x)=T_3f(x)=1+\frac{1}{3}x^2,\ T_4f(x)=1+\frac{1}{3}x^2-\frac{1}{9}x^4$

(c) $T_2f(x)=x,\ T_4f(x)=x-\frac{1}{6}x^3$

(d) $T_2f(x)=\ln 2-\frac{3}{2}x-\frac{1}{2}\left(\frac{3}{2}x\right)^2,\ T_3f(x)=\ln 2-\frac{3}{2}x-\frac{1}{2}\left(\frac{3}{2}x\right)^2-\frac{1}{3}\left(\frac{3}{2}x\right)^3$

(e) $T_2f(x)=x^2,\ T_4f(x)=x^2-\frac{x^4}{2}$

(f) $T_3f(x)=e-ex+\frac{ex^2}{2!}-\frac{ex^3}{3!},\ T_4f(x)=e-ex+\frac{ex^2}{2!}-\frac{ex^3}{3!}+\frac{ex^4}{4!}$

(g) $T_3f(x)=1-\frac{1}{2}x+\frac{3}{8}x^2-\frac{5}{16}x^3$

2. (a) 3 (b) -5 (c) 4

3. $f^{(9)}(0)=-\frac{9!}{3!},\ f^{(10)}(0)=f^{(11)}(0)=0$

4. $f^{(9)}(0)=0,\ f^{(10)}(0)=90,\ f^{(11)}(0)=0$

5. $f(t)$를 t초 동안 움직인 거리라 하면 이차근사식은 $T_2 f(t) = f(0) + f'(0)t + \frac{f''(0)}{2}t^2$이다. 그런데 $f'(0)$은 속도, $f''(0)$은 가속도이므로 $T_2 f(1) = 25 + 1/2 = 51/2$이다. 그러나 1분(=60초) 동안 움직인 거리를 근사하기에는 적당하지 않다.

6. (a) $\displaystyle\sum_{n=0}^{\infty} \frac{x^{2n}}{n!}$ (c) $\displaystyle\sum_{n=1}^{\infty} \frac{(-1)^{n+1}x^{2n+2}}{n}$

   (b) $\displaystyle\sum_{n=0}^{\infty} x^{2n+1}$ (d) $\displaystyle\sum_{n=0}^{\infty}(n+1)(-x)^n$

7. (a) 1 (b) $-\frac{1}{6}$ (c) $\frac{1}{4}$ (d) $-\frac{1}{2}$ (e) $-\frac{1}{2}$ (f) 1

연습문제 4.1

1. (a) $(4,\ 2,\ 0)$ (c) $(-4\ -2,\ 1)$ (e) $(4,\ -2,\ 1)$

   (b) $(0,\ 0,\ -1)$ (d) $(-4,\ 2,\ -1)$ (f) $(-2,\ 0,\ 3)$

2. (a) 4 (b) 3 (c) 7 (d) $\sqrt{65}$ (e) 5 (f) $\sqrt{58}$

3. $(0,\ 0,\ -\dfrac{33}{4})$

4. $(\dfrac{13}{9},\ 0,\ \dfrac{5}{3})$

5. (a) $(x-1)^2 + (y-2)^2 + (z-3)^2 = 7$ (d) $(x-1)^2 + (y-2)^2 + (z-3)^2 = 10$

   (b) $(x-1)^2 + (y-2)^2 + (z-3)^2 = 25$ (e) $(x-1)^2 + (y-2)^2 + (z-3)^2 = 13$

   (c) $(x-1)^2 + (y-2)^2 + (z-3)^2 = 9$

6. (a) $(3,\ -2,\ 0),\ 5$ (b) $(1,\ 1,\ 1),\ \sqrt{3}$ (c) $(0,\ 0,\ 2),\ \frac{\sqrt{30}}{2}$ (d) $(1,\ 0,\ 0),\ \frac{\sqrt{5}}{2}$

7. $x^2 + y^2 + z^2 - 2x - 10z = 0$, 구의 중심 $(1,\ 0,\ 5)$, 반지름 $\sqrt{26}$

8. $a = 8$

9. (a) $\overrightarrow{PS}$ (b) $\overrightarrow{RS}$ (c) $\overrightarrow{PS}$ (d) $\overrightarrow{RP}$

10. (a) $\mathbf{b} - \mathbf{a}$ (b) $-\mathbf{a}$ (c) $-2\mathbf{a}$ (d) $2\mathbf{a} - 2\mathbf{b}$ (e) $\mathbf{b} - 2\mathbf{a}$ (f) $\mathbf{0}$

11. (a) $\overrightarrow{PQ} = (1,\ -4),\ \|\overrightarrow{PQ}\| = \sqrt{17},\ \overrightarrow{QP} = (-1,\ 4),\ \|\overrightarrow{QP}\| = \sqrt{17}$

    (b) $\overrightarrow{PQ} = (-3,\ 2,\ -1),\ \|\overrightarrow{PQ}\| = \sqrt{14},\ \overrightarrow{QP} = (3,\ -2,\ 1),\ \|\overrightarrow{QP}\| = \sqrt{14}$

12. (a) $(-6,\ 4),\ \sqrt{52}$ (b) $(-1,\ 1),\ \sqrt{2}$ (c) $(-3,\ 2),\ \sqrt{13}$ (d) $(-3,\ 2),\ \sqrt{13}$

13. (a) $\frac{1}{5}(-3,\ 4)$ (b) $\frac{1}{\sqrt{29}}(-3,\ 2,\ 4)$ (c) $\frac{1}{3}(-2,\ 1,\ -2)$

14. (a) $\mathbf{a}+\mathbf{b}=(2,\ -13),\ 2\mathbf{a}-3\mathbf{b}=(19,\ -21),\ \|\mathbf{a}\|=13,\ \|\mathbf{a}-\mathbf{b}\|=\sqrt{185}$

(b) $\mathbf{a}+\mathbf{b}=(7,\ 2,\ 1),\ 2\mathbf{a}-3\mathbf{b}=(4,\ -11,\ 7),\ \|\mathbf{a}\|=\sqrt{30},\ \|\mathbf{a}-\mathbf{b}\|=\sqrt{34}$

(c) $\mathbf{a}+\mathbf{b}=(0,\ 6),\ 2\mathbf{a}-3\mathbf{b}=(5,\ 2),\ \|\mathbf{a}\|=\sqrt{17},\ \|\mathbf{a}-\mathbf{b}\|=2\sqrt{2}$

(d) $\mathbf{a}+\mathbf{b}=(2,\ -4,\ 0),\ 2\mathbf{a}-3\mathbf{b}=(-1,\ 2,\ 15),\ \|\mathbf{a}\|=\sqrt{14},\ \|\mathbf{a}-\mathbf{b}\|=6$

15. (a) $\dfrac{x-1}{2}=\dfrac{y}{-3}=\dfrac{z+2}{5}$ (c) $\dfrac{x}{2}=\dfrac{y}{3}=\dfrac{z}{-1}$

(b) $\dfrac{x-3}{5}=\dfrac{y-3}{2}=\dfrac{z-7}{3}$ (d) $\dfrac{x-12}{1}=\dfrac{y-3}{1}=\dfrac{z-6}{-1}$

연습문제 4.2

1. $\mathbf{a}=\overrightarrow{OA}, \mathbf{b}=\overrightarrow{OB}$라 하면 $\overrightarrow{AB}=\overrightarrow{OB}-\overrightarrow{OA}=\mathbf{b}-\mathbf{a}$이다. 따라서 코사인 제2법칙은 $\|\mathbf{b}-\mathbf{a}\|^2=\|\mathbf{b}\|^2+\|\mathbf{a}\|^2-2\|\mathbf{a}\|\|\mathbf{b}\|\cos\theta$로 쓸 수 있고 $\|\mathbf{b}-\mathbf{a}\|^2=\|\mathbf{b}\|^2+\|\mathbf{a}\|^2-2\mathbf{a}\cdot\mathbf{b}$이므로 원하는 결과를 얻는다.

2. (a) -3 (b) 5 (c) 7 (d) -4

3. (a) -3 (b) $\frac{3\sqrt{2}}{2}$

4. (a) 2 (b) 2 (c) -2 (d) -4

5. (a) 0 (b) -1 (c) -1 (d) 0

6. (a) 1 (b) $1/2$ (c) $-3/2$ (d) 0

7. 정삼각형 : $\mathbf{u}\cdot\mathbf{v}=-\frac{1}{2},\ \mathbf{u}\cdot\mathbf{w}=\frac{1}{2}$

정사각형 : $\mathbf{u}\cdot\mathbf{v}=\frac{1}{2},\ \mathbf{u}\cdot\mathbf{w}=0$

8. $\overrightarrow{AB}\cdot\overrightarrow{BC}=(1,\ 3,\ -2)\cdot(4,\ -2,\ -1)=0$이므로 $\angle B=\frac{\pi}{2}$

9. (a) $\|\mathbf{a}+\mathbf{b}\|^2=(\mathbf{a}+\mathbf{b})\cdot(\mathbf{a}+\mathbf{b})=\mathbf{a}\cdot\mathbf{a}+2\mathbf{a}\cdot\mathbf{b}+\mathbf{b}\cdot\mathbf{b}=\|\mathbf{a}\|^2+2\mathbf{a}\cdot\mathbf{b}+\|\mathbf{b}\|^2$ 마찬가지로 $\|\mathbf{a}-\mathbf{b}\|^2=\|\mathbf{a}\|^2-2\mathbf{a}\cdot\mathbf{b}+\|\mathbf{b}\|^2$이므로 $\|\mathbf{a}+\mathbf{b}\|^2-\|\mathbf{a}-\mathbf{b}\|^2=4\mathbf{a}\cdot\mathbf{b}$이고 양변을 4로 나누면 원하는 등식을 얻는다.

10. (a) $|x+2y+3z| = |(x,\ y,\ z)\cdot(1,\ 2,\ 3)| \le \sqrt{x^2+y^2+z^2}\sqrt{1^2+2^2+3^2} = \sqrt{14}$ 이므로 최댓값은 $\sqrt{14}$이고 이때 $(x,\ y,\ z) = \dfrac{1}{\sqrt{14}}(1,\ 2,\ 3)$

(b) $\dfrac{7}{2}$

11. $\mathbf{a} = (a_1,\ \ldots,\ a_n),\ \mathbf{b} = (1,\ \ldots,\ 1)$이라 하면

$$(\mathbf{a}\cdot\mathbf{b})^2 = (a_1+a_2+\cdots+a_n)^2 = 1,\ \|\mathbf{a}\|^2 = a_1^2+a_2^2+\cdots+a_n^2,\ \|\mathbf{b}\|^2 = n$$

코시–슈바르쯔 부등식

$$\Rightarrow 1 = (\mathbf{a}\cdot\mathbf{b})^2 \le \|\mathbf{a}\|^2\|\mathbf{b}\|^2 = (a_1^2+a_2^2+\cdots+a_n^2)n \Rightarrow\ (a_1^2+a_2^2+\cdots+a_n^2) \ge \frac{1}{n}$$

이므로 최솟값은 $\dfrac{1}{n}$이고 이때 $\mathbf{a} = (a_1,\ \ldots,\ a_n),\ \mathbf{b} = (1,\ \ldots,\ 1)$는 평행이므로 $\mathbf{a} = \dfrac{1}{n}(1,\ \ldots,\ 1)$

12. 코시–슈바르쯔의 부등식에 의하면

$$\begin{aligned}\|\mathbf{a}+\mathbf{b}\|^2 &= (\mathbf{a}+\mathbf{b})\cdot(\mathbf{a}+\mathbf{b}) = \mathbf{a}\cdot\mathbf{a}+2\mathbf{a}\cdot\mathbf{b}+\mathbf{b}\cdot\mathbf{b}\\ &\le \|\mathbf{a}\|^2+2\|\mathbf{a}\|\|\mathbf{b}\|+\|\mathbf{b}\|^2 = (\|\mathbf{a}\|+\|\mathbf{b}\|)^2\end{aligned}$$

이 성립한다. 등식은 $\mathbf{a}\cdot\mathbf{b} = \|\mathbf{a}\|\|\mathbf{b}\|$일 때, 즉, 두 벡터가 같은 방향일 때 성립한다.

13. (a) $\pm\frac{1}{\sqrt{3}}(1,\ 1,\ -1)$ (b) $\pm\frac{1}{\sqrt{6}}(-1,\ 2,\ -1)$

14. (a) $\frac{1}{5}$ (b) -2 or 3

15. $\mathbf{a}$가 두 벡터 $\mathbf{b}_1,\ \mathbf{b}_2$와 각각 수직이므로 $\mathbf{a}\cdot\mathbf{b}_1 = 0,\ \mathbf{a}\cdot\mathbf{b}_2 = 0$, 따라서 $\mathbf{a}\cdot(k_1\mathbf{b}_1+k_2\mathbf{b}_2) = k_1\mathbf{a}\cdot\mathbf{b}_1+k_2\mathbf{a}\cdot\mathbf{b}_2 = 0$이고 $\mathbf{a}$는 $k_1\mathbf{b}_1+k_2\mathbf{b}_2$와도 수직

16. (a) $\|\mathbf{a}+\mathbf{b}\|^2 = (\mathbf{a}+\mathbf{b})\cdot(\mathbf{a}+\mathbf{b}) = \|\mathbf{a}\|^2+\|\mathbf{b}\|^2+2\mathbf{a}\cdot\mathbf{b}$이므로

$$\|\mathbf{a}+\mathbf{b}\|^2 = \|\mathbf{a}\|^2+\|\mathbf{b}\|^2\ \Leftrightarrow\ \mathbf{a}\cdot\mathbf{b} = 0\ \Leftrightarrow\ \mathbf{a},\ \mathbf{b}\text{가 수직}$$

17. (a) $x-3y+7z = 28$ (b) $3x+5y-7z+53 = 0$ (c) $11x-17y+19z = 0$

18. (a) $(-5,\ 18,\ 17)$ (b) $(0,\ 2,\ 0)$

19. (a) 둘 다 아니다. (b) 둘 다 아니다. (c) 평행 (d) 수직

연습문제 4.3

1. (a) $A = \begin{pmatrix} 1 & 2 & 3 & 4 \\ 0 & 4 & 6 & 8 \\ 0 & 0 & 9 & 12 \\ 0 & 0 & 0 & 16 \end{pmatrix}$ (b) $A = \begin{pmatrix} 0 & 0 & 0 & 0 \\ 3 & 0 & 0 & 0 \\ 4 & 5 & 0 & 0 \\ 5 & 6 & 7 & 0 \end{pmatrix}$

2. $x = 1,\ y = 2,\ z = 1$

3. (a) $\begin{pmatrix} 4 & 0 & 4 \\ 2 & 2 & 2 \end{pmatrix}$ (c) $\begin{pmatrix} 11 & -2 & 9 \\ 6 & 7 & 4 \end{pmatrix}$

(b) $\begin{pmatrix} -2 & 4 & 2 \\ -2 & -4 & 2 \end{pmatrix}$ (d) $\begin{pmatrix} 2 & 0 & 2 \\ 1 & 1 & 1 \end{pmatrix}$

4. (a) $\begin{pmatrix} 3 & 1 \\ 2 & 0 \\ 1 & -1 \end{pmatrix}$ (d) $\begin{pmatrix} -1 & -10 & -1 \\ -9 & -1 & -5 \\ 1 & -1 & 0 \end{pmatrix}$ (g) $\begin{pmatrix} 2 & -2 & 3 \\ -2 & 2 & 0 \\ 3 & 0 & 0 \end{pmatrix}$

(b) $\begin{pmatrix} 5 & 3 & 3 \\ 1 & -1 & 2 \end{pmatrix}$ (e) 연산 불가능 (h) $\begin{pmatrix} 2 & -2 & 3 \\ -2 & 2 & 0 \\ 3 & 0 & 0 \end{pmatrix}$

(c) $\begin{pmatrix} -1 & 0 & -3 \\ 1 & 2 & -7 \end{pmatrix}$ (f) $\begin{pmatrix} 4 & 3 & 2 \\ -1 & -1 & -1 \end{pmatrix}$

5. (a) $X = B - A = \begin{pmatrix} -1 & -1 & 1 \\ -1 & -1 & 4 \end{pmatrix}$ (c) $X = \frac{1}{2}(F - 2E) = \begin{pmatrix} -\frac{1}{2} & \frac{5}{2} \\ -\frac{1}{2} & \frac{3}{2} \\ -\frac{3}{2} & \frac{1}{2} \end{pmatrix}$

(b) $X = \frac{1}{2}(C + D) = \begin{pmatrix} 1 & 0 & 1 \\ \frac{3}{2} & 1 & 0 \\ \frac{3}{2} & 1 & 0 \end{pmatrix}$

6. $3\begin{pmatrix} 1 \\ 0 \\ 2 \end{pmatrix} - \begin{pmatrix} -2 \\ 1 \\ 1 \end{pmatrix} + 2\begin{pmatrix} 1 \\ -1 \\ 0 \end{pmatrix}$

7. (a) $\begin{pmatrix} 10 \\ -2 \end{pmatrix}$ (c) $\begin{pmatrix} 0 \\ -1 \\ 4 \end{pmatrix}$ (d) $\begin{pmatrix} 5 \\ 3 \\ 1 \end{pmatrix}$ (e) $\begin{pmatrix} 1 \\ 2 \\ 3 \end{pmatrix}$

(b) $\begin{pmatrix} 10 \\ 7 \end{pmatrix}$

8. (a) $\begin{pmatrix} 1 & 1 & -2 \\ -2 & 2 & 1 \end{pmatrix}\begin{pmatrix} 3 \\ -2 \\ 3 \end{pmatrix}$ (c) $\begin{pmatrix} 2 & 1 & -1 \\ -2 & 1 & 2 \end{pmatrix}\begin{pmatrix} 1 \\ -1 \\ 2 \end{pmatrix}$

(b) $\begin{pmatrix} 3 & 1 & 0 \\ -2 & -1 & 1 \\ 2 & 4 & 2 \end{pmatrix}\begin{pmatrix} 2 \\ -1 \\ -3 \end{pmatrix}$ (d) $\begin{pmatrix} 3 & 1 & 0 \\ -2 & -1 & 1 \\ -1 & 4 & 2 \\ 1 & -2 & 3 \end{pmatrix}\begin{pmatrix} 2 \\ 3 \\ -1 \end{pmatrix}$

9. (a) $\begin{pmatrix} 2 & 1 & 0 \\ 1 & 1 & 1 \\ 3 & 0 & 2 \end{pmatrix}$ (b) $\begin{pmatrix} 3 \\ 1 \\ 1 \end{pmatrix}$

10. (a) $\begin{pmatrix} 3 & 2 & -1 \\ 2 & -1 & 4 \\ -1 & 2 & 3 \end{pmatrix}$ (b) $\begin{pmatrix} 6 \\ -3 \\ -2 \end{pmatrix}$

11. (a) $A(\mathbf{u}+\mathbf{v}) = \begin{pmatrix} \mathbf{a}_1 & \cdots & \mathbf{a}_n \end{pmatrix}\begin{pmatrix} u_1+v_1 \\ \vdots \\ u_n+v_n \end{pmatrix} = (u_1+v_1)\mathbf{a}_1 + \cdots + (u_n+v_n)\mathbf{a}_n$
$= (u_1\mathbf{a}_1 + \cdots + u_n\mathbf{a}_n) + (v_1\mathbf{a}_1 + \cdots + v_n\mathbf{a}_n) = A\mathbf{u} + A\mathbf{v}$

(b) $A(c\mathbf{u}) = \begin{pmatrix} \mathbf{a}_1 & \cdots & \mathbf{a}_n \end{pmatrix}\begin{pmatrix} cu_1 \\ \vdots \\ cu_n \end{pmatrix} = (cu_1)\mathbf{a}_1 + \cdots + (cu_n)\mathbf{a}_n$
$= c(u_1\mathbf{a}_1) + \cdots + c(u_n\mathbf{a}_n) = c(u_1\mathbf{a}_1 + \cdots + u_n\mathbf{a}_n) = c(A\mathbf{u})$

12. (a) $A = \begin{pmatrix} \mathbf{a}_1 & \cdots & \mathbf{a}_n \end{pmatrix}$라 하면 $A\mathbf{e}_1 = \mathbf{a}_1 = \mathbf{0}, \cdots, A\mathbf{e}_n = \mathbf{a}_n = \mathbf{0}$이므로 $A = (\mathbf{0} \cdots \mathbf{0}) = O$

(b) $A\mathbf{x} = \mathbf{x} \to (A-I)\mathbf{x} = \mathbf{0} \Rightarrow A - I = O$((a)에 의해) $\Rightarrow A = I$

13. (b) (c) (f) (g) (i) (j) (n) (o) : 정의되지 않음

(a) $\begin{pmatrix} 1 & -3 \\ 0 & 4 \end{pmatrix}$ (e) $\begin{pmatrix} -1 & 2 & 1 \\ 4 & 0 & -2 \end{pmatrix}$ (k) $\begin{pmatrix} -2 & 5 \\ -5 & 3 \end{pmatrix}$

(d) $\begin{pmatrix} 1 & 0 & 0 \\ 0 & 4 & 0 \\ 0 & 0 & 9 \end{pmatrix}$ (h) $\begin{pmatrix} -2 & 4 \\ 0 & 4 \\ 1 & -3 \end{pmatrix}$ (l) $\begin{pmatrix} 0 & -4 & -1 \\ 4 & 0 & -2 \\ -1 & 2 & 1 \end{pmatrix}$

(m) $\begin{pmatrix} 1 & 4 & 0 \\ 2 & 0 & -3 \end{pmatrix}$ (p) $\begin{pmatrix} -2 & 1 \\ 0 & 4 \\ 3 & -3 \end{pmatrix}$

14. (a) $\begin{pmatrix} 2 & 1 \\ 1 & 1 \end{pmatrix}$ (b) $\begin{pmatrix} 5 & 3 \\ 3 & 2 \end{pmatrix}$ (c)=(d)=(e) $\begin{pmatrix} 1 & 2 & 3 \\ 3 & 2 & 1 \end{pmatrix}$

15. $AP = \begin{pmatrix} d_1a & d_2b \\ d_1c & d_2d \end{pmatrix}, \quad PA = \begin{pmatrix} d_1a & d_1b \\ d_2c & d_2d \end{pmatrix}$

16. $AP = (d_j a_{ij}), \quad PA = (d_i a_{ij})$

17. (a) $\begin{pmatrix} 3 & 1 \\ 2 & 0 \\ 1 & -1 \end{pmatrix}, \quad \begin{pmatrix} 2 & 0 & 1 \\ 1 & -1 & 0 \end{pmatrix}$ (e) $\begin{pmatrix} 5 & -1 & 2 \\ -1 & 1 & 0 \\ 2 & 0 & 1 \end{pmatrix}$

(b) = (c) $\begin{pmatrix} 14 & 2 \\ 2 & 2 \end{pmatrix}$ (f) $\begin{pmatrix} 0 & -2 & -1 \\ 2 & 0 & -2 \\ 1 & 2 & 0 \end{pmatrix}$

(d) $\begin{pmatrix} 5 & 2 \\ 2 & 2 \end{pmatrix}$

18. (a) F (b) F (c) F (d) F

19. (a)

	아황산가스	산화질소	분진
'가'	120000	95000	110000
'나'	180000	142500	165000

(b)

	P_1	P_2
'가'	3500	7900
'나'	3800	7400

(c) $B^tA,\ CA^t$

20. (a) $\begin{pmatrix} 9000 & 900 & 7500 \\ 8750 & 875 & 7500 \end{pmatrix}$, 하루 동안 남성에게 제공되는 지방의 총량

(b) $(AB)_{13} = 7500$

21. (a) $BA = (a_{11} + a_{21} + \cdots + a_{m1},\ a_{12} + a_{22} + \cdots + a_{m2},\ \ldots,\ a_{1n} + a_{2n} + \cdots + a_{mn})$
BA의 j번째 항은 A의 j번째 열의 합

(b) $AB = \begin{pmatrix} a_{11} + a_{12} + \cdots + a_{1n} \\ \vdots \\ a_{m1} + a_{m2} + \cdots + a_{mn} \end{pmatrix}$, AB의 i번째 항은 A의 i번째 행의 합

22. (b) $A + B = (a_{ij} + b_{ij})$이므로

$$\begin{aligned} \text{tr}(A+B) &= (a_{11}+b_{11}) + \cdots + (a_{nn}+b_{nn}) \\ &= (a_{11} + \cdots + a_{nn}) + (b_{11} + \cdots + b_{nn}) \\ &= \text{tr}(A) + \text{tr}(B) \end{aligned}$$

(d) $\text{tr}(AB) = \sum_{i=1}^{n}(AB)_{ii} = \sum_{i=1}^{n}\sum_{k=1}^{n} a_{ik}b_{ki} = \sum_{k=1}^{n}\sum_{i=1}^{n} b_{ki}a_{ik}$

$= \sum_{k=1}^{n}(BA)_{kk} = \text{tr}(BA)$ 방문한다고 예측한다.

23. (a) $AB = \begin{pmatrix} 18.5 \\ 24.67 \\ 9.65 \end{pmatrix}$, 예를 들어, 24.67(만 명)은 2024년 제주도나 울릉도를 방문한 중국사람 중에서 2025년도에 제주도나 울릉도를 다시 방문하는 인원

$AC = \begin{pmatrix} 17.9 & 0.6 \\ 24.4 & 0.27 \\ 9.5 & 0.15 \end{pmatrix}$, 예를 들어 0.6(만 명)은 2024년 울릉도를 방문한 대한민국 사람 중에서 2025년도에 울릉도를 다시 방문하는 인원

(b) $B_1A = (592.3,\ 38.2)$, 예를 들어, 592.3(만 명)은 2025년도에 제주도를 방문하는 대한민국, 중국, 일본사람의 합, $C_1A = \begin{pmatrix} 196.9 & 22 \\ 292.8 & 10.8 \\ 102.6 & 5.4 \end{pmatrix}$, 예를 들어 102.6(만 명)은 2025년도에 제주도를 방문하는 일본 사람의 수

24. $A = \begin{pmatrix} 1.5 & 0.3 & 0.2 \\ 0.2 & 0.8 & 0.2 \end{pmatrix}$, $B = \begin{pmatrix} 0.5 & 0.6 \\ 2 & 2 \\ 3 & 2.5 \end{pmatrix}$, $C = \begin{pmatrix} 0.1 & 0.15 \\ 0.5 & 0.4 \\ 1 & 0.5 \end{pmatrix}$, $D = (250,\ 150)$ 이라 하자.

(a) AB :

구입비용	H사	J사
일반형	1.95	2
고급형	2.3	2.22

(b) AC :

이윤	H사	J사
일반형	0.5	0.445
고급형	0.62	0.45

(c) DA : 합성 405(kg), 양모 195(kg), 앙고라 80(kg)

(d) DAB : H사 832.5만 원, J사 833만 원

25. A, B가 각각 $m \times n$, $n \times \ell$이라 하면 AB는 $m \times \ell$, $(AB)^t$는 $\ell \times m$이다. A^t, B^t는 $n \times m$, $\ell \times n$이므로 B^tA^t는 $\ell \times m$이므로 $(AB)^t$, B^tA^t는 같은 꼴이다. $A^t = (a_{ij}^t)$라 하면 $a_{ij}^t = a_{ji}$이고

$$((AB)^t)_{ij} = (AB)_{ji} = \sum_{k=1}^{n} a_{jk}b_{ki}, \quad (B^tA^t)_{ij} = \sum_{k=1}^{n} b_{ik}^t a_{kj}^t = \sum_{k=1}^{n} b_{ki}a_{jk}$$

이므로 $(AB)^t = B^tA^t$이다.

26. $A = (a_{ij})$, $A^t = (b_{ij})$라고 하면 $b_{ij} = a_{ji}$이다. $1 \le i \le n$에 대하여 $(A^tA)_{ii} = \sum_{j=1}^{n} b_{ij}a_{ji} = \sum_{j=1}^{n} a_{ji}a_{ji} = \sum_{j=1}^{n} a_{ji}^2 = 0$이므로 모든 i, j에 대하여 $a_{ji} = 0$이다. 따라서 $A = O$이다. 가장 많이 관찰되는 성인병의 쌍을 구하시오.

27. (a) 고지혈증과 심장병 (b) 고지혈증

28. (a) $c_{24} = 3$: 맥주와 생수를 동시에 구입한 고객의 수
(b) 생수와 사과
(c) 영업전략에 따라 다양한 진열방법이 가능함

29. (a) $f(x,\ y) = 2x^2 - 2y^2 - 2xy$ (b) $f(x,\ y,\ z) = x^2 + 4xy + 6xz - 2yz$

30. (a) $\begin{pmatrix} 1 & -1 & -3 \\ -1 & -2 & 2 \\ -3 & 2 & 3 \end{pmatrix}$ (b) $\begin{pmatrix} 0 & 1 & -0.5 \\ 1 & 0 & -7 \\ -0.5 & -7 & 0 \end{pmatrix}$

연습문제 4.4

1. (a) $\begin{pmatrix} 2 & -3 & 1 \\ 1 & 2 & -2 \end{pmatrix} \begin{pmatrix} x \\ y \\ z \end{pmatrix} = \begin{pmatrix} 2 \\ 5 \end{pmatrix}$

(b) $\begin{pmatrix} 1 & 3 & -5 \\ 1 & -1 & 0 \\ 2 & -1 & 1 \end{pmatrix} \begin{pmatrix} x \\ y \\ z \end{pmatrix} = \begin{pmatrix} 12 \\ 0 \\ 0 \end{pmatrix}$

(c) $\begin{pmatrix} -1 & 2 & 4 \\ 1 & -1 & 1 \\ 0 & 1 & 1 \\ 3 & 2 & 0 \end{pmatrix} \begin{pmatrix} x \\ y \\ z \end{pmatrix} = \begin{pmatrix} 8 \\ 2 \\ 2 \\ 0 \end{pmatrix}$

2. (a) $\begin{cases} 3x + 2y + z = 2 \\ x - z = 0 \end{cases}$

(b) $\begin{cases} x + 2y + 3z = -2 \\ 3x + y + 2z = 1 \\ 2x + 3y + z = 1 \end{cases}$

(c) $\begin{cases} x + 2y = 0 \\ 2x - y = 1 \\ 3y = 3 \end{cases}$

3. (a) $\begin{pmatrix} 2 & 0 & 0 & 1 \\ 3 & 2 & 3 & 0 \\ 2 & 3 & -4 & 0 \\ 1 & 0 & 3 & 0 \end{pmatrix} \begin{pmatrix} x \\ y \\ z \\ w \end{pmatrix} = \begin{pmatrix} 7 \\ -2 \\ 3 \\ 5 \end{pmatrix}$

(b) $\left(\begin{array}{cccc|c} 2 & 0 & 0 & 1 & 7 \\ 3 & 2 & 3 & 0 & -2 \\ 2 & 3 & -4 & 0 & 3 \\ 1 & 0 & 3 & 0 & 5 \end{array}\right)$

4. (a) $\left(\begin{array}{ccc|c} 1 & -1 & 1 & 2 \\ 0 & 2 & -3 & -5 \\ -3 & 4 & -5 & -10 \end{array}\right)$

(b) $\left(\begin{array}{ccc|c} 1 & 0 & 0 & 1 \\ 0 & 1 & 0 & 2 \\ 0 & 0 & 1 & 3 \end{array}\right)$

(c) $x = 1,\ y = 2,\ z = 3$

5. (a) A는 두번째 행의 선행항이 세번째 행의 선행항보다 왼쪽에 있지 않아서 기약행사다리꼴이 아니다. 두번째 행과 세번째 행의 순서를 바꾸면($\mathbf{r}_2 \Leftrightarrow \mathbf{r}_3$) 기약행사다리꼴 행렬이 된다.

(b) 세번째 행의 선행항 1이 속한 열에 0이 아닌 항(6과 5)이 있다. $\mathbf{r}_1 - 6\mathbf{r}_3 \to \mathbf{r}_1$, $\mathbf{r}_2 - 5\mathbf{r}_3 \to \mathbf{r}_2$에 의해 기약행사다리꼴이 된다.

6. 기약행사다리꼴 : (b), (d) (a)=(e)=(g)=(h) I_3

(c) $\begin{pmatrix} 1 & 0 & 0 \\ 0 & 1 & 0 \\ 0 & 0 & 0 \end{pmatrix}$ (f) $\begin{pmatrix} 1 & 0 & 0 \\ 0 & 1 & 0 \\ 0 & 0 & 0 \end{pmatrix}$

7. (a) $\begin{pmatrix} a_2 & b_2 & c_2 \\ a_1 & b_1 & c_1 \\ a_3 & b_3 & c_3 \end{pmatrix}$

(b) $\begin{pmatrix} a_1 & b_1 & c_1 \\ a_2 & b_2 & c_2 \\ a_3 - 2a_1 & b_3 - 2b_1 & c_3 - 2c_1 \end{pmatrix}$

(c) $\begin{pmatrix} a_1 & b_1 & c_1 \\ 3a_2 & 3b_2 & 3c_2 \\ a_3 & b_3 & c_3 \end{pmatrix}$

8. (a) 자유변수 z, 일반해 $\begin{pmatrix} -2 \\ 2 \\ 1 \\ 0 \end{pmatrix} z + \begin{pmatrix} 3 \\ 1 \\ 0 \\ 3 \end{pmatrix}$

(b) 자유변수 y, z, 일반해 $\begin{pmatrix} 2 \\ 1 \\ 0 \\ 0 \end{pmatrix} y + \begin{pmatrix} -2 \\ 0 \\ 1 \\ 0 \end{pmatrix} z + \begin{pmatrix} 3 \\ 0 \\ 0 \\ 1 \end{pmatrix}$

9. (a) $\begin{pmatrix} -1 \\ 4 \\ -3 \end{pmatrix}$

(b) $\begin{pmatrix} 2 \\ 5 \\ 1 \end{pmatrix}$

(c) $t \begin{pmatrix} 1 \\ 1 \\ -1 \end{pmatrix}, \quad t \in \mathbb{R}$

(d) 불능(해가 없음)

10. (a) $x = 4,\ y = 5$

(b) 불능

(c) 불능

(d) $\begin{pmatrix} x \\ y \\ z \end{pmatrix} = \begin{pmatrix} 2 \\ 1 \\ 0 \end{pmatrix} y + \begin{pmatrix} -1 \\ 0 \\ 2 \end{pmatrix}$

(e) $x = 1,\ y = -2,\ z = -3$

(f) $x = -4,\ y = 2,\ z = 10$

11. (b), (d) 유일한 해　　(a), (c) 무수히 많은 해

12. $A(a\mathbf{v}_1 + b\mathbf{v}_2) = aA\mathbf{v}_1 + bA\mathbf{v}_2 = \mathbf{0} + \mathbf{0} = \mathbf{0}$이므로 $a\mathbf{v}_1 + b\mathbf{v}_2$는 $A\mathbf{x} = \mathbf{0}$의 해이다.

13. $A(\mathbf{v}_1+\mathbf{v}_2) = A\mathbf{v}_1 + A\mathbf{v}_2 = \mathbf{b}+\mathbf{b} = 2\mathbf{b} \neq \mathbf{b}$이므로 $\mathbf{v}_1+\mathbf{v}_2$는 $A\mathbf{x}=\mathbf{b}$의 해가 아니다.

14. (a) $A(\mathbf{x}_0+\mathbf{v}) = A\mathbf{x}_0 + A\mathbf{v} = \mathbf{0}+\mathbf{b} = \mathbf{b}$이므로 $\mathbf{x}_0+\mathbf{v}$는 $A\mathbf{x}=\mathbf{b}$의 해이다.
    (b) $A(\mathbf{x}_1-\mathbf{x}_0) = A\mathbf{x}_1 - A\mathbf{x}_0 = \mathbf{b}-\mathbf{b} = \mathbf{0}$이므로 $\mathbf{x}_1-\mathbf{x}_0$는 $A\mathbf{x}=\mathbf{0}$의 해이다.

15. 음식 $1:352$, 음식 $2:68$, 음식 $3:28$

16. 박테리아 $1:125$, 박테리아 $2:25$, 박테리아 $3:225$

17. (a) $x_1+x_2=400,\ x_1+x_4=250,\ x_2+x_3=x-200,\ x_3+x_4=250$
    (b) $x=600$
    (c) 최댓값 400, 최솟값 150

18. (a) $y=x^2-2x+4$ (b) $y=\frac{1}{2}x^2-\frac{3}{2}x+3$

19. (a) $y=x^3-2x^2+x+3$ (b) $y=2x^3-3x^2+5$

20. $T1=T2=30,\quad T3=T4=60$

연습문제 4.5

1. (a) $\mathbf{r}_1-\mathbf{r}_2\to\mathbf{r}_1$
   (b) 기본행렬 아님
   (c) $\mathbf{r}_3+4\mathbf{r}_4\to\mathbf{r}_3$
   (d) $\mathbf{r}_2\leftrightarrow\mathbf{r}_4$

2. (a) $E_1^{-1}=E_1$
   (b) $E_2^{-1}=E_2$
   (c) $E_3^{-1}=\begin{pmatrix}1&0&0\\0&1&-1\\0&0&1\end{pmatrix}$
   (d) $E_4^{-1}=\begin{pmatrix}1&0&0\\0&1&0\\-2&0&1\end{pmatrix}$
   (e) $E_5^{-1}=E_5$
   (f) $E_6^{-1}=\begin{pmatrix}2&0&0\\0&1&0\\0&0&1\end{pmatrix}$

3. $X=C^{-1}B^{-1}-A$

4. (a) $\frac{1}{2}\begin{pmatrix}-4&3\\2&-1\end{pmatrix}$ (b) $\begin{pmatrix}1&0&-1\\-2&2&-1\\1&-1&1\end{pmatrix}$ (c) $\begin{pmatrix}1&-1&0&0\\0&1&-1&0\\0&0&1&-1\\0&0&0&1\end{pmatrix}$

5. (a) $\begin{pmatrix} 1 & 0 & 0 \\ -a & 1 & 0 \\ a^2 & -a & 1 \end{pmatrix}$ (b) $\begin{pmatrix} 1/a & 0 & 0 \\ -1/a^2 & 1/a & 0 \\ 1/a^3 & -1/a^2 & 1/a \end{pmatrix}$

6. (b) $(2I-A)^{-1} = \frac{1}{2}(I+A)$ (c) $(3I-A)^{-1} = \frac{1}{3}I + \frac{1}{6}A$

7. $A = \begin{pmatrix} 1 & -1 & 0 \\ 2 & 1 & -2 \\ 4 & 0 & 1 \end{pmatrix} \begin{pmatrix} -1 & 0 & 2 \\ 2 & -2 & 1 \\ 0 & 1 & 0 \end{pmatrix}^{-1} = \frac{1}{5} \begin{pmatrix} -1 & 2 & -1 \\ -6 & 2 & 9 \\ -2 & 9 & 18 \end{pmatrix}$

8. $A = \frac{1}{5} \begin{pmatrix} -1 & 2 & -1 \\ -6 & 2 & 9 \\ -2 & 9 & 18 \end{pmatrix}^t = \frac{1}{5} \begin{pmatrix} -1 & -6 & -2 \\ 2 & 2 & 9 \\ -1 & 9 & 18 \end{pmatrix}$

9. (a) $B = A^{-1}$이라 하면 $B^tA^t = (AB)^t = I_n^t = I_n$, $A^tB^t = (BA)^t = I_n^t = I_n$이다. A^t는 가역이고 역행렬은 유일하므로 $(A^t)^{-1} = B^t = (A^{-1})^t$
   (b) $A^t = A$이므로 $(A^{-1})^t = (A^t)^{-1} = A^{-1}$이다. 따라서 A^{-1}은 대칭이다.

10. (a) T (b) T (c) F (d) T

11. (a) T (b) F (c) T (d) T (e) T (f) F

12. $(I-A)(A^3+A^2+A+I) = I$이므로 $I-A$는 가역이고 $(I-A)^{-1} = A^3+A^2+A+I$

13. $B = -\frac{1}{a_0}(a_1I + a_2A + \cdots + a_nA^{n-1})$이라 하면 $AB = BA = I$이므로 A는 가역이고 $B = A^{-1}$이다.

14. $D^{-1} = D(1/d_1,\ 1/d_2,\ \ldots,\ 1/d_n)$

15. (a) $\begin{pmatrix} 1 \\ 4 \end{pmatrix} = 4\begin{pmatrix} 1 \\ 2 \end{pmatrix} - \begin{pmatrix} 3 \\ 4 \end{pmatrix}$
   (b) $\begin{pmatrix} 2 \\ 1 \\ 3 \end{pmatrix} = -\begin{pmatrix} 1 \\ 1 \\ 0 \end{pmatrix} - 5\begin{pmatrix} 1 \\ 2 \\ 1 \end{pmatrix} + 4\begin{pmatrix} 2 \\ 3 \\ 2 \end{pmatrix}$
   (c) $\begin{pmatrix} 1 \\ 2 \\ 3 \\ 4 \end{pmatrix} = -\begin{pmatrix} 1 \\ 0 \\ 0 \\ 0 \end{pmatrix} - \begin{pmatrix} 1 \\ 1 \\ 0 \\ 0 \end{pmatrix} - \begin{pmatrix} 1 \\ 1 \\ 1 \\ 0 \end{pmatrix} + 4\begin{pmatrix} 1 \\ 1 \\ 1 \\ 1 \end{pmatrix}$

16. (a) $\begin{pmatrix} 3 \\ -1 \end{pmatrix} = -\begin{pmatrix} 5 \\ 5 \end{pmatrix} + 4\begin{pmatrix} 2 \\ 1 \end{pmatrix}$

(b) $\begin{pmatrix} 5 \\ -3 \\ 5 \end{pmatrix} = -\begin{pmatrix} -1 \\ 1 \\ 1 \end{pmatrix} + 2\begin{pmatrix} 2 \\ -1 \\ 1 \end{pmatrix} + 4\begin{pmatrix} 0 \\ 0 \\ 1 \end{pmatrix}$

(c) $\begin{pmatrix} 1 \\ 1 \\ 4 \end{pmatrix} = -\begin{pmatrix} 1 \\ 1 \\ 2 \end{pmatrix} + 2\begin{pmatrix} 0 \\ 1 \\ 1 \end{pmatrix} - \begin{pmatrix} -2 \\ 0 \\ -4 \end{pmatrix}$

17. 시리얼 1.5컵, 우유 2컵

18. 카스테라 70개, 파운드케익 80개, 와플 50개

19. A : 30, B : 40, C : 50

20. 섹터 1의 생산량은 1.2단위,
섹터 2의 생산량은 0.4단위,
섹터 3의 생산량은 0.3단위 늘어나야 한다.

21. (a) $\mathbf{x} = \begin{pmatrix} 325 \\ 400 \end{pmatrix}$

(b) 첫번째 생산량은 1.75단위, 두번째 생산량은 1단위를 늘려야 한다.

(c) 첫번째 생산량은 1단위, 두번째 생산량은 2단위를 늘려야 한다.

22. (a) $\mathbf{x} = \begin{pmatrix} 850 & 760 & 740 \end{pmatrix}^t$

(b) 1, 2, 3섹터의 생산량이 각각 $15/4$, $5/2$, $5/2$단위가 늘어난다.

(c) 1, 2, 3섹터의 생산량이 각각 $5/2$, 2, 3단위가 늘어난다.

연습문제 4.6

1. (a) 18 (b) 6 (c) -6 (d) 6

2. (a) -6 (b) 9 (c) 2^{n+1} (d) 4 (e) $-3/2$ (f) 2

3. (a) 16 (b) 0 (c) -18 (d) -12

4. (a) $\det(A) = k$는 정수이고 $\det(A^{-1}) = 1/k$도 정수이므로 $k = 1$ 또는 -1이다.

5. 1 또는 0

6. 0

7. $\det(U^t) = \det(U) \Rightarrow \det(U^tU) = (\det(U))^2 = 1 \Rightarrow \det(U) = 1$ 또는 $\det(U) = -1$

8. $\det(P^{-1})\det(P) = 1$이므로
$\det(B) = \det(P^{-1}AP) = \det(P^{-1})\det(A)\det(P) = \det(A)$

9. (a) $a^2b + ab^2$ (b) 4 (c) 10 (d) 42

10. $\det(A) = \det\begin{pmatrix} 1 & 1 & 1 & 1 & 1 \\ 0 & 1 & 1 & 1 & 1 \\ 0 & 0 & 2 & 2 & 2 \\ 0 & 0 & 0 & 3 & 3 \\ 0 & 0 & 0 & 0 & 4 \end{pmatrix} = 24$

11. (a) F (b) F (c) F (d) F

12. $\det(A) = (a+\alpha)\det\begin{pmatrix} e & f \\ h & i \end{pmatrix} - (b+\beta)\det\begin{pmatrix} d & f \\ g & i \end{pmatrix} + (c+\gamma)\det\begin{pmatrix} d & e \\ g & h \end{pmatrix}$
$= a\det\begin{pmatrix} e & f \\ h & i \end{pmatrix} - b\det\begin{pmatrix} d & f \\ g & i \end{pmatrix} + c\det\begin{pmatrix} d & e \\ g & h \end{pmatrix}$
$+ \alpha\det\begin{pmatrix} e & f \\ h & i \end{pmatrix} - \beta\det\begin{pmatrix} d & f \\ g & i \end{pmatrix} + \gamma\det\begin{pmatrix} d & e \\ g & h \end{pmatrix} = \det(B) + \det(C)$

13. (a) -5 (b) 33 (c) -6 (d) 17

14. 두 벡터 $\mathbf{a}$, $\mathbf{b}$ 사이의 각도를 $\theta(0 < \theta < \pi)$라 하면 평행사변형의 넓이는 $\|\mathbf{a}\|\|\mathbf{b}\|\sin\theta$이고

$$\begin{aligned} \|\mathbf{a}\|^2\|\mathbf{b}\|^2\sin^2\theta &= \|\mathbf{a}\|^2\|\mathbf{b}\|^2(1-\cos^2\theta) = \|\mathbf{a}\|^2\|\mathbf{b}\|^2 - (\mathbf{a}\cdot\mathbf{b})^2 \\ &= (a_1^2+a_2^2)(b_1^2+b_2^2) - (a_1b_1+a_2b_2)^2 = (a_1b_2 - a_2b_1)^2 \end{aligned}$$

이다. 따라서 $\|\mathbf{a}\|\|\mathbf{b}\|\sin\theta = |a_1b_2 - a_2b_1| = |\det(A)|$

15. $\dfrac{5}{2}$

16. 이차(이하)함수 $f(x) = a + bx + cx^2$이 세 점 $(x_1,\ y_1)$, $(x_2,\ y_2)$, $(x_3,\ y_3)$을 지난다고 하자. $\begin{pmatrix} 1 & x_1 & x_1^2 \\ 1 & x_2 & x_2^2 \\ 1 & x_3 & x_3^2 \end{pmatrix}\begin{pmatrix} a \\ b \\ c \end{pmatrix} = \begin{pmatrix} y_1 \\ y_2 \\ y_3 \end{pmatrix}$에서 좌변의 3×3 행렬을 A라 하면 $\det(A) = (x_1-x_2)(x_2-x_3)(x_3-x_1) \neq 0$이므로 A는 가역이고 따라서 주어진 행렬방정식은 유일한 해를 갖는다.

연습문제 4.7

1. (a) 2 (b) -1 (c) -3 (d) 3 (e) 0

2. (a) $\begin{pmatrix} 2 \\ 1 \end{pmatrix}$ (b) $\begin{pmatrix} 4 \\ 1 \end{pmatrix}$ (c) $\begin{pmatrix} 1 \\ 1 \\ -1 \end{pmatrix}$

3. $k > 0$

4. (a) $r = \pm\sqrt{a^2 + b^2}$ (b) $a \pm b$

5. (a) $A = \begin{pmatrix} a & b \\ c & d \end{pmatrix}$라 하면 r_1, r_2는 특성방정식 $r^2 - (a+d)r + ad - bc = 0$의 두근이고 따라서 $r_1 + r_2 = a + d = \text{tr}(A), \quad r_1 r_2 = ad - bc = \det(A)$

   (b) 2, 3

6. (a) $r_1 = 1,\ \mathbf{v}_1 = \begin{pmatrix} 1 \\ 0 \end{pmatrix},\ r_2 = 3,\ \mathbf{v}_2 = \begin{pmatrix} 1 \\ 1 \end{pmatrix}$

   (b) $r_1 = 1,\ \mathbf{v}_1 = \begin{pmatrix} 1 \\ 2 \end{pmatrix},\ r_2 = 1/4,\ \mathbf{v}_2 = \begin{pmatrix} 1 \\ -1 \end{pmatrix}$

   (c) $r_1 = -2,\ \mathbf{v}_1 = \begin{pmatrix} 1 \\ -1 \end{pmatrix},\ r_2 = 3,\ \mathbf{v}_2 = \begin{pmatrix} 2 \\ 3 \end{pmatrix}$

   (d) $r_1 = 4,\ \mathbf{v}_1 = \begin{pmatrix} 3 \\ -2 \end{pmatrix},\ r_2 = 9,\ \mathbf{v}_2 = \begin{pmatrix} 1 \\ 1 \end{pmatrix}$

7. $\begin{pmatrix} 19685 \\ 19683 \end{pmatrix},\ \begin{pmatrix} 30776 \\ 47956 \end{pmatrix}$

8. (a) 특성방정식 $(r-a)(r-c) - b^2 = r^2 - (a+c)r + ac - b^2 = 0$의 판별식 $D = (a+c)^2 - 4(ac - b^2) = (a-c)^2 + 4b^2 \geq 0$이므로 A의 특성치는 항상 실수이다.

   (b) $D = 0$이려면 $a = c,\ b = 0$이므로 $A = aI_2$

9. $\det(A^t) = \det(A)$이고 $(A - rI)^t = A^t - rI$이므로 $\det(A - rI) = \det(A^t - rI)$이다. 따라서 A와 A^t는 같은 특성방정식과 같은 특성치를 갖는다.

10. $r^2 - 3r - 5$

11. (a) $-3, \begin{pmatrix} -1 \\ 1 \end{pmatrix}, 2, \begin{pmatrix} 2 \\ 3 \end{pmatrix}$ (c) $-1/3, \begin{pmatrix} -1 \\ 1 \end{pmatrix}, 1/2, \begin{pmatrix} 2 \\ 3 \end{pmatrix}$

(b) $9, \begin{pmatrix} -1 \\ 1 \end{pmatrix}, 4, \begin{pmatrix} 2 \\ 3 \end{pmatrix}$

12. (a) $A^2\mathbf{v} = A(A\mathbf{v}) = A(r\mathbf{v}) = rA\mathbf{v} = r^2\mathbf{v}$이므로 r^2은 A^2의 특성치이다.

13. (a) $A = \begin{pmatrix} 0 & 1 \\ a_0 & a_1 \end{pmatrix}$

(b) $r^2 - a_1 r - a_0 = 0$

14. (a) $A = \begin{pmatrix} 0 & 1 \\ 3 & -2 \end{pmatrix}$

(b) $r_1 = 1, \quad \mathbf{v}_1 = \begin{pmatrix} 1 \\ 1 \end{pmatrix}, \quad r_2 = -3, \quad \mathbf{v}_2 = \begin{pmatrix} 1 \\ -3 \end{pmatrix}$

(c) $\begin{pmatrix} 1 \\ 2 \end{pmatrix} = \frac{5}{4}\begin{pmatrix} 1 \\ 1 \end{pmatrix} - \frac{1}{4}\begin{pmatrix} 1 \\ -3 \end{pmatrix}$

(d) $\mathbf{x}_n = \frac{5}{4}\begin{pmatrix} 1 \\ 1 \end{pmatrix} - \frac{1}{4}(-3)^n\begin{pmatrix} 1 \\ -3 \end{pmatrix}$

(e) $x_n = \frac{5}{4} - \frac{1}{4}(-3)^n$

15. (a) F (b) F (c) T (d) T

16. (a) $\det(M) = a + b - 1 \neq 0$이므로 M은 가역이다.

(b) 특성치 $r = 1, \ a + b - 1$

(c) 우세특성치 $r = 1$, 우세특성벡터 $\mathbf{v} = \begin{pmatrix} 1 \\ 1 \end{pmatrix}$

(d) $\frac{7}{5}\begin{pmatrix} 1 \\ 1 \end{pmatrix}$

연습문제 5.1

1. (a) $\mathbb{R}^2,\ [0,\ \infty)$
   (b) $\{(x,\ y) \mid x^2+y^2 \le 9\},\ [0,\ 3]$
   (c) $\{(x,\ y) \mid x \ne y\},\ (-\infty,\ 0)\cup(0,\ \infty)$
   (d) $\{(x,\ y) \mid y>0\},\ \mathbb{R}$
   (e) $\mathbb{R}-\{(0,\ 0)\},\ [0,\ 1]$
   (f) $\mathbb{R}^2,\ (0,\ 1]$

2. $z = x + 2y - 1$

3. (a) $z = \frac{2}{3}x - 2y$ (b) $z = -x + y + 1$

4. (a) $\mathbf{v} = (-1,\ 1)$

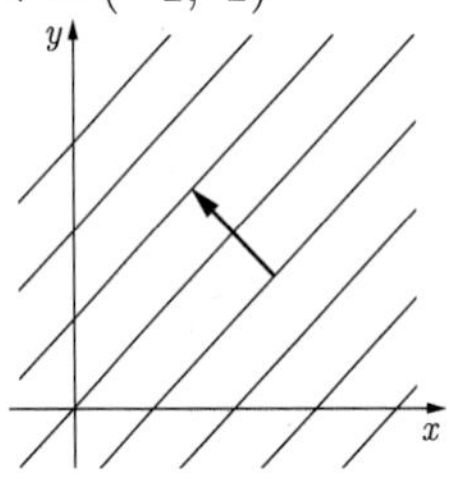

   (b) $\mathbf{v} = (1,\ -1)$

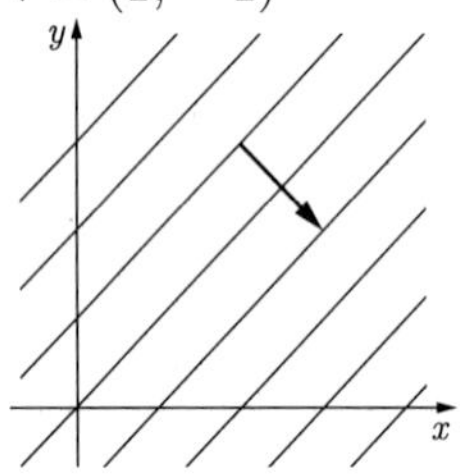

   (c) $\mathbf{v} = (-2,\ 2)$

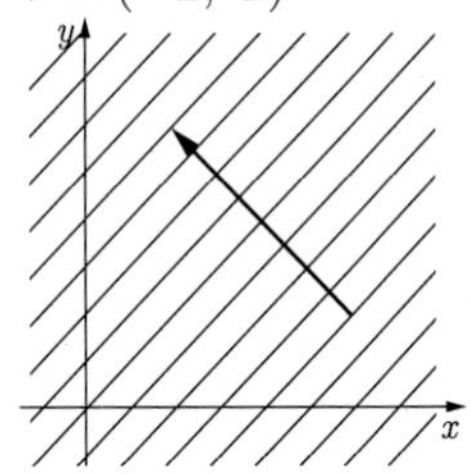

5. (a) $(2,\ -2),\ 1$ (b) $(2,\ -1),\ 2$ (c) $(1,\ 1),\ -1$

6. (a) $(2,\ -2),\ 2\sqrt{2}$ (b) $(2,\ -1),\ \sqrt{5}$ (c) $(1,\ 1),\ \sqrt{2}$

연습문제 5.2

1. (a) $\frac{\partial f}{\partial x} = 15x^4 - 2y,\quad \frac{\partial f}{\partial y} = -2x - 3y^2$
   (b) $\frac{\partial f}{\partial x} = \frac{7y}{(x+y)^2},\quad \frac{\partial f}{\partial y} = \frac{-7x}{(x+y)^2}$
   (c) $\frac{\partial f}{\partial x} = \frac{x}{\sqrt{x^2+y^2}},\quad \frac{\partial f}{\partial y} = \frac{y}{\sqrt{x^2+y^2}}$
   (d) $\frac{\partial f}{\partial x} = x^{y-1}y,\quad \frac{\partial f}{\partial y} = x^y \ln x$

2. (a) $\frac{\partial z}{\partial x} = f'(x),\ \frac{\partial z}{\partial y} = f'(y)$
   (b) $\frac{\partial z}{\partial x} = f'(x)f(y),\ \frac{\partial z}{\partial y} = f(x)f'(y)$
   (c) $\frac{\partial z}{\partial x} = f'(x+y),\ \frac{\partial z}{\partial y} = f'(x+y)$
   (d) $\frac{\partial z}{\partial x} = yf'(xy),\ \frac{\partial z}{\partial y} = xf'(xy)$

3. (a) $\frac{\partial z}{\partial y} = y^2z^3,\quad \frac{\partial w}{\partial y} = 2xyz^3,\quad \frac{\partial w}{\partial z} = 3xy^2z^2$
   (b) $\frac{\partial u}{\partial x} = \frac{y^3z}{(x+y^2)^2},\quad \frac{\partial u}{\partial y} = \frac{xz(x-y^2)}{(x+y^2)^2},\quad \frac{\partial u}{\partial z} = \frac{xy}{x+y^2}$
   (c) $\frac{\partial u}{\partial r} = se^{rs/t},\quad \frac{\partial u}{\partial s} = re^{rs/t},\quad \frac{\partial u}{\partial t} = (1-\frac{rs}{t})e^{rs/t}$
   (d) $\frac{\partial z}{\partial x} = (\frac{y}{z})x^{(y/z)-1},\quad \frac{\partial w}{\partial y} = \frac{\ln x}{z}x^{y/z},\quad \frac{\partial w}{\partial z} = -\frac{y\ln x}{z^2}x^{y/z}$
   (e) $\frac{\partial z}{\partial x_k} = \frac{x_k}{\sqrt{x_1^2+x_2^2+\cdots+x_n^2}},\quad k=1,\ \cdots,\ n$

(f) $\frac{\partial y}{\partial x_k} = \frac{k}{x_1+2x_2+\cdots+nx_n}, \quad k=1, \cdots, n$

4. (a) $\frac{\partial z}{\partial x} = -\frac{x^2+y^2+z^2-2x}{3(x^2+y^2+z^2)-2z}, \quad \frac{\partial z}{\partial y} = -\frac{2(x^2+y^2+z^2)-2y}{3(x^2+y^2+z^2)-2z}$

(b) $\frac{\partial z}{\partial x} = -\frac{1-6yz}{3z^2-6xy}, \quad \frac{\partial z}{\partial y} = -\frac{2y-6xz}{3z^2-6xy}$

(c) $\frac{\partial z}{\partial x} = -\frac{(x+y+z)yz-1}{(x+y+z)xy-1}, \quad \frac{\partial z}{\partial y} = -\frac{(x+y+z)xz-1}{(x+y+z)xy-1}$

(d) $\frac{\partial z}{\partial x} = -\frac{ye^{xy+z}-2x}{e^{xy+z}-2z}, \quad \frac{\partial z}{\partial y} = -\frac{xe^{xy+z}-2y}{e^{xy+z}-2z}$

5. (a) 노동의 한계생산량 4, 자본의 한계생산량 6.25

(b) 자본

6. (a) $P(x, y) = 100x + 150y + xy - 2x^2 - 2y^2 - 200, \ P(25, 25) = 4175$만 원

(b) $P(26, 25) - P(25, 25) \approx \frac{\partial P}{\partial x}(25, 25) = 25,$

$P(25, 26) - P(25, 25) \approx \frac{\partial P}{\partial y}(25, 25) = 75$

7. $x\frac{\partial Q}{\partial x} = \alpha x A x^{\alpha-1}y^{\beta} = \alpha A x^{\alpha} y^{\beta} = \alpha Q, \ y\frac{\partial Q}{\partial y} = \beta y A x^{\alpha} y^{\beta-1} = \beta A x^{\alpha} y^{\beta} = \beta Q$이므로

$x\frac{\partial Q}{\partial x} + y\frac{\partial Q}{\partial y} = \alpha Q + \beta Q = (\alpha+\beta)Q$

8. (b) $\frac{\partial Q}{\partial x} = A\alpha x^{\alpha-1}y^{\beta} = \alpha\frac{Q}{x}$이므로 노동의 탄력성은 $E_x = \frac{x}{Q}\frac{\partial Q}{\partial x} = \alpha$이다. 마찬가지로 자본의 탄력성도 상수 β임을 보일 수 있다.

9. (a) $L(x, y) = 2x + y - 1$

(b) $f(0.99, -0.1) \approx L(0.99, -0.1) = 0.88$

10. (a) $L(x, y) = 2 - (x-2) + \frac{1}{2}(y-4)$

(b) $L(x, y) = 8 + 16(x-1) + 6(y-2)$

(c) $L(x, y) = \frac{4}{5}(x-4) + \frac{3}{5}(y-3) + 5$

11. (a) 1.98 (b) 8.04 (c) 4.974

12. $4200\pi \text{ cm}^3$

13. $\frac{\partial}{\partial w}A = 50w^{-1/2}h^{\frac{2}{3}}, \quad \frac{\partial}{\partial h}A = \frac{200}{3}w^{\frac{1}{2}}h^{-\frac{1}{3}} \Rightarrow \frac{\partial}{\partial w}A(9, 64) = \frac{800}{3}, \ \frac{\partial}{\partial h}A(9, 64) = 50$

$\Rightarrow (9, 64)$에서 선형근사식 $A(w, h) \approx 4800 + \frac{800}{3}(w-9) + 50(h-64)$

$\Rightarrow A(10, 65.5) \approx 4800 + \frac{800}{3}\cdot 0.9 + 50\cdot 1.5 = 5115$

14. (a) $(60, 85)$

(b) $(10, 4)$

(c) $(\frac{\sqrt{2\pi}}{2}, 0)$

(d) $\frac{1}{50}(1, -3)$

(e) $(-3, 0)$

(f) $(1, 6)$

15. (a) $x+y+z=3$ (b) $6x+3y+2z=18$

16. (a) $\frac{23}{2}$ (b) 0 (c) 8 (d) $\frac{4\sqrt{5}}{5}$ (e) -3 (f) 2

17. (a) $(\frac{3}{5},\ -\frac{4}{5})$ (c) $\pm(\frac{4}{5},\ \frac{3}{5})$ (e) $(-1,\ 0),\ (\frac{7}{25},\ \frac{24}{25})$
(b) $(-\frac{3}{5},\ \frac{4}{5})$ (d) $(0,\ -1),\ (\frac{24}{25},\ -\frac{7}{25})$

18. (a) $\left(\frac{4}{5},\ \frac{3}{5}\right),\ 20$ (b) $-\left(\frac{4}{5},\ \frac{3}{5}\right),\ -20$ (c) $\pm\left(\frac{3}{5},\ -\frac{4}{5}\right)$

19. (b) $-\frac{1}{\sqrt{2}}(1,\ 1),\ \frac{200\sqrt{2}}{3}$ (c) $\frac{1}{\sqrt{2}}(1,\ 1),\ -\frac{200\sqrt{2}}{3}$ (d) $\pm(\frac{1}{\sqrt{2}},\ -\frac{1}{\sqrt{2}})$

20. (a) 증가한다. 증가율 : 2 (c) $(-\frac{1}{\sqrt{2}},\ -\frac{1}{\sqrt{2}})$ 방향, $2\sqrt{2}$
(b) 방향미분계수 $=0$

21. $F(x,\ y,\ z)=\frac{x^2}{a^2}+\frac{y^2}{b^2}+\frac{z^2}{c^2}$라 하면 $\nabla F(P)=\left(\frac{2x_0}{a^2},\ \frac{2y_0}{b^2},\ \frac{2z_0}{c^2}\right)$이고 접평면 위의 점 $X=(x,\ y,\ z)$에 대하여 $\nabla F(P)\cdot(X-P)=0$이므로 $\nabla F(P)\cdot X=\nabla F(P)\cdot P$이다. 좌변은 $2(\frac{x_0x}{a^2}+\frac{y_0y}{b^2}+\frac{z_0z}{c^2})$, 우변은 $2(\frac{x_0^2}{a^2}+\frac{y_0^2}{b^2}+\frac{z_0^2}{c^2})=2$이므로 주어진 식이 성립한다.

22. $F(x,\ y,\ z)=\frac{x^2}{a^2}+\frac{y^2}{b^2}-z$라 하면 $\nabla F(P)=\left(\frac{2x_0}{a^2},\ \frac{2y_0}{b^2},\ -1\right)$, 접평면 위의 점 X에 대하여 $\nabla F(P)\cdot(X-P)=0$이므로 $\nabla F(P)\cdot X=\nabla F(P)\cdot P$이다. 좌변은 $\frac{2x_0x}{a^2}+\frac{2y_0y}{b^2}-z$, 우변은 $\nabla F(P)\cdot P=\frac{2x_0^2}{a^2}+\frac{2y_0^2}{b^2}-z_0=z_0$이므로 주어진 식이 성립한다.

23. $X(t)=tX=(tx,\ ty)$이라 하면 주어진 관계식은 $f(X(t))=t^kf(X)$이므로 양변을 t에 대해 미분하면 $t=1$일 때 원하는 결과를 얻는다.

연습문제 5.3

1. (a) $D_2^2f=2y,\ D_2D_1f=f_{yx}=2(x-y),\ D_2^2f=-2x$
(b) $D_1^2f=0,\ D_2D_1f=D_1D_2f=\dfrac{-1}{y^2},\ D_2^2f=\dfrac{2x}{y^3}$
(c) $D_1^2f=4e^{-2s}\sin 2t,\ D_2D_1f=D_1D_2f=-4e^{-2s}\cos 2t,\ D_2^2f=-4e^{-2s}\sin 2t$
(d) $D_1^2f=\dfrac{-1}{4(u+v^2)^{3/2}},\ D_2D_1f=D_1D_2f=\dfrac{-v}{2(u+v^2)^{3/2}},\ D_2^2f=\dfrac{u}{(u+v^2)^{3/2}}$

2. (a) $D_2D_1^2f=4y,\ D_2^2D_1f=4x+2,\ D_1^3f=0,\ D_2^3f=0$
(b) $D_2D_1^2f=(2y+xy^2)e^{xy},\ D_2^2D_1f=(2x+x^2y)e^{xy},\ D_1^3f=y^3e^{xy},\ D_2^3f=x^3e^{xy}$
(c) $D_2^3f=\dfrac{2}{(x+2y+3z)^3},\ D_3D_2D_1f=\dfrac{12}{(x+2y+3z)^3},\ D_3^3f=\dfrac{36}{(x+2y+3z)^3}$

3. (a) Y (b) Y (c) Y (d) Y

4. (a) Y (b) Y (c) N (d) Y

5. (a) $\begin{pmatrix} 1 & 2 \\ 2 & 2 \end{pmatrix}$, 안장점 (c) $\begin{pmatrix} 2 & -3 \\ -3 & 5 \end{pmatrix}$, 최소점

(b) $\begin{pmatrix} -1 & -2 \\ -2 & -3 \end{pmatrix}$, 안장점 (d) $\begin{pmatrix} -1 & 3 \\ 3 & -10 \end{pmatrix}$, 최대점

6. (a) 안장점 (b) 최소점 (c) 안장점 (d) 최대점

7. (a) 극대점 : $(-1,\ 1/2)$ (c) 안장점 : $(1,\ -1)$, $(-1,\ 1)$

(b) 극소점 : $\pm(1,\ 1)$, 안장점 : $(0,\ 0)$ (d) 안장점 : $(0,\ n\pi)$, (n은 정수)

8. $\sqrt{3}$

9. $k > 2,\ k < -2$: 안장점, $-2 \leq k \leq 2$: 극솟점

10. $x = 4, \quad y = 20$

11. (a) $A^tA = \begin{pmatrix} \sum_{k=1}^{n} x_k^2 & \sum_{k=1}^{n} x_k \\ \sum_{k=1}^{n} x_k & n \end{pmatrix}, \quad A^t\mathbf{y} = \begin{pmatrix} \sum_{k=1}^{n} x_k y_k \\ \sum_{k=1}^{n} y_k \end{pmatrix}$

(b) $\mathbf{b} = (A^tA)^{-1}A^t\mathbf{y}$

12. (a) $y = \frac{11}{2} + \frac{69}{700}x$ (b) 40만 원

연습문제 5.4

1. (a) 최댓값은 없고, 최솟값만 있다. 주어진 영역이 유계가 아니다.

(b) 최댓값은 없고, 최솟값만 있다. 주어진 영역이 닫힌집합이 아니다.

(c) 최댓값, 최솟값 모두 있다.

(d) 최댓값은 있고, 최솟값은 없다. 주어진 함수가 연속함수가 아니다.

2. (a) 최댓값 : 9, 최솟값 : -14 (d) 최댓값 : 2, 최솟값 : -2

(b) 최댓값 : 7, 최솟값 : $15/4$ (e) 최댓값 : 2, 최솟값 : 0

(c) 최댓값 : 83, 최솟값 : 0

3. $(-1,\ 1,\ 2),\ (-1,\ 1,\ -2)$

4. $\frac{100}{3},\ \frac{100}{3},\ \frac{100}{3}$

5. $\frac{32\sqrt{3}}{9}$

6. $X = \frac{1}{3}(A+B+C) = (1,\ 1)$

7. $X = \frac{1}{k}(P_1 + \cdots + P_k)$

8. (b) $p_1 = p_2 = 25$, 최대판매액 : 4375

9. 한 변의 길이가 4cm인 정육면체

10. (a) 최댓값 : 8, 최솟값 : 0
    (b) 최댓값 : $\frac{\sqrt{2}}{4}$, 최솟값 : $-\frac{\sqrt{2}}{4}$
    (c) 최댓값, 최솟값 모두 없다
    (d) 최댓값 : $e^{1/4}$, 최솟값 : $e^{-1/4}$

11. (a) 최댓값 : $\sqrt{2}$, 최솟값 : $-\sqrt{2}$
    (b) 최댓값 : 2, 최솟값 : -2
    (c) 최댓값 : 4, 최솟값 : -4
    (d) 최댓값 : 6, 최솟값 : -6
    (e) 최댓값 : 2, 최솟값 : -2
    (f) 최댓값 : $\sqrt{3}$, 최솟값 : 1

12. $c(\frac{a}{P_1})^a(\frac{b}{P_2})^bT$

13. (a) 노동자의 수 : 225, 설비의 양 : 37.5 (b) $W = 6I$

14. $\frac{3}{\sqrt{6}}$

15. 최댓값 1, 최솟값 -1

16. 최댓값 5, 최솟값 0

17. 조건 $2x + 2y = C$에서 $f(x,\ y) = xy$의 최대점을 구하면 된다.

18. 조건 $2xy + 2yz + 2zx = C$에서 $f(x,\ y,\ z) = xyz$의 최대점을 구하면 된다.

참고도서

1. 강혜정, 생명과학을 위한 수학 1, 4e, 2021
2. 강혜정, 생명과학을 위한 수학 2, 4e, 2021
3. 김성기 외, 대학수학 제1권, 교우사, 2014
4. 김성기 외, 대학수학 제2권, 교우사, 2014
5. 김홍종, 미적분학 1+, 서울대학교 출판부, 2023
6. 김홍종, 미적분학 2+, 서울대학교 출판부, 2023
7. 정기준, 이성순 역주, 경제·경영수학 길잡이 4e, 맥그로힐에듀케이션코리아, 2020
8. 이인석, 선형대수와 군, 서울대학교 출판부, 2005
9. 수학용어집, 대한수학회, 대한수학회, 1996
10. Beltrami, E., *Mathematical Models for Society and Biology*, Academic Press, 2002
11. Bretscher, O., *Linear Algebra Applications*, Prentice Hall, 2005
12. Callahan, J., etc, *Calculus in Context*, Freeman, 1995(강현배 외 역, 상황 속의 미적분학, 경문사, 2004)
13. Cullen, C.G., *Linear Algebra and Differential Equations*, 2e, Pws−Kent, 2021
14. Eves, H., *An Introduction to the History of Mathematics*, Sauders Series, 1990(이우영, 신항균 역, 경문사, 1996).
15. Kot, M., *Elements of Mathematical Ecology*, Cambridge University Press, 2001
16. Poole, D., *Linear Algebra : A Modern Introduction*, 2e, Cengage Learning, 2021
17. Ross, S.M., *A first course in Probability*, Prentice Hall, 2002
18. Ross, S.M., *Introduction to Probability Models*, Academic Press, 2003
19. Simon, C.P., *Mathematics for economists*, 2010
20. Spence, L.E., etc, *Elementary Linear Algebra : A Matrix Approach*, Prentice Hall, 2008
21. Stewart, J., *Calculus*, Cengage Learning, 2021
22. Strang, G., *Linear Algebra and Its Applications*, Cengage Learning, 2006
23. Weir, M.D., etc., *Thomas' Calculus*, Addison Wesley, 2019

찾아보기